陈望道语言学论文集

陈望道 著

商务印书馆
2009年·北京

图书在版编目(CIP)数据

陈望道语言学论文集/陈望道著.—北京:商务印书馆,2009
ISBN 978-7-100-05295-5

Ⅰ.陈⋯　Ⅱ.陈⋯　Ⅲ.汉语—语言学—文集　Ⅳ.H1-53

中国版本图书馆 CIP 数据核字(2006)第 151018 号

所有权利保留。
未经许可,不得以任何方式使用。

CHÉNWÀNGDÀO YǓYÁNXUÉ LÙNWÉNJÍ
陈望道语言学论文集
陈望道　著

商　务　印　书　馆　出　版
(北京王府井大街36号　邮政编码100710)
商　务　印　书　馆　发　行
北京市白帆印务有限公司印刷
ISBN 978-7-100-05295-5

2009 年 8 月第 1 版　　　开本 850×1168　1/32
2009 年 8 月北京第 1 次印刷　印张 19⅜　插页 2
定价:40.00 元

陈望道

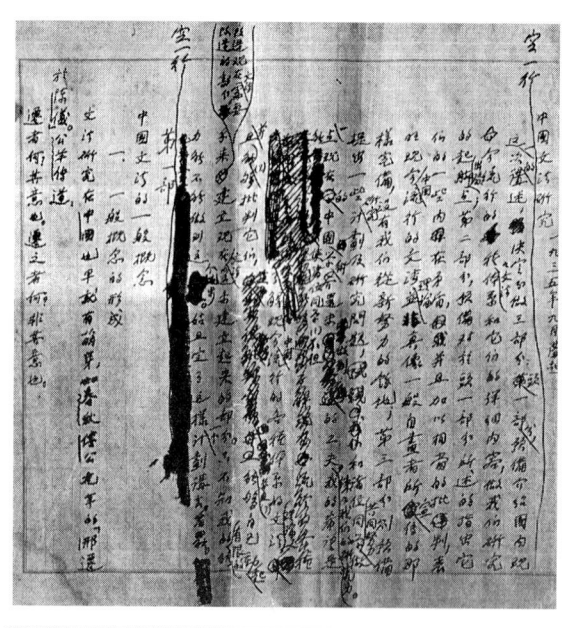

陈望道手迹

序 言

革命先驱　学界宗师

说起陈望道望老很多人只知道他是上海复旦大学的校长,语言学界不少人还知道他是《修辞学发凡》的作者,是中国现代修辞学的创始人。一些关心中国革命史的人还知道陈望道是中国第一本《共产党宣言》中译本的译作者,中国共产党早期的党员。一般人知道的也就是这些,我因为自己的专业是语言学,读过望老主编的《中国文法革新论丛》和他其他一些语言学著作,所以知道他是中国最早掌握和运用现代语言学之父索绪尔的语言学理论的两个语言学家之一,另一位是和他一起主持文法革新大讨论的语言学家方光焘。他对汉语语法研究作出过重大的理论贡献,是名副其实的我国语言学界早期的一代宗师。

作为一位革命先驱,陈望道望老的学术活动和我党的其他几位革命先驱,如瞿秋白、吴玉章一样,都是和革命活动紧密结合在一起的,是为人民革命的总目标服务的。在帝国主义列强依仗坚船利炮侵略、奴役、瓜分我们祖国的时候,当时的爱国有识之士都认识到落后就要挨打,就要受欺凌,而中国之所以落后,重要的原因之一就是科技落后,而科技落后是由于教育不普及,教育不能普及又由于汉字难认、难读、难写,因此要救国就首先要改革汉字,改革语文,他说过"语言文字问题,是我们社会生活的基本问题"。这就是为什么一大批中国共产党的先驱和社会上其他的志士仁人一时都积极从事语文改革和汉字改革活动的原因。众多革命先驱认为语文革新是教育革新的前提,教育革新是文化、科技、经济和政治革新的基础,这就是为什么在被称为中国文艺复兴的五四运动中,白话文运动和紧接着的汉字改革和语文大众化运动成了革命运动的前奏和社会运动的高潮。

《新青年》杂志在1915年9月由陈独秀在上海创办,应陈独秀邀请,陈望道担任了《新青年》的编辑,"五四"运动以后,《新青年》改组为马克思主义研究会,也就是最早的中国共产党的机关刊物,陈望道积极参与了这一改组工作,并且当1920年12月陈独秀去广州以后,就把主编工作交给了陈望道。陈望道主持《新青年》至1921年。他始终坚持旗帜鲜明而又团结多数的办刊方针,为《新青年》创造了一段辉煌。

陈望老第一篇语言学论文是1918年5月《学艺》一卷3号上的《标点之革新》,他当然也是最早在刊物上采用西洋"新式标点"的学者之一。五四白话文运动取得初步胜利以后,国民党反动当局就在1934年5、6月间发动了"文化围剿",发起所谓"文言复兴运动"。为了保卫语文革新运动的成果,粉碎反动当局的"文化围剿",陈望道大胆提出了一个以攻为守的策略,即发动一个比白话文更激进、更接近广大民众口语的"大众语运动",在鲁迅等一大批文化界的先进人士的支持下,终于粉碎了国民党反动当局的"围剿"。陈望老对"大众语"的定义是"大众说得出,听得懂,写得顺手,看得明白"的语言。

陈望老的语言研究始终关心人们对语言的使用问题,早在1920年他任教于复旦大学时就讲授作文法和修辞学。因为当时的白话文刚兴起,许多学生不会作文,许多翻译也译得很生硬,所以他在1921年发表、1922年成书出版了《作文法讲义》,这是第一部阐释白话文作文法的专书;同时,陈望老又致力于修辞学的研究,积十余年勤求探讨之功,写成了《修辞学发凡》于1932年出版,他的这部著作标志着中国修辞学完成了从传统修辞学向现代修辞学的转变。陈望老在修辞研究中提出的"题旨情境"说同现代语言学中语境学的理论原则是相一致的。

1938—1942年那次文法革新讨论的重点是词类的划分问题,这是因为西方语法以词法,或者说是以区分词类为语法分析的基础的,而词类又是根据词的形态变化来确定的,但是汉语的词没有形态变化,能不能区分词类就成了难以逾越的障碍,可是陈望老早在1941年发表的《答复对于中国文法革新讨论的批评》一文中就借鉴索绪尔的组合关系和聚合关系的理论找到了明确的解决途径。关于形态和词语和语法功能之间的关系,他明确地指出:"光燊先生既然常说词和词的关系,词和词的结合,何不就用'关系'两个字来代替'广义的形态'这五个字?为和别的关系分别起见,我们可以在'关系'两个字上面再加上'表现'两个字做它的简别语,叫做'表现关系'",而"我们不妨把那有变化的形态看做关系的表征。"这就是说功能是第一性的,形态仅仅是词语功能的外在表征,是第二性的。任何语言的词语在整个语言系统中都具有一定的功能,但是不一定要有外在的形态,因此没有形态变化的汉语也一样能根据功能区分词类(=语部),分析句法。正是从词语的功能分类出发,他指出:"将辞例作为语部区分的定准,从语部在辞例中的功能探求语部区分的方法";"如'我读书'一个辞句,'我'和'读'和'书'的关系就是配置关系。这配置关系之中的任何一个辞项在方法上都可以和属于同范畴的别个辞项代换。如'我'可以换作'他','读'可以换作'看','书'可以换作'报'。这可以互相代换的各个分子之间的关系,就是会同关系";"我们以为可以从配置关系决定辞项分划和辞项配置,从会同关系决定语部区分。"后来我又读了他晚年的著作《文法简论》,发现望老在语法理论方面又有一系列重大贡献,对中国语法研究领域众多热点和疑难问题都有重要的高屋建瓴、发人深省的理论见解,实在堪称中国语言学史上早期有重大贡献的一代宗师。他对中国语法学应当如何借鉴西方语法理论和方法给出了一个经典性的指导意见,那就是"根据中国文法事实,借镜外来新知,参照前人成说,以科学的方法谨严的态度缔造中国文法体系","而这样的体系应该具有妥帖、简洁、完备这三个条件。"他给语法下的定义也不是西方语法研究的传统定义,即"语法是用词造句的规律",而是第一次结合汉语这样的非形态语言的实际作出的新的高度概括的定义:"语法是语文的组织规律"。关于词类问题他又有新的思考,他指出,"词类区分,目的就在说明组织,倘使离开了这个目的,分出来的词类在文法上就没有什么意义了",还进一步说,"词法和句法是有机地联系着的","词类区分和句子分析(析句)是互相有关的,应该力求两相配合。那种认为词类区分只是与词组有关系而和句子分析没有什么联系的看法是不妥的。"关于词类区分的具体问题他也有进一步的思考。他指出,功能作为词在语文组织中的活动能力,具体表现为词与词相结合的能力(即"结合功能")和词在句中担任一定职务的能力(即"造句功能")两个方面。而依据功能区分词类的基本方法就是"从配置求会同,从会同定词类。"但是,汉语的词的多功能性特别突出,区分词类问题非常复杂,因此陈望老又阐明:要"(一)分清单项功能和综合功能,(二)分清主要功能和次要功能,(三)分清经常功能和临时功能。"词类的确定要依据综合功能、主要功能和经常功能。解放后在五十年代再次对词类问题开展了大讨论,并且可以说一直到今天,词类问题还仍然是一个老大难问题。从这个角度来看陈望老当时和后来关于汉语词类问题的一系列见解,是他在传播现代语言学理论,并且活学活用这种理论解决了汉语语法研究领域内的众多关键性的理论问题,对比之下才可以理解望老的理论贡献是多么巨大。

我因为长期在北方工作,和陈望老这样一位革命前辈和学界前辈没有什么直接的交往,无缘聆听他的教诲,但是有幸在1955年在北京召开的现代汉语规范问题学术会议上和陈望老有过一次近距离的接触。那个年代的学术会议发言不是事先由会议主办单位某几个人选定的,而是谁想发言都可以主动走上台去发言,只要当场主持会议的人同意就可以。我那一年刚满三十,是一百多位代表中最年轻的几个人之一。年轻人有股冲劲,我就鼓起勇气上台去发言,可是到了台上就发憷了,那天主持大会的正好是陈望老,他看到我犹犹豫豫有点害怕的样子,伸手拉了我一把,又推了我一下,和蔼地说,"放大胆子,上去大胆说!"这样,我这个初出茅庐的年轻人就在上百位学界前辈和长者的面前生平第一次发表了我的一些想法。回想起来,如果望老当时瞪我一眼,牛硬地问我"你要说些什么?"很可能我就由于害怕而转身下台了。一位革命前辈和学界宗师这种支持和提携后学的风范就这样永远留在一个后辈小子心中,永远鼓励和支持他前进。现在《陈望道全集》正在准备出版,《陈望道语言学论文集》也即将面世,尽管也许应该更早一些跟广大读者见面,但是也可以认为这是传承和发扬陈望老革命和学术两方面的重大贡献的一个新的起点。我希望今后会有更多的著作问世来广泛介绍望老的革命业绩,深入阐述望老的学术成就,让望老的革命精神和学术贡献更好地发扬光大。

胡明扬谨序,2008年5月于北京

目 录

标点之革新 …………………………………………… 1
华文点标论第二·点标之类别 ………………………… 5
新式标点用法概略 …………………………………… 8

文字漫谈 ……………………………………………… 20
　　"点"和"些" "可" "那"和"哪" "了" "着" "会" "就"
　　"再" "得"和"的" "再"和"又"
评胡适论"除非"并说及"又不" …………………… 30
"了"字底用法 ………………………………………… 36
"吗"和"呢"的讨论 …………………………………… 42
关于刘半农先生的所谓"混蛋字" …………………… 56

表示动作延续的两种方式 …………………………… 60
议改"延续"为"存续"及其他 ……………………… 62
说存续表现的两式三分 ……………………………… 64
论黄汉先生提出的问题
　　——"来、起来、去、下去"是否表存续 ……… 69
谈存续跟既事和始事 ………………………………… 77

1

谈动词和形容词的分别 …………………………………… 82
《一提议》和《炒冷饭》读后感 ……………………………… 88
文法革新的一般问题 …………………………………………… 111
从分歧到统一 …………………………………………………… 117
回东华先生的公开信
　　——论文法工作的进行、文法理论的建立和意见统一的
　　可能 …………………………………………………………… 125
漫谈文法学的对象以及标记能记所记意义之类 …………… 130
文法革新问题答客问 …………………………………………… 134
答复对于中国文法革新讨论的批评 …………………………… 150
文法的研究 ……………………………………………………… 181
论文法现象和社会的关系 ……………………………………… 185
《评黎锦熙的〈新著国语文法〉》书后 …………………………… 188
《中国文法革新论丛》序 ………………………………………… 192

叠字的检验 ……………………………………………………… 195
六书和六法 ……………………………………………………… 199
从"词儿连写"说到语文深入研究 ……………………………… 202
"语"和"语团"论略 …………………………………………… 208
试论助辞
　　——纪念《马氏文通》出版五十周年 ………………………… 215
计标 ……………………………………………………………… 235
对于主语宾语问题讨论的两点意见 …………………………… 239
漫谈《马氏文通》 ………………………………………………… 242
"文法""语法"名义的演变和我们对文法科学定名的建议 …… 254

关于卢以纬的《语助》	267
论现代汉语中的单位和单位词	269
汉语提带复合谓语的探讨	283

怎样研究文法、修辞	307
我对研究文法、修辞的意见	316

修辞学在中国之使命	325
修辞学的中国文字观	332
修辞随录	335
藏词格　析字格　铺张格　譬喻格　借代格	
论辞格论底效用兼答江淹	365
说双关	368
修辞与修辞学	378
说飞白	397
说回文	401
说跳脱和节缩	406
关于修辞	419
语言学和修辞学对于文学批评的关系	421
谈谈修辞学的研究	423
修辞学中的几个问题	432
在复旦大学纪念《修辞学发凡》出版三十周年座谈会上的讲话	439
关于修辞学对象等问题答问	442
谈修辞学是边缘学科及其他	446

有关修辞学研究的原则问题 ·················· 451

文章底美质
　　——在上海女子体育师范学校的讲演 ·········· 455
《文章讲话》序 ··························· 460
关于文学的诸问题 ························· 463

关于大众语文学的建设 ······················ 473
所谓一字传神 ···························· 476
这一次文言和白话的论战 ···················· 478
建立大众语文学 ·························· 482
大众语论 ······························· 487
怎样做到大众语的"普遍"？
　　——三路并进 ······················· 499
文学和大众语 ···························· 502
谈杂异体和大众化 ························· 505

方言的记录 ····························· 508
拉丁化北音方案对读小记 ···················· 513
拉丁化北音方案对读补记 ···················· 517
拉丁化汉字拼音表 ························· 520
中国语文的演进和新文字 ···················· 524
中国拼音文字的演进
　　——明末以来中国语文的新潮 ·············· 532
语文运动的回顾和展望 ······················ 540

《中国拼音文字研究》序 ·············· 546
在第一次全国文字改革会议上的发言 ·············· 548
现代汉语规范问题学术会议上的总结发言 ·············· 552
关于《汉语拼音方案（草案）》的讨论 ·············· 558

说语言 ·············· 565
中国古代的语文标记论 ·············· 568
《语文周刊》发刊辞 ·············· 574
"中国语文学会"成立缘起 ·············· 577
关于《语言学概论》的编写及其他 ·············· 578
关于语言研究的建议 ·············· 581

附录

陈望道先生对现代中国语言学的历史贡献 ············ 陈光磊 587

编后记 ·············· 602

标点之革新

标点二字见宋书。义当英文之 Punctuation mark。视俗所谓「圈点」者而广涵。盖即所谓「文字标识」也。文字之标识不完备。则文句之组织经纬时或因之而晦。而歧义随以叠出。而语学浅者。尤非恃此为导莫能索解。以是、「标点」者颇成为语学教学上一重要问题矣。西人言改法。东人议定形。各有专书。足资考鉴。

近人以华文难读。持改革文字之论者日众。此为文字本身革新之事。与革新标点之为文字外缘革新之事。虽皆甚是重要。然实别一问题。文字本身究宜改革与否。关涉綦多。不易猝断。惟此文字外缘。则无论其本身之为沿为革。决不可不从新整理。使就简明。盖中文旧式标点颇嫌太少。不足以尽明文句之关系。其形亦嫌太拙。当此斯文日就繁密之时。更复无足应用无碍也。则革新标点。其事又重且要于革新文字者矣。

然革新标点。有宜先定者一事。则文字之纵横行是也。华文自始从纵。而西文则从横。纵耶横耶。究宜何从。此其事宜以心理生理等学证定之。非可盲遵古制。亦非可盲踵西步也。顾以浅识所见。横行实较纵行之利为多。且又与所欲定之标点问题。有密切之利。余当别造一论以明之。今请径即假定其从横而论其革新。

革新矣。所以新定之标点。为将创造耶。为将旁取耶。其事亦有两歧。主之者既已各有其人。而余则从旁取西标(注)者。此其故有五也。

第一、标点之形易约定也。远西诸国。横点较密。独在华文惟有圈点。然自其文字性质而观之。华文之标。实宜较西标而优之。于是在华则有欲以、△、、。配西标。在东则有造「、——」「、」等标以当西标。最甚如冈田学士者。乃至造有九种。光怪陆离。自以谓于标点之恉。斯为最合。卒之、所以谓合者。惟其一人。而其一人。亦以世莫之从。未敢处处用之也。是何也。造之者一人。而欲人之从之者万人。苟非无可易者。其事最为难能。势将或为寂无影响。或致异说纷纭而已。数年以来。音标问题异形百出。定之如何其艰。盖即此理。甚可作标点革新之先例观也。何如改从西式标点。则既系从众。为一部分国民之所惯习。而其形有定。定约成俗。又最简捷。必不致如事创造者之异形百出。转以利民众者而困民众也。此其故一也。

第二、标点之形最妥适也。标点之形。以便于书写。美于观览。而又与本文有别者为最适。华文标点。如点「、」。遇「然」「显」等字。辄易与本文辨别不清。如圈「○」。又占纸太多。圈之不慎。又易实其所虚之中。而与点无甚差别。然而西式标点者反是。此其故二也。

第三、标点之法易更张也。大抵一物。用之既久。则各有其惯例。如云「子曰学而时习之不亦说乎」。此「学而」以下与「子曰」为别一人语。在西式标点例用摘引标。宜作「子曰,'学而时习之,不亦说乎?'」。而华文则皆作「子曰、学而时习之、不亦说乎。」并不用摘引标。虽或深明文理之士时借「」以标。然不作标既已不违惯例。即不能强之使行。而不行。则于「曰」作点作圈。俱属不可。凡此更张之事。非一新其标点。则必不能收速成之效。所谓「若药不瞑眩、厥疾不瘳」也。此其故三也。

第四、标点之例易统总也。在昔文典不明。标点之例亦无统总。如云「君子有三畏畏天命畏大人畏圣人之言。」「三畏」之「畏」。殿以点。云「与父老约法三章耳杀人者死伤人及盗抵罪。」「耳」又殿以圈。其实彼此共为总散。则其标宜从同。故用西式标点则宜作「君子有三畏:畏天命,畏大人,畏圣人之言.」「与父老约法三章耳:杀人者死,伤人及盗抵罪.」此不亦较为有统总也。然有新标而欲以易之。远不若别新其观念而易之之易也。此其故四也。

第五、标点之用易施行也。施用标点。固以明文句之组织。然此一事。可作两面解释之。一恐读者不甚解文字。而不能明其组织。一自恐所作之文字不甚题豁。而读者不能明其组织。由前解之。则于义为骄、为背礼。由后解之。则于义为谦、为适义。华人大抵由前而解。故以文与人。辄不加标点。不然。观者且或不怿。西人则似由后而解。鲜不加标点者。今若用其标点。则其惯习亦易移植。从此作书札。为文章。皆可条分缕析。慎施标点。而无人嗤者矣。以视东人不用西标。而大声狂呼。以令人于书札等俱施标点。而卒无多施之者。为道之径。不亦大相径庭哉。此其故五也。

舍此而外。尚有屏除杂用中西标点及并用中西标点。种种不甚重要之事理在。今亦无暇赘陈。总之、纵行者即不旁取。以代吾所固有。横行此绝无杂用中西之必要。标点可以神文字之用。甚愿勿姑息因循。而终徘徊乎歧路也。

(注)西标谓逗点「,」辍点「;」扎点「:」住点「·」疑问标「?」警叹标「!」夹注标「(),〔〕」摘引标「'',""」遥曳标「……」破折标「——」以及其他不甚重要之标。其用法在西文已大略有定。华文中用法则将别属一文。以求教乎大雅。

(《学艺》第1卷第3号,1918年5月8日。署名:陈参一)

华文点标论第二[*]

点标之类别

我国文字教育上。当急加研究者甚多。而点标其一也。点标一端。在西国早已普遍使用。在日本亦已于明治二十九年(西历一八九六)由其教育部制定履行。独至我国。今犹未定。殊为学术上无上之羞耻。愚思制定新式。不如采用西制(此理已详本志第三册拙著)。而采用西制。又当稍加厘订。——因西制系历史的成绩。非是合理的组织也。用是不揣愚陋。将所有西制簿加攻研。日积月累。成绩綦多。除在本志与沪报已发表外。谨当次第付刊。以质有道。此篇所陈。限于类别。特其一端也。

西式点标之已为华文所采用及可为华文所采用者。凡有十六目。曰逗、曰停、曰集、曰住、曰问、曰叹、曰引、曰括、曰渡、曰联、曰注、曰界、曰隔、曰媨、曰阙、曰代。而此十六目。又有若干目具有共通之质性。因其质性而类聚之。则又得总为六类。曰句读、曰声情、曰别异、曰缀合、曰析离、曰缺略。更就其质性而抽象之。则成两列。曰点、曰标。其统系如下。

---

[*] 本篇原来所用句号为小黑点〔·〕,今为排印方便,改用现行句号小圈点〔。〕。

点 标 类 别 表

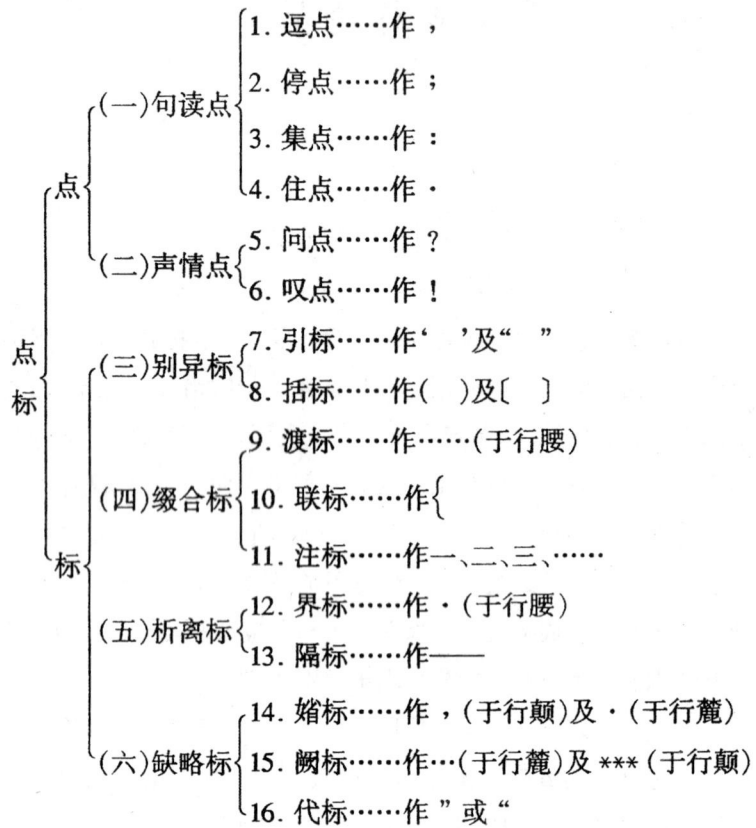

今请述其类别之理由。

表中。自一至六。六目皆用以表文句之句读。而自七至十六。十目则非以表文句之句读。故前六目与后十目宜判为两列。而更审之。用表句读者大抵是点。非表句读者大抵是标而非点。故前六目宜得'点'名。而后十目宜得'标'名。合之即成'点标'通名。此第一级区分之理由也。

复次。点列六目虽皆用表句读。然有纯驳之不同。其前四目。如逗点、停点、集点、住点、皆纯表句读。其后二目。如问点、叹点则于表句读外。兼表声情。且前四目。或表句(如住点)。或表读(如逗点、停点、集点)。各有定位。而后二目。则有时表句。有时表读。位无常处。以是因缘。故命名者。于前四目率就其所表句读之短长而名之。于后二目率就其所表声情之属类而名之。夫职司既已不同。位处亦已不同。而命名之法又复殊异。是则当判别为两类。其理甚明。此点列前四目所以归为句读类。而其后二目所以部作声情类也。

复次。标列虽皆非表句读。而亦略有差别。如第七目所以别引语于正文、第八目所以别夹注于正文。皆以标所特异。与其余诸目不类。当特汇为别异类。如第九目所以缀离立之文字、第十目所以缀并列之诸端、第十一目所以系脚注于本文。皆以为缀合文字之用。亦与其余诸目不类、当别汇为缀合类。如第十二目所以离析音声、第十三目所以离析章句。皆用以离析文字。亦与其余诸目不类。当特汇为析离类。而第十四目以下。则皆用表缺略。当特汇为缺略类。此标列所以复分为别异类、缀合类、析离类、缺略类也。而合前段以规之。则第二级区分之理由也。

据此理由。分类而教授之、当必易使儿童领悟。所谓点标难授者。当不必如彼其难授也。

1919.6.8稿

(《学艺》第1卷第4号,1920年3月1日。署名:陈参一)

新式标点用法概略

一　新式标点底意义

标点两字原单指旧式文字记号而说,如今却用为一切文字记号底总称了。现在,凡是表示词句底关系或作用的记号,都叫做标点。其中共含新旧两式:旧式就是普通所谓"圈点",新式就是本书所用的这一种。单指本书所用的这一种说,应叫做"新式标点"。

二　新式标点底种类

新式标点共分两类:一是点断文章,就是点清词句关系的记号,叫做点类;一是标明文章,就是标记词句作用的记号,叫做标类。这两类间,有两个重要的差异:

(一)点类表示停顿长短,标类与停顿长短无关。

(二)点类不得连用,标类可以连用。

因了这两个差异,所有新式标点便可以分为三群:纯粹具点一类特性的,为甲群;兼具点和标两类特性,即跨列在点和标中间的,为乙群;纯粹具标一类特性的,为丙群。其分配如表所列:

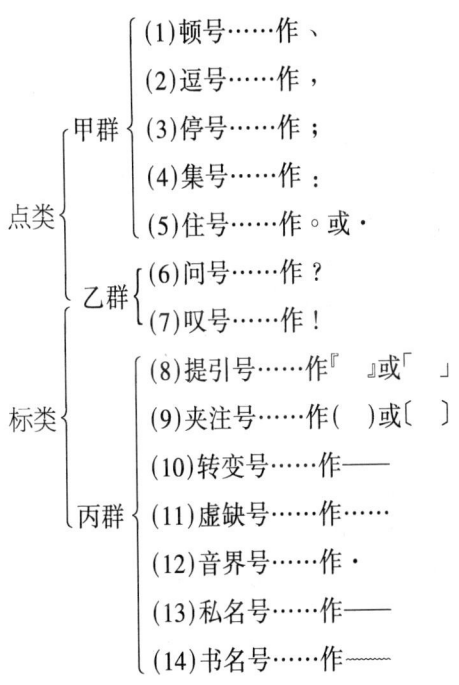

三　新式标点底用法

1. 顿号 、

(用法一)用来隔开句中连用的对等词。

句中对等词,约有以下三种.

(甲)同一语词底主词、止词、补词等。

(例)王德、王仁〔都是「道」底主词〕道,「几日不曾看妹丈,原来
　　又消瘦了些——喜得精神还好。」.

(又)管家捧上酒、饭、鱼、鸭、肉〔都是「捧上」底止词〕,堆满春

台。

(又)满房都是文学书、美学书、哲学书〔都是「是」底补词〕。

(乙)同一主词底语词。

(例)遇著花明柳媚的时节,把一乘牛车载了母亲,他便戴了高帽、穿了阔衣、执著鞭子、口里唱著歌曲,在乡村镇上以及湖边,到处顽耍。

(丙)同一被形容词底形容词或副词。

(例)第二,是声音,即所谓自言、答难〔「语言」底形容词〕的语言。

(又)昨日、午后七点钟、慌忙地〔都是「起程」底副词〕起程了。

〔注意一〕句中并无许多别种用法(见下文)的逗号时,此等顿号尽可改用逗号。

2.逗号 ,

(用法二)用来隔开句中连用的子句。(句中有主词和语词,或略去主词只剩语词的部分,名为子句。)

(例)我们要创造出历史,历史却要占据了我们。(衡分复句)

(又)那梅玖戴著新方巾〔从句〕,老早到了。(主从复句)

(用法三)用来隔开句中应该隔离的主词和语词。

主词和语词应该隔离的,约有以下这三种:

(甲)主词冗长,或须重读。

(例)彼时,贾代儒代修贾敕贾效贾敦贾赦贾政贾琮贾瑞贾珩贾珖贾琛贾琼贾璘贾菖贾菱贾芸贾芹贾蓁贾萍贾藻贾蘅贾芬贾芳贾蓝贾茵贾芝等,都来了。

(又)我,怎敢不努力!

10

(乙)语词冗长。

(例)这人,姓王,名冕,在诸暨县乡村里住,七岁上亡了父亲。

(丙)主词和语词容易混连。

(例)仁,人心也;义,人路也。

(用法四)用来分离一切不在本位的词。

可以不在本位的词,约有以下这四种:

(甲)语词。

(例)真是天真烂漫呵〔语词〕,那个五岁的小画家〔主词〕。

(乙)副词。

(例)那颗星挂在杨柳枝头,依旧亮晶晶地〔副词〕。

(丙)止词。

(例)艺术〔止词〕,你不研究么?

(丁)司词。

(例)有人坐在桌上? 桌上〔司词〕,有人坐在?

(用法五)用来分离一切与句独立的词。

与句独立的词,约有以下这四种:

(甲)独立的前词。

(例)美学〔前词〕,伊想仔细地研究彼〔代词〕。

〔注〕这句如删去"彼"字,便可归入用法四底丙项。请参看用法四。

(乙)嵌附的注释。

(例)两位舅爷,王于据、王于依〔夹注〕,都画了字。

〔注〕这个用法的逗号,可以改用转变号:

(例)两位舅爷——王于据、王于依——都画了字。

详见下文论转变号条下。

(丙)称呼词。

(例)看墓的〔称呼词〕,请你指示我,哪里是他们昨天埋葬那点灯人的地方?

(丁)感叹词。

(例)呵〔感叹词〕,他不在,也不会在了。

(用法六)用来分离一切正式的直接引用语。

(例)王冕……道,「这个法却定的不好:将来读书人既有此一条荣身之路,把那文行出处都看得轻了。」

(又)「呵」,看门的说,「他不在,也不会在了。他们昨天已经将他安葬。他死了。」

(用法七)用来分离一切做全句发端词的副词或连词。

(例)一日〔副词〕,正当嗟悼之际,俄见一僧一道,远远而来,生得骨相不凡,丰神迥异,来到青埂峰下,席地坐谈。

(又)但是〔连词〕,工作生劳苦,劳苦生困倦。

〔注意二〕诸位对于上述用法,请注意"隔开"和"分离"两词意义底差别。

「隔开」是说间隔在特定的两部分中间,这时点号必在在前的一部分之后和在后的一部分之前;如说「用逗号隔开 A 和 B」,逗号便该摆在 A 和 B 之中间,该作「A,B」。但说「分离」,却是特定的一部分和其余部分分离底意思;这时点号对于特定的部分有时在前有时在后,并无一定,总之必须摆在特定部分和其余部分底交接处。如说"用逗号分离称呼词",因为称呼词可以安放在句首、句中和句末,和其余部分交接的境状共有三种,所以彼底点法就有以下三种:

(1)主呵〔分离〕,劳苦使我们衰弱,困倦住在我们底骨里了。

(2)抱他〔分离〕,姑母〔分离〕,我请求你!

(3)知道了这许多人底痛苦就像多读了十年书了〔分离〕,朋友!

3. 停号 ;

(用法八)凡须用逗号再分的两个子句,可以用停号隔开。

(例)问五河县有甚么山川风景,是有个彭乡绅;问五河县有甚么出产希奇之物,是有个彭乡绅;问五河县哪个有品望,是奉承彭乡绅;问哪个有德行,是奉承彭乡绅;问哪个有才情,是专会奉承彭乡绅。

(又)虽然毗湿奴的国土是块大,但人类所需要的草果蜂蜜树实,都缺乏了;于是最聪明的人们起手来砍去树木,开辟林地,耕种田野,播种收获。(主从复句)

〔注〕两个子句如无需用逗号再分,这就可以依据用法二,改用逗号。

(用法九)凡可以分为两句的两个子句,必须用停号隔开。

(例)你我年谊世好,就如至亲骨肉一般;若要如此就是见外了。

(又)把门关上;天气非常地冷。

4. 集号 :

(用法十)凡须用停号再分的两个子句,可以用集号隔开。

(例)在睡眠里,他们忘记了他们底劳苦与悲哀;在睡眠里,那困倦的人回复了他们底力气:那睡眠揩干了他们底眼泪,正如慈母一般,又用了忘却的云围绕著睡者底头。

13

（用法十一）凡是解释子句和被解释子句底交接处，必须用集号隔开。

（例）据普通的见解，应该避去的词约有下列两项：一是不纯粹的词；二是不精确的词。（后解释子句）

（又）五亩之宅，树之以桑，五十者可以衣帛矣；鸡、豚、狗、彘之畜，无失其时，七十者可以食肉矣；百亩之田，勿夺其时，八口之家，可以无饥矣；谨庠序之教，申之以孝悌之义，颁白者不负戴于道路矣：老者衣帛食肉，黎民不饥不寒，然而不王者，未之有也。（前解释子句）

〔注意三〕以上四种点号都是"句读"底"读号"，必用在一句之中，表示解释时意义上构造底脉络和诵读时呼吸上停顿底节奏。在构造上，这四种点号所包摄的区域，系依次递广；在呼吸上，这四种点号所表示的停顿，也依次递长。我可以绘图，把彼等表示出来：

四种读号意义上包摄广狭图　　四种读号呼吸上停顿长短图

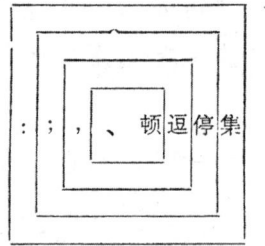

记号	停顿
顿号	一拍
逗号	二拍
停号	三拍
集号	四拍

（住号用作句号时包摄集号）　　（住号用作句号时停顿五拍）

这两图，读者必须熟记；因为记牢了这两图，对于上述用法，必更明了，遇著困难或别的必需时，也可以自由斟酌进退。

〔注意四〕以上四种记号，除集号至多（即有前后两种解释子句时)只能用两个外,在一句中所用个数并无限制。但绝对不得连用,如在一个处所,已用停号,又加集号,便是可惊的谬误。因为文章记号上,决不许有停顿长又短,包摄广而狭,这一种两相矛盾的表示。

5.住号　。或·

(用法十二)表一句底终结。
(例)伊觉得不幸而且寂寞。
〔注〕住号这样用时,可以特称为「句号」。
(用法十三)表项目底次第。
(解)如「一。」「二。」即表示是「第一」「第二」。
如「a。」「b。」即表示是「a项」「b项」。
〔注〕此系标类用法,可以用夹注号代替;如「a。」可以写作「(a)」。

以上(除用法十三外)是甲群标点底用法,在标点用法中为最繁杂而又最重要的一部分。

6.问号　?

表示疑问。
(用法十四)凡是直接问讯语,须用问号加在应加读号或句号处。加在应加句号处,问号之后必须空一格;加在应加读号处,问号之后不许空格。
　　(例)为什么山顶是这样?为什么暗云环绕著他?这是狂风打他么?这是暴雨鞭他么?

15

7.叹号　！

表示号叹。

(用法十五)凡是号叹语,须用叹号加在应加读号或句号处。加在句号处,后面应该空一格;加在读号处,不空。

(例)你们自己看不起,哪里知道你们有何等的宝藏呀！我底
　　亲爱的小乡村呀！

(又)咳！他死了。

〔注〕像第二例一类的句子,如句末也用叹号,感叹词后底叹号便可用逗号代彼。如《沙漠间的三个梦》:

阿,伊还太衰弱,伊不能走！

(用法十六)凡是大声的呼唤,可用叹号记在后面。

(例)姑母！谁能在这寒天将小孩投出屋外去呢?

以上是乙群标点底用法。这群标点都是一面表示疑问或号叹等作用,一面又代替甲群标点表示句读的关系。

8.提引号　『　』双引「　」单引

(用法十七)表示引用词句底起讫。

(例)古人有言:「百足之虫,死而不僵。」如今虽说不似先年那
　　样兴盛,较之平常仕宦之家,到底气象不同。

(用法十八)表示特提词句底起讫。

(例)去了你脚下「依赖」的鞋子。

9.夹注号　(　)括弧〔　〕括框

(用法十九)凡在自己文章中嵌入解释本文的夹注或分别本文

的项目,应用括弧标明起讫。

(例)实体词和品态词,可算得构成意义(就是构成语言文字)的基本分子。

(又)见用法十三底注中。

(用法二十)凡知识上怀有疑念的词面,可用括弧夹注问号在后;情感上夹有反感的词面,可用括弧夹注叹号在后。

(例)日本思想界情形,似乎比中国希望更大:德谟克拉西底思想,比在「民主」(?)的中国更能理解传达,而且比我们也更能觉察自己底短处,这在日本都是好现象。

(又)浙江一个经济学者(!),他说,「马克斯,马克斯——恐怕是有这个人。」

(用法二十一)凡在别人文章中加入改正、增补的字句及案语,应用括框标明起讫。

(例)我就说〔把〕你如此穷苦,如何行孝,都禀明了老爷。

(又)走过两条街、远远望见景先生同著两个戴方巾的走,匡超人〔赶上〕相见作揖。

(又)但是〔连词〕,工作生劳苦,劳苦生困倦。

10. 转变号　——

(用法二十二)凡文章底突然转变处,都该用转变号标明。

(甲)突然更换了说的人。

(例)「百工之事,固不可耕且为也。」〔陈相底话〕——「然则,治天下独可耕且为与?……」〔孟子底话〕

(乙)突然更换了听的人。

(例)龙婆道,「……如今被你夺来,弄得我夫死子绝,婿丧夫

17

亡,千万饶了我底命罢!」八戒道,「正不饶你哩!」
行者道,「家无全犯〔对八戒说〕——我便饶你〔对龙婆说〕……」

(丙)突然更换了形式(句法或写法。)
(例)这里只有一条路可以得到伊,——他必须成为先知的信徒,那时伊便是他的了。(此种句法变换,多为避免板滞)
(又)我请求你,我真请求你,——拿那客人来!(此种写法变换,全为特提下文)
(丁)突然更换了内容(折入夹注或别一个意思)
(例)两位舅爷——王于据、王于依——都画了字。
(又)这是不要访的,——也罢,访访也好。

11. 虚缺号 ……

(用法二十三)表示省略。
(例)……秦明上了马拿著狼牙棒,趁天色大明,离了清风山,取路飞奔青州来。
(用法二十四)表示静默。
(例)少年忧郁地说,「你说到你底家族……我也有家族呢。」

12. 音界号 ·

(用法二十五)表示此处字音应该分读。
(例)爱伦·凯　亚历舍·托尔斯泰

13. 私名号 ——

(用法二十六)表专名。

(例)<u>秦明</u>　<u>王于据</u>

14.书名号　﹏﹏﹏

(用法二十七)表书名、篇名等

(例)<u>儒林外史</u>　<u>少年的悲哀</u>

以上是丙群记号底用法,全只表示文章底作用,和句读绝对没有关系。凡是必需时,可把几个记号连用(如用法二十例一,连用提引、夹注两号)或和点类并用(如用法二十二丁项例二,转变号和逗号并用)。

1922.3.4　晚 8 时脱稿

(原载作者所著《作文法讲义·附录二》,
1922 年 3 月上海民智书局出版)

文 字 漫 谈

"点"和"些"

"点"和"些"有共通点,也有差别点。共通点在乎两个字表示"小、少",差别点在乎"小、少"不相同。大抵"点"指"量"说,"些"指"数"说。指"量"的"不大"就是小,该用"点"(小点);指"数"的"不多"就是"少",该用"些"(少些)。

"可"

我底朋友大白说,口语文里"可晓得吗"等"可"字,是疑问副字。我近来归纳底结果,却不是如此,现在写在这里同大白和读者谈谈。

现在请先将我从事归纳的动机说在下面:

我知道"吗"字,原则上不用疑问代词或疑问副词在彼前面楔引彼。如果有疑问代词或疑问副词列在前面做楔子,原则上就该用"呢",不用"吗"。更扩大些说,凡是肯定词和否定词前后紧接,本身上已成疑问形式的,也只得用"呢",不得用"吗"。这是"呢"、"吗"不同的特征。

举例来说,例如说,

  你怎么说出这句话来?

这句里有"怎么"这"疑问副词",如果"来"字后要用助词,就只该用"呢",不该用"吗"。

又如说,

  你去不去?

这句里,"去"这肯定词和"不去"这否定词前后紧接,已经构成疑问形式,如果第二"去"字后要用助词,也只得用"呢",不得用"吗"。

"呢""吗"的区别,我们不妨概括地说,凡是上文已经用疑问词或别的形式构成"疑问形式"的,下文用不用助词尽可随便;万一要用助词,就只得用"呢",不该用"吗"。"吗"始终是用在"叙述句"后,构成"疑问句"的。例如说,"他有《点滴》这一本书",这是叙述句;下文附一助词"吗",如"他有《点滴》这一本书吗",就成疑问句。

所以我听见大白那句话心里就想,果真是那样,连我这"呢""吗"区别的标准都变色了,这可不能轻易将事,我要慎重归纳了再说,——这是我从事归纳的起因。

归纳的结果,有两个要点:

(A)"可"字不专用在疑问句,——这是攻破"可"是疑问副词说的证据。

(B)"可"字是"提重"语词的助词,——这是断定"可"字属类的结论。

现在随便举几个例来说:

  这是不行的。

  这不是那样的时代了。

这两句话当然不是疑问句,但若要把这两句话里"是""不是"

提重,就可以说:

> 这"可"是不行的。
>
> 这"可"不是那样的时代了。

这就可以证明(A)、(B)条都不错。所以我现在敢断定说"可"是提重语词的助字。

"那" 和 "哪"

指示代词底"那"和询问代词底"那",现在说话的声音上虽然有区别,文字上却没有区别。文字上要辨别那是指示代词,那是询问代词,现在只能从彼上下文看出。例如这么两句话:

> "你往那里去?"
>
> "我往那里去。"

第一个"那"是"询问",是"什么地方"的意思;第二个"那"是"指示",是指点说话人面前的"那个地方"底意思;这都是从彼上下文看出的。

著《国语组织法》的蔡晓舟先生,以为这样用法可不很方便,在《国语组织法》第十一、十二两页主张各用一字担当,主张:用"哪"读上声作"询问";用"那"读去声作"指示"。

我也赞成"哪""那"这样分别写。这样分别写,不但询问、指示,可以由彼本身表示出来,说话声音的不同,可以由彼本身表示出来,并且"呢""吗"的区别也更容易辨明。例如:

> "你往那里去呢?"
>
> "你到那里去吗?"

这两句里,第一个"那"是"询问",第二个"那"是"指示",简直不如写作：

"你往哪里去呢?"
"你到那里去吗?"

这样写法，"那"字本身底差别和"呢"、"吗"两字的差别都格外容易辨明，不如这样分别写。

"了"

"了"字约有两种用法：
(一)表明"过去"(时候)，
(二)表明"断定"(语气)。

例如：

克鲁泡特金死了。

他又转了，提倡甚么中国资本主义了。

这都是(一)底例。又如：

伊要到美国，或瑞士去了。

火车就开了。

这都是(二)底例。(一)例，表明动作(死，转)已经完成;(二)例，却不是表明动作(去，开)已经完成，只是表明意思已经决定。

因为(二)例底"了"，有"断定"动作的作用，所以凡是命令、请求等词，每用"了"字结煞动词。如：

快点拿了去罢。打破了彼!

请先生便宜了他罢。

"着"

"着"字也约有两种用法：
(一)表明动作正在进行，
(二)表明动作之后的感情。

例如：

　　站着吃饭。
　　闭着眼睛，说人的生活。

这两个"着"字，便是(一)底例。又如：

　　躺着，好了点么？
　　说着容易，做着难。

这两个"着"字，便是(二)底例。(着字后不妨加"觉得"两字)

"会"

"会"字也大约有两种用法：
(一)是表明"能够"，
(二)是表明趋势与理由。

例如：

　　学了两点钟注音字母，就会写信，作文。
　　他会说俄国话么？

这都是(一)底例。又如：

　　他那种人会赞美、颂扬资本主义的。
　　新思潮反对父亲要求子女贡献人格底全部，却不反对子女敬爱父母;会酿出杀父案么?
这便是(二)底例。

"就"

国语文里用"就"字处很多,试略略分析:

(一)"立刻"、"马上"的意思,放在动词前表明动作不久呈现。

(例)我就来,他就去么?

这便是说:我立刻来,他立刻去么?

(二)"不是别的"或"另外没有别的"的意思,放在动词副词前,指定彼等。

(例)今年就多了伊一个人。

伊就是蔼云。

我们就这么办罢。

(三)表明"假定说"、"推广说"的意思。

(例)就是他来,我也不管。

(四)放在假设之后,表明确定的承接。

(例)你去,我就去。

这就是说:你如果去,我不会不去。

"就"字在白话文里的用法,普通就是这四种。

"再"

普通是表明动作的"重复"。如

明天再来。

就是：明天重复来。但此外还有两种用法：

（一）表明这一种动作的继续。

（例）再走几步就到了。

"再走"是说"走"的继续；就是说：继续走几步就到了。

（二）表示又一种动作的开始。

（例）我们吃了再走罢。

我们再看可有什么方法救济妇女。

"再走"表明"走"的开始在别一种动作"吃"之后；"再看"表明"看"的开始在别一种甚么动作之后。

"得"和"的"

形容动词的字安在动词之后时，大抵用——有时不用——一个"得"字或"的"字隔开那形容字和动词。全用"得"字呢？全用"的"字呢？还是"得""的"分别用呢？——分别用，似乎更为合理。

如果分别用，应该这样：

（一）承接的倘是动词的"普通状况"，该用"的"。

（例）今天人来的不多。

"不多"是"来"的状况，加"的"表明是普通状况，意思就同下一句：

今天来的人不多。

不过这指"人"说，那指"来"说罢了。余如

（例）他说的很不清白。

伊做的不上十分钟。

等等也用"的"。

(二)承接的倘是动词的"可能状况",该用"得"。

(例)你的脚这样小,跑得快么?

"快"是"跑"的状况。加"得"表明是可能状况,这句话,就同下句差不多:

你的脚这样小,能够快快地跑么?

这种分别,并不十分重要,但说明文法时方便不少,如:

(例)这篇文章做的太长了,排得进去么?

似乎比下一句便于说明罢:

(例)这篇文章做得太长了,排得进去么?

但这种分别,并不十分重要。

"再"和"又"

"再"字,普通是表明动作底重复,这在"再"字条里已经说过了。此外,还有个"又"字,有时也是表明动作底重复,如说:

他又吃了亏了。

这"又"字就是表明动作"吃"底重复;意思就是:

他重复吃了亏了。

然而"再"和"又"虽然同时表明动作重复,却难以调换着用。如前一句,换作

他再吃了亏了。

怕就不很有人赞同。在"再"字条里所举的那例"明天再来",倘换作

明天又来。

简直不成话了。

所以"再""又"两字虽然同是表明动作底重复，内中却有区别。彼等底区别是：

1."再"字是附在"简单的将来"。如：

明天再来。

"来"在"明天"，自然是"将来"；"来"又不用"正在"等表明"未完"或"了"及"要……了"等表明"完了"，当然是"简单"；"再"字表明动作底重复，就只能用在这种简单的将来的动作上，此外就须用"又"字了。所以我们可以说：

2."又"字附在不能用"再"字表明重复动作的处所。今请举出各种例来：

(一)未完的将来

明天你来时，我也许又在教书呢。

(二)完了的将来

到了明天，什么事又都忘记了。

(三)简单的现在

你又是我唯一心爱的人。

(四)未完的现在

这些书么？我又正在读彼等。

(五)完了的现在

哈！你又来弄鬼了。

(六)简单的过去

昨晚，他又喝过几杯酒。

(七)未完的过去

昨天他走时，我又正病在床上。

(八)完了的过去

他又有两年多,不曾回家了。

我们将这些例一看,"再""又"底区别也便可以明白了。

(《民国日报》副刊《觉悟》,1920年9月28日,1921年4月10日、22日,5月25日。署名:晓风)

评胡适论"除非"并说及"又不"

一星期以前,我曾在《晨报》副刊(九月二十九日)上看见胡适先生一篇论"除非"两个字用法的文章,说:

"除非过半数会员出席,大会才开得成。"(一)

这句话是不通的,应该改为

除非过半数会员出席,大会是开不成的。(二)

他说,"上半句用'除非',下半句不能用肯定的语气。"(现在手边没有《晨报》,所引是看了《努力》二十四期追忆出来的)。他又说起他的朋友吴检斋先生曾举出一个例:

"要相见,除非是,梦里团圆。"(三)

说"除非"等于"非非","非非"等于"是",主张"除非"是肯定的语气,他却不表同意,曾举了《琵琶记》中的例:

要相见,不能够,除非是梦里暂时略聚首。(四)

证明"除非只是一个否定的连词,并不曾变成肯定的语气"。

今天又看见《努力周报》二十四期里他又做了篇论"除非"的文章,约有三四千字,结尾声明说:"我很悔第一次讨论时太粗心了,不曾细心研究这个问题的疑难究竟在那一处。我现在很高兴地认错,并且很虚心地把我近来改正的意见提出来请大家评断。"他在这篇文章里,对那反对(一)例的话是已认错了,但仍认为"不可为训",说"我们讲文法的人……应该避免或废止……"。对于"否定的连词"的主张,他却举出十几个旧例来,证明十月一日二日的《益世报》所主张的:"'除非'二字,实在是一个肯定的连词,并不是否定的连词。"这句话是谬误。他断定说:

"除非"的分句把"不可能"的事实翻成"可能",故"除非"是"否定的连词"。有时又把"可能"翻成"不可能",例如:

我有百日血光之灾,只除非出去东南上一千里之外躲避。(《水浒》六十一回)

这也是一种"否决",故"除非'是否定的连词。

我们研究各种例句的结果,得下列的结论:

"除非"是一个否定的连词,引出一种解释的条件,来推翻一种现在可能或不可能的事实:使可能的翻成不可能,不可能的翻成可能。

他所以认(一)例"不可为训"便是这个断定的结果。

胡适先生的这结论,他自己说是"几天寻出十来个旧例,仔细比较研究的结果",我们自然十分重视。但我却觉得从他所举的例和其余的例比较研究起来,"除非"两字的用法实在可以用一句极简单的话说明;就是

"除非"是表示必要条件的连词。

我这说明如果可以成立,就有以下两个结果:

第一,(一)例并非"不可为训";

第二,肯定否定不必争执。

就是问题的中心完全在胡适先生和许多先生们讨论的范围之外。

我先举一个例来说明"必要条件"。例如

你去,我才去。(五)

这句话里的"你去"便是"我去"的必要条件,就是必须"你去"

这个条件成立，"我去"这个事实才会发生。凡是含有必要条件的句子，如若否定了条件，同时必可否定事实。所以(五)例的意思必可改为这个说法：

  你不去，我就不去。(六)

 将(五)(六)两例合起来，便是：

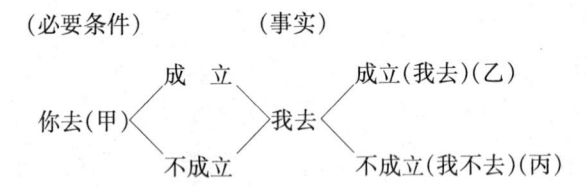

(必要条件)　　　　　(事实)

你去(甲)〈成立　　我去〈成立(我去)(乙)
　　　　　不成立　　　　不成立(我不去)(丙)

必要条件和事实的关系如此。假使"除非"是表示必要条件的连词，"除非"在这例中便该紧随"你去"作"除非你去"(甲)。我们可以把条件(甲)和事实(乙)(丙)配合出种种的式子：

 第一，(甲)(乙)相配。这有两种情状：

 甲，(甲)在前(乙)在后：

 (例)(1)除非你去(甲)，我才去(乙)。

  (2)除非过半数会员出席(甲)，大会才开得成(乙)。

  (3)只除非得这三个人(甲)，方才完得这件事(乙)。——《水浒》第十五回。

  (4)只除非教呼延灼将军赚开城门(甲)，唾手可得(乙)。——《水浒》第五十八回。

这便是上述的(一)例。

 乙，(乙)在前(甲)在后——即把上式颠倒过来：

 (例)(1)要我去(乙)，除非你也去(甲)。

(2)要相见(乙),除非是梦里团圆(甲)。

这便是上述的(三)例。

　　第二,(甲)(丙)相配。这也有两种情状:

　　甲,(甲)在前,(丙)在后。

　　(例)(1)除非你也去(甲),我是不去的(丙)。

　　　　(2)除非过半数会员出席(甲),大会是开不成的(丙)。

这便是上述的(二)例。

　　乙,(丙)在前(甲)在后——即把上式颠倒过来:

　　(例)(1)我是不去的(丙),除非你也去(甲)。

　　　　(2)大会是开不成的(丙),除非有过半数会员出席(甲)。

这也是(二)例。

　　第三,(丙)(甲)(乙)相配。

　　　(1)我是不去的(丙),除非你也去(甲),我才去(乙)。
　　　(2)要相逢,不能够(丙),除非是梦里(甲),暂时略聚首(乙)。——《琵琶记·描容》
　　　(3)凭她(鸳鸯)嫁了谁家,伊难出我底手心(丙);除非伊死了,或是终身不嫁男人(甲),我就服伊了(乙)。——《石头记》第四十六回。

这便是上述的(四)例。

　　此外有无可以成立的方式,我这时没空闲检查。但推想起来,似乎我说第三式应该还有几个副式如(乙)(甲)(丙)或(甲)(乙)(丙)等可以成立:

　　　要我去(乙),除非你也去(甲);否则我是不去的(丙)。
　　　除非你也去(甲),我才去(乙);否则我是不去的(丙)。

　　总之,(甲)可以与(乙)和(丙)随意配合。据我个人看来,胡适先生正可不必强执(甲)(丙)的配合(我说的第二式)为根本式子。如依他那样说,必至认"除非"的作用是"翻案",是把"可能的翻成不可能,不可能的翻成可能"。而且解句式时也很为难,必至把(甲)(乙)的配合(我说的第一式)看作省略了(丙),认是"不可为训",又把(丙)(甲)(乙)的配合(我说的第三式)看作"找上"了(乙)。其实"除非"的作用,只是表示必要条件的存在,与"又不"两字的表示必要条件的不存在互相呼应。我们如果要表示必要条件的不存在,可以用"又不"两字来表示,如在(五)例我们可以说:

　　我不去,因为你又不去。

又如:

　　你何以不进医院?——我又不生病。

至于要表示必要条件的存在,则可以用"除非"来表示。我觉得只要这么来解说就可以了。

　　以上是就配合方式评断胡适先生所举的"除非"应作表示必要条件的连词解释的话。以下请更就"除非"这一个词儿应用情况,说明"除非"应该这样解释。

　　就"除非"这一词儿应用情况看来,第一,在(甲)(乙)的配合里都可解作"必须",或竟用"须"字代入。如他所举《水浒》第五十七回末尾的(6)例:

　　若要攻打青州,只除非依我一言(甲),指日可得(乙)。

第五十八回开端重述这句话时,就说:

　　若要打青州,须用大队军马(甲),方可打得(乙)。

大凡章回小说,前一回末尾和后一回开端必有几句重述同一事实的话,作者为避免文字上的重叠起见,常使互有详略或用当时同意义的字替换着用。我平日常把这处所看作研究同时代中同义语的材料的出处之一,现在也就给我一个很好的证明。

这种例找起来很多,即如上文所举《水浒》第十五回开端的这个例:

只除非得这三个人,方才完得这件事。

在第十四回末尾也就作:

这段事须得七八个好汉方可。

第二,在(甲)(丙)的配合里都可解作"除了",或因为要表示唯一的条件的缘故作"只除"。例如:

宋江道,"用何智可获此人?"吴学究道,"只除如此,如此。"(《水浒传》五十八回)

即如上文(甲)(丙)配合里所举的各例,用"除了"代入,也都可通的。

因为如此,所以我对于胡适先生的研究,总觉不满足。我觉得:第一,"除非"只是紧随必要条件的连词,正不必坚执(甲)(丙)一式为根本式子说它是否定的连词,也不必坚执(甲)(乙)一式为根本式子说它是肯定的连词。第二,"除非"只是紧随必要条件的连词,在"大会是开不成的,除非有过半数会员出席"(他的第一式)担任的职务就是在"除非过半数会员出席,大会才开得成"(他的第二式)里担任的职务,正不必说第一例太简略,主张避免或废止。

这是我个人对于胡适先生论"除非"的意见,是否妥当还请大家评判。

(《民国日报》副刊《觉悟》,1922年10月22日)

"了"字底用法

　　白话文里常用的一个"了"字,依我看来共有三种不同的用法;时人或说一种或说两种,都觉尚有商榷的余地。

　　第一种用法是表示动作底完成。如:

　　(例一)穿了衣服。

　　"了"字即表示动作"穿"已完成。这是最普通的用法,通常可以用"好"字、"完"字、"罢"字……来替代的,文法家多已明白了。

　　第二种用法是补助说明或断定的口气。这类用法,现在文法界还只有少数人明白。然依文法的现象,委实不得与前一种混同,也不便用虚拟口气一类的话来解释。试看:

　　(例二)穿衣服了。

　　像这例和例一,意思显然不同:例一叙述"穿"这动作已完成;这例是说明"穿"这动作才发现。又如说:

　　(例三)他躺着了。

　　分明有"着"字表明"躺"这动作底继续,也不得把"了"字解作表示动作底完成。至于不是虚拟口气,更不消说了。

　　依我看来,这类"了"字底位置,都和"呢""哩"等助字相同(如二、三两例都可换用"呢""哩"等字;句法相同,意义各别),也是一种补助口气的助字。其所补助:(一)说明的口气。如《儒林外史》第二回记行主人领着周进去看贡院:

(例四)到了龙门下,行主人指道,"周客人,这是相公们进来的门了"。进去两边号房门,行主人指道,"这是天字号了"。

又如记周进吃开馆酒的一段:

(例五)申祥甫连忙斟了一杯酒道,"梅相公该敬一杯:顾老相公两席就是周先生了。"梅玖道,"我不知道,该罚该罚!"

这都是很明显的例。即如二、三两例,也都是对面人不注意或不晓得,须得说明时才用的;如对面已注意或已晓得"穿衣服""躺着",这等话便不必说;再说,便是费话了。又这些例中的"了"字不得作表示动作底完成解也很明显,四、五两例中的三个尤其如此。试问动字是"是"字,何谓"是"字底完成呢?

其次是(二)断定的口气。

(例六)他若见我这般说,不睬我时,此事便休了。

(例七)他若说"我替你做",这便有一分光了。

(例八)他若不肯过来,此事便休了。

(例九)他若说"我来做",这光便有二分了。

(例十)第二日他若依前肯过我家做时,这光便有三分了。(《水浒传》)

(例十一)我们若去求他,这就不是品行了。(《儒林外史》)

(例十二)若还这样傻,便不给你娶了。(《石头记》)

(例十三)你这中书早晚是要革的了。(《儒林外史》)

这些"了"字都是补助断定口气的,与动作底时间无关,与动作底情状也不相干。

用这类"了"字,为的全是说话者和听话者底关系,都是听话者对于或一事象不注意或不晓得,说话者说明或断定给佢(他)听时才用的。所以与第一种用法,表明动作情状的,其实不得相混。

这类"了"字在《西游记》里尽用"也"字。如关于说明的,《水浒传》:

(例十四)大哥请回,兄弟走了。

《西游记》这类句法使用"也":

(例十五)这等不消叮嘱,我去也。(《西游记》第八回)

又如:

(例十六)那六兄弟前后寻觅不见,一齐吆喝道,"走了这猴精也!走了这猴精也!"(《西游记》第六回)

(例十七)李天王闻言,又把照妖镜四方一照,呵呵地笑道,"真君,快去,快去,那猴使了个隐身法,走出营围,往你那灌江口去也!"(《西游记》第六回)

关于断定的,如:

(例十八)二郎赶至涧边,不见踪迹,心中暗想道,"这猢狲必然下水去也,定变作鱼虾之类,等我再变变拿他。(《西游记》第六回)

(例十九)菩萨开口对老君说,"贫僧所举二郎如何?果有神通,已把那大圣围住,只是未得擒拿。我如今助他一功,决拿住他也。"(《西游记》第六回)

《西游记》凡是这类用法尽用"也",关于我说的第一种用法处,常用"矣",也用"了"。两类用字,分别颇明。研究文法的,尽可参看。

第三种用法是展舒主要动字底声音,虽带有完成的意义,却是很微,有时几乎无有。如:

(例二十)三四个客人扶着,灌了下去。(《儒林外史》第三回)

这类的"了"字,因为意义很微,所以去了也无妨碍,不过语气生硬些罢了,又因为意义很微,也不妨改用别的字。我曾略略检查,知道《西游记》和《水浒传》并无此类用法的"了"字;凡是可有此类用法的"了"字处都用一个"将"字调节语言。其例甚多,略举几个如下:

(例二十一)我一人能拿几何?还使个分身法搬将去罢。好猴王即拔一把毫毛,入口嚼烂,喷将出去……(《西游记》第三回)

(例二十二)你看这猴王分开水道,径回铁板桥头,撺将上去……(《西游记》第三回)

(例二十三)大王,祸事!祸事!外面一个毛脸雷公,打将来了。(《西游记》第三回)

(例二十四)巨灵神冷笑道,"这泼猴这等无状!你要做齐天大圣,好好地吃我一斧。"劈头就砍将去。(《西游记》第四回)

(例二十五)王进回身,把棒望空地里劈将下来。那后生见棒劈来,用棒来隔,王进却不打下来,将棒一掣,却望后生怀里直搠将来。(《水浒》第一回)

(例二十六)那后生爬将起来,便去旁边拨条凳子,纳王进坐。(《水浒》第一回)

(例二十七)陈达叫将起来,说道,"你两个闭了鸟嘴!……"(《水浒》第一回)

(例二十八)庄客王四一觉,直睡到二更方醒。觉来看见月光微微,照在身上,吃了一惊,跳将起来,却见四边都是松树。(《水浒》第二回)

39

这类例在《儒林外史》里便把"将""了"两字分用,其例如下:

(例二十九)有个牧童倒骑水牯牛,从山嘴边转了过来,翟买办赶将上去,问道,"秦小二汉,你看见你隔壁的王老大牵了牛在那里饮水哩?"(《儒林外史》第一回)

(例三十)到了早饭时候,为头的申祥甫带了七八个人走了进来,在殿上拜了佛。(《儒林外史》第二回)

(例三十一)众人道"好了!"扶着立了起来。(《儒林外史》第三回)

(例三十二)周进看着号板,又是一头撞将去。(《儒林外史》第三回)

(例三十三)才去不到一个时辰,只听得一片声的锣响,三匹马闯将来。(《儒林外史》第三回)

(例三十四)他爬将起来,又拍着手大笑道,"噫,好了! 我中了!"(《儒林外史》第三回)

(例三十五)胡屠户凶神一般走到跟前说道,"该死的畜生! 你中了甚么!"一个嘴巴打将去。(《儒林外史》第三回)

(例三十六)胡屠户站在一边,不觉那只手隐隐地疼将起来。(《儒林外史》第三回)

(例三十七)这六两多银子,老爹拿了去。(《儒林外史》第三回)

(例三十八)王氏的病,渐渐重将起来。(《儒林外史》第五回)

这类句法里的"将"和"了"虽然略有区别,但双方都不甚含有原义,大抵都可互相更换。所以在《石头记》里,便几乎没有这类用法的"将"字了。

又"罢了"底"了",便是第二种用法里补助断定语气的助字,有些文法家分开说,实在不很适当。如"罢了"该分说,句末"便了""就是了"也就该分别说明了。

(《学艺》第4卷第8号,1923年2月1日)

"吗"和"呢"的讨论

一

朱正权君给《中学生》编辑的信：

一般人讥笑语体文，说它满纸的"的了吗呢"。我觉得"的了吗呢"也并不容易用，就像"吗"字和"呢"字，同样表示疑问，为什么要分化？在写作的时候，那里应该"吗"那里应该"呢"是知道的，但是这个知道只是念下去有数，究竟有没有一定的规律？关于这个，想来你有点儿明白的。倘若能详细的指教我，我十二分的感激。

朱正权启　十一月十日

"吗""呢"分用，是有一定的规律的。因为有一定的规律，所以我们写作的时候能够知道那里应该"吗"，那里应该"呢"，而且你的以为那里应该"吗"那里应该"呢"，和我的以为那里应该"吗"那里应该"呢"能够一致。不过不曾有人把这一定的规律提出来讲就是了。因为不曾有人提出来讲，而我们自己平常又只求用得不错，不曾想要说得明白，不曾运用所谓归纳的研究法把所有同类的例集在一处，看它们的用法到底有什么分别，所以我们一向只是习惯的知道那规律,不能简单的说明那规律。写作的时候,虽然知道那里应该"吗"那里应该"呢",也须要念下去才有数。

所谓规律,其实很简单。便是:问述语是肯定还是否定,应该用"吗",问别的都应该用"呢"。

例如用"去"做述语,问你"去"(肯定)还是"不去"(否定)就应该用"吗",说:

　　你去吗？

假使不是问"去"这个述语的肯否定,而是问别的,例如问"谁"去或问你"到那里"去。于"去"的本身并没有肯定还是否定的疑问的,便都该用"呢"。我们应该说:

　　谁去呢？

　　你到那里去呢？

不能说:

　　谁去吗？

　　你到那里去吗？

如果说:

　　谁去吗？

　　你到那里去吗？

问题便与所要说的意思不同,便又是问去不去,不是问"谁"去或你"到那里"去了。

因为"吗""呢"有这分用的一定的规律,所以"吗""呢"这两个疑问助词,在句中便有了两重的作用:(一)表明句子是疑问句;而且(二)表明疑问在那里,是述语的肯定或否定,还是别的。这比之文言的疑问助词就多了一重作用。文言中的疑问助词例如"乎"等,那只能表明句子是疑问,而不能表明疑问点在那里。例

如:
> (一)疑问点在代名词,可以用"乎"字助疑问语气:
>
> 孰谓邹人之子知礼乎?(《论语·八佾》)
>
> (二)疑问点在形容词,也可以用"乎"字助疑问语气:
>
> 此奚疾哉?奚方能已之乎?(《列子·仲尼》)
>
> (三)疑问点在副词,也可以用"乎"字助疑问语气:
>
> 子盍言子之志于公乎?(《礼记·檀弓》)
>
> (四)疑问点在动词也可以用"乎"字助疑问语气:
>
> 厩焚。子退朝,曰:伤人乎?(《论语·乡党》)

这几句假如译成了白话,(一)(二)(三)三句都便该用"呢",只有(四)这一句可以用"吗"。文法可说比文言完密了好多。"吗""呢"所以颇不容易用便在此。

以上所说是"吗""呢"用法主要的区别。知道这主要的区别,其余性质相同的便可照此类推。例如所谓抉择的疑问:

> 你到杭州去呢?还是到嘉兴去?

这与"你到那里去"的句法类似,可照"你到那里"的句子用"呢"字助语气。又如述语的肯定否定同时说出的时候,例如说:

> 你去不去呢?

这例举出"去"与"不去"来抉择,又与抉择的句法相类似,故又可以照抉择的句法类推,用助词"呢"助语气。

(《中学生》第31期,1933年1月。署名:雪帆)

二

林快民君来信：

本志卅一号登载了雪帆先生的一篇答复正权先生的论"呢""吗"的文字。我对于雪帆先生所定的规律，在原则上是相当同意的；但对于雪帆先生的类推法，却认为未甚妥当。雪帆先生说"你要到杭州去，还是要到嘉兴去？"和"你要到那里去？"同是问去的地方，句法类似，可以照"你到那里去？"的句子用"呢"字助语气。又说"你去不去？"和"你要到杭州去，还是到嘉兴去？"同是抉择的语疑问，句法类似，故又可以照着用"呢"字助语气。那末，我们也可以学着雪帆先生说"你去？"或"你不去？"和"你去不去？"同是问述语的肯否定，句法类似，所以也要用"呢"字助语气。这样一来，"吗"字便没有立足的余地了。

雪帆先生所定的规律，虽没有错；但他的类推法，却可以走到和他的规律相反的地方去。这也许是他的规律定得太简略吧。这篇文字之作，就是为要补充雪帆先生的简略。不对的地方，还要请雪帆先生改正。

我的意见是：

"吗"字的意义，略等于"然否"两字；所以，凡然否问句，除已先有表然否的复述语之外，都要用"吗"字去表疑问。——规律一

"呢"字没有意义，不过助助语气而已；所以，一切问句，除已用"吗"字的外，都可用呢字去助疑问。——规律二

照这样说来,为什么"你去不去"要用"呢"字助语气,便很容易明白了。——照规律一:"你去不去"虽是然否问句,但"去不去"三字便有"然否"的意思,如果再用等于"然否"的"吗"字,不是叠床架屋吗?又照规律二:一切问句,如没有助词"吗"字的,都可以用"呢"字去助语气。

不过,这两条规律,虽颇为完密,但恐非一般初中低级的学生所能了解。所以,这里我特地再定下两条较浅近的规律来。——这两条规律,是从上面两规律引申出来的:

"吗"字表疑问;所以一切没有表疑问的词或语的问句,都要用"吗"字。——规律三

"呢"字助疑问;所以必须已有表疑问的词或语的问句,才可用"呢"字。——规律四

现在借用雪帆先生所举的文言的例句,译成白话,来说明我这两条规律:

谁说孔丘懂得礼节呢?——"谁"表疑问。助词用"呢"字。

什么药方能够医治它呢?——"什么"表疑问。助词用"呢"字。

你为什么不把你的志愿告诉他呢?——"为什么"表疑问。助词用"呢"字。

伤了人吗?——没有表疑问的词或语。须用"吗"字去表疑问。

这样的说明,不是更易懂吗?不过,这里所谓表疑问的词或语,和文法上的"疑问词"并不完全相同。如:

你到杭州去,还是到嘉兴去?

你去不去？

这一类的句子,在文法上,虽没有疑问词;但是"还是"这一个抉择连词,和"是不是"这一个复述语,却有充分表疑问的能力。所以,不必用"吗"字去表疑问;只要加上"呢"字去助语气就够了。又如：

难道你是哑子！

岂有此理！

这一类的句子,在文法上"难道"和"岂"虽都是疑问副词;但它们却没有独立表疑问的力量。如不加"吗"字去表疑问,便成为感叹句了。所以,不能用"呢"字。

此外,还有一种省略句。如：

我的爸爸呢？

你呢？

这一类句子,虽表面上丝毫找不出表疑问的词或语,但试把他写成完全的形式,如：

我的爸爸那里去呢？

你怎么样呢？

不是也有表疑问的副词在吗？

最后我再举一例作上述四条规律的总说明,如：

谁爱你？

这类疑问句,既可用"吗"字作助词,又可用"呢"字作助词。因为,从内容上说,如果所问的是爱的"然否",便要用"吗"字(规律一);如果所问的是爱的谁属,便要用"呢"字(规律二)。再从形式上说,如果"谁"字用作指示代名词,便要用"吗"字(规律三);如果"谁"字用作疑问代名词,便要用"呢"字(规律四)。

末了，我把那两个字的比较重要的异点，列成一个对照表，以作这篇文字的结束：

吗	表疑问	问然	其他	不能另有表疑问的词语	删去不是疑问句
呢	助疑问	否	抉择	必须另有表疑问的词语	删去仍是疑问句
		问其	他		

林快民

快民来和我讨论"吗""呢"两字用法的规律，使我有重新考察一次、说明一次的机会，我很高兴。快民疑心我前次答正权先生的规律定得太简略。这太简略的批评，是我应该接受的。因为至少快民先生已有怀疑的地方了，我不能不负相当的说明上的责任。至于说会类推到相反的地方去，又提出如表所列的"补充"案来，那我可不能同意。因为这是于文法的实际情形不合的。譬如他说"吗"表疑问，"呢"助疑问，这把"助"和"表"分列开来算什么意思？"呢"是助词，难道"吗"是表词吗？又如他说用"吗"字的句中不能另有表疑问的语词，那么对于

　　"这位王相公可就是会画没骨花卉的么？"（《儒林外史》第一回）

这句里的这个"可"字应该怎么说？说这个"可"字没有独立表疑问的力量吗？那么

　　"长兄这些年考校，可曾得个什么梦兆？"（《儒林外史》第二回）

　　"可曾定有日期？"（《儒林外史》第三回）

"先年可曾认得这位父母？"(《儒林外史》第四回)

这些句里的"可"字又该怎样解说？至于他说"吗"字删去不是疑问句，更其有问题。因为一则如上所举的疑问句，删去"吗"字也可以成为疑问句的，如(《儒林外史》第一回)的例句，可以删成：

"这位王相公可就是会画没骨花卉的？"

二则可用"吗"字的疑问句，有时不用任何表疑问的语词，也能成为疑问句的。例如：

"这名字是你替他起的？"(《儒林外史》第二回)

这些问题如不能解答，快民先生的补充方案，就无从表示同意。

然而快民先生说我上次说得太简略，我是要负相当说明上的责任的。因为至少快民先生已经有怀疑的地方了。为尽责任起见，我可以将上次说过的意思换一个方式来说。先从疑问句的种类说起。

我们知道疑问句一共可以分做三种。照文法界的习惯，第一种可以叫做普通疑问句。这种疑问句，问的是述语的肯定还是否定。答问人的可以用"是"或"不是"，或用"然"或"否"来回答。例如：

翟买办道："这位王相公可就是会画没骨花卉的么？"秦老道："就是了。亲家，你怎的知道？"(《儒林外史》第一回)

王举人道："这名字是你替他起的？"周进道："这名字不是晚生起的。"(《儒林外史》第二回)

孟子曰："许子必种粟而后食乎？"曰："然。""许子必织布而后衣乎？"曰："否。"(《孟子·滕文公上》)

第二种叫做特别疑问句。这种疑问句一定有疑问代名词，或疑问形容词，或疑问副词，如"什么""怎样"或"谁""奚"等等，指明

要求解释的所在。答问的人必须对于那疑问的所在有所解释。不能单说"是"或"不是"或"然"或"否"了事。例如:

> 秦老道:"亲家,你怎的知道?"翟买办道:"县里人那个不晓得!……"

就是说"王相公会画没骨花卉,县里人没有一个不晓得的,所以我也知道。"必要这样说出为什么知道的理由来,不能单说"是"或"不是"。又如:

> "许子奚为不自织?"曰:"害于耕。"(《孟子·滕文公上》)

也是一样,也一定要说出"害于耕"这一个理由来,不能单说"然"或"否"。

第三种叫做抉择疑问句。这是提出两种或两种以上的事项来,要求答问的人指出一种来的疑问句,答问的人必须从中指出一种,不能单说"是"或"不是",或说"然"或"否"了事。例如问:

> "你到杭州去呢?还是到嘉兴去?"

应当回答"到杭州去"或"到嘉兴去",不能单说"是"或"不是"。又如问:

> "你去不去呢?"

这也等于说,"你去呢还是不去?"应当回答说"去"或"不去",不能单说"是"或"不是"。这"你去不去呢"的问句,是和"你去吗"或"你不去吗"不同的:问"你去吗",你可以答道"是"表示去,或答道"不"或"不是"表示不去。而问"你去不去呢?"却不能如此回答。

疑问句一共可以分做这三种。这种分类本不是为说明"吗""呢"两字的用法而设的,但很可以利用它来说明"吗""呢"两字用法的不同。把"吗""呢"两个助词在这三种句子之间分配起来,那便只有第一种问述语的肯定还是否定的普通疑问句可以用"吗",

其余两种都该用"呢"。其分配如下表：

普通疑问句——用"吗"。

特别疑问句 ⎱
抉择疑问句 ⎰用"呢"。

所以上次我定了一个规律道：问述语是肯定还是否定，应该用"吗"，问别的都应该用"呢"。

这所谓"问别的"，当然可以包括特别疑问和抉择疑问两种疑问句。但我上次说的时候前头举例都侧重在普通疑问和特别疑问的对照，来说明一该用"吗"，一该用"呢"。未及把抉择疑问的例句带举。恐怕看的人忘却还有一种抉择疑问，故又在篇末举了。

（1）你到杭州去呢？还是到嘉兴去？

（2）你去不去呢？

两个例，表明这种抉择疑问句也须仿照特别疑问句，该用"呢"字助语气。我以为这样比较地说得完全无漏，不料因此反而引起了快民先生的怀疑，甚至以为会类推到相反的地方去！

为什么快民先生会类推到相反的地方呢？起初我不懂，细看之后才懂得这是因为抉择疑问句中有一个特例的缘故。这特例，便是上面所举的（2）："你去不去呢？"这是同时说出肯定和否定来要人抉择的，虽然和"你去吗？"这一句，单说出肯定的"去"来，问人是加以肯定还是加以否定的不同，但规律中单说"问述语的肯定还是否定"，颇容易把它也包括进去，因而单看规律（虽然若看上次说的全文是可以明白的）颇容易误会以为"你去不去呢"也可以用"吗"。快民先生的怀疑大概便是从这里来的。如果如此，那么我们为这特例起见，就该再加一点限制。这限制应该从"你去不去呢"和"你去吗"这两句的不同点上去找。唯一的不同便是两句所

51

希求的答案不同。"你去吗"是要人加以肯定或否定的。如果加以肯定，可答道"是"，如果加以否定，可答道"不是"。"你去不去呢"却和"你到杭州去呢还是到嘉兴去"一样，必须就所列的两项"去""不去"中抉择一项，即将所抉择的一项说出来作答，例如说"去"，不能单说"是"或"不是"。因此如要补充，可以将上次所说的规律补充如下：

> 问述语的肯定还是否定，可以用"是"或"不是"来回答的，应该用"吗"，问别的都应该用"呢"。

这样恐怕便是单看规律也不会再有误解了。但意思还是和我上次所说的一样，可以和我上次所说的对看。不过规律的文句上比原来加多了"可以用'是'或'不是'来回答的"这几个字罢了。

至于快民先生定的规律，名为我所定的规律的补充，实际和我的原定规律不相干。就是他所定的规律三，规律四，也和他自己定的规律一，规律二不相干。他不但一步步地离开了我，也一步步地离开了他自己。我们略为追踪就可以显出我们认识的差异来。他第一步和我的差异是：我认为

(1) 你到杭州去呢？还是到嘉兴去？

(2) 你去不去呢？

两句同属抉择疑问，不能分开，而他却想把它们拆开，分属普通疑问与特别疑问，如下：

(甲) 普通疑问（问述语的肯定还是否定，即他所谓"然否问句"）——"你去不去呢？"与"你去吗？"等问句看成同类。

(乙) 特别疑问（即要用各种疑问语词的）——"你到杭州去呢？还是到嘉兴去？""谁说孔丘懂得礼节呢？"等问句看成同类。

我们说的三种，一到他的手里便只成了这样的两种。于是种

种问题便起来了。第一个问题便是:(甲)项之中"你去不去呢?"和"你去吗?"为什么一句要用"呢"一句要用"吗"呢?照我说来,问题是在"去不去"和"去"这一点上不同,问"去不去"是教人于"去"和"不去"之中抉择一项,是抉择疑问,而只问"去",是要人表示加以肯定或加以否定,是普通疑问。然而他不肯承认这一点。他以为"去不去"和"去"是极相似的。也就是他因为这一点极相似,把它们看成同类的。他不从这里立别,他要去找"呢""吗"自己,从它们自己身上说出一个差别来。这就成了他的所谓规律一,规律二。如下:

"吗"字的意义,略等于"然否"两字,所以凡然否问句,除先有表然否的复述语外,都要用"吗"字去表疑问。——规律一

"呢"字没有意义,不过助助语气而已;所以,一切问句,除已用"吗"字外,都可用"呢"字去助疑问。——规律二

他以为"照这样说来,为什么你'去不去'要用'呢'字,助语气,便很容易明白了"。是的,用这两个规律单单说明"你去不去呢"这一句很容易明白的。因为这是为它特制的。但是它是有特制的了,别的将如何呢?譬如"这名字是你替他起的?"这一句,它竟不照规律一,要用"吗"字表疑问,又不照规律二,可用"呢"字助疑问。这规律对它应该怎么办呢?还有一般文法界的习惯,不是说助词全有意义,便是说助词全没有意义。这规律却为要说明"吗"与"呢"不同起见,把"吗"说成有意义,说"略等于然否两字",把"呢"字说成没有意义,说"不过助语气而已"。还有语言的习惯,"你去吗"这种句子有些时候有些地方是不用"吗"助疑问,用"不"或"弗"

53

助疑问的,例如"你去吗"这一句,在我的故乡就该说"你去弗?"又如《水浒》第四回桃花村的老人问鲁智深肯吃荤腥弗,也曾说"不知肯吃荤腥也不?"如要把"吗"字和所谓"然否"的字眼对照,也只能说略等于"否""不""弗""无""未"等字,而他却说是略等于"然否"两字。至于所谓"表疑问""助疑问","表""助"分别的不妥贴,前面已经提过,不必再说了。这便是他和我第二步的差异。

但是还有问题。问题便是(甲)项和(乙)项又该怎样区别呢?这照我说,仍该去看是不是问述语的肯定还是否定,但他还是要避了这一点,到别的地方去找。到那里去找呢?他以为(甲)项之中如"你去吗"另外没有表疑问的语词,(乙)项之中如"谁说孔丘懂得礼节呢"是另外已有表疑问的语词的,于是便抓住了疑问语词的有没有这一点造成了他的所谓规律三,规律四。如下:

"吗"字表疑问,所以一切没有表疑问的词或语的问句,都要用"吗"字。——规律三

"呢"字助疑问,所以必须已有表疑问的词或语的问句,才可用"呢"字。——规律四

他和神话中的上帝造天地一样,看看又是好的,上两条规律"颇为完密",而这两条却较为"浅近","更容易懂"。他以为一二规律和三四规律只是通俗不通俗之分,而不知道这三四规律和那一二规律是有标准的不同。一二规律标准在有没有所谓"然否"的意义,三四规律标准在有没有疑问词。于是他就不但离开了我,也竟离开了曾经规定一二规律的他自己去了。这便是他和我的第三步的差异。

差异是不要紧的,要紧的是要规律能包括事实,符合事实。不

过因为他曾声明是我原案的补充,我不能不声明那不是原案的补充,中间是含有认识的不同的。到底谁的认识正确,谁的规律能够包括事实,只要印证事实便可决定,也只有印证事实才可决定。

(《中学生》第34期,1933年4月。署名:雪帆)

关于刘半农先生的所谓"混蛋字"

刘半农先生的所谓混蛋字,就是口头语里的一个"打"字。在《半农杂文》里有一篇文章专论这个字。照那篇文章看来,好像他很讨厌"打",却又很喜欢搜集关于"打"字的词头。在一九二二年十一月,他已经搜集了关于"打"字的词头一百多个,到一九三二年八月,他已经搜集到关于"打"字的词头八千多个。在已经搜集了一百多个还未搜集到八千多个的中间,他就做了一篇文章,题目叫做《打雅》,把一百多个带有"打"字的词头一一加以解说。结果把这个口头语上的"打"字,认做"意义含混"、"混蛋到了透顶",把它叫做"混蛋字"。那篇文章最近已经有人把它当作名文,列入《国语运动史纲》,作为中国大辞典编纂处的最大成绩之一。

"打"字果真是"混蛋字"吗?在这时候我很想问一句。

我并非想替"打"字洗刷,洗去"混蛋"或者"混蛋到了透顶"的丑名,我是想借此表明就是一个字的研究也可以因为研究的态度不同、研究的方法不同,而结果大不相同。现在做《史纲》的人所用的是尽量罗列的方法,除了尽量罗列的方法之外,我们知道还有一种高度综合的方法。虽然高度的综合,不能不靠尽量搜集罗列做基础,但是尽量搜集罗列必须附属在高度综合下面。单靠罗列,拿罗列得多算是富有,算是成功,那只能算是杂纂的态度,并不是真正研究的态度。那篇《打雅》,可说是杂纂态度极其明显的一个例。

《打雅》说：

> 这年头儿"打"字是很时髦的。你看，十五年来，大有大打，小有小打，南有南打，北有北打，早把这中华民国打得稀破六烂，而呜呼妈呼，打的还在打。
>
> 无论那一种语言里总有意义含混的"混蛋字"，有如英语中的"take"与"get"，法语中的"Prendre"与"rendre"。我们中国语里，这"打"字也就混蛋到了透顶。现在把它的种种不同的用法，就我想到的，写出几个来。
>
> "打"字从"手"，"丁"声，其原义当然就是"打一个嘴巴"、"打破饭碗"、"打鼓骂曹"的"打"。与这原义不相干的用法却有：
>
> 一、打电话　用电话机说话也。
>
> 二、打电报　拍发电报也。
>
> 三、打千里镜　用千里镜望远也。
>
> 四、打样（一）　图画样也。
>
> ……

这样一直写了下去，直到一百个，才加以收束道：

> 信手写来已经写到一百，可以"打住"了。吓，"打住！"这又是一百零一了。

照他的口气看来，好像"打"字真有一百多个用法似的。再据后来附上去的声明看来，又像是真有八千多个用法似的。但是据我们看来，那一百多个或八千多个，只能说是"打"字的用处，并不是"打"的用法。"打"字的用法，并没有一百多个，当然更不会有八千多个。照我们的"俗"眼打估过来，"打"字的普通用法，不过三种。就把北方土话作"从"字解的一种也算在内，也不过四种。三种用

57

法如下:

(1)作"打击"解　标示特定动作,就是所谓"打鼓骂曹"的"打"。

(2)作"作为"解　标示一般动作,没有特殊内容。用来代替种种有特殊内容的动词。有点像文言的"为"字。如:

打水＝取水　打鱼＝网鱼　打印＝盖印

打牌＝玩牌　打稿＝起稿　打胎＝堕胎

就是用"打"字代"取"字,用"打"字代"网"字,用"打"字代"盖"字,用"打"字代"玩"字,用"打"字代"起"字,用"打"字代"堕"字。这样去代,可以代到无限。"打电话""打电报""打千里镜""打样"之类的"打"字,也是属于这一种。都是用在动词不必细说、也可以明了的时候。譬如你拎了一把酒壶到酒店里去,把酒壶在柜台上一摆,说"打半斤酒",店员就晓得你是说"买半斤酒",不是"卖半斤酒"或"讨半斤酒",这时你就可以用"打"字。用了只会觉得贴切,并不觉得"含混"。

(3)用作动词添头,大概添在单字的动词前头用来构成复字的动词。"打"字本身也没有特殊内容,加上这个添头不过略为增加了后面那个字的动词性。因为它是动词的独门添头,一听到它便会觉得下面那个字是动词。如:

打消　　打扫　　打破　　打搅

打算　　打量　　打扮　　打发

等等"打"字都是这样,都是只有语法上的功用,没有特殊的内容。

这样用"俗"眼打估,自然还不能算是高度综合,但是不把关于"打"字的各个词头看成各各独立,"种种不同",全"不相干",我们相信这就是走上高度综合的路。从这条路上去看,就会觉得"打"

字的用处虽然极多,用法仍然极有条理,并不"含混"。只要研究的态度方法,不要太含混,——单看各个,忽视综合,胡乱把它当做"混蛋到了透顶",就不会有那"混蛋到了透顶"的结论。

(《太白》第 1 卷第 9 期,1935 年 1 月 20 日)

表示动作延续的两种方式

现代中国各地方言里,表示动作延续大多有两种方式。比方北平话有"在那里"和"着"两式,如说"在那里看书","睡着";绍兴话有"来东"和"东"两式,如说"来东看书","睏东";我的家乡——义乌——也有两式,一是"在面",一是"面",如说"在面望书","眠面"。都是一式放在动词前面表示动作的延续,一式放在动词后面表示动作的延续。两式的变化也很相像:放在动词的前面的,有表示存在的"在"、"来"、"在"等字,放在动词后面的没有这些字。这好像是表示动作延续的颇为普遍的体式,其余各地,想必也有多数地方有这两式同时存在,值得我们细细地调查研究。

两式分布的状况怎样,要等积起相当的材料细细分析之后才可以断定。约略说来,大概跟动词有连带关系,或者说跟动词的用法有连带关系,并非可以自由运用。如我的家乡话,说"看书"动作的延续一定要取前置式,说"在面望书",不能取后置式,说"望面书"。"望面书"根本没有这种说法,说"书,望面"虽然可以说,但已变了一点意思,带有劝告或命令的口气。绍兴话里也是一样,"看东"也是带有劝告或命令的口气的。

以绍兴、义乌两地的方言来说,取后置式表延续的大多是自动词,如"睏东"、"坐东"、"眠面"、"坐面"等,但又不是全体的自动词都可以取后置式——换句话,后置式的运用还是很不普遍的。这很可能后置式是比较后起的一种法式。要调查后置式是否后起，在北方话里，可能性比较大。因为北方话早有记载，只要把比较早的记载如《水浒》等书和比较晚的记载如《红楼梦》等书，作有意的摘录调查，便可看出线索。又北方话里现在是否随便那个动词都可以加"着"来表延续，也应该作一番新的探讨，以便断定后置式在北方话里是不是已经普及到各个动词。

这里所谓表延续，就是普通所谓表进行。但因"着"、"面"等字在中国语文里并不一定表进行，如说"搁着"、"放着"，都带有延搁、延长的意思，所以这里用"延续"这两个字替代普通的"进行"两个字，使得它的涵义稍为广大，能够包括得多一些。

关于这个表示动作延续的方式问题，很希望能够得到各地方言的材料，来证实或推翻我这篇短文里的假设。

（《译报》副刊《语文周刊》第2期，
1938年7月20日。署名：雪帆）

议改"延续"为"存续"及其他

表示动作延续的两种方式,承大家倾倒话筒,参加讨论,已有展开之势。将来成绩,也许不但能够阐明本题的详细事实,还可连类推开,对于动词的结合或连合的一般情形,有个明确的结论。徐文蔚先生提出的新文字写法问题,有些也可以就此解决。只望本题的讨论能够更详细、更阔大的展开。

现在我有两点急于想请大家在讨论中连带决定的提出来谈一谈:

(一)前改"进行"为"延续",现在觉得"延续"一个名词,还是不大妥当,不如改作"存续"。表示"存在和继续"的意思。因"在那里"和"着","在面"和"面"等各种的前置、后置两式,都同时含有存在和继续两义,有时可从上下连络上看出侧重那一义,有时简直无从断定,如朱樱先生所说。

(二)朱樱先生提及上海话的"勒"和北方话的"了"。这"勒"和"了",普通说是表示动作完成,那自然太不包括。我看可以说是表示动作的落结。就是说表示着落和结煞(注)。这也有两式:一在前,用"已经"等等;一放后,用"勒""了"等等。到底是侧重在表

(注) 后来觉得不如说作表示动作的经涉,就是表示动作的经历和涉及,这更能包括,且和'已经'有联系,如存续的对于"在"一样。——原注

示哪一义,也要从上下连络,或从情境方面去断定。如

1. 你坐了车去。

这不是"坐"终了"去"才开始,这"了"就可说侧重在表示着落义。

2. 你吃了饭去。

这是"吃"终了"去"才开始,这"了"就可说侧重在表示结煞义。

这(一)(二)两种表示动作情形的词的运用法很有相似的地方,我们也许可以把它们归为一组,称之为表示动作的步程或过程的一组。

(《译报》副刊《语文周刊》第6期,1938年8月17日。署名:雪帆)

说存续表现的两式三分

一　绍兴话里两式三分存续表现的发现

动作的存续表现,已经得到朱樱、邹啸先生们证明,好多地方都有前置、后置两式。邹啸先生并且发现绍兴话里的前后两式,还有"东""哼"两分,再经徐文蔚先生的补充,知道绍兴话里的前后两式,实际有"带""东""哼"三分,而三分又是用距离的远近做标准。这些都是这回讨论中间很难得的新发现。我猜想,绍兴人虽则用了无数年的绍兴话,但曾经觉察到自己说的话语里面存续表现是在运用两式三分的法式的,以前恐怕并不多,或者竟是没有人。别处地方人正都还在这样情况中。你去问他:"你们的家乡话里表现存续有没有两式?有没有三分?"大概会回答你说:"没有三分。"甚至会回答你说:"没有两式。"而其实或许是有两式,甚至还是有三分的。他们都还是用是会用的,明白却是不明白,就是还多停留在所谓"习而不察"的情况中。语言停留在这样情况中,就不容易批判地书面化。

二　两式三分并不是绍兴话独有的法式——用义乌话做例

存续的表现有近指、远指、更远指三分,决不是绍兴话独有的现象。虽不一定和前置、后置两式一样普遍存在各地的方言里,但不为人所觉察实际有这三分用法的语言或者不会怎么少,至少不至于会是绝无仅有的。像我家乡的义乌话,就是也有存续表现的两式三分的法式的语言。

义乌话表现存续有前置后置两式,我已经用"望"和"眠"两个动词做例说过,现在仍旧用这两个动词做例,列成一个存续表现的两式三分表如下:

前　置　式	后　置　式	三　分
在糯望书	眠糯	近指分
在面望书	眠面	前指分
在栋望书	眠栋	远指分

这里的"糯"、"面"、"栋"三个字,大体和绍兴话里的"带"、"东"、"哼"三个字相当。

三　义乌话的指示代名词,有三分

依据义乌话来说,存续的两式三分的表现法的形成,跟指示代名词有分拆不开的关系。义乌话里的指示代名词,也有指人物、指情状、指地方等类区别。指人物的也照通例带"这个""那个""这些""那些"的"个"字"些"字;指情状的,却不带"这样""那般"的"样""般"等字,带"生"字;指地方的,也不带"这里""那儿"的"里""儿"等字,带"糯"字。"糯"在义乌话里读作 nun,等于普通话里"这里""那里"的"里",为指地方的指示代名词一定带有的添加字。其指示因所指的对象、距离说话人的远近,总画作三分。一是近指,指在说话人旁边的;二是前指,指在说话人面前,而离说话人较远,或者离听话人较近,或者离听话人也较远的;三是远指,指不在面前的。今试将义乌话的指示代名词列一表于下:

	指 地 方	指 人 物	指 情 状
近指	N糯	N个,些	N生
前指	面糯	面个,些	面生
远指	同糯	同个,些	同生

这里可以注意的是有近、前、远三分。我们读惯古文"此"、"彼",或者看惯白话文"这"、"那"的,多只注意近远两指,或只知道所谓近远两称。据我所知,其实是有不少地方有这近、前、远三称的,存续表现的两式三分的三分,似乎跟这指示代名词的三分有分拆不开的关系。

四 义乌话存续两式三分表现法的形成

我们试将以上义乌话的存续表现表和指示代名词表两表来一对照,便很容易看出存续的表现方式全系利用指示代名词构成。无论是前、后两式,是近、前、远三称,没有一面在例外的。存续表现的近指分的"糯"分明就是指示代名词的"N糯"的"糯",为"N

糯"的省略,但仍有"N糯"的意味。用北平话比方说,就是将"这里"省成"里"来构成存续近指分的表现式。其次存续表现的前指分的"面"也分明就是指示代名词的"面糯"的"面",也可以看作"面糯"的省略。用北平话打比方说,就是将"那里"省成"那"来构成存续前指分的表现式。以上近前两指,都是字音丝毫未变,很容易看出。存续表现的远指分的"栋"(nung)和指示代名词"同糯"的"同"(dhung)同韵不同声,颇觉特别。但我们好像不妨假定"栋"是"同"的变音。这样一对照,在义乌话里,就谁都可以看得出存续表现和指示代名词的密切关系。存续表现的远近三分,实际就是指示代名词的远近三称的演化。

五 回到绍兴话

绍兴话的存续表现的两式三分不知道和义乌话有多少相同。存续表现的远指分"睏哼"的"哼"分明就是绍兴话指示代名词"哼里""哼头"的"哼"。其余近、前两指,我就不知道是怎样来的。邹啸先生说他只在绍兴住过一年,其实我还只在绍兴住过两三个星期。绍兴话的存续表现到底怎样形成,还望有比我们知道得更深的人来阐述。别处有没有相同的语言现象也希望有人录出来比照。

附记

指示代名词在有的语言中是分得非常繁细的,如雷威卜鲁在《低级社会的意态》的《原始人的语言》一章中,就引有远近分成七八种之多的例(该书对于"一般地说,关于时的东西最初常用适合于空间关系的种种语言来表现",也有颇详细的说明)。但最普通的是近远两分,次普通的是近、前、远三分,或说近、中、远三称。上文写成后隔了一日,义乌邻县的东阳县的话,也由慕晖先生和二三同乡人判别定了有近、前、远三定称。近称用"葛",前称用"non",远称用"农"。如指示地方,就近称用"葛脚",前称用"non 脚",远称用"农脚"。只是用法上没有分得义乌话那样明白清楚。义乌话里的三称,指示代名词以前称的用处为最广泛。除出特有远近可指的东西,须照文中指出的区别分别用"n"、用"面"、用"同"指示外,遇到可用普通所谓泛称的地方,常是用前称来指示,并不用远称,也不用近称。例如普通话里用做发语词的"那个"、"那个",在义乌话里就常是说"面个"、"面个"。再如普通话里说"太那个了"什么的,用"那个"的地方在义乌话里也常是用"面个",如说"忒面个勒,忒客气勒"。这在存续表现的时候也有类似的情形,也是用"面"的机会比较多。用"面"的时候带的指地方的意味比较轻。不晓得别处地方怎样。

(《译报》副刊《语文周刊》第 9 期,
1938 年 9 月 7 日。署名:雪帆)

论黄汉先生提出的问题

——"来、起来、去、下去"是否表存续

本刊(《语文周刊》)第七期上黄汉先生对于黎锦熙先生在《新著国语文法》里说的"来、起来、去、下去"表方开始的持续的说法提出了四个大疑问,要求本刊同人共同解答。本刊上面已经有邹啸先生在《存续方式的讨论》一篇文章中做了一个解答。现在我也来参加一点意见,希望能够展开讨论,把这几个字的运用方法描出一个清楚的轮廓来。

一 黄汉先生提出的问题

"来"、"去"和"起来"、"下去"都是口头语里的常用字,内中"来"、"去"两个字的用处尤其多,就是"起来"、"下去"两个复辞也是用了它们来构成。它们的用处既然多,它们的意义也就很广泛,很微妙,不很容易捉摸。过去虽然常常有人说到,也曾有人写过专篇讨论,也还留有相当讨论的余地。也许这也要像前几天一个朋友说的笑话一样,非得人家放出土引之做《经传释词》的精神来讨论和研究,不容易得到一个精密的结论。普通对于"来"、"去"两个字用做动词的,总是把它们分成了下面这三类:

(1)做主要动词用 如说:

你来，他去。

这里的"来"、"去"都是内动词，"来"、"去"之后都不带宾语，这是"来"、"去"做主要动词时候普通的用法。但"来"、"去"之后并非一定不可以带宾语，比如：

　　你来一篇论文。
　　我去一封信。

也是很自然的说法。这里"来"、"去"之后就有"论文"、"信"做它的宾语，"来"、"去"就是外动词。"来"、"去"两字这样用的时候，在口头语里大概都可以找出另外一个字来做主要动词，而把"来"、"去"降成辅助动词，譬如前面的这两句，我们可以改成："你'写'一篇论文来"，"我'寄'一封信去"。要是为了这点，就主张前面两句中的"来"、"去"只是后面改成两句中的"来"、"去"的一种活用方法，如《新著国语文法》148页所说，"来饭乃是取饭来，如此等类，都可视为动词的活用"，说也可取，不过所谓活用，仍旧不外乎用做外动词。

　　(2)做辅助动词用，放在主要动词的前面　　如说：
　　我来问你。
　　你去问他。

这样用法的"来"、"去"，黎氏断定是"表趋势"，是"前附的助动词"的一种(见《新著国语文法》139—140页)。

　　(3)做辅助动词用，放在主要动词的后面　　如说：
　　你且听我道来。
　　大家唱起来吧！
　　信口说去，总免不了错误。
　　这件事，由你办下去吧！

这样用法的"来""去"和"起来""下去",黎氏断定是"表持续",而且是"表开始的持续",是"后附的助动词"的一种(见《新著国语文法》145页)。黄汉先生提出的问题就在这里。他的问题包含着四点:(一)什么叫做"方开始的持续"?所谓"方开始的持续"到底代表些什么意思?(二)"来、起来、去、下去"这些字到底是不是附在动词后面表"持续"的?(三)附在动词后面的"来、起来"是跟"去"、"下去"没有分别的吗?(四)是不是附在动词后面的"来"跟"起来","去"跟"下去"也不是没有分别的呢?这四点都提得很扼要,我在这篇短文中,除第一点外,都想略加解答。第一点本刊上面已经有邹啸先生详细解答,也许黎锦熙先生自己也会出来说明,我就略去不提。

二 "来、起来、去、下去"用法概说

我们的口头语里,一个表示进行方式的主要动词之后往往附连着一个或两个跟别的字互相对立的字眼,如上、下、进、出之类,来表示主要动词动作进行的着落或达成境况。如说:

　　拿上　拿下　走进　走出

"来""去",也是这些表示境况字眼里面的一组,假使我们要表示动作的跟这一组字相关的境况,也可以附上这一组字,说:

　　拿来　拿去　走来　走去

在这里就可以看出"来""去"是表示互相对立的两种趋向:"来"是表示动作从远向近,"去"是表示动作从近向远。又可以看出"来""去"和"上""下""进""出"所表示的趋向略有不同:"来""去"用来表示位置移动的时候,是以说话人做标准的(别的地方也有以听话

人做标准的),是一种表示对人趋向的字眼;"上""下""进""出"却是就动作对于相关事物的地位而说,譬如"拿"的相关事物假如是楼,所谓"拿上""拿下"的"上""下",便是对于楼而说,是一种表示对物趋向的字眼。假使我们要把这对物趋向和对人趋向同时表现出来,我们就可以同时用这两组字眼。用的时候一定是把表示对物趋向的字用在前,表示对人趋向的字用在后,如下:

拿上来　拿下去　走进来　走出去

这是一个主要动词之后附连两个辅助动词的一般情形。要是用"起来","下去"一组对立的字眼,附连在相当动词的后面,如说:

提起来　放下去

除了意义不同之外,用法也并没有什么改变。所以"起来""下去",我们可以看作"起""下"两字(好多方言是用"起""落"两字)和"来""去"两字组合而成的复辞。跟"来""去"两字至少有意义繁复和单纯的不同。因此黄汉先生问:附在动词后面的"来"跟"起来","去"跟"下去"是不是没有分别的呢? 我们的回答是:有分别的。还有,黄汉先生问:附在动词后面的"来、起来"是跟"去、下去"没有分别的吗? 我们的回答:也是有分别的,不但有,而且是对立的。

三　"来""去""起来""下去"和主要动词的关连

"来""去"和"起来""下去"附连在主要动词后面表示趋向,彼此都在既附之后和未附时候有些不同。如取"拿来"做例,从主要动词"拿"一面看,未附"来"单说"拿",它的趋向是不定的,一附上"来",它的趋向就被限定为从远向近;再从"来"一面看,未曾连到"拿","来"是一个主要动词,一连到"拿",它的主要性就减少了一些,并且被限定了方面,成为"拿"一方面的"来"。这样互相限定的交互作用,不止在"拿来"一个例上存在,上面提过的其余许多实例里面,也有相类的情形。概括说来,都是有上字限定下字的方面、下字限定上字的趋向这一个作用的。

为了鉴定上字限定下字的作用,我们似乎可以把用做上字的动词界画成几个"方面"。凡是动词属于同一方面的,这个换了那个,它那下面的"来""去"等字的意义并不会随着改变。例如将"拿来",换成"走来","来"也还是表示从远向近,跟"拿来"的"来"字意义一样。假使上面的动词换了一个不同方面的字,譬如说,"说来",这"来"字的意义便和"拿来"的"来"字意义不同。故为鉴定上字限定下字的作用起见,界画上字"方面"的工作颇为重要。但也颇为艰难。如果调查得不周到,审辨得不精密,那界画就不见得可靠。现在是这种研究方法也还只是我个人的献议的时候,界画"方面"的事,自然也只能以我个人现在所见到的来说。

四 "起来""下去"所表示的各种趋向

据我所见,"起来""下去"附在主要动词的后面,它们所表示的各种趋向,可以概列如下:

(一)位置的移动方面:表示提高趋向用"起来",表示放低趋向用"下去"。如说:

　　提起来　放下去　浮起来　沉下去

(二)量值的变动方面:表示增进趋向用"起来",表示减退趋向用"下去"。如说:

　　多起来　少下去　好起来　坏下去

(三)事物的处置方面:表示实现趋向用"起来",表示解决趋向用"下去"。如说:

栽起来　拔下去　搭起来　拆下去

(四)工作的程序方面:表示开始趋向用"起来",表示连续趋向用"下去"。如说:

唱起来　唱下去　办起来　办下去

这里举的例都是随便写来的。在这些例里面,我们可以看出几件事:(一)有些表示趋向的字差不多是无法移换的,例如"沉下去"无法换作"沉起来";(二)有些表示趋向的字可以换,但是换了之后,意义就约略有变动。例如"搭起来"假使换作"搭下去",这"下去"便有连续的意义,就从第三方面的意义变成了第四方面的意义,不是从无到有,而是原来在那里搭,而今连续搭下去了。这类的区别,固然是很微妙的,但我总觉得不能说它们没有区别,而把"起来""下去"合在一起,说它一句"表持续",或者说它一句"表方开始的持续"。黄汉先生问:

例如黎先生的例如,"这件事,由你办下去吧!"这"下去"怎么不是继续,又是方开始的持续?

我以为这不是问得没有理由的。

五　"来""去"所表示的各种趋向

"来""去"两个字的用处更其多,它们表示方面趋向的意义也是更其广泛而微妙,要界画它们所表示的方面和趋向也就更要有长年久月的调查和研究。现在也只能以我所见到的提出来说。我以为"来""去"两个字附在主要动词后面所表示的至少有下列四个方面、八种趋向：

(一)位置方面：表示接近趋向用"来"，表示离开趋向用"去"。如说：

  走来　走去　浮起来　沉下去

(二)关系方面：表示亲近趋向用"来"，表示疏远趋向用"去"。如说：

  说来　说去　说不来　说不去

(三)量值方面：表示增益趋向用"来"，表示减损趋向用"去"。如说：

  生来　死去　多起来　少下去　栽起来　拔下去

(四)情势方面：表示形成趋向用"来"，表示演进趋向用"去"。如说：

  积蓄下来　积蓄下去　唱起来　唱下去

要是这样，我们可以说"说来""说去"经常是表示第二方面的倾向，但也有时带有第四方面的意味，或者在某一种特殊情境之下，还是第四方面的意味占主位，"说来"的"来"简直跟"唱起来"的"来"无法分，这是要就具体情境去决定，没有方法凭空说定的。不过"来""去"的分别总是非常显明的："生来"决不能随便改作"生去"，要是改作"生去"便有第四方面的意义，如说"尽管生去，如何培植得起？""积蓄下来"也决不能随便换作"积蓄下去"，换了便把形成的意义变作演进的意义。黎锦熙先生把"来""去"拼在一起，而称之为"表持续"或"表方开始持续"，黄汉先生表示怀疑，我也觉得不是没有讨论的余地。

75

六　"起来"等字的词性问题

说到这里,我们可以连带谈谈邹啸先生在《语文十六问》里提出的第十四个问题:"打断,举起,作一个动词用。问:断可以叫做后附副词么？起可以做介词么？断可以译作 out 么？起可以译作 up 么？"这是问"起来"等字到底是动词还是介词或副词的问题。邹啸先生的问题似乎是从汉英对译引起。从汉英对译着想,当然很有理由。高本汉先生也曾说过类似的话:"现在国语上有一大批复合动词,由一个主体动词和一个或二三个辅助动词组织成功的,相当于英语里的动词加上介词,或动词加上副词的复合语词,例如'拿去'等于英语的 take away,'打倒'等于英语的 throw over 等等。"(见《中国语和中国文》第五章)但是他仍旧认"拿去"等语为复合动词。这样分别下断,也不是没有理由的,因为两种语文表示一样的意思并不一定就用一样的词类,以中国语文来说,认定"起来"等字为动词的普通说法,如今还没有发现不能维持的事实,似乎可以不加改动。本篇里面,也就仍旧采取普通的说法。

关于"起来"等字,我还有许多话想说,但是这一篇短文已经写得不大短了,这一回姑且写到这里为止。

(《译报》副刊《语文周刊》第 13 期,
1938 年 10 月 5 日。署名:雪帆)

谈存续跟既事和始事

雪村先生最近写了两篇关于绍兴话里的"带""东""哼"和"来带""来东""来哼"的文章,两篇里面都包含着很丰富的材料,细心地整理起来,可以得到种种的结果。雪村先生自己也已经在两篇文章中做了两次的整理。两次整理的结果除出关于代名词的部分没有变更,也跟我们的意思没有出入外,关于涉及动词的一部分,可说结论已经大不相同了。他头一次整理的结果几乎全然不承认"带""东""哼"跟存续表现有关系;他第二次整理的结果却已经自动地承认了"带""东""哼"等字一身兼表"方事"、"既事"、"始事"等三事。所谓"方事"当然包含在"存续"里面,只有他指为"既事""始事"的两点,是他这一次提出的新说。假使可以成立,也足以补充前说的不足。现在试就这两点略加吟味,略述拙见,请雪村先生和别的研究语文的朋友们指正。

(1)雪村先生这次辨别出"来带开门"和"门开带"两句中间有一个极大的区别,我们认为也是这一次的讨论中间一个很难得的新发见。我们且看他的说明:

> 如"来哼关门"和"门关哼","来带开门"和"门开带",两者之间可以看出极大的区别。到了变成名词短语以后,更可以分析得十分清楚。如"来哼做个衣裳",这衣裳不是还在裁剪,便是还在缝纫,决不能就把来着在身上的。倘使说,"做哼个

衣裳",这衣裳便已经脱离了刀剪针线,或者已经藏在箱橱里面,立刻可以把来穿着的了。

这说明我们很同意。就是换成普通的语体文,"在那里关门"和"门关在那里","在这里开门"和"门开在这里","在那里做的衣裳"和"做在那里的衣裳",这说明也大体可以适用。不过这里有几个问题可以讨论:(一)这样的差别是存在"带""东""哼"上面(等于说存在"在这里""在那里"上面)的呢,还是存在动词"关""开""做"上面的？(二)这样的差别是不是可以说前者是"方事"后者是"既事"呢？对于这两个问题,雪村先生的回答好像都是肯定的:

用"来带""来东""来哼"前置,便成"方事",用"带""东""哼"后置,便成"既事"。

这个回答我看可以再加讨论。我觉得这样的差别所以发生,原因在乎我们中国的语文里,一个表示演进的动词可以分别表示演进的"过程"和演进的"结局"。譬如同是一个开门的"开"字,我们可以用来表示过程,指示从不开到开的变动的进行,如图中箭线(1);也可以用表示"结局",指示前一过程的结果,如图中箭线(2)。故有时两字连用,而意义不同。如说"开开门来"或"门开不开"。头一个就是表示演进过程的"开",第二个就是表示演进结局的"开"。也有时两字分用,而意义不同。如说"来带开门"(或说"在这里开门")和"门开带"(或说"门开在这里")。也是前者指示演进过程的"开",后者指示演进结局的"开"。大概连用表示结局的可能性比较小,如"开开"可以说"开开","关拢"就不能说"关关","做好"也不能说"做做";分用表示结局的可能性却就比较大,如"开在这里"可以说,"关在那里""做在那里"也

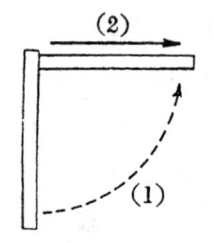

一样可以说。分用的两个"开"字,意义固然不同;就是跟句中别的字的关系也不一样。在"来带开门"(或"在这里开门")句中,它的主格假使是我,就是"我",假使是他,就是"他",决不是"门","门"在这句中是个宾语;而在"门开带"(或"门开在这里")句中,"门"却就是个主语。照普通的分别说来,就是:前边一个"开"是他动词,后边一个"开"是自动词。从这种种,我们都可以说,差别的根源在动词。同样一个动词,假使它是表示演进的,就可以随着用法不同,有时表演进的过程,有时表演进的结局,有时用做他动词,有时用做自动词。惟其差别在动词,所以当它表示演进的"结局"的时候,我们可以用种种表示"结局"的字眼补进去,如做的结局"好",读的结局"熟"等等,而意义仍归不会大走动。如雪村先生所说的:

> 我们可以说,"做哼个衣裳",意义等于"做好哼个衣裳","读东个书",意义等于"读熟东个书","学带个本事",意义等于"学会带个本事"。

再就动词说,我们也似乎只能说,同样一个动词可以有两种用法,因而有两种意义、两种功用,不能指定某方是"方事",某方是"既事"。在"开开门来"和"门开不开"等句中,两个"开"字所表示的固然有程序先后的不同,但也是指的"开门"和"门开"两件事,不能把"门开"当作"开门"的"既事"。单说"门开带"或"门开在这里"的时候,那就更其不便说它是"既事"。至于"带""东""哼"等字本身,前置的,固然是"方事",后置的,也不是距离以外,还含有"既事"的意味。它们所表现的,我看,还是我所谓"表示存在和继续的意思"的"存续"(见《议改"延续"为"存续"及其他》)。那时我说,"因为在那里"和"着","在面"和"面"等各种前置后置两式,都同时含有存在和继续两义,有时可从上下连络上看出侧重那一义,有时简直无从断定,如朱樱先生所说。现在就"来""东""哼"看来,我们可以说,前置的"来带""来东""来哼"侧重在继续义,后置的"带""东""哼"侧重在存在义,但也都是同时含有存在和继续两种意义。

(2)雪村先生说包含"来带"等字的句子,可以在本句附"哉"(即"了")字变成表"始事"的状况,我也以为可以再加讨论。我觉得"了"字,实在有两种不同的用法和意义。一种用在动词贴后,相当于苏州话的"仔"字,我在《议改"延续"为"存续"及其他》一篇文章中,曾经说是表示着落和结煞,倘使用更简单的话来说,也可以说是表示"转移"。因为无论是着落或结煞都不过是情况的"转移"。还有一种用在句子末尾,相当于苏州话和绍兴话的"哉"字,据我观察的结果,是表示"达到",表示情况推移"达到……地步"。文言中议论纷纷,久久不决的"矣"字,也可以这样解释。这字有时用得碰巧,固然好像是表示"始事",例如"吃饭了",但有时也好像是表示"既事",例如"饭开好了",再有时用得凑巧,又好像是表示"结果",例如"再不吃就冷了",再有时又好像是表示"过去",例如"后来我就去写文章了"。而在各例中好像一贯地都是含有"达到……地步"的意思,所以往往顶着承接连词"就"。但那表示演进过程和演进结局的差别,却在这个使用"了"字的时候也存在。所以说"开门了"和说"门开了"的中间,也有一个大区别。前者为表示"达到"演进的"过程",后者为"达到"演进的"结局"。不过所谓"达到",也有纯客观性的,也有带着主观性的,表示当事人方才注意到已经达到什么个阶段、方面、程度、价值的。在后面这种情形里,就即使用好像表示"始事"的话,如"吃饭了",也未必客观上真个是"始事"。也许是当事人方才注意到已达到,而实际是早达到了。譬如你吃饭快完了,我来看你,我才见你的时候,照俗例也不妨说一句"吃饭了?"鲁迅先生写的小说《祝福》里,祥林嫂说的"您回来了?"就是这样的一句话,说那话的时间据描写是在回到鲁镇以后第二天的下午。这是"了"字(即"哉"字)在不包含"来带"(或"在这里")等字的句子里的情形。添上"来带"(或"在这里")等字,说"来哼做衣裳哉""来东读书哉",情形也大概相同,即使有时恰好表示"始事",那"始事"的意味也是含有"哉"字(即"了"字)上面,不是含在"来带"等字上面的。"来带"等字的本身呢,除了指示距离以外,还是表"存续","来哼做衣裳哉",意义等于说"做衣裳已经在进行中"。"等于"前后的两句话,语气虽不同,意思可说并没有走动。

总之,以现在的所有资料说,"来带"等字表现存续的说法还可以不必修正,雪村先生的努力发掘,的确很有所发见,但那发见是在动词的意义差别方面。那差别再事深掘下去,或许可以因此规定他动词和自动词的区别,也是一件很有意义的工作。他前次论"带""东""哼"对他动词和自动词的关系的地方,徐文蔚先生在他的文章中说是佩服,我也认为是那篇文章中最精彩的部分,只因近来忽然遇到了一个例外的"飞"字,这次就把那部分的成就全部丢掉,而且踩它一脚,说是"最大的错误",我以为是非常可惜的。除非决定动词不分他自,应当从新拾起,并且在"不掠美,不争风"的文化工作的新风气里,重新合力探讨。

(《译报》副刊《语文周刊》第17期,
1938年11月2日。署名:一介)

谈动词和形容词的分别

一

邹啸先生的《语文十六问》里曾经提出"动词的定义要修改么"一个问题,这作为对于一般传统的动词定义的怀疑是很有讨论的价值的,前天和夏丏尊先生谈起,夏丏尊先生翻开《文章心理学》上所引的下面一段话给我看,也认为很可以考虑。那段话说:

> 将那属性作为流动的来描写的时候,就是动词;将那属性作为固定的来描写的时候,就是形容词。

我因为他的话引起,就将国内文法界的情形略略调查了一下,写成这一篇简短的文字。

二

对于动词普通多是把它跟形容词对照起来看。如马建忠先生把动词叫做动字(词),把形容词叫做静字(词),就是依据对待关系而起的两个名词,我们假使也把动词和形容词作为互相对待的两种词类看,它们之间可以分别之处大体不出这二点:

(一)陈述的功能,

(二)表现的内容。

一般流行的文法,多从(一)点着眼,以有没有陈述的功能作为动词和形容词分别的标准。所以将词类划作实体词、述说词、区别词、关系词、情态词五个大类的时候,会把动词归入述说词,就是说:动词是有陈述的功能的,"他去,我来"一类陈述的用法是它的常态;又会把形容词归入区别词,就是说:形容词是没有陈述的功能的,"长桥,高岸"一类简别的用法是它的常态。这完全是西洋一般的文法的翻版。动词、形容词的定义,如说"动词是用来叙述事物的动作或状态的","形容词是形容名词的",也完全是西洋一般的文法上定义的翻版,行用既久,好像也并没有十分不便,平常也就马虎过去了。据实说来,中国语文的动词形容词的用法和西洋的实际并不完全相同。西洋的语文里形容词不能单独做陈述语,中国语文里并不如此,以中国的语文来说,例如:

山高月小,水落石出。

"落""出"等动词可以做陈述语,"高""小"等形容词也一样的可以做陈述语,而且其间并没有自然不自然的差别。反过来说,例如:

狡兔死,走狗烹,飞鸟尽,良弓藏。

"狡""良"等形容词可以做简别语,"走""飞"等动词也一样的可以做简别语,也是其间并没有自然不自然的差别。照中国语文的情形说来,要从有没有陈述的功能一点来划分动词和形容词的界限实际很有困难。所以也曾有人另辟途径,从表现的内容上去求两种词类分别的标准。

83

三

国内文法界走这条路的一共有两个人。一位是刘复先生,所说见他所著的《中国文法通论》(1919年出版),一位是金兆梓先生,所说见他所著的《国文法之研究》(1922年出版)。两位之中有一位(就是刘复先生),已经在他后来著的书上收回他自己的话,现在只剩下了一位支持着那一说。

这说将动词和形容词合称为"相词"或"品态词"("相词"或"品态词"是与"体词"或"实体词"对待的名称,"体词"或"实体词"就是普通所谓名词代词)。再将相词或品态词分作两种:例如

　　山高月小,水落石出。

一句中,"高"和"小"是"山"和"月"所固有的或永久的品态,他们就叫它为:

"定相"或"永久品态词"(Permanent Attributes)。

至于"落"和"出",虽然也是表示着"水"和"石"的品态,却是一时的现象,不久就要变动的,这种字,他们就叫它为:

"动相"或"变动品态词"(Changing Attributes)。

这里面所谓变动品态词,实际就是动词;所谓永久品态词,实际就是形容词。

四

我个人很同意于刘复先生在《中国文法讲话》(1932年出版)里批评以有没有陈述的功能分别动词和形容词的下面一段话:

主词必须是"名词"或"准名词"。语词(按就是陈述语,或述语)在欧洲语文中,必须是动词,或中间包含着一个动词。例如英语中

The flower is red.

一句,"flower"是主词,因为它是个什么;"red"是语词,因为它是个怎样。但文法家不认 red 为语词,而认"is red"为语词,因为"red"不是动词,"is"才是动词("is"虽然不是动作,在文法上却应认为动词,所谓"同动词")。这种办法在我们中国语文中是说不过去的。因为在口语中,我们只能说:

花红。

不能说:

花是红

或:

花是红的。

即使勉强能说,"花是红"或"花是红的"的意义(至少是语气),也决不同"花红"一样。在文言中,更无从在"花"与"红"之间嵌进一个相当于"is"的字(如"为""系"等)。又如戏曲或俗曲中常有的一句:

出得门来,但见桃红柳绿……

你若要硬依了外国文法,改为

出得门来,但见桃是红,柳是绿,……

那就连极不懂文义的"贩夫走卒"* 也要笑你的。

我觉得现在流行的以有没有陈述功能分别动词形容词的办法

---

* 引号是引者加的。

的确是可以修改的。再从表现的内容方面说,所谓动词是表示动作的、形容词是表示状况的旧说,也的的确确有修改的必要。关于这一点,陆志韦先生曾经写了一篇《汉语和欧洲语用动辞的比较》登在《燕京学报》第二十期。他以为动词是和形容词对待的,动词所表示的与其说是动作,不如说是变化,或是活动。他说:

> 欧洲文法免不了把动辞看作动作的名辞,这在欧洲语已经是很勉强的了。这个定义也许不是语言学所产生的,乃是哲学的回光反照。凡动作必有动作者。现象论和某种心理学不愿从这个立场出发者,在西洋是异端邪术和整个思想系统格不相入,按照汉语的句法,动辞简直不必代表 act(更怕是 Akt)。事物的变化乃是"变动不居周流六虚"的,不必是"作之君作之师"的创造。动字的反面是静字,verb 可是没有反面的。

又说:

> 动的反面是静。按照西洋人的心理,动作和关系不能属于一类,因为一是动的,一是静的。动辞既是代表动作的,当然不能又代表关系。汉语似乎指出中国人心理上的一种特性,以为关系是活动的。

动词和形容词不同的特征在乎一是动,一是静。就是雪村先生所谓流动和静止,也就是这篇文章的头上所引的所谓流动和固定。

我们综看国内文法界的情形,凡是着眼在表现的内容方面的,他们心眼中动词、形容词的定义大概可以用这样两句话来表现:

1.动词是表示事物的变化活动的情况的词。

2.形容词是表示事物的稳定静止的情况的词。

定义果真改为这样,牵动一定很多,必须详加考虑。至于雪村先生说的动中静态,静中动态,似乎还不十分难得说明。我们可以说它或则由于两类互相假借,例如"花来哼红";或则由于一类之中又有小异,例如"走"和"坐"同是动词,而且同是自动词,而有些方言中表现起存续情形来,却有前置和后置的差别,或许就是因为大同之中又有小异,"走"是"演进"的变动,可以仿照演进的他动词的用法;"坐"是"延展"的变动,它可以用的,别的带有延展性的字如形容词,也可以仿照它用。但动词中间要分别演进和延展的地方到底有多少,还得调查。我们现在还只知道在说明跟"在"字有关的现象上有必要,而说明跟"在"字有关的现象时,是不是真像刘复先生在《中国文法通论》四版附言上说的,例外又有例外,单是一个"在"字的用法他已经写成了一本小册子,还未必全无缺漏(附言上他已经画了三种图,举了三组用法),也是一个问题。

(《译报》副刊《语文周刊》第 15 期,
1938 年 10 月 19 日。署名:雪帆)

《一提议》和《炒冷饭》*读后感

一　中国文法体系的建成

文法研究在中国也早就有萌芽,如《春秋·僖公元年》:"邢迁于陈仪",《公羊传》说:

迁者何？其意也。迁之者何？非其意也。

就可以算是文法上自动和他动的辨别的提示。意思是说:这里说的"迁",是邢自己愿意的。是自动;倘使说迁什么,例如仿庄公十年"宋人迁宿"的例说"迁邢",那就不是邢自己愿意迁的,邢就是他动所及的对象。又如《墨子·小取》篇说:"一马,马也;二马,马也。马四足者,一马而四足也,非两马而四足也。马或白者,二马而或白也,非一马而或白。"这又可以算是文法上名词单数复数的辨别。意思是说:单数复数在字语的本身上无表征,要从文辞的脉络上看出来。像这样个别说述语文条理的例子,我们在古代的文书里可以找出不少,假使将就一点,那也未尝不可算是现在所谓文法的研究。不过这等研究大概都是一字一句先后详略等等零碎不成片段

---

　*《一提议》就是傅东华的《一个国文法新体系的提议》(载《译报》副刊《语文周刊》第 16 期,1938 年 10 月 26 日),《炒冷饭》为金兆梓所作(载《语文周刊》第 19 期,1938 年 11 月 16 日)。

的研究。虽然可说研究已经有萌芽，到底不过是萌芽。在唐，我们看见有所谓"助字"的研究，就比这些研究稍为带了体系性一点。如柳宗元在《复杜温夫书》里说：

> （吾）立言状物，未尝求过人，亦不能明辨生之才致，但见生用"助字"不当律令，唯以此奉答。所谓"乎""欤""耶""哉""夫"者，疑辞也，"矣""耳""焉""也"者，决辞也，今生则一之。宜考前闻人所使用与吾言类且异，慎思之则一益也。

把"助字"分成了"疑""决"两类，就仿佛已经有《马氏文通》分助字为"传信""传疑"两类的影子。在宋朝，又曾一时流行所谓"实字""虚字"的研究。我们在当时的各种诗话词话里面，常常可以看到把字的实虚类别做基础的讨论。如张炎的《词源》里面，"虚字"条说：

> 词与诗不同：词之句语有二字三字四字至六字七八字者。若堆叠"实字"，读且不通，况付之雪儿乎？合用"虚字"呼唤，单字如"正""但""甚""任"之类，两字如"莫是""还又""那堪"之类，……此等虚字却要用之得其所。

这把所有的字分做"实""虚"两类，更就是以后经过《马氏文通》直到最近一切实虚两分法的先驱。不但眼界广阔，涉及字语的全部，就是实虚两类字的功用，也颇看得清楚。这在我们中国的文法史上，不能不说是一个大进步。此外，我们还曾见过有人说起元朝刘鉴有所谓动静字的研究，也对于文法研究上，留有相当的影响。但是这些研究，都是不曾构成体系，对于现代中国文法体系的建立，除了留给几个名称外，几乎可说没有直接的重大的贡献。

中国文法体系的建立，实际是在中国文法和西方文法的体系发生了交涉以后。中国文法和西方文法的体系发生了交涉后，曾经有过许多用西文或汉字写的关于中国各地语言的文法书。如关于上海语言的有英国人艾约瑟(J. Edkins)著的《上海话文法》,关于北京语言的有美国人高第丕和本国人张儒珍合著的《文学书官话》等。那都显然另具一种风格,同以前讲语文的体例不同。内中《文学书官话》一书,且曾流传到隔洋,由金谷昭校点印行。书中把字分做十五类:

(一)名头(就是一般所谓名词);

(二)替名(就是一般所谓身称代名词);

(三)指名(就是一般所谓指示代名词及指示形容词);

(四)形容言(大体就是一般所谓性态形容词);

(五)数目言(就是数量词);

(六)分品言(就是条,张,只,个,把,枝,位,套等一切数量的定准词,我们拟称为计标);

(七)加重言(如"最""顶""极""太"等字,大体就是所谓数量副词);

(八)靠托言(就是一般所谓动词,这书却把动词分成动静两支:说"动字就是走,飞,想,讲,写,打,吃,来,去,行,开,爱,恨,这样的话是都活动的;静字就是,是,有,值,站,躺,坐,死,住,在,为,这样的话都是寂静的");

(九)帮助言(就是"能""会""该""当""可""肯"等,一般所谓助动词);

(十)随从言(如"才""先""就""再"等,一部分就是所谓连词,一部分就是所谓时间副词);

(十一)折服言(如"不""没""未""勿"等,就是所谓否定副词);

(十二)接连言(如"和""同""而且""但是"等,就是所谓连词);

(十三)示处言(如"里""外""上""下""前""后"等,这些字现在一般文法书并不另立一类,多把它们归入名词,也有人列入介词);

(十四)问语言(如"怎样""几时""么""呢"等,一部分就是所谓疑问副词;一部分就是所谓疑问助词);

(十五)语助言(如"啊""罢""咳""咳哟"等,一部分就是所谓助词,一部分就是所谓感叹词)。

这种分类虽则同以后流行的文法上的类别不符,大体已经具备以后类别的雏形,并且还有若干地方可供现今研究文法者的参考。只因当时还未出现"文学革命",一般人对于口头语多还不知道宝重,对于以口头语为研究对象的文法也多看同过路汽车,不曾留有深刻印象,甚至连书名也不大有人记得。从影响上说,我们可以说一般人对于文法的认识是从1898年(清光绪24年)马建忠的《马氏文通》出版之后开始的。就从体系的完密度说,也不妨说"《马氏文通》实在是中国有系统的古话文文法书——虽然只是古话文的——底第一部"(亡友刘大白语,见《修辞学发凡》序言),一个相当完密的中国文法体系是在这一部书出版的时候方才建成的。然而二三十年来,"忆了千千万,恨了千千万",对于《马氏文通》体系的千万忆恨缠结也就从这一部书的出版时候开始。

二 《马氏文通》的研究对象、方法、目的及各方面对于它的批评

《马氏文通》的历史价值是没有人不承认的,马建忠先生"积十余年之勤求探讨,以成此编"的持久努力精神,也向来没有一个人不极其敬重。"无如马氏所处时代,正承袭着清代经生考古的余

风;他书中虽常有不满意于经生的话(他说得对不对另是一问题),他自己却不免是个穿西装的经生。"(刘复语,见《中国文法通论》四版附言。)他所采取的"对象"、"方法"都和当时企图普及教育力求语文通俗化的人们不同,而他的采取这样对象这样方法所建成的著作是否能够达到他所希求的"目的",也使人不能没有怀疑。

他的"目的"是陈承泽先生所谓"实用的"。他想缩短大家学习语文的年限,腾出时间去学习自然科学社会科学,免得在"角逐"场上有"贤愚优劣"的不齐。他在"后序"里说得极明白:

> 天下无一非道,而文以载之;人心莫不有理,而文以明之。然文以载道而非道,文以明理而非理。文者所以循是而至于所止,而非所止也,故君子学以致其道。余观泰西童子入学,循序而进,未及志学之年,而观书为文,无不明习。而后视其性之所近,肆力于数度格致法律理性诸学而专精焉。故其国无不学之人,而人各学有用之学。计吾国童年能读书者固少,读书而能文者又加少焉。能及时为文,而以其余年讲道明理,以备他日之用者,盖万无一焉。夫华文之点画结构,视西文之切音更难,而华文之字法句法,视西文之部分类别,且可以先后倒置,以达其意度波澜者则易。西文本难也,而易学如彼,华文本易也,而难学如此者,则以西文有一定之规矩,学者可循序渐进,而知所止境,华文经籍虽亦有规矩隐寓其中,特无有为之比拟而揭示之。遂使结绳而后,积四千余载之智慧材力,无不一一消磨于所以载道所以明理之文,而道无由载,理不暇明。以与夫达道明理者之西人相角逐焉,其贤愚优劣,有不待言矣。

第二,他的"对象"是古典的,专取韩愈以前的文字做研究的对象,认为这是文章的模范,可以做万代的法式,假使是文章就该合这种法式,不然就不算是文章。这一点更是他的兴趣所在,他自己曾经再三再四的提明。"前序"里说:"愚故罔揣固陋,取四书三传《史》《汉》韩文,为历代文词升降之宗,兼及诸子《语》《策》,为之字栉句比,繁称博引,比例而同之,触类而长之,……辑为一书,名曰《文通》。""例言"里也说:"此书为古今来特创之书。凡事属创见者,必确有凭证,而后能见信于人。为文之道,古人远胜今人,则时运升降为之也。……今所取为凭证者,至韩愈氏而止。"又说:"诸所引书,实文章不祧之祖,故可取证为法。其不如法者,则非其祖之所出,非文也。"

第三,他的"方法",是陈承泽先生所谓"模仿的"。全照西方文法体制来说中国文法。这一点他也曾经再三提明。"例言"里说:"此书在泰西名为葛郎玛。葛郎玛者,音原希腊,训曰字式,犹云学文之程式也。各国皆有本国之葛郎玛,大旨相似;所异者音韵与字形耳。……此书系仿葛郎玛而作"。"后序"里说:"斯书也,因西文已有之规矩,于经籍中求其所同所不同者,曲证繁引,以确知华文义例之所在"。又说:"常探讨画革旁行诸国语言之源流……见其……所以声其心而形其意者,皆有一定不易之律,而因以律夫吾经籍子史诸书,其大纲盖无不同。于是因所同以同夫所不同者,是则此编之所以成也。"

这再三提明的两点,古典的和所谓"模仿的",虽然不能说就是马氏的主张,起码也是马氏的得意之处。《文通》出版以后的许多批评,大多针对着这两点,或兼涉及和"实用"一点的勾连,或严或宽,或直或婉地,用了各种各样的形式,提出了各种各样的异议。

如孙中山先生的批评,大旨在乎说明用这"古典"不能达到那

"实用"。1918年出版的《建国方略》,"以作文为证"章说:

> 中国向无文法之学。……以无文法之学,故不能率由捷径,以达速成,此犹渡水之无津梁舟楫,必当绕百十倍之道路也。中国之文人,亦良苦矣!自《马氏文通》出后,中国学者乃始知有是学。马氏自称积十余年勤求探讨之功而后成此书。然审其为用,不过证明中国古人之文章,无不暗合于文法,而文法之学,为中国学者求速成图进步不可少者而已;虽足为通文者之参考印证,而不能为初学者之津梁也。继马氏之后所出之文法书,虽为初学而作,惜作者于此多犹未窥三昧,讹误不免,且全引古人文章为证,而不及今时通用语言,仍非通晓作文者不能领略也。……所望吾国好学深思之士……为一中国文法,以演明今日通用之语言而改良之也。夫有文法以规正语言,使全国习为普通知识,则由语言以知文法,由文法而进窥古人之文章,则升堂入室,有如反掌,而言文一致亦可由此而恢复也。

如陈承泽先生的批评,则对于"实用的"、"古典的"、"模仿的"三点都说到,而尤注意于"模仿的"的一点。1922年出版的《国文法草创》,"研究法大纲"篇说:

> 何谓独立的,非模仿的?中国文字与世界各国之文字有绝异者数点:其一,主形;其二,单节音;其三,无语尾等诸变化。故其文法发展之径路与西文异。如"标语"(即"鸟吾知其能飞"之"鸟"),如"说明语"之不限于动字,如动字中"意动""致动"之作成法,如助字等,皆国文所特有者也。至如关系代名字,如象字比较级之变化,如名字中固有名字普通名字等分类,如主语之绝对不可缺,皆西文所特有,于国文则非甚必要。

今使不研究国文所特有,而第取西文所特有者,一一模仿之,则削趾适屦,扞格难通,一也;比附不切,求易转难,二也;为无用之分析,徒劳记忆,三也;有许多无可说明者,势必任诸学者之自由解释,系统歧异,靡所适从,四也;举国文中有裨实用之变化而牺牲之,致国文不能尽其用,五也。是故治国文法者,当认定其所治者为国文,务于国文中求其固有之法则,而后国文法乃有告成之一日。自有《马氏文通》以来,研究国文法者,往往不能脱模仿之窠臼,今欲矫其弊,惟有从独立的研究下手耳。

这叫人注意文法之中也有所谓特殊性和所谓一般性,本来是极有益的话,或许因为话太说得重了一点,曾经引出了一位胡适先生,用所谓"比较"来和陈先生的所谓"独立"对抗。说"我老实规劝那些高谈独立文法的人:中国文法学今日的第一需要是取消独立。但独立的反面不是模仿,是比较与参考"(《胡适文存》卷三)。这或许又就是黎锦熙先生后来编出《比较文法》来的引线。但《比较文法》的序上也于马氏的模仿不无微辞。说:

> 偶记王船山《俟解》中有句话:"不迷其所同,而亦不失其所以异",真可用为比较文法研究的铁则。一脚踢开拉丁文法而欲另建中华文法者,是"迷其所同"也;一手把住拉丁文法而遂挪作中华文法者,是又"失其所以异"也——《马氏文通》是已。

并且附注说:

> 清光绪间,其兄今九十四老人马良相伯氏正编订拉丁文法,他便跟着找出几大部古书中的例子来,装进去,修成这部《文通》,算是比严氏《英文汉诂》出版较早的一部《拉丁文法汉

证》;虽也有许多发挥"华文所特有"的地方,但又未免是些学究之谈。虽然,这究竟是第一部沟通中西之大规模的创作,所谓"不废江河万古流",不应太抹杀了。

这在许多批评中要算是最能显出又是"恨"他又是"忆"他的神情的一个批评。

同样涉及"实用的""古典的"和"模仿的"三点而说得尤其严谨,尤其率直的,则有刘复先生的批评。他于研究方法也反对模仿别种文法而主张缔造。他以为"研究别种语言的文法,对于研究中国语言的文法,只有两种用处:一种是看他遇到了某种的语言现象时,用怎样的一种手腕去对付它。……第二种是比较语言的现象。这是说:在本国语中遇到了某种现象,一时不能得到圆满的解决时,若能在别一种语言里找到了个相同或相似的现象,两相比较,解决上就可以容易些"。"可见我们研究中国文法,虽然也要借助于外国文法,但应当是'外国—s 文法—s'才对!若只迷信了一种外国文法,凿孔钻胡须,结果一定不好"。至于说到对象和目的,他以为:

> 他(马氏)的书是直到现在还很有价值的;但他有一个最大的缺点,我们不能不知道。我们若是把他当作一部现代的文法看,他中间实在夹杂了许多历史的分子;结果是太烦重,太噜哧,太不合实用。他可以引导已经通得些文义的人去看古书,但他决不能教会一个不通文义的人写一张字条。若是把他当作历史的文法看,他的编制法又完全不对。因为说到历史,无论是向下顺推,或是向上倒推,总须得有一条时间线,他书里却没有。又看他所举的例,限于经、子、《史》、《汉》,中间跳去了近一千年,粘上一个韩愈;韩愈以后的一千多年,完

全置之不问。这也决不是历史方法。不过在一个始创的人，能有这样一部书的成绩，已经很够使我们永远崇拜感谢了。
（以上并见《中国文法通论》四版附言）

此外如章士钊先生、如杨树达先生们也都曾经对于这几点有所批评。杨氏还曾列举所谓"一曰不明理论"，"二曰见理不笃"，"三曰强以外国文法律中文，失中文固有之神味"，"四曰不知古人省略"，"五曰强分无当"，"六曰不识古文有错综变化，泥于词位，误加解释"，"七曰误认组织"，"八曰误定词类"，"九曰不明音韵故训"，"十曰误读古书"等十种缺失，著成一书，叫做《马氏文通刊误》，虽然多系引证解释的补正，和陶奎先生著的《文通要例启蒙》中所附的"质疑"相类，但也未尝不涉及所谓"以外国文法律中文"就是所谓"模仿的"之类研究方法上的问题。

总看所有的批评，我们可以看出大家对于《马氏文通》的工作虽然都有敬意，却从来没有一个人全盘接受了《马氏文通》的主张。《马氏文通》的目的，虽然也是为实用，但那实用说，实是当时的公论，并非马氏个人的特见。同样"积十余年之勤求探讨"而成的《中国第一快切音新字》已经在《马氏文通》出版的六年前（1892）出版了。著者卢戆章（雪樵）先生的"自序"里说：

> 窃谓国之富强，基于格致；格致之兴，基于男妇老幼皆好学识理。其所以能好学识理者，基于切音为字，则字母与切法习完，凡字无师能自读；基于字话一律，则读于口遂即达于心；又基于字画简易，则易于习认，亦即易于提笔，省费十余载之光阴，将此光阴专攻于算学、格致、化学，以及种种之实学，何患国不富强也哉？

这和《马氏文通》的"后序"比较，可说主意完全相同，而所用的方术,却全不相同。但卢氏的《切音新字》,却就在《马氏文通》出版的那一年七月二十八日,得军机大臣奉上谕调取详加考验具奏,和《文通》的刊行,正是一个有趣的对照。我们在这对照中可以看出语文进展的动向,因而了解对于《马氏文通》的各种各样的批评,大体都和这个动向有关。再我们记得《马氏文通》出版的两年前,梁启超先生曾经在《沈氏音书序》上告诉我们一个当时文化界的消息:"稽古今之所由变,识离合之所由兴,审中外之异,知强弱之原,于是通人志士汲汲焉以谐声增文为世界一大事"(1896年11月上海《时务报》),可见当时正是拼音通俗文字运动很热烈的时代,马先生的所谓"本难""本易"之辨,正也不是和动向无关的泛论。

三 《马氏文通》出版后的中国文法界

因为大家对于《马氏文通》多少总有一点异议,没有一个人愿意全盘接受,以后出版的中国文法书也就多少总有一点改革,没有一个人完全袭用马氏的安排。这里,我们可以根据他们改革的多少,把他们分做两大派:一派是只在不很重要处加了一点改革,并不更动马氏的格局的,这我们可以称为修正派("修正"这两个字是从杨树达《高等国文法》的《序例》上"此编既多修正马书之处……"一句中摘来);还有一派是想推翻马氏的旧格局,另外创起一个新格局来的,这我们可以称为革新派。

过去属于革新派的,只有两部书:一部是1920年刘复先生著的《中国文法通论》(上海群益书社出版);一部是1922年金兆梓先生著的《国文法之研究》(上海中华书局出版)。这两部书都是明白反对马氏的安排,主张根据中国语言文字的历史和习惯,另外提出一个新计划来的(见《通论》自序及第一讲和《研究》自序)。他们两位的新计划大体都想从内容上或说从概念上区分词类。用极简括的话来说,两部书对于词类的区分大概如下表:

实词 {
(一)实体词(例如:人,禽,花,木)
(二)性态词(例如:高,低,黑,白)
(三)现象词(例如:坐,立,开,落)
(四)较量词(例如:多,少,稍,很,百,十)
(五)界别词(例如:这,那,你,我,昨,今)
}
虚词(例如:者,也,于,乎)

就是:先看概念内容的虚实,将词中间表示实概念的检出列为一类,称为实词;再将并不直接表示实概念,单只表示实概念和实概念的相互关系的又列为一类,名叫虚词。这是第一级的区分。第二级再将两类各别分成了几种。如把实词类分成五种:(一)是表示世间一切实体的"实体词";(二)是表示一切实体上永久附着的性状的"性态词",如山的"高",炭的"黑"等;(三)是表示一切实体上一时显出并非永久附着的现象的"现象词",如人的"坐",花的"开"等。除此之外,还有(四)用来较量实体、性态、现象的分量和程度的"较量词",和(五)用来界别它们的空间和时间的"界别词"。合共是五种。同样,虚词也再加以区分,如《通论》分做五种,《研究》分做四种。《通论》的"理论的状况"和"文法的状况"两部分,《研究》的"名学的现象"和"文法的现象"两部分,大体就用这个草案做骨干来构成那个别致的建筑。不过可惜当时刘、金两位先生,都只做了个"发端",未曾加以发挥。而且两位之中还有一位(就是刘复）在他后来著的书上只说了一句"疏陋牵强，随在皆是"（1932年刘复著《中国文法讲话》自序，上海北新书局出版），并不说明理由就把他自己的话收回去了。以后直到本期最后界限为止，就只剩下了一位金先生支持着这一派。

过去属于修正派的，人数和著作都比前一派来得多。除出许多语文教育家为便于教育青年就《马氏文通》或就同派的别的文法书择要摘述的许多课本性质的著作外，几部比较有特性又比较有人看的文法书，除出一部《国文法之研究》（已出到八版）外，如：

（一）章士钊的《中等国文典》，1907年，商务版。

（二）陈承泽的《国文法草创》，1922年，商务版。

（三）黎锦熙的《国语文法》，1924年，商务版。

（四）杨树达的《高等国文法》，1930年，商务版。

等，全是属于这一派。我所谓比较有人看，是从版数推得。至所谓比较有特性，则或许单是我个人的见解，未必能得到大家同意。我个人以为这几部书之中最能说得清浅宜人读起来几乎有点文学风趣的要算是《中等国文典》；最能从根本上发现问题，而且有许多地方极富暗示，很可以做将来研究的参考的，要算是《国文法草创》（只惜这部书是用极生硬晦涩的文言写的，有些地方非于文法有相当深刻研究者，不能完全看懂他的话，所以影响不及别的书大）；对于马氏的引证解释的修正最有成绩的要算杨树达先生的《高等国文法》（不过他偏重在语汇方面，所以《高等国文法》可以拆开来另外编成一部辞典，名叫《词诠》）；对于现代语言最有详细研究又最注意句法的组织的要算黎锦熙先生的《国语文法》。这些特性，都是暂将《马氏文通》体系放在脑后，单就各个特长来说，倘将《马氏文通》体系放在眼前，和各部书的体系比较对照，那这几部书立刻就会聚作一团,面貌非常相似,除出小小的几点外,几乎完全相同,一眼就可看出他们是至亲。如同词类,以前虽曾有过十五类的分法,也曾有过别的分类,但自从马建忠先生分做九类之后,这些书便都随着分做九类,丝忽不曾改动。所曾改动的,只是一些字面,如将"静字"改做"象字""形容词"之类。这类改动是从章士钊先生开始,到黎锦熙先生终结。改动情形,如下表:

著者	书名 \ 词名 \ 词数	1	2	3	4	5	6	7	8	9
马	马氏文通	名字	代字	动字	静字	状字	介字	连字	助字	叹字
章	中等国文典	名词	代名词	动词	形容词	副词	介词	接续词	助词	感叹词
陈	国文法草创	名字	代名字	动字	象字	副字	介字	连字	助字	感字
黎	国语文法	名词	代名词	动词	形容词	副词	介词	连词	助词	叹词
杨	高等国文法	名词	代名词	动词	形容词	副词	介词	连词	助词	叹词

这个表里,黎杨之间不但词数完全一样,词名也没有一个不同,这就见得这一派文法已经进到稳定状况。这派已经到了盛时。时间是在1924年到1930年之间。再过了些时,到1932年,就连原属革新派的刘复先生,也耐不了寂寞,归到这一派里来了。这更显出了这一派的一时无两的盛势,逼得许多为要通过审定,必须采取比较稳定学说的教科书编辑者不能不采用这一派的说法,而这一派的说法就因这一推广传播在教育界握到了仿佛牢不可破的势力。

这是《马氏文通》出版以后中国文法界的革新派极衰修正派全盛的时期。这时期的最后界限是1934年。

四 最近的形势和本刊的两个提案

1934年以后,形势就有了相当的变化。许多革新的活动都渐渐抬起头来。先有了对于修正派的消极的反抗,随后又有了许多对于革新的积极的主张。在消极的反抗者之中,我们要推潘尊行先生为第一人。他的文法主张我们虽则未能完全同意,他那革新的勇气是非常可敬佩的。我曾经说他"讲文法很有许多新义",那新义就在纠正修正派的缺失方面,可惜他的书已经绝版了,不然很可以在这里提出一点来谈谈。在潘先生的书出版后,我们就接着看见了许多革新的提案。先是王力先生的七类说,主张根据中国语的骈句,分词类为(一)名词,(二)代名词,(三)动词,(四)限制词,(五)关系词,(六)助词,(七)感叹词七类。据他说:"形容词与副词不必区别,因为有许多字可以限制名词或动词而其形式不因此发生变化。例如'难事'的'难'与'难为'的'难'的形式完全相同。连词与介词不必区别,一则因为它们自身的界限本不分明,二则因为骈文里没有它们不能相配的痕迹。'以'与'而'为对偶,在骈文里是常事。实际上,我们也不能硬说'以'是介词,而'而'是连词。'拂然而怒'的'而'字,与'节用而爱民'的'而'字,一则表示某种状态与某种动作的关系,一则表示甲动作与乙动作的关系,为析句方便起见,我们固然可以认前者为介词(甚或认为副词性语尾),后者为连词,但这是上下文形成的词性,并非'而'本身有此不相同的两种词性。"(见《中国文法学初探》,载1936年1月出版的《清华学报》)这是一个方案。不久我们又看见孟起先生的四类说,也主张形容词和副词不分,介词和连词不分,但更紧缩,主张紧缩为(一)实体词,(二)动词,(三)形容词,(四)连系词四类(见1936年12月开明书店出版的《词和句》)。这又是一个方案。最近我们在本刊上读到《一个国文法新体系的提议》,又是一个方案,再读到兆梓先生的《炒冷饭》,又是一个方案。兆梓先生的方案虽然是旧的,但既重行提出,又称"现在自己也不能无多少之修改",也就是新的。他自己虽然很谦虚地用句成语说是"炒冷饭",其实正可用句成语说是"重振旗鼓"。总计我们看见的革新方案已经有四个,至于已经发表,而我们还未看见,或者已经拟好,还未发表的,还不知有多少。虽然这些革新的方案,都还未曾充分地具体化,总归可以说革新的气势已经形成了,比起过去革新方案一总只有两个,又有一个搁了十二年又自动收回去的冷落情形来,已经大不相同。而几位提案的先生的风度,尤其是兆梓先生和东华先生的风度,"虚怀若谷",愿意把自己的提案供人讨论,尤其是别开生面,跟以前争吵注音字母(后来改称"注音符号")有我无人的态度绝不相同。读了之后真是感到无限的愉快,无限的兴奋,不觉抽出笔来,说些往事,以明过去两期积习的深重,革新的难得,希望大家现在能够宝重这革新,尽量辅助其完成。并且希望兆梓先生和东华先生两位能够以无前的勇气引导文法界合力从事,不断努力,完成这一艰难的文化工作。

现在将我个人的要求附在篇末,还请两位先生不惜指教。

(一)兆梓、东华两先生的提案有些地方因为过于简略,用意看不明白,希望能有较详的解释。兆梓先生的如副体词和副相词等的详细内容,东华先生的如训词,助词,系词等的详细内容,以及所以这样区分的理由,都希望各有专篇详加论列。

(二)论列时希望多引语体做例,一方面使得理解的人更多,也就是使得能够参加讨论的人更多,另一方面也可以使得我们的讨论不限于记录,材料更丰富,讨论的结果也更加可靠。

(三)希望我们的讨论随时连带注意"词语分写"即旧所谓"词类连书",以便教育家利用去教授儿童或想翻成拼音文字时,不必另外考量设法。

至于我个人对于这两个提案本来也有些初步意见想说,因为写到这里已经为《语文周刊》的篇幅所不能容,只好留到将来另篇陈述了。

　　附记:写完这篇忽然发见还有一种五类说的新提案已经写成八百多页的大著作,这正证明我所谓"已经发表而我们还未看见……的,还不知有多少"的猜测不错,文中"总计我们看见的革新方案已经有四个"一句,此刻应该改作"已经有五个",将来或许还要改。这次的发见,我要谢谢徐蔚南先生。以后还请别位朋友,也替我们访求,省得有些已研究有眉目的问题,也重新提出来讨论。

　　　　(《译报》副刊《语文周刊》第20、21、22期,
　　　　1938年11月23日,12月4日,11日)

附录一:

一个国文法新体系的提议

傅　东　华

望道先生发表了《谈动词和形容词的分别》一文以后,因听见我平时也曾有关于这问题的意见,催促我把所拟而未定的国文法新体系提早发表,以便集体商决。我所拟的新体系尚未到可以全部发表的时期,但见望道先生的意见有和我不约而同之处,特将我所以想到有一新体系的必要的经过略述一二,用作望道先生的声援,同时也把我的新体系的极粗轮廓先发表出来,以备

大家作第一步商讨的基础。

动词和形容词的不易分辨,确实是使我们不得不怀疑旧体系(即《马氏文通》的体系)尚未完善的一个原因,我在《复兴高中国文指导书》第一册关于内动词一目曾有以下一段补充的说明:

> 内动词又可从另一观点分为两种,即叙述性的与记述性的是也。前者如"三子者出",后者如"德立,刑行,政成"。后一种内动词与形容词极相似。(商务版,210页)

又在《国与文十二讲》(《学生时代》第3期)里,我曾说:

> 又从述语方面看,照英文及其他印欧语言的文法,述语中所最不能缺少的是一个动词,国文则否,在国文,无论动词、形容词、名词,乃至于副词,都可以直接用做述语。这在表现上颇有一种方便,如用形容词做述语时,可有两种作用,其中有一种就是别种句式所不能代替的。例如"天高地厚"一句,我们还可以说它就是"天是高的,地是厚的"的省略(但在"天高地厚之恩"句中,"天""地"便又成了副词)。至如"月白风清"一句,我们就不能把它译做"月是白的,风是清的"了,因为"白"与"清"不过是月与风的暂时属性,不是它们的永久属性;说"月白风清",是差不多等于说"月在白着,风在清着"(就是形容词里带着几分动词的作用),跟说"月是白的,风是清的"的意味完全不同。所以,假使我们的文法也规定了每句的述语里必须有一个动词的话,那末象"山高,月小;水落,石出"那样的境界,就描写不出来了。原来在这两句里,我们从词面上说,原可分别指出"高""小"是形容词,"落""出"是动词,而实际上,则两个形容词和两个动词的作用完全一样。"高""小"之为形容,同时亦就是陈述,"落""出"之为陈述,同时也就是形容。像这样简洁而又生动的表现法,正是我们中国句法的一个特色。

以上都与望道先生的意见完全一致,但在其他词类,也常可碰到类似这样性质的问题,如动词有内外之分,在国文也很勉强。我在《国文指导书》关于外动词一目曾说:

前已言之,中国文字无形体之变化,词类之分须视其在句中之职务而定。本课言动词有内外之分,亦视其所用而定耳,其词之本身实无内外可分也。例如"见"字,在"臣诚见其必然者也"句中,固为外动,在"终身不复见"句中,则读如"现",内动也,或读如字,则又等于"得见",被动矣。又在"屈原既放,三年不得复见"句中,"复见"者,复见王也,然其下并无宾语,则以外动论耶,内动论耶?可见马氏仿西文法分动词为内外,亦尚有未尽妥善之处。又国文句之述语可径以形容词为之,如"世混浊而不清"之类是也。有时则作述语者,或为形容词或为动词,界限亦不清楚,如"心烦意乱"句中,"烦"、"乱"谓为形容词可,谓为内动词亦无不可。故即形容词与动词之界限,亦有时而含混。编者拟以凡作述语之形容词与动词合并为一类,名之为"言词",不分内外,但分及物不及物,完全不完全。惟全部体系尚未拟定,不得不暂仍马氏之旧。(《国文指导书》,201页)

又旧有同动词一目,论者都认为不妥,如旧体系根本打破,问题即可解决。此外如领摄介词之"之""的""底",亦至今有人怀疑。副词中之否定副词及时间副词,刘淇都列为助字,似亦较马氏为长。因此种种,拟全部推翻旧类,得新类亦为八数,其名称取义,悉有历史的根据。兹先以八类名称及由旧类分合之大概列之如次,其详容分析续陈:

(一)名词 《尔雅·释亲》以下皆是释名,刘熙因别作《释名》;此类之可以"名"称,自无更动之必要。凡词之所以命者,无论其所命为实,德,业,皆名词。但如"国且不国"句,后一"国"字,乃所以言,故以言词论。

(二)言词 英文verb严氏本译"云谓字",马氏译为"动字",实不妥。《尔雅》有《释言》,《说文》"直言曰言",《释名》"言,宣也",皆与"云谓"义合。凡述语中所不可缺之词,无论其为旧之动词,形容词,名词,皆以言词论。

(三)训词 《尔雅》有《释训》,序篇云:"释训,言形貌也。"《诗关雎诂训传正义》云:"训者,道也;道物之貌以告人也。"兹以旧性态形容词之限制用法者(attributive use)及旧性态副词合并为此类。

(四)指词 郝懿行《尔雅义疏》云:"《说文》'此,止也。'按止谓物所止处,人指而名之曰此也。"又云:"此者,因其益多,指而别之,曰此也。"王引之《经传释词》云:"《说文》'者,别事词也'。或指其事,或指其物,或指其人。"又云:"所者,指事之词。"是知旧之代名词实以改称指词为较妥。又旧指示代名词下若有名词,即以指示形容词论,徒滋纠纷,兹不别。

（五）助词 刘淇《助字辨略》分三十类,除旧名词、动词外,几于无所不包,其中所谓"原起之辞""终竟之辞""极辞""几辞"等,实皆旧之副词,兹以旧副词除外性态副词,及旧助动词合并立此类。其助动词之独立用者则入言词。

（六）系词 凡旧称关系词者（即连词、介词）入此类,同动词之一部分亦属之。

（七）语词 旧助词之表语气者入此类,不表语气而仅以之助语者亦属之。如"之""的"之表领摄者,旧以为介词,兹入此类。盖此等字在句中实可有可无,如言"我妈"与言"我的妈"无别,"礼义之不愆,何恤于人言",马氏亦以"之"为介词,则与领摄之义已不合。又如旧说以"的"为形容词之词尾,"地"为副词之词尾,但"的""地"二字之本身究属什么词类,至今未曾有人说起。今以此等字列入语词,则其可有可无之故,不必致疑矣。

（八）声词 即旧之叹词,以传声之词不限于叹声,故改今称。

上所分类,可通用于文言与语体,以后所编国文法,但须作语文对照体,可无用各自为编。至于新旧分合的理由,此处限于篇幅,未能从详声叙,如有垂询,自当各别奉答。

（《译报》副刊《语文周刊》第16期,1938年10月26日）

附录二：

炒 冷 饭

金 兆 梓

望道先生早就要我为《语文周刊》写点关于文法上的文章,尤其关于方言的文法,我也曾想一想过,觉得我金华的方言除了发音和人家不同之外,在文法上却没有甚么特殊的地方可说（当然也有我习焉不察的地方）,所以也就丢开手了。最近15、16两期《语文周刊》里接连着发表了望道先生的《谈动词和形容词的分别》和东华先生的《一个国文法新体系的提议》两篇文字,不料我那在十六七年前对于国文法上的主张,一直到今日居然得了反应。这够使我兴奋,觉得"吾道不孤"了。本来自从《国文法之研究》出版后,也很有几处同道中人写信来说过,说我那本小册子只等于一篇引言或绪论,要我再写下去,那时我一则没有工夫,而且"此调不弹"已久,未免手生荆棘;再则我那小册子原只是个新建议,能不能成立,自己也没有甚么把握,贸贸然写下去,是否行得通,尤其不可必,原想等着有了反应,再定我写下去的方针。现在反应来了,我自然有点"见猎心喜",不免要把那陈年的冷饭拿出来炒一炒。加上雪村望道两位先生又督促着我,尤其使我不能再借口偷懒。

在我做那本小册子的时候,目的原只在撇开了《马氏文通》的旧体系,另提出了新体系来。我的新体系是:

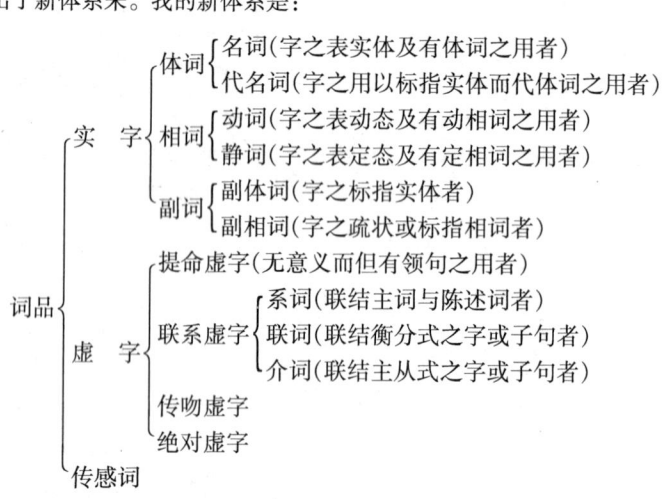

```
          ┌ 体词 ┌ 名词(字之表实体及有体词之用者)
          │      └ 代名词(字之用以标指实体而代体词之用者)
     ┌实 字┤ 相词 ┌ 动词(字之表动态及有动相词之用者)
     │    │      └ 静词(字之表定态及有定相词之用者)
     │    └ 副词 ┌ 副体词(字之标指实体者)
     │          └ 副相词(字之疏状或标指相词者)
词品 ┤      ┌ 提命虚字(无意义而但有领句之用者)
     │      │        ┌ 系词(联结主词与陈述词者)
     │虚 字 ┤ 联系虚字┤ 联词(联结衡分式之字或子句者)
     │      │        └ 介词(联结主从式之字或子句者)
     │      │ 传吻虚字
     │      └ 绝对虚字
     └ 传感词
```

我这体系中,现在我自己也不能无多少之修改,这姑待将来再讲。望道先生在《谈动词和形容词的分别》一文中,是同意我对于相词的主张那一部分,东华先生建议的新体系和我的新体系虽不同,但同是反对马氏旧体系的,我自然都引为同调,借此来和两位商榷商榷,或可商榷出一个较好的新体系,来代替我那自己都不曾有把握的旧体系。

现在我第一步提出讨论的便是望道先生同意我的那相词的一部分,而尤其动词。望道先生说,分别动词和形容词,大体不出两点:(一)陈述的功能,(二)表现的内容,主第一说的以有陈述功能的为动词,无的为形容词;主第二说的以有动态或动相的为动词,以表定态或定相的为形容词;并且说主第二说的原只有刘复先生和我二人,后来刘先生又收回自己的话,这一说只剩有一人支持着了。这一人,不消说就是我。其实我从《国文法之研究》出版后,就一直没有在国文法上努力过,所以说我一人支持着这一说,实在不敢当。刘先生怎样收回自己的话,我没有看见过,不去说他。我虽然因为"独木难支",没有去支持,可是在我自己衷心上却确实至今还是主张第二说的,——我始终以为西文在一句(sentence)中,也可说是在每一句的陈述词(predicate)中不能没有一个定式动词(finite verb),只是西文的习惯,和国文法不相干。所以国人初学西文的,最最容易弄错的,就是学造句时往往忘了一点——忘了用一个定式动词。这就是"习惯移人"的明证。当时我撇了第一说而取第二说的动机也就在此。正面的例,就是我国文字的习惯不必定要定式动词,静词也有陈述功能的例,望道先生已经在他那《谈动词和形容词的分别》一文中代我引了不少,兹不再赘。我现在再翻过来说一说。西文的习惯,既然每句中不能没有定式的动词,所以没有定式动词就不成其为句,只能算是仂句(phrase)。不但如此,而且仂句中有了动词也必得加个符号,使它成为不定式动词才可以。例如英文的"come"在仂句中必得是"to come"或"coming",若没有这些符号,单单用"come"便已是句而不是仂句,国文国语就都没有这种习惯。即以"炒冷饭"一语为例,这原是一句极普通的成语。冷饭,你也好炒,他也好炒,我也好炒,原是一个无主词的成语,倘以英文之例衡之,单单"炒冷饭"三个字,上面不加主词,必得又加上个符号才行。我们能加个甚么呢?还不只是一个"炒"字就够了。西文因为有了这样一个习惯,所以成不成句,全要看那一字群(words group)里有没有定式动词——有便成句,没有便不成句。因此在他们的习惯里,形容词是没有陈述功能的,所以要用形容词做陈述词时,必得加上个系词(copula)如"am""are""is"之类才能成句,于是本非动词的"am""are""is"等字,也不能不硬拉到动词一块儿去。《马氏文通》既译 verb 为动词,而又觉得"am""are""is"等字的字义,实在丝毫没有动的意思,便无法处置它们,这才定出一个怪句词来,叫做甚么"同动词"。这就是拿国文迁就西文来讲文法的无可奈何处。我以为我国文字既没有这种习惯,其实大可不必。东华先生他也是反对这同动词的,但是他仍旧将 verb 改译为"言词"。这固然是 verb 的本义,以马氏所译的确实贴切得多,就是比严复先生所译的"云谓词"一句也要简而赅。但我以为讲国文法的词品,一定要列"言词"一品,仍觉得没有必要。因为西义的 verb,是专用以陈述的,而表动相的字在他们的习惯上有陈述的功能,除了这些字又都没有这功能,所以"言词""动词"混而为一。我国文字既没有这种习惯,而且除动词之外,不论名词,静词,乃至副词,都可有陈述的功能,例如:

孔子曲阜人　雪村绍兴人　望道义乌人

这一类(不论古今)的句子,都用名词陈述的,

   山高月小 这孩子很聪明

等等都是用静词陈述的,

   成周者何 敲门的谁

等等都是用代名词陈述的,

   道二,仁与不仁而已矣 你第一,他第二

等等是用副体词陈述的,

  而容崖然,而目冲然 我已醺然

等等是用副相词陈述的。

  照这样,我国文字能有陈述功能,既不一定是动词,并且不一定是静词,所以陈述的功能,当然不能拿来做分别动词非动词的标准,而言词一品也就尽可不列,还不如简单明了列一表动态或动相的动词(不是 verb)就成了。言词一名,我看最好拿它来译 predicate,和主词(subject)去配合。我的意思,词品尽可根据词本身的体、相、用来分,讲到陈述的功能,是只要可做 predicate 的字当然都有,一是基本观念,一是基本观念的配合(见拙著《国文法之研究》第三章),原本是两事,不是一事,不必混为一谈。在西文有非混不可的习惯,就让它去混(英文 verb 的解释,便是 A word which predicates something,见《International Dictionary》,可见 verb 和 predicate 是二而一的),我们没有这习惯,就尽可不必混。又何必要去迁就西文来讲国文法呢?不知望道、东华两位先生的意思以为如何。

  至于我在上面所提出的那国文法的体系,时间许可,还想再来整个的说明一下,这里暂且不谈。

        (《译报》副报《语文周刊》第 19 期,1938 年 11 月 16 日)

文法革新的一般问题

现在文法革新的气运已经形成，许多革新的方案已经先后提出，而且彼此之间已经有了相当的接触，想必可以展开精密的讨论。在展开讨论之前，有几个比较一般的问题我想提出来谈谈。谈时想多涉及东华和兆梓两位先生在本刊上提出的两个方案里面的主张，就作为我对于他们两个方案的初步意见，要请他们两位多多指正。

一　想把文法革新到怎样？

对于这个问题，有两方面的看法：第一，从体系的属性方面看；第二，从普遍性和特殊性的关系方面看。从体系的属性方面看，凡可以算是一个体系，或说可以算是好的体系的，照理，应该具有妥贴、简洁、完备这三个条件。而我们现在所用的文法，据一般革新者看来，却还不曾具备这三个条件。例如一般以有陈述功能的为动词，没有陈述功能的为形容词，而实际在我们中国的语文中，形容词，至少是性态形容词，都是有陈述功能的，把这有陈述功能的说成没有陈述功能，便是一个不妥贴的例证。因为把有陈述功能的说成没有陈述功能，等到要讲它的陈述功能时，便又不得不转弯抹角，说这是形容词变成动词了，就又成为不简洁的例证。过去文

法中不简洁的例证极多,除出本来不必转弯抹角而竟转弯抹角的之外,还有许多地方犯着重复的毛病。例如

  水流 流水

这两个"流"字,普通都是对于前一"流"字既说它是述语,又说它是"动词";对于后一"流"字,既说它是形容的附加语,又说它是"形容词",这也是不简洁的一个例证,可以说是犯了重床叠架的毛病的。像这类的毛病,以后革新的文法或者也难祛除光净,但必竭力求其减少。例如刚才说过的一个例,倘照兆梓先生的提案,把"流"字只作为一种语部的两种用法,说明的结果依然相同,而说法上便可以少说一层词性的变动,就简洁得多了。至于不完备有遗漏的地方,当然也很多,东华先生在《提议》文中已经约略说到,过去刘复先生也曾在《中国文法讲话》中说过"现在的中国文法,还是在一个有待于完成的时期之中。所以,要是我们碰到无例可说或无理可解的地方,其中也许是当真的无例无理,也许是有例有理而尚未为我们所发见"的话,也可以扩展我们的眼界。我们要革新文法必得把现在文法里的一切不妥贴、不简洁、不完备的地方一律革除。这并不是轻易的事情,只有大家合力来一点一滴地做。谁能够把现在的文法改得妥贴一点,简洁一点,或者完备一点,谁就对于文法的革新有贡献。在这一方面,东华先生的主张颇为鲜明,旁人想也没有异议。

  至于在普遍性和特殊性的关系方面,可就暗暗之中有些不同的意见。有的侧重在特殊性,最果断的是东华先生,他是主张纯粹"国化的",他想"建设一部国化的文法"。另一方面则有人相信一般文法成立的可能性,企图建立起一个共同的间架来,可以用一个间架来讲一切文法,讲英文就是英文法,讲中国语文就是中国文

法。但是东华先生一面仍想建起一种间架来"可通用于文言和语体",可见他在一国的语文之中,仍不彻底注重特殊性,要是彻底注重特殊性,就连语体文法和文言文法也非分开不可了。我们固然反对一般不顾我们中国语文的特殊性的所谓模仿文法,但是要不要反其道而行之,把它改成全然不顾语文的一般性的特殊文法,或者折中于两者之中,设法建成一般特殊统筹兼顾圆融无碍的文法,实是各人意见并未一致却很可以讨论的一个问题。

二 该从什么地方着眼来抉择各种方案?

现在已经提出的各种革新方案,有将语部分成四部的,有分成五部的,有分成七部的,也有分成八部的。这些分部该从什么地方着眼去抉择?普通文法书上都把文法研究分成"分部"和"析句"两步工作。就旧文法来说,分部就是把词指出是名词,是代名词等九种词类;析句就是把句子析成主语、述语、宾语、补足语、形容附加语、副词附加语六种成分。我们讲究抉择问题,第一个会碰到的就是两步工作到底要不要分的问题。对这问题,现在兆梓先生和东华先生之间就有着不同的意见。兆梓先生以为"一是基本观念,一是基本观念的配合,原是两事,不是一事,不必混为一谈"(《炒冷饭》),认定了两步工作必须分开。而东华先生却以为"西文法有分部和析句两步工作,中国字因无形体变化,分部一步就不能不依附在析句工作内"(《总原则》),认定了两步工作不必分开。而从实际一考查,东华先生在《同动词》文中就曾离句指出"非,入助词;有,入言词;无,入助词"等一些例,仿佛暗中已经承认了离句也有分部的可能。再从句子上看,句中也实在有职务不同而词性一致的地方,例如"张生作文"一句中,"张生"和"文",职务虽然不同,词性却是一致,并不像"君,君;臣,臣;父,父;子,子"那样,有一个表"外延",一个表"内涵"的差别,倘不另有一步分部的工作,"张生"和"文"的异点固然容易指明,同点却就不免有些难以指出的困难。所以据我的观察,分部析句两步工作还是要分的。不过要使两步工作格外互相配合,要使两步工作尽量不相重复罢了。这就碰到了讲究抉择上的第二个问题:我们怎样才能使这两步的工作互相配合,并且不相重复呢？我想,这可以采用东华先生提出的一个总原则,看句中的职务。要看句中的职务,第一就得研究词在句中的职务到底有多少种。据现在一般的说法,句子共有主语、述语、宾语、补足语、形容附加语、副词附加语六种成分,这意思就是说:词在句中共有这样六种职务。这等职务要不要从新分过,我以为是一个比之区分语部(就是词类)更其重要的问题,语部的区分是必须和这些职务上的区分互相配合的。职务一经划定,分部就有了定准,就容易进行,于是现在已经提出的各个新案,这点应该采取哪一个的,那点应该采取哪一个的,也便容易抉择了。例如,王力先生主张形容词和副词不必分,孟起先生也主张形容词和副词不必分,我们要决定采不采取这一提案,就可以先看句子的职务上形容附加语和副词附加语要不要分,假使决定这两种附加语一定要分,则我们对于王孟两先生的提案便只有加以否决;假使决定这两种附加语可以不分,则我们对于王孟两先生的提案也就连带可以附议。再如名词和代名词,现在有些提案是主张不分的,如兆梓先生合称为实体词,而仍将名词代名词作为次级的区分,如孟起先生合称为实体词而竟不再作次级的区分,也有人合称为名词,当再作次级的区分的时候就称原来的名词为本名词,原来的代名词为代名词,另外也有仍列名词代名词为两部的,如王力先生。要决定采用哪一提案,也应该先看哪一种提案更与句中的职务的分配相适合,假如认定名代在句中的职务大体是无差别的(实际正是这样的),就可以采取名代合部的提案;再有小部不能不分,也只要再作次级的区分就算了。一切的语部,倘使都像这样和析句互相配合地安排起来,我想至少可以安排出两种比较简洁的结果来。一种是语部不致无目的地分。如过去名词中有所谓有形名词和无形名词的区分,这从句子的职务上看来完全是无谓的,固然已经消灭了。但在别的地方,例如形容词,也还留有虽非无谓却也近于无谓的地方。像本刊上的两个提案主张把形容词的性态形容词的一部分提出并入动词,就是一个大进步,比旧的好得多了。性态形容词和动词合并之后叫做什么呢？叫做言词呢,还是叫做相词？我以为这不是一个名称问题,乃是一个看法问题。以看法论,我想附议相词一面的提案。也许名称还可以改得通俗一点,比方说用"情状"两个字。不过无论用"相词",用"情状词",指的都是这一部类的语词所有的经常性质,不是这一部类的语词在句中的职务,职务可以让标明职务的类别去担任。这样划开职务,第二种结果便可以把两步工作划成不致重复地做。例如：

水流　流水

花红　红花

四个例里的两个"流"字两个"红"字,我们就都可以说它是相词或情状词,不必再说语部变动,不过用法有点不同,一是用做述语的,一是用做形容附加语。兆梓先生在《国文法之研究》里的计划好像便是这样的。

以上所谈,虽然多是关于新案的抉择,实际就是一个新案的体制问题。新案的体制,据我的拟议,仍当分做分部和析句两部,以析句合其纵而以分部连其横,纵横两面都有详尽研究,才可使词的经常性质和临时职务的关系无不彻底明了。革新的步骤,我以为既然新案想以词在句中的职务做中心,就当首先查明词在句中的职务究竟有多少。一向流行的主述等六职说是否可以沿用?假如认为可以沿用,至少过去所用的一些累赘的名称,如什么"形容的附加语""副词的附加语"之类总当加点改革。这是只要有决心就非常容易的事情,比方说采用因明学里的"简别"一个词,制成"简别语"一个词来代替"形容的附加语"一个词,再采用严氏的"疏状"一个词,制成"疏状语"一个词来代替"副词的附加语"一个词,也便可以将就使用。此外,六种职务的交互关系,过去所阐明的,也还觉得有些不够的地方,还当从新研究。这方面的研究,如果能够有进展,分部的事就有了定准,就容易决定了。

(《译报》副刊《语文周刊》第26期,1939年1月9日)

从分歧到统一

本刊最近几期所讨论的都是关于文法革新上的一般问题。对于文法的一般问题表面上虽然好像意见很分歧,其实早已埋伏着可以统而为一的倾向。尤其是上一期,对于态度方面已有一种趋向统一的新表示:东华先生好像说"若是采取彼此商讨的态度"就不致被人误解为"笔战"(《我的收场白》);光焘先生也声明"可以竭力克制求胜的心理,时时准备着屈膝在真理面前","但愿我们的辩论,不会流为经院式的辩论"(《问题的简单化和复杂化》)。我相信本刊的讨论,以后一定更加会有毫不固执成见的座谈式的风度。现在就将我认为必须统一起来、又可以统一起来的问题,在这座谈中提出来谈谈。希望这些问题,不久就能得到一致的有建设性的结论,再进而讨论别的更具体的问题。

一 一线制和双轴制

普通文法都把研究的范围划成两个部门,一个可以叫做词论,一个可以叫做句论。词论也有一些人称为语论或单语论(从分解方面看,就是"分部"论);句论也有一些人称为措辞论或连语论(从分解方面看,就是"析句"论)。词论部门所研究的是造句的材料,就是所谓词类或语部的构成和性质;句论部门所研究的是材料组成句子的法式,内容大体就是所谓成分或辞项的种类、序次和照应等。这两个部门是互相依赖(或说"依存")的,两个部门所讨论的内容常有交互错综的关系。因此我颇想把这种文法的体制称为"双轴制"。所谓双轴就是说词论好像是横轴,句论好像是纵轴。不过这种说法,恐怕大家看不惯,现在暂且用 A、B 两个字来代替。讲习这种体制的文法时,序次总是 A 先 B 后,如下表:

A 词论: 词类或语部(名词,代名词……)。分解方面:分部。

B 句论: 成分或辞项(主语,述语,宾语……)。分解方面:析句。

我们中国文法的旧制也是用的这种双轴制。东华先生认为旧制所以不灵,就是这种双轴制在作怪,中国字又没有形态变化,A 轴是多余的,为求简易起见,可以把它并进 B 轴里去。所以他说"西文法有分部和析句两部工作,中国字因无形体变化;分部一步就不能不依附在析句工作内",又说"否认词的本身有分类可能,就是认定词不用在句中便不能分类"(《总原则》)。他既把两轴并成一轴,就把那只有一轴的,叫做一线制。这是他的一线制主张的大概。我认为一线制是一个大胆的尝试,和旧有的双轴制比较起来,繁简相差简直有一半,假使能够成功,实在是一个非常可贵的新制。但自从展开讨论以来,我们已经发现它有三种可以讨论的地方:(一)不够说明一切文法现象。例如"张生作文"一例,照一线制来分解,只能分解到"张生"名词,"作"言词,"文"名词为止,再要指出"张生"和"文"在句中的职务不同,就得添加"主名"(就是"主语"改称)、"客名"(就是"宾语"改称)两项,就上表看来,已经涉及双轴制。(二)是光焘先生提出的,词和句在方法论上不好并合在一起。他根据西方语言学家的主张,认定分部和析句是建立在两种不同的原理上的,一属语言,一属辞白,词是语言的单位,隶属于语言世界,句是辞白的单位,隶属于辞白世界,不便并为一谈(《体系与方法》,"语言"和"辞白"原作"言语"和"言",这是新近商定的假定学语)。(三)从普遍性和特殊性说,词的现象它那组织是比较有特殊性的,句的现象它那组织是比较有普遍性的,也以不并为是。句论的内容在不同的语文当中也没有极大的差异,大概可以挪借;词论的内容则彼此可以有极大的差异,非自己设法解决不可。研究任何一种语文的文法,都不能不拿它当做第一个难关打。我们试想,以模仿出名的《马氏文通》,为什么也会添出不模仿的"助词"一类来?许多革新方案为什么又都会集中精力在词类一方面?就是因为这里模仿不来的缘故。

根据以上三项结论,我们认定双轴制的存在实在另外有它坚强的根据,不致因形态变化的有无而存废,又旧制的不大自然也另外有它的根源,就是在词论这样组织有特殊性的方面也去模仿别人不肯自己用心缔造的缘故。东华先生的一线制的提出,可以算是另一极端对于这一极端的一个进攻。如今可以综合起来了。东华先生已经对我表示愿意撤回他的一线制的新体系,而且要我代他宣布。我以为这不是进攻的失败,乃是我所谓"一般特殊统筹兼顾圆融无碍"的综合的开始。以后我们可以合力来探索适合一般所分的辞项,又适合中国语文的特殊性的语部区分来代替旧有的区分。

二　文法学的对象问题

关于文法学的对象问题，光燾先生认定以广义的形态为对象。他说得最明显的是在《体系与方法》的一篇文章中。他说："我以为中国单语的形态，并不能说是全无，不过所有不多，不足以区分词类罢了。其实英语也不是单靠形态来区分词类的。……东华先生否认词的本身有分类之可能，这是很对的。可是我以为词性却不一定要在句中才能辨别出来。从词与词的互相关系上，词与词的结合上（结合不一定是句子），也可以认清词的性质。……我认为词与词的互相关系，词与词的结合，也不外是一种广义的形态。中国单语本身的形态既然缺少，那末辨别词性自不能不求助于这广义的形态了。我以为文法学是以形态为对象的，是要从形态中发见含义"。后来他在《问题的简单化和复杂化》一篇文章中又说："世禄先生只认'变形'为语词形态，未免把形态看得太狭了。我在《体系与方法》一文里，所以要用'广义的形态'一辞，来概括形态学上和措辞学上的现象，就是因为我不承认形态学和措辞学可以划分得开的缘故"。他这两段话里面，关于说明形态学和措辞学的关系密切、不好任意分离独立起来的地方，实在切当得很，我不想插加一个字，但其中说"文法学是以形态为对象"的一点，我以为颇可以讨论。因为我们根据中国文法的现象看来，用形态这一个词来指称文法学的对象是非常不便的。光燾先生用的"广义的形态"一个词，用在西文法中已经要包括措辞学上的许多无形的形态，拿来用在中国文法中，还要包括语词上"不足以区分词类"的"形态"以外的一切无形的形态，这不是无形态的成分占了大部分，而形态简直在若有若无之间,我们为什么还要用"形态"这一个词来指称文法学的对象呢?光燊先生既然常说词和词的关系,词和词的结合,何不就用"关系"两个字来代替"广义的形态"这五个字?为和别的关系分别起见,例如和逻辑所研究的"关系"分别起见,我们可以在"关系"两个字上面再加上"表现"两个字做它的简别语,叫做"表现关系"。这样,我们就可以说文法学是以表现关系为对象的。这在讲中国文法时固然说起来顺一点,就在讲有形态变化的语文的文法时怕也还是说得过去的。我们不妨把那有变化的形态看做关系的表征。例如世禄先生提起的,英语里的代名词有主位、宾位、领位三种形态,我们就不妨说它是代表 A 轴上的代名词在 B 轴上有做主语、做宾语、做附加语三种关系的三种表征。(就是主语关系、宾语关系、附加关系的表征)。这种"表现关系"说固然略为带到一点以措辞学做中心的倾向,和那"广义的形态"说带到以形态学做中心的倾向有点不合,但我认为这是中国文法事实的要求,虽然和那传统有点不合,也只能从实接受。不知道光燊先生以为如何。如果也赞同这样掉过来,那就可以和他所认为很好的修正的"一个词不从它和别的词的关系上去看,便无法可以归类"那句话综合起来,成为一致的主张。

三 研究中国文法应该注重哪一种现象问题

这是世禄先生提出来的。他的答案是应该注重语序。这在原则上,我们很赞同。不过注重语序是文法界一个有历史的旧风习,如今在文法革新的讨论中重新提出来,似乎应该有一些新规定,才不致带来以先那些不大自然的旧习惯。对于新规定,我希望展开热烈的讨论。我个人对于这方面的感想也相当多,现在作为例子举出两点来谈谈。

(一)对于语序硬分正变的习气　据我们研究的结果,中国语文里面凡是用内动词或外动词构成的句子,可以有叙述、描记等多种句式。多种句式之中用哪一种,是随说话人的意思来定,也要看语文的表现的可能性来定。虽然出现的次数有多少,并不一定就有所谓"正"所谓"变"。例如内动词可作叙述式,如说:

我从乡村来。

他站在云端里。

内中有一部分也可以作描记式,如说:

茶棚里"坐"着许多"工人"。

今天"来"了不少"客人"。

外面"走"进一个"人"来。

这种描记式不一定便是变式。单说变式,也还可以;但有人竟至还要改,改成所谓"正式"的,如黎著《国语文法》47页说:

这种句子,若改为正式的,便是:

许多工人"在"茶棚里坐着。

一个人"从"外面走进来。

那实在是说不过去。因为改成这样,就成为叙述"工人"和那个"人"的事情的句子,中心变成在"工人"和那个"人"了;而原来的句子却是中心在"茶棚"和"外面",是描记"茶棚"和外面有怎样情状的句子。原来的句子有原来句子的主旨,有原来的句子的句法(那是文言里难得见到的),这样一改便成了另外一个样子,和原来的主旨不对了。而且事实上也有决不可改的。例如《水浒》第23回里面有潘金莲自豪硬挺的几句话:

> 我是一个不戴头巾男子汉,叮叮啳啳响的婆娘,拳头上立得人,胳膊上走得马,人面上行得人!

这几句话原是神气活现的,倘使照样改成所谓"正式"的,那不就成了:

> ……人可以(在)拳头上立,马可以(在)胳膊上走,人可以(在)人面上行!

那不是"正式"得神情全失,连意思也叫人看不懂了吗?

(二)对于语序发生神秘的幻觉 这可以举出本刊上面已经提过几次的《中国文法通论》四版附言里刘复先生对于"在"字的序次的研究来做例。那是他当作创造文法学应当注意的事项之一提出来的,他说得很有趣:

> 第二是要精细。这是说无论什么事,便是很小的,也该彻底去追究它,总希望阐发到全无余蕴的一步。譬如讲一个表示位置的"在"字,若只说这便是英语的"at",法语的"à",那简直是讲等于不讲。我现在就以这一个字为例,看它的变化:
>
> 1 { 甲——我(在纸上)写字。
>   乙——我写字(在纸上)。 }
> 2 { 甲——我(在门口)立。
>   乙——我立(在门口)。 } [A]

这几个例,甲乙两式都是通的。但是——

> 1 { 甲——我(在书房里)写字。
>   乙——我写字(在书房里)。 }
> 2 { 甲——我(在门口)看来来往往的人。
>   乙——我看来来往往的人(在门口)。 } [B]

在这几个例里,就只有甲式可通,乙式是不可通的。这是什么道理呢？我想了一想，觉得(A)组各句的"在"，与(B)组各句的"在"，虽同是表示位置，性质却全然不同。……

以后他就又画图又举例，举得很多，又设问道：

但这样就算讲得完备精细了么？远啊远啊！我若把我小册里的东西一齐抄出来，这篇文章不免"尾大不掉"，看的人不免要头痛。而且即使完全抄出，也未必就能全无遗漏，所以只得暂且搁着。

这真有点像他自己说的话"顶着石臼跳钟馗"，如果他不对语序发生神秘的幻觉，也许想了一想，就会想出一个很简单的区别来；不过是甲组各句的"在"，表示主体活动的位置，乙组各句的"在"，表示动作着落的位置。

据我看来，这都由于不在表现的本身的具体的整个的关系上考察，所以一个流于把文法现象看得太简单，一个又流于把文法现象看得太复杂。重提序次说，似乎不能不重提这类旧缺失。

(《译报》副刊《语文周刊》第33期，1939年2月27日)

回东华先生的公开信

——论文法工作的进行、文法理论的建立和意见统一的可能

东华先生：

我还是希望你来参加讨论，暂时也不要缄默。你差不多是这次文法革新讨论的发动者，革新讨论的有没有成就，你不会不关心，你是无论如何少不了要来参加的。现在摆在我们面前的有"立"和"破"两方面工作。你即使不参加"立"，也请来参加"破"。你曾经说：要写些文章来指出《马氏文通》的毛病，我觉得那是"破"的方面一件极重大的工作，你来做最适宜，希望你肯一身担起来。"立"的方面，以后有两件事要做：一是文法工作的进行，一是文法理论的建立。那也是头绪纷繁的，也要有人各自担起担子来，并且要有好多人手来参加。假定这些工作都有了眉目，那才可算文法革新已经告了一个段落，有人要歇手也听便，但我总希望我们始终合力从事，以我们的努力减少几分青年在语文学习上精力的滥费。想来你也一定很赞同的罢？

你说我"不免太乐观一点"是对的，我的确有点乐观，但不是无条件的乐观，我以为我们要努力。就拿文法的历史来说罢，我们本来也没有可以悲观的理由。在我们固然自己觉得很空虚，但别人正当我们中国是文法学的三大发祥地之一呢！所谓三大发祥地，

第一个当然是希腊。现在的语部,有些就是希腊的亚里士多德(公元前384—322)手定的,历史长,影响也广。你说它"带着一点历史的和古典的文法的气味",当然是文法学史可以作证的事实。第二个发祥地就是你说到的印度。史上说它形变论和构语论早已达到完成的境界,只因传到欧洲晚,对于前面一派的文法不曾有过根本的影响。第三个发祥地就要算到我们中国。主要的贡献,被推为在音韵学和语汇论方面。这是别人的推许之辞,是否可以承受,我们自然还得考虑。不过照你说来,我们只有虚词(就是你说的"词")和实词(就是你说的"名")两类可分,此外总不免削足适屦,那么,我们中国早已有了虚实的论辩也就不能说是没有文法学了。我们所要自己觉得惭愧的或许在你说的"部",过去的许多文法论确凿都是零零星星的漫笔,不成为"部"的。这不成部的原因,据我推想,除出可以在社会史上找求解释以外,还可以在语文学的本身上找出一点解释。例如伊尔姆斯勒夫(Louis Hjelmslev)在其所著《一般文法原理》中认为,"历时语言学最容易处理的是音韵,最难得对付的是配置。配置法的研究所以在历时语言学中发达最晚,便是为此"。总之,我以为我们中国没有"一部"比过去所有的更加完密的文法的缘故。我们可以从旁的地方去探求,不一定要在中国语文用不着文法或不可能有文法上去想。这当然又好像是太乐观了一点,我以为这乐观也不是毫没有根据的。我们果真不可能有文法,怎么还会可能互相达意呢?只要可能互相达意,我以为就不会没有文法,也不会用不着文法,只是我们语文的规律比较难以捉摸,我们用力又还浅,还未尽数发现它罢了。从现在起尽数地发现它,正是我们的责任。你也是逃不了这个责任的。

我最信服你说的"只要不是叫我们的语文去迁就文法"一句

话,我以为这简直可以做从事文法工作和文法理论的人们的座右铭。对从事文法理论的人们或许还可以推演一句,"只要不是叫我们的语文去迁就学说"。学说也是不论中外要受我们语文事实的证验的,不能凭空架造。

谢谢你节译《韦白斯脱大字典》里说明"语部"的一段话给我们作参考。可惜我们不大看得清楚。据我推想,这段话的主旨是在说明当今文法的思潮已经从意义和形变的注重转向到 function 的注重。function 这个字,你是从常译作"职务"。它在科学上很有一点历史。它先走进了自然科学,代表随着别个变量而变的一个变量,普通译作"函数",有时也叫"应变数"。随后它又走进了社会科学,表示互为因果的一种交互关系。这已经有许多文化人类学家译作"功能"。我曾经看见吴文藻先生写的一篇文章里面有一段话说这个字走进社会科学的历史颇清楚,现在节录在下面:

> 自十九世纪末叶以来,自然科学方法论之因果概念,亦经一大转变,此转变与功能概念之发生有很重要的关系。前此的学者总以为"原因"与"结果"是两种或两种以上的现象间之片面依赖的关系。事实上,这样的因果关系在任何社会现象的关系中,几乎从没有发见过。照例说,社会现象都是互相依赖的。为了校正这种谬误起见,遂有社会现象间的"功能关系"(functional relationship)之概念,起而替代片面的因果关系。"原因"与"结果"的概念,必要用"变数"(variable)与"函数"(function 此处用作表达分量的名词)的概念,取而代之。(见《民族学研究集刊》第 1 期,商务版,第 126 页)

近来它又冠冕堂皇地走进了文法学,仍旧代表着因素和因素间的互相依赖互相对应的交互关系。它在文法学中也可以称为

"功能"。我推想那字典说的就是注重这种"功能"的倾向，那实在是一个"较新的倾向"，但不见得同一线制有多少关系。假使你也倾心这种较新的倾向，我们不妨就注重这种"功能"来研究来讨论我们的文法，我想大家都会同意的。你说："因为中国人没有科学的头脑罢？"那当然如你下文答案所含的意思说：不是的。不过我们语文工作的有些部门还未和科学通声气，的确也是事实。就说文法学罢，别人早已在应用函数概念，运用科学方法了，我们呢？我们还在叫《文心》的所谓"位"和文法学上的所谓"格"（参看黎锦熙《比较文法》绪论，第2页。）扭做一起！我很希望这次讨论，能够推动语文学术接近科学一点。像你在这封信里举荐的虚实两分法，就是在科学的说述文法时很有用处的。不过我总想向朋友们献议采用较现代的名称，仿佛你也当面说过，可以同意。在这里，我想提议采用你说到的《国语学草创》里用的"关节"一个词，添上"部"字叫做"关节部"来替代"虚词"（就是你说的"词"），另外添起一个"体干部"来代替"实词"（就是你说的"名"），不知道你和光燊先生以及旁的几位先生同意不同意。你在"词"和"名"两个字下注的morphème，sémantème两个词在一般文法学上译做"形态部""意义部"，那是带点形态论倾向的说法。假使为了中国语文的特殊性，大家同意不采用那说法，似乎不如就用"关节部""体干部"两个词做替代。

我相信意见是不会不可能统一起来的，只要大家看重语文事实，又采取彼此商讨的态度，像座谈似的，肯各自发挥各自所长，又不坚持自己意见不肯让人补充。你和光燊先生的这次辩论，很像以前有些创作家和批评家之间的辩论。他严守批评家的立场，对于"我实在是去过的"一个例句，也没有提出他自己的创作，只是批评说,图解得出,问题还是有的。他在《一点声明》里说的也是黎的主张,不是他自己的主张。他既然明白声明"并不祖黎",看来他也不见得就赞成黎氏所谓有"是"字的,句末的"的"便是代名词;无"是"字的,句末的"的"便是助词那一种说法的。对于这个"的"字,我倒有个拟议,和你的断决相差无几;假使你仍来参加讨论,我可以写出来请教。敬祝健康!望道。2月28日

(《译报》副刊《语文周刊》第34期,1939年3月6日)

漫谈文法学的对象以及标记能记所记意义之类

一 文法学的对象——表现关系

关于文法学的对象,我们总算已经有了大体一致的趋向。光焘先生在《建设与破坏》一文中也表示赞同以表现关系为对象的拟议,我觉得很欣幸。不过他以为表现关系一语的含义必须限定,不可一再引申,失掉本意,并且拟议在索绪尔(Saussure)所说的"能记"和"所记"两个部分间有所指定,他的指定是属于"能记"部分,问我能不能同意。我觉得这也是我们应当详细商谈的。现在就在这里谈一点。我现在所谈的大体还是我在《从分歧到统一》中提出表现关系一语来的时候实际已经包含在上下关系中的话,不过为了光焘先生谈起"标记"、"能记"、"所记"以及意义等等,我也就要说到这些项目,范围不免比原来的阔大一点。

二 标记跟能记所记

语言的确是标记的体系。一个语也的确就是一个标记。正如嵇康所谓"夫言非自然一定之物,五方殊俗,同事异号,趣举一名以为标识耳"(见《声无哀乐论》)。因为语言是标记的体系,我们研究语言照例不能不考究标记的界说、成分、功能等等。我们知道,凡是标记都由两个部分组成,一个部分是感觉映像,一个部分是事物概念。我们学习一个标记,必须学到,除出感官所接触的感觉映像之外,还能知道感觉映像所标指的事物概念才算达到完成境界;倘只知道感觉映像一个部分,还不能说是已经知道了标记。例如我们走路看见警察开红灯,倘只知道有红灯这一部分感觉映像,而不知道它是标指危险叫人停住的概念,就还不能算是已经知道了红灯的标记。对于红绿灯等标记如此,对于语言标记或语文标记也是一样。在语言上,所谓感觉映像就是声音,所谓概念就是意义。对于语言,也要不止知道甲一语音,还能知道甲一语音所标指的意义,方才算得完全知道甲一语言记号。但是我们说一"标记"时,惯常只指着感觉映像一部分说。如斯滁平(L.S.Stebbing)女士在《实用逻辑》中说的,"我们现在应该很明白:记号(Signs)的性质。一个记号是指示着它自身以外的事物的"(商务版高译本第10页)。这就是单指标记的感觉映像一部分为标记的一个实例。因为单指标记的感觉映像一部分为标记,结果就把标记的概念一部分挤到标记外面去,当做所谓"它自身以外"的东西。而结果还是不能不像她在后面郑重声明的"红色的灯光,苟非经某人解释为指示着某事物,则不能成为记号",仍旧要把标记的概念一个部分拉回来,当作标记的一部分。我们平常说"标记"时,总是这样徒劳伸缩往返的。为免除这样的徒劳伸缩往返,以及防止误把标记的感觉映像部分当作标记的全体,因而在语文教育上造成了杜威所谓"标记的危险"起见,我个人是非常赞同索绪尔所提倡的那一种说法的,他用"标记"一语标指全体,另外用了"能记"和"所记"两个学语各自标指感觉映像和概念这两个部分,这样改过来可以使得它们彼此之间的关联,以及它们和以它们为部分的全体之间的关联,都格外地明白清楚。至于内容,当然还是和斯滁平女士说的一样。

三　标记关系和表现关系

标记有种种特性表现在所谓标记关系上。标记关系有所谓内部的和所谓外部的。标记的内部关系就是标记的组成部分能记和所记的关系。这里主要的特性,就是所谓随宜性。能记和所记之间并没有必然的关系。我们所以不能指鹿为马,全系社会的惯习拘束作用。这在研究语文变革时很重要,对于文法讨论却不大有关系。讨论文法时最有关系的是标记的外部关系。所谓外部关系就是一个标记对于别个标记的关系。

要从标记上限定表现关系的含义只有在这外部关系上加限定。不过可能的说法有两种;一种是专从标记的能记部分上加限定,这就是光燊先生提出来问我能不能同意的;还有一种是从标记(包括能记所记)的外部关系上加限定,这就是我在《从分歧到统一》中提出"表现关系"这语来的时候的本意。因为我当时提出表现关系这语来,是用来指示"词和词的关系"、"词和词的结合"、"一个词和别的词的关系"等等的,"词和词的关系"等等,当然就是标记和标记的关系,也就是一个标记对于别个标记的关系。索绪尔说能记的主要特性,就是所谓线条性,它的因素要一个一个挨顺蹦出来,造成一串联。而语词和语词的关系,或说标记和标记的关系却不是可以杂乱无章地排成一串联。必须按照某种特定的顺序排列起来,才能成为一句话。各个个别的排列,虽然听凭各个人自由决定,但那排列的基本方向,却不能不受所用语言所有的习惯指挥统御。这也算是标记的外部关系上的一种重要的特性。语言的标记所以成为体系就是为了它有这种特性的缘故,文法学所探索的也就是标记的这一种特性。

四 表现关系和意义

这样说来,表现关系也可以说就是标记组织,它是跟标记的能记所记,也就是跟声音意义都有关系的。我们固然不能排开声音来研究标记组织,却也不能隔离意义来研究表现关系——就是研究文法。不过所谓意义在这里应该分成两种。一种是具体的特殊的意义,如说椅子是"人坐的用具",椅披是"披在椅子上的装饰品",推究这种意义是辞书的工作,不是文法学名分应当参与的。另外一种是抽象的一般的意义,如说"椅子""椅披"都是主语,或说"椅子""椅披"都是名语,探讨这等意义正是文法学的任务。光焘先生深怕表现关系和意义混淆,想必是深怕表现关系和这里说的第一种意义混淆。要是这样,我们的意思就没有什么出入。我看,这个混淆问题,实际是两种意义的混淆问题,不知道光焘先生以为如何。

(《译报》副刊《语文周刊》第36期,1939年3月20日)

文法革新问题答客问

(1)论守成和缔造 (2)说字、语、辞、句及辞例、语部等新用语 (3)语尾问题的着落 (4)语中的虚实接合 (5)内发语、外来语、合成语、推出语和文法问题 (6)虚实的两种结合 (7)语间的虚实结合归辞例论里讲 (8)虚实研究的新安排 (9)辞例论添设虚实部的效用 (10)辞项名称主辞、宾辞、被辞等的讨论 (11)辞项分合,形容系辞、副疏系辞可分,及动字被辞、介字被辞可合的讨论,并且列举五种辞例关系,六条辞例公例 (12)同动字的两种处置法 (13)语和辞的区别,及几个实例解释 (14)文法革新讨论的经程及破的意义。

一问:现在有些人对于文法革新的讨论颇悲观,以为讨论好久还没有什么定论,恐怕再讨论下去也不见得会有什么结果的。你觉得怎样?

一答:为什么悲观?定论不是明的已经有好些,暗的也已经有好些了吗?而且研究学问也不应当把定论看作唯一有价值的东西。单记定论,准定只会守成,不会缔造,甚至对于定论也许单止知其然而不知其所以然。倘想缔造,必须还会发现问题,又会运用灵活方法解决问题。

二问:这就要涉及繁复奥妙的方法论了,我们还是先谈定论。

什么是明的定论,明的定论有哪些呢?

二答:所谓明的定论是大家在言论行动上显出一致来的。这一类的定论已经很多,如以先有一线制双轴制的讨论,如今都已采用双轴制,而且采用双轴互相配合的方法,并且还在这双轴的配合上提出了几个更适当的名称。如将普通所谓"词"者移开,提议用"字"和"连语"两名,又添用了一个"辞"字。对于这几点,我都大体同意,但也略有可商讨。我以为"连语"一名可以省作"语"。"字""语"分用,也系以前文艺批评家的旧习惯。如钟嵘《诗品》:"古今胜语,多非补假,皆由直寻。大明泰始中,文章殆同书抄。尔来作者,寖以成俗。遂乃句无虚语,语无虚字。拘挛补衲,蠹文已甚"。我们现在可以顺其自然,新加文法规定。规定"语"为单位名称,"字"为单字多字的通称。这样,旧体词论方面就可以用"字""语"两字说明一切。而所谓"语"完全等于旧体文法所谓词。"词"字所以要换作"语",理由很多,最重要的一个理由是旧体句论方面不能不添加"辞"这一个名称。因为单说句嫌太狭,跟文法学的领域不相称。句虽然在文法学中占有优异地位,但文法学所论究者并不以句为限。如"流水"我们也论究,但"流水"决不是句。在文法学上,所谓词本位说固然不能成立,而所谓句本位说也还是有语病,就在这一点。故必添增所谓辞,规定"辞"为单辞、多辞的通称,"句"为辞成句者的特称。同时把旧体就句命名的"句法"改做就辞命名的辞法或辞例。《稽古篇》的提议,经这样一安排,就成双轴上——"辞例"论(就是旧体所谓句论) 轴有"辞""句"两名可分别用,而语式论(就是旧体所谓词论)一轴又有"字""语"两名可分别用,字语辞句都是极惯熟的名称,比以前自然得多了。只有用"字类"译 parts of speech,我不敢附和,我看不如译作"语部"。语部有二义,一是语的部分,一是语的部类,单取部类义有不便。

三问:什么是暗的定论呢?暗的定论又有哪些?

三答:所谓暗的定论是已经有定论伏在话中,只须一指就可看出的。这类的例也不少。如所谓语尾问题,就是其中的一个。

四问:语尾问题已得到一致的结论了吗?那一定有许多人很高兴。

回答:我以为不必这样兴奋。我们要像我们中国的古代名家所谓"摹略万物之然,论求群言之比;以名举实,以辞抒意,以说出故";从事实缔造学说,拿事实证验学说:"以类取,以类予;有诸己,不非诸人;无诸己,不求诸人。"(《墨子·小取》)所谓语尾问题并非别的,只是一个语中有没有虚实接合的问题。承认语中有虚实接合,而且语中接合有虚的接在后尾的,就是承认有语尾。

五问:这好像是语汇学上的事,为什么拉到文法学里来?

五答:的确是语汇学上的事,不过有人,例如索绪尔(Saussure),主张把语汇学归入文法学,倘照这派主张安排,就又是文法学上的事。依据语汇学,一地语言的原先语有两种:一种是内发语,本地自造的,——这是家乡语,更重要;一种是外来语,从外路输入的。引线是外路的新知识、新事物、新势力的输入。如汉朝有印度佛教输入,于是就有"浮屠"、"伊蒲塞"、"桑门"等语见于诏书,又有西域新事物输入,于是又有"葡萄"、"苜蓿"等语见于文艺。这就是语文文化上的所谓挪借。挪借的方式大概以音译为主,如上面举的各例都是,文法的音译名"葛郎玛"也是;但是也有以形翻为主的,如中日两国的字语挪借就常用这一式。所谓音译也未必全照原音;更不见得就用定字,所以当初译名每每分歧,如"葡萄"旧作"蒲桃"或"蒲陶",有时也作"蒲萄";"苜蓿"或作"目宿",也作"牧宿"、"木粟"。"浮屠"、"伊蒲塞"、"桑门"等语也另有"浮图"、"优蒲塞"、"沙门"等译名。新近输入的"冰其林"还正在这样状况中。外来语也是新文化之一，常带有所谓异地情调、异国情调。当外来语刚输入的时候，无论音译形翻，都不免带有生疏、新鲜等语感。为感生疏，或生排拒；为感新鲜，或就是趋附。等到用久用惯，就又两感全消失，和本地内发语无别。如"塔"如"僧"等印度外来语，就已经成为这一类例语。这内发和外来两种语是一地语言的原先语，是一地语言的原料。原料有了，却还不够应付天天丰富起来的社会生活上的需要，就又会从这等原料孳乳出新语来。于是这地语言就滋生繁息得更丰富了。语言孳乳的方式大体有四种。其中有两种是用原语或成音当材料来构成新语的，这就是跟我们现在讨论问题有关的两种语。一种就是所谓合成语（compound words 或 compounds）；一种就是所谓推出语（derived words 或 derivatives）。"推出"是从傅、张合译罗素《算理哲学》采来的译名，倘用形翻的外来语，就是所谓派生语。依据语汇学，这两种语的分别全在构成新语的语素不同。假使构成新语的语素各各可以独立的，所成的语便是合成语；假使构成新语的语素，有一成素不能独立的，所成的语便是推出语。其实所谓独立，一经会合，就已经成为不独立，就已经成为新语的一分子，不便再称为语，而当正名为语素。在合成语，各个语素略有对等资格；在推出语，则有一方做主要分子，一方做附属分子。做附属分子的一方常是形体短小、意义模糊的一种物事，有的虽然约略可以知道它的意义，有的简直不懂它说什么，只能从具体的例中推得它的功能。如果利用虚实的成语来说，就是一种虚的语素。所谓合成语就是实素和实素接合的孳乳语；所谓推出语就是虚素和实素接合的孳乳语。虚素和实素相接，有的

137

接在实素上位做头,就是所谓语头;有的接在实素下位做尾,就是所谓语尾。做尾的比做头的来得多,所以语尾更加受人注意。

六问:那么现在有几位好像还不一定承认中国语文中有推出语。何以说可以合起来了呢?

六答:这是讲虚实的结果。要讲虚实,可以(也是必须,理由详后)把虚实的结合分成两种:一种是语和语的结合,这可以放在辞例论方面去说;还有一种是语素和语素的结合,前面说过是语汇学上的事实,要放在语式论方面讲语的构成时候说。一讲虚实的语构成就会讲出所谓推出语的事实来,即使避用推出语的名称。《稽古篇》就曾经说了一句这样的事实:"以言体段,则训字……亦有由一言字合一语词(就是虚字)而成者。"举的例是虚在上位做头的例(见第四节)。这不是合了吗?

七问:你说语和语的虚实结合可以放在辞例论方面去讲,这话好像没有人说过?

七答:是的,这是我的献议。《马氏文通》以来,讲文法的都从字类(就是语部)上派分虚实,派定某类字是实字,某类字是虚字。这是把可以放在辞例论方面说的移到字类上去说的一种特殊作风。这种作风也能成品,因为辞例不过是语和语的结合,不在结合时说,却就分散时说,原也相当可能,只是略带分析倾向。但既然这样从字类上派分虚实,便要有限制:或者把语的构成虚实撇开不说,或者把这虚实画作下级区分里说。假使两项混同,便会出现了既派定它是实,却又出现了是虚的所谓淆乱现象。这可以实验一下。假定你派定名字是实字。我举一个例,"桌子"。而你说虚实的兴致很浓,还要不加简别,分析"桌子"的构成虚实,说"桌"是实字,"子"是虚字。这就立刻出现了实里有虚的奇妙现象。《马氏文通》所以被《稽古篇》严厉指责说马氏在实字类的状字中也列入"尔"、"然"、"如"、"若"等虚字,"不特于两者之畔界无所厘清,反使之颠倒淆乱,至于不可究诘",就是这个缘故。但这是从字类上派分虚实,又不厘定单位的作风所难免的。要免除这等现象,只有改动体制,从结合上(或说就配置关系上)分虚实。一面在说语的构成时讲虚实——这是单位以下的语中虚实——说语有虚实两素拼成的,例如"桌子"中"桌"实"子"虚,又如"尤其"、"更其"中"尤"、"更"实,"其"虚。凡语素是实的,可称实部,虚的可称虚部。语由虚实两部拼成的就是所谓推出语。语是单位,离开说构成,就可以看作一体,不再分析。说语部或辞例时讲虚实,就可从整体说,按其个体部类指定虚实,于是再在辞例中讲虚实,——这是单位以上的语间虚实——也可以构设虚部和实部。如在"桌子的脚","桌子"又就是实部,"的"字是虚部。虚实两部合成一辞。虚部在辞例的对待关系中只做一个关系方,在语式的构成关系上只做一个构成素,都没有独立作用,——把所谓虚的范围限定在不能独立成辞成语为止,这样分虚实或者可以在文法上有点用处。(既立虚部实部两名,语头语尾名称就可作废。)我在《公开信》里说虚实两分法在文法上很有用处,大体是想提议这样用的。

八问:你在《公开信》里仿佛提议过用"关节部"、"体干部"两个名称来替代这里所谓虚部实部,那是什么意思?

八答:那是想把虚实研究设法变成真正文法研究的一点微意。我个人以为文法学是研究语文组织的一种学问,讲究虚实也须从语文组织上着眼,而且以有关语文组织的为限。离开组织,就各个分散的字语中讲求虚实,很容易成为各个字虚实沿革的研究,而不是对于组织上的共同功能的研究。这是一。虚实是一个相对的名称，中间可以有无限的区分，在名字和动字相对的时候可说名字是实，动字是虚，再从名字里看，又可以说具体名字是实，抽象名字是虚。《国文法草创》说："虚字与实字之别，诸说分歧。有以具体名字为实字，而此外皆虚字者。有以名字为实字，两名字以外皆虚字者。有以名字、象字、动字及修饰副字为实字，而以连字、介字、感字、助字及由词来之限制副字为虚字者。有以名、动、象、副为实字，介、连、助、感为虚字者。"分歧的来由，就在虚实的相对性质。非从用在组织上进行研究，这种分歧无从消解。这是二。古人用虚实两字也只在显示相对性质。如曾国藩《复李眉生书》，要说明《说苑·贵德篇》"春风风人，夏雨雨人"句中两个风字雨字的用法不同，就用虚实两字做代表，说第二个风字雨字是实字虚用。当时没有名字动字等学语，只有这样说。而且这样说，也已经很得要领。若在现在，我们已经有更详明的学语，像这两个风字雨字，我们即使依旧照他说法，也可以说名字动用了。我以为凡是古人说虚实而今人已经有更详明的学语的地方，尽可以让给新学语，不必再用虚实称谓，而虚实称谓又尽可以用来显示现在详明学语还不能说明的地方。这是三。讲组织者的眼光未必和讲求实义者的眼光一致。在讲求组织者看来，虚字是组织字，很重要；而从讲求实义的人看来，却要说虚字无实义，不重要。为显示本学职志起见，我曾经提议用关节部、体干部的名称代替所谓虚实，现在想来，也可不必；单换名称，不改变看法也无用处。名称是更好的也还有，但看法的改进比名称更重要。这是四。总之现在讲虚实必须从新做有意识的安排，把所谓虚实研究安排得没有旧缺点而有新用处。

九问：你把"子"字看作一个语素；把"的"字看作一个语，难道

"子"一类字和"的"一类字可以看做功能不同的吗?这是不是你所谓有意识的安排的结果?

九答:我看,它们在前面的例里有点不同。但在旧体制里也别无好方法,只有认作同。旧体制里只有主辞宾辞等组关系,没有虚部实部一组关系,结果有了两不便。一不便是有些字游离无所归属。如"屈原者楚之同姓也"一例,单说"屈原"是主辞,"者"字就无所归属;如果还有虚实这一组关系,我们就可以说"屈原者"是一个主辞,由虚的"者"和实的"屈原"两部合成,"者"就不致无所归属。还有一不便是由这一不便带来的。因为有些字如"的"在辞例中倘要分析无所归属,于是转向语的构成上去分派,就把有些单在辞例中临时捏合的组织也派作语式上经常的结合。例如"红的"就有人认作经常的结合。但"的"在"花红"句中并不接用,惟独在"红的花"一组辞中接用,可见"的"是一个语,不是一个跟定"红"的语素,"的"是在辞例中尽组织作用的一个分子,不是在语的构成上没有独立资格的一个元素。"桌子"的"子"字可以归语式论,而这"的"却当归辞例论。编辞典的时候也应当把它作一个语。

十问:这样分开,编辞典也方便些,可以搬了"桌子"、"椅子"进辞典,不必再搬"红的""黄的"进辞典;对于辞例的其他方面有没有意见?

十答:辞例方面的安排是极其重要的。辞项多少和辞项名称,都要有极详尽的讨论。《稽古篇》也好像极注意,对于旧制的这两项都改得极多。对于名称,曾经举荐了几个合用的新名。例如章炳麟先生的"辞例"。但也有几个,还有商量余地。例如对照表里的这几个:

西文原名	马 氏	黎 氏	刘 氏	稽古篇
Subject	起词	主语	主词	命辞
Predicate	语词	述语	表词	谓辞
Object of Verb	止词	宾语	受词	受辞

这几个里面像马氏所谓"起词""语词"两个名称，假使要改，我以为可以改为"主辞"、"宾辞"。第一，这两个名称的西文原名是和论理学上用的一样的，我们可以先查论理学的译名：

西 名	胡译	傅张译	屠著	王编	汪译	沈著	孟俞译	高译	金著	殷译
S	主语	主词	主词	主辞	主辞	词主	主辞	主词	主词	辞主
P	客语	宾词	宾语	宾辞	宾辞	词宾	宾辞	宾词	宾词	辞宾
书名	论理学	罗素算理哲学	名学纲要	论理学大全	论理学	现代逻辑	思维与教学	实用逻辑	逻辑	逻辑基本
页数	9	234	62	57	53	9	63	49	9	14
书店出版年月	(泰东)1906	(商务)1922	(商务)1925	(商务)1930	(民智)1933	(新月)1933	(商务)1936	(商务)1936	(商务)1936	(正中)1937

十本论理学中的译名除出名头名尾附合的"语""词""辞"等字不同外，都用"主"字译 subject，用"宾"字译 predicate（只有最早的一本用"客"字）。为求译名划一起见，我们最好采用"主辞""宾辞"一对译名。第二，再看文法中的用法。凡是辞项名称又都就是论理学上的所谓相对名辞，和父子、兄弟之类名辞同群。每一对名称，都是两两相对。马氏所谓起词语词也正是一双相对的名称。为求醒目，也以照译"主辞""宾辞"为是。第三，再查旧译。这两字在威妥玛（Thomas Francis Wade）著的《语言自迩集》（1867年初版）里也正译作互相对待的名称："纲"和"目"。书中《言语例略》篇第二十节说：

> 贵国作文讲究的是句法，专管那个字句的长短；我们成文之理，就是无论何句，必须纲目两分，方才成句。何为纲？凡句内所云人，物，事等字眼儿为纲。何为目？论人，物，事的是非，有无，动作，承受，这都是目。

从以上三方面看来，马氏所谓起词，语词，假使要改，应当改作"主辞""宾辞"，殆无疑义。《稽古篇》定为"命辞""谓辞"，虽然也是从《荀子·正名》篇，《墨子·经说》篇等一般认为中国古论理学的论文中抽译出来的，但那原义本来圆通，荀子所谓"实不喻，然后命"的"命"未必可以定为指"主辞"，墨子所谓"谓：移，举，加"的"谓"也未必可以定为指"宾辞"，就使单从第一面校衡，已不如译作"主辞""宾辞"为便。假定这两个名称决定这样译，则 object 自然不能再用黎氏译名"宾语"。另外的旧译，有马氏的"止词"，和刘氏的"受词"；刘氏的译名大约脱胎于严复氏的"受事"。但以真确性论，"止""受"实在相差无几。文法中和这辞有对待关系的是作宾辞干部的谓辞，而那对待关系中所表现的事物关系固然未必全是所谓"止"，却也未必全是所谓"受"。说"受"好象一定要这辞所标指的为既成物才觉适合，如严氏所举的例"植其杖而芸"的"杖"。而这类辞所标指的却未必全是既成物，如"张生作文"一句中，"文"就不是既成物，乃是经"作"而成的物。我们可以说"文"是"受"作的吗？再如"吹气泡"，我们可以说气泡是"受"吹的吗？我以为与其说是受作的受吹的还不如说是作吹所涉及的对象。如其不愿将就用"止辞"，似乎不如译作"被辞"，取其对于谓辞，有波及涉及之义，又与主辞相对，有主动被动之分。此外，如黎氏所谓"附加语"，《稽语篇》依据《尹文子》用例，改作"属辞"，改得很好，严氏也曾译作"属词"，但或不如采用论理学上说附性法处另一用语，译作"系辞"。

143

黎氏所谓"补足语",《稽古篇》去"补"留"足",译作"足辞",似亦不如去"足"留"补",译作"补辞"。因为别科学术中也常用这字,已都译作"补"。像这两个名称都只是字眼上的改动,与内容无大关系。

十一问:对于辞例论的内容有多少地方要商定?

十一答:关于辞项画分,所谓形容的附加语(adjective adjuncts)和副词的附加语(adverbial adjuncts),我以为仍旧应当分。附加语如果改为系辞,这两句自然可以连带改为"形容系辞""副系辞"。为求整齐起见,所谓"副"或可参合严氏所谓"疏状"改为"副疏"。两种被辞,却不必沿袭《马氏文通》分作止、司两种的旧规,可以一概称为被辞。辞例论的用语,可以对照列表如下:

西文原名	马 氏	黎 氏	稽古篇	本 篇
Subject	起词	主语	命辞	主辞
Predicate（广义）（狭义）	语词	述语	谓辞	宾辞 谓辞
Object of verb / of preposition	止词 司词	宾语	受辞 承辞	被辞
Complement	表词	补足语	足辞	补辞
Adjective adjunct / Adverbial		形容的附加语 副词的	属辞	形容系辞 副疏

这些辞项在辞例论中的对待关系,也可以列表如下:

（一）主宾关系:主辞和宾辞的关系。

（二）谓被补关系:谓辞和被补辞的关系。

（三）形容关系:形容辞和被形容辞的关系。

（四）副疏关系:副疏辞和被副疏辞的关系。

（五）虚实关系:虚部和实部的关系。

共有五组对待关系。这五组对待关系,我们可以总称为辞例关系。

辞是语的运用；语如果不互相会合，互相结成这等辞例关系就不成为辞。各组关系之间有六条公例可以列举如下：

公例一——每组关系都是两两相对，每个辞项都要有关系项方才成立，无主也无所谓宾，无宾也无所谓主。其他仿此。张横渠所谓"两不立，则一不可见。一不可见，则两之用息"，正可借来形容这条公例。

公例二——每组的双方都可以有纲目本末之别，可以指定一方为纲为本，另一方为目为末。如谓𫘤（被补）关系中，谓辞为纲为本；形容关系中，被形容辞为纲为本；副疏关系中，被副疏辞为纲为本。虚实关系中，实部为纲为本。凡此都照功能分，——如谓𫘤关系，对内虽有谓辞和𫘤辞之别，对外实由谓辞做代表，故可认为纲本，其他仿此——应无异议。主宾关系的纲目本末之别，看法略有差别，大体是从意义分，这就可以有异议。普通说法认主辞为纲本，但有一说却认宾辞为纲本。理由是主宾关系所显示的事物关系是事，不是物。如说"水流"，是说出流这件事，跟所谓"流水"有别。"流水"是说出水这件物。"流水"所称述者是物的分别，如"流水""止水"，而"水流"所称述的却是事的分别，如"水流""乳流"。这说虽不普通，也成一格，可供参考。

公例三——五组关系可以分成三级。主宾关系为首级，可成句；谓𫘤关系，形容关系和副疏关系为次级，可加入上一级，虚实关系为末级，可加入上二级（关系分级，光燾先生曾有口头提议）。

公例四——每组关系都可以合成一体，合得一个体名。如范仲淹《岳阳楼记》中"阴风怒号"句，"阴"和"风"结成形容关系，对外可合成一体，合得一个体名主辞；"怒"和"号"结成副疏关系，对外可合成一体，合得一个体名宾辞。"浊浪排空"句，"浊浪"义法关系同"阴风";"排"和"空"有谓被关系,对外可各成一体,合得一个体名宾辞。

公例五——每组关系的体名都就用同级或上级关系的方名。虚实关系没有同级关系,只有用上级关系的方名。主宾关系,没有同级也没有上级关系,只有特设一个体名——句。

公例六——各组关系加入别组关系时,体名会随该组对外关系而变,故必对外的文法关系定,体名才有最后的决定。例如"山高水长"句中,"山高""水长"各是主宾关系,一在"先生之风,山高水长"句中,"山高""水长"就各是副疏关系,意为山那样高,水那样长。两个副疏关系合称为宾,对"先生之风"成为主宾关系。

以上六个公例以先都只无形遵循,我现在特为写成明文,使它更加明确,或于文法研究,不无小补。

十二问:现在文法学上最成问题的是语部区分,而对于《马氏文通》最不满意的是马氏所谓同动字,你对于所谓同动字这个怪物觉得应当怎样处置。

十二答:同动字在文法上真可以算一个怪物,很难处置。马氏对于同动字的说明,说是"凡动字,所以记行也;然有不记行而惟言不动之境者,如有、无、似、在等字,则谓之同动,以其同乎动字之用也",也的确有可以使人不满意的地方。要处置这个不满意的问题有两条出路可以走;一条是墨守马氏所谓"记行"的看法,把同动字发配出去;一条是把同动字留在动字里面,把所谓记行的看法放大。两条路都可以走,只看那条路近便些。所谓同动字,像"有""无""似""在"等字,都是陈述两件事物的关系,如《孟子》里的"庖有肥肉,厩有肥马,民有饥色,野有饿莩"一例,就是述说庖等事物和肥肉等事物的包含关系。关系也是事物的一种情状。述说关系是动字的常事,如说"鲍子知我","知"虽不是同动字,却也可以说是表示鲍子和我的关系;倒过来说也一样,"我见知于鲍子",也是表示我和鲍子的关系。这等字表示关系和所谓同动字的不同处只在这边的"知"表示动作,那边的"有"不表示动作。从动作的立场就是所谓记行的立场看来,自然应当把它们群分为两类。但是我也曾经专在动作的立场上站过一些时候,觉得很有难处。如《儒林外史》有一句:"王冕七岁上死了父亲"。所谓"王冕死了父亲",既不是王冕自己死了,又不是王冕犯案杀死了父亲,于文法上的所谓内动外动都不是,从动作的立场说明就很难。结果我想我们研究中国文法,有时要把中国语文中主宾关系所表示的事物关系看得广大些,广大得和主宾关系所表示的事物关系一样的包罗万象,有时又要把事物关系看得狭小些,狭小得所余无几。这里就有所谓中国语文的特殊性。我们研究同动字已经遇到前面一种例,我们研究被动式恐怕又会遇到后面一种例。

十三问:你在《一般问题》中说语有经常的性质,东华先生曾经在《三个体制的实例比较》中提出疑问,你觉得对于他所提出的"水战七军"等例可以如何解释?

十三答:语和辞不同。辞是不在辞例中不能认其存在,不能凭空发现的范畴。语是离开辞例也还可以辨认,也还可以按其个体搜求经常性质的范畴。只须双轴各正,两轴配合适宜,就可显出两面不同。如他所提的例,"水战七军","眼睛水汪汪","某处大水",他以为这些"水"字用法有不同,其实他所谓不同,都是结合上(就是配置关系上)的不同,可以放在辞例或语构成上去说,无须混入语部。如"水战七军",若放在辞例(就是当作语和语的结合)中说,"水战"就是一组副疏关系,"水"是副疏辞;若放在语构成(就是当

147

作语素和语素的结合)上说，"水战"就是一个中间有合成关系的语。"水汪汪"恐怕只能认作有推出关系的一个语。"大水"恐怕又只能认作有形容关系的一组辞，我们所以觉得它仿佛是旧体的动词，是因为它在这里做宾辞，和"某处"成立主宾关系的缘故。所有他所提出的例，都有配置关系，实和"水流"、"流水"等有主宾关系、形容关系等配置关系一样的(不过关系繁简有不同)，都不是语的经常性质。"水"这个语的经常性质，是指名"逝者如斯，不舍昼夜"的物事，属于名语这个语部范畴。它在这些例中还是和它在"水流""流水"中一样的。"水"在"水流""流水"中可以算它是名字，为什么在这些例中不能算它是名字？过去所以觉得一边可以算名字，一边不能算名字，全由两轴未曾配合适当，两轴的关系时常重复错杂的缘故；倘能配合适当，就可以各归各说，决无此弊。中国语文运用灵活，关系复杂或者有之，"不胜通假"好像可无此事，因为这些都不必"以通假的用法论"。

十四问：《三个体制的实例比较》中有一个体制就是你的，你的体制是否可以全拿出来看看？

十四答：方案我是拟了一个在这里。但方案不过是对症下的药。我们谈文法革新，一面固然要医治旧制的病，一面也要保持旧制的健康。而且可说就为保持旧制的健康，才求去病除痛的方案。因此一面有革新，一面也定有所继承。我们希望对于《马氏文通》有所破，并非想就此抹杀《文通》，不过想借此寻求我们所以立。杜威以为思维的经程一总有五个阶段：1)感觉疑难，2)指定问题，3)拟设解答，4)引申涵义，5)实地比照。破就是指定问题的一步重要工作。现在大家对于马氏旧制文法感觉疑难是普遍的了，指定问题可就有了不同的意见，这次讨论可说集中在这一点。至于拟设解答虽然已经不少(最近我又在《国语学草创》中找到了一个,东华先生新近又提出了一个,我所见到的已经有七八个),但是不幸还少有人做引申涵义和实地比照的工作。或者也由于提案本身未有详细说明,使人难以进行这两步工作。因此我想若要拟设解答,定当详加说明。我对于别人的提案最有研究兴趣。我曾尽力搜求,也曾再三催促熟悉的朋友提出新方案。对于别人的方案,我常假定是由真知灼见出来的,每放一案在前,凝想该案构设的来由,吟味该案蕴蓄的精华,如对名画,如读名文,如和知心朋友会谈,决不漏过丝忽,也决不以自己的方案去校量别人的方案。也许"愚者千虑,必有一得"。近来轮到我自己也常被朋友们催提方案了,催促最早又次数最多的是光燾先生——兆梓先生是最有耐心和我通信讨论方案,又对于我的草创方案很肯提醒补助的——好罢,我提出来,我就动手写说明,大约不久就可以有一本以"文法新议"或以"文法新论"为名的册子,报告我的所见。

(《学术》第 2 辑,1940 年 3 月)

答复对于中国文法革新讨论的批评

一 答复和消除隔膜及证实价值

看了《理论与现实》二卷二期所载廖庶谦先生的《对于中国文法革新讨论的批评》,觉得这位《批评》的笔者对于我们几个人文法革新的讨论实在很隔膜,并没有理解我们讨论的内容和意义。

隔膜的原因也许是很多的,我们无法探索,单据《批评》的本文看来,主要的原因大约有三个:第一,笔者以为他所用的是"最前进"的方法,我们所用的方法却"不仅不是进步的东西,而且是阻碍进步的东西"(节二,见《中国文法革新论丛》201页,下同)。这是方法的运用上的隔膜。第二,我们以为黎锦熙氏的《国语文法》是和马建忠氏的《马氏文通》属于同一体制的,笔者却以为两者之间有进步和不进步的差别:马氏的是文言的,文言的就是不进步的;黎氏的是白话的,白话的就是进步的。我们说文法体制,他却去说语文体制。这是体制的认识上的隔膜。再第三,笔者又夹在中间发表了一种新创作,把文法旧制也即黎制的语部顺序颠倒成文法新制也即廖制的语部顺序。旧制是(1)名词,(2)代名词,(3)动词,

(4)形容词,(5)副词,(6)介词,(7)连词,(8)助词,(9)叹词。新制则是(1)叹词,(2)名词(包括代名词),(3)动词,(4)介词(5)连词,(6)形容词,(7)副词,(8)助词(节一六)。他以为这样顺序一颠倒,就是"最前进"的,就是"记述的,同时又是历史的"(第220页),就是能够实现"目前在中国文法上的任务:……第一个是科学化,第二个是口语化,第三个是中国化"的(第211页)。这又是革新的方案上的隔膜。这三种隔膜,我们以为是他不能理解我们讨论的内容和意义的主要的原因。但笔者却自以为"狂妄"。笔者说:

> 笔者并不是一个对于文法有精深研究的人,然而对于这次的讨论却是敢于狂妄地做了这样的一个批评;这在笔者自然不能够说自己所主张的就一定没有错误;如果定要笔者说出作这篇文字主观企图的话,那至多也不过想在所采用的方法上,把中国的文法从基本上开始改变一下面目罢了。(节一七,第233页)

"狂妄"是"自以为是"、不肯"实事求是"的别名。我们相信笔者虽然自以为"狂妄",终不至于以"自以为是"、不肯"实事求是"自鸣得意,则消除彼此的隔膜,大约还是可能的。为了消除彼此的隔膜,我们似乎不能不将我们讨论的内容和意义,再加一些新材料,也加一些新说法,作个比较详明的辩解,以免我们的文法革新讨论横遭诬蔑或误解。同时也想带便证实笔者创作的真价值,笔者运用方法的真技巧,以及笔者"以若所为,求若所欲"的可能不可能,使得是非分明,"进""退"曲直不必有笔者所谓"笔战"而定。孟子说:"予岂好辩哉?予不得已也!"这次措辞,或稍质直,便是为此。

二 方法:方法的宣传和方法的运用

笔者在他自己的笔下俨然是一个异常精明的方法家。这只要一看上面所引的"想在所采用的方法上,把中国文法从基本上开始改变一下面目"那一句话,就可以看出来的。他在这篇《批评》中写了许多宣传方法的话。现在随便摘录几条在下面。随后再看笔者是否能够运用他所宣传的方法。

(1)目前世界上最前进正确的科学,是正确地运用着辩证法唯物论的科学。我们目前既然要把中国文法接近科学,那也只有使它接近辩证法唯物论。因此我们要讨论中国文法的革新,在方法上,也只有采用唯物辩证法才能够得到在基本上大进一步的成就。(节二,第201页)

(2)我们知道:任何一个历史的横断面,它都是由它一串的发展史所造成功的。我们若是离开历史去看任何一种对象的横断面,那是只能够看见一些错综复杂的东西,多元的和平列的东西;看不见从矛盾发展的结果,也看不出当前主要的矛盾和主导的方面,更看不见发展的方向和它底远景。(节三,第202页)

(3)在这一个问题(按:指实用和理论问题)上,真理是各人都把握了一些的,只因为大家所采用的还是旧的逻辑,所以还只能够由各人零星地去发现一些真理的断片;对于当前的问题,还不能够从"相反而又相成"的真理上去整个地了解。(节七,第215页)

(4)在应用形式逻辑(按:即上条所谓"旧的逻辑")的科学

上,当分类的时候,是把那全般的对象死板的平列着的。它是完全不管那些对象发生发展的历史,也不管那些对象在当前那些是主要的,那些是副次的。(节一六,第232页)

这是笔者的方法的宣传,再看笔者的方法的运用。笔者运用方法的妙技也很多,现在也只随便记录几条在下面:

(1)笔者宣传方法的时候知道说"发展",到运用方法的时候却把"发展"忘记了。《中国文法革新讨论集》所收集的文法革新讨论明明是一个有极明显的发展的现象,它对于旧的文法认识有发展,它自己也有发展。它自己的发展最明显的莫过于文法体制的一线和双轴。起初还有一位傅东华先生主张采用一线制把"语式论"(旧称"词论")和"辞例论"(旧称"句论")的两轴合成一条线,经过讨论,到他写《文法稽古篇》的时候却也采用了双轴制并且说"此例殆不可破"。这就是一个最明显的发展。除了一线制和双轴制之外,其他的发展也不知有多少。比较重要的,我在《中国文法革新问题答客问》一篇中都已经约略指出。笔者如果善于运用方法,知道留神"发展",这些"发展"不应该看不出来,不应该不以这些"发展"做中心来"批评"我们文法革新讨论,但他却"只能够零星地去发现一些真理的断片","只能够看见一些错综复杂的东西,多元的和平列的东西",把整个有发展的讨论裂成无数不连贯的问题,又看不出我们各人自己一贯的理论的线索,单把各人的意见平列起来,满纸罗列着"望道先生说","东华先生说","光燊先生说","世禄先生说",随后缀以笔者的高见或"愚见",说"这是很正确的","这是相当正确的"。"看不出当前主要的矛盾和主导的方面,更看不出发展的方向和它底远景"。

(2)笔者宣传方法的时候知道说"整个地了解",到运用方法的时候却把"整个"也忘记了。他一再提起我和东华先生商讨"主辞""宾辞"译语的事：说"望道先生为了要确定主语述语等名称，跑到十本论理学里面去找根据"（节二，第201页）；说"望道先生从十本论理学中去查主语和述语的译名"（节十二，第223页）。而实际讨论的情形是这样的：东华先生在《文法稽古篇》中主张把 subject 译作"命辞"，把 predicate 译作"谓辞"（他注明"命辞"马氏译作"起词"，黎氏译作"主语"；"谓辞"马氏译作"语词"，黎氏译作"述语"；其实"主语""述语"都是日本文法学的旧译语，现在日本已经有许多新的文法家废弃不用了），我在《答客问》篇中以为"还有商量余地"，我说"马氏所谓起词语词两个名称，假使要改，可以改为主辞宾辞，第一，这两个名称，西文原名是和论理学上用的一样的，我们可以先查论理学的译名……十本论理学中的译名，除出附合的字不同外，都用主字译 Subject，用宾字译 Predicate，为求译名划一起见，我们最好采用主辞宾辞一对译名。第二，再看文法中的用法。凡是辞项名称又都就是论理学上的所谓相对名辞。每一对名称，都是两两相对。马氏所谓起词语词也正是一双相对的名称。为求醒目，也以照译主辞宾辞为是。第三，再查旧译。这两字在威妥玛著的《语言自迩集》（1867年初版）里也正作作互相对待的名称：纲和目。……从以上三方面看来，马氏所谓起词语词，假使要改，应该改作主辞宾辞，殆无疑义"（见《中国文法革新论丛》第191—192页）。我明明从三方面来确定主辞宾辞的译语，我明明查过三方面，但一到主张"整个地了解"的笔者的笔下，却只剩了一方面，不但不"整个"，连半个也不剩了。

(3)笔者宣传方法的时候知道说"那些是主要的，那些是副次的"，到了运用方法的时候又把所谓"主要""副次"的辨别全忘了。

他说"不过因为这个文法革新的问题,牵涉得很宽,里面所包含的问题又多而且杂"(节一,第199页)。其实这次的讨论的主要问题只有一个,就是语部区分问题,其余千言万语都是为了讨论这个问题牵涉到的。"牵涉得很宽"是事实,说问题"多而且杂"并不是事实,那只是只知道口说辨别"那些是主要的,那些是副次的",而实际不知道辨别"那些是主要的,那些是副次的"人眼里的幻景。

这样看来,笔者实在只是一个方法的宣传家,不是一个方法的运用家。他所宣传的方法,我知道是唯物辩证法,他所运用的方法,我不知道应该叫做什么。我只知道他会编造历史,把语部凭着主观造成一个整整齐齐的发展史;他会割裂人言,把我们的话割剩了三分之一;他会滥用学语,随便用些流行的学语装点门面,而不问其意义切不切;他会乱贴标签,说"从这里可以看出,这次讨论的主将陈望道先生,他所用的方法也还是所谓实验逻辑"(节二,第200页),随便给我一个"主将"的头衔,又把我的话随便贴上一条他的假想敌"实验逻辑"的标签,鼓动轻信的人向字纸篓里一塞。他又不肯抓住这次讨论的主要内容和意义,加以阐发或批评,却仍装成一副异常爱慕革新的模样,而其真主意,真作用,却在取消革新,保持旧状。这样的方法,我真不知道应该叫做什么方法。说到这里,不免记起前个月在重庆《新华日报》上见到的一段话:

> 其实,真理是在乎应该钻进事物的核心中去探究事物自身的规律,并不是把辩证法唯物论当做万应灵膏,涂抹在一切病痛上,也不是把唯物辩证法看做至高的框子,从外面试验事物合格不合格。如果像这样,那就像拿了洋烟里的美人画,看看凡是差不多的女人,就说是美人一样的可笑(铁马《关于学习哲学的二三见解》)。

但我现在所要阐明的,却不是可笑不可笑,而是文法革新讨论的内容和意义。

三　先说"文法"

现在问人文法是什么,还会有种种不同的说法,有些不同只是字面上的,有些不同是由观点的不同来的,也有些不同是由各人心目中所谓文法的范围不一样。如果要用一句简单而又概括的话来说明,我想可以说:文法是语文组织的规律。

这句话里可注意的有两点:一点是组织,一点是规律。说组织是所以别于非组织。例如或说"国粹",或说"国故",或说"国学",辞趣各不相同,这种不同虽然也是语文上的现象,但与语文的组织没有直接的关系,这就不属于文法范围。文法现象所以和它的邻近现象立别的,第一是组织。组织不能杂乱无章的拼凑或无拘无束的安排,必须按照某一社会习用的格式配置起来,这就又有所谓规律。文法上所谓规律就是所谓"约定俗成"的格式。它是点点滴滴积成的,虽然大体自成体系,可为文法学家探求的对象,却总不免含有一些参差不齐,或者欠缺不全的地方,有待于后来运用语文者逐渐增补,逐渐改正。倘使用了批评的眼光去观察,自然不难从中找寻出或者觉得多余或者觉得不足的缺失来。孙中山先生在1918年出版的《建国方略》中《以作文为证》章,就曾经劝勉大家用批评的眼光来改良现今通用的语言,说"所望吾国好学深思之士……为一中国文法,以演明今日通用之语言而改良之也"。

假使用了批评的眼光去看,自然任何一时任何一地的语文组织规律都不难从中找出一些觉得多余或者觉得短少的缺失来,尤其是在别一时代别一地域的人去看,更容易看出,这便是艺术的或科学的语文,在文法方面也可以就随常语文加工精制的根据。但那规律在当时当地却总带有规范的性质,为各个分子间互相传情达意所必须遵循的规矩。稍为走样或者还不觉得;差得过多,就会觉得不合式,甚至觉得不可通。平常所谓不通不外乎两种:一种不通是说表现内容不合事理,如同土歌里故意说来催笑的"河里下网捉兔子,鲤鱼赶狗上西山";另外一种不通就是说表现体相不合文法。

四　文法的三方面及文法革新讨论的对象

学术的用语中间,颇有用一个学语标指几方面的。如"历史"如"文法"都有这一种情形。"历史"的标指多方面,近来已经有许多人指出。班兹说:"史之一辞显具二义:一指过去种种事业及造诣之总相而言;一指此种种活动之笔之于书或传之于口之纪录而言"(向达译《史学》第一节)。冯友兰先生也说:"历史有二义:一是指事情之自身;如说中国有四千年之历史,说者此时心中,非指任何史书,如《通鉴》等,不过谓中国在过去时代,已积有四千年之事情而已;此所谓历史,当然是指事情之自身。历史之又有一义,乃是指事情之记述;如说《通鉴》、《史记》是历史,即依此义。总之,所谓历史者,或即是其主人翁之活动之全体,或即是历史家对于于此活动之记述。若欲以二名表此二义,则事情之自身可名为历史,或客观的历史,事情之记述可名为'写的历史',或主观的历史。"(冯友兰《中国哲学史》第一章,第16页)

历史一个用语有这样的分别,文法这个学语也有同样的情形。

但文法这个学语的标指多方面,一向未曾有人指出,很容易混而不分。

文法这个学语所标指的据我看来可以分作三方面:第一方面是文法现象,就是前面所谓组织的规律。这方面的文法,不论有没有人研究它,总是客观的存在的;它的历史可说跟语文的历史同样的久远,大概有了语文就有这种文法的萌芽。第二方面是文法学术。这一定要有关心文法研究文法的人才会出现。而文法的精微深妙,往往为使用的人所不自觉,并不是能够使用它就能够认识它的,研究者的出现通例要在语文的运用上发生了问题,如《荀子·正名》篇所谓"志有不喻之患,而事有困废之祸",因而引起了深沉的思索,或者语文上发现了歧异的现象,或是古语和今语的组织歧异,或是外来语或和本土语的组织歧异,因而引起了比较的热忱。这方面的文法的历史自然比第一方面的文法的历史短。第三方面是文法书籍。这是把第二方面的研究结果整理起来写成的,它的历史又比第二方面的历史短。现在对于这三方面通例都只用文法这个学语来标指。它在标指哪方面,通例要从它的用法上去辨别。如说某时代的文法繁难,我们就知道是指说第一方面的,说文法底客观的存在。再如说模仿文法,我们就又知道是指说第二方面的,说文法底主观的认识。再如说文法应该语文分编或可以语文合编,我们就又知道是指说第三方面的,是说文法底文字的表现。

这三方面的关系当然非常密切,文法的主观认识不能不是文法的客观存在的反映,文法的文字表现又不能不是文法的主观认识的写照。然而各方面仍有各方面的特性,不宜彼此混同。举例来说,文法的文字表现或文法书,可以把某项从详,某项从略,某项提前,某项押后。文法的主观认识或文法学,可以缔造体制,审查学语。

这次文法革新讨论的对象是文法的第二方面,就是文法学中的诸问题。但因文法的三方面的分别,一向未曾有人郑重指明,因此也就大家不大注意,在讨论中有时不免有对于现象不很注意辨别分属两方面或同属一方面的情形。东华先生在《我的收场白》中说:"光熹先生一谈再谈国文法的《体系与方法》,都针对着我的主张立论,在旁人看起来,总当我们是在笔战了,但是仔细一看,大约大家都要哑然失笑的;原来我所讲的是怎样观察、记述,乃至说明语文现象而以之帮助语文运用的'法',光熹先生所讲的却是语文现象的本身。"(第92页)这是说他和光熹先生之间有指说文法的第二方面和第一方面的不同。而笔者在这篇《批评》中却是以牵合一、二两方面批评别人"进步""倒退",又以牵合二、三方面发表自己创作,演了一个文法三个方面的大混合。笔者自以为新发明的颠倒语部顺序的主张原来只能在文法书中发生作用,在文法学中实跟原来体制毫无差别。文法学是"记述乃至说明"文法现象的,当记述或说明文法现象时语部顺序的先后能够发生什么作用呢?难道可以在记述或说明"红花"这个语群时,除了照例指明"花"是名语"红"是静语之外,还应该赘说"名语旧体是第一种,廖体是第二种;静语旧体是第四种,廖体是第六种"吗?如果不该这样赘说,试问记述或说明时语部顺序的颠倒不颠倒又有什么加减增损可以说?而笔者却以为这就是"采用唯物辩证法"的成绩,可以实现他所谓"把中国义法从基本上开始改变一下面目"的"主观企图",他大约还不知道他那"主观企图"完全建筑在文法的第三方面和第二方面的牵合上。

五　文法革新论者所见过去文法学的缺点和评判文法学的标准

从文法革新论者看来,过去《马氏文通》派的文法学有一个共同的缺点,就是所谓模仿的。《马氏文通》派往往不问他们所奉为圭臬的是否还有可以从长计议的地方,也往往不问是否切合中国语文的现象,单将外国文法的老旧方案或老旧说法来范围中国的语文组织。关于这一点,过去已经有过很多的批评。比较质实的,有"中国语文的语部区分和《马氏文通》"的批评:

> 直到光绪年间,马氏凭借洋学著了《文通》一书,组织地说明文法,而后中国语文才有九种语部的区分。以我们看来,它的组织,并不是把中国语文上所呈现的一切辞例收集汇类,组织起来的,彻头彻尾只是用了西洋语文的组织做筛子,把中国语文筛了一道,单检搁在筛子上的东西做材料组织起来的。

还有《国文法草创》中"研究法大纲"篇的批评:

> 中国文字与世界各国之文字有绝异者数点。……今使不研究国文所特有,而第取西文所特有者,一一模仿之,则削足适屦,扞格难通,一也;比附不切,求易转难,二也;为无用之分析,徒劳记忆,三也;有许多无可说明者;势必任诸学者之自由解释,系统歧异,靡所适从,四也;举国文有裨实用之变化而牺牲之,致国文不能尽其用,五也。是故治国文法者,当认定其所治者为国文,务于国文中求其固有之法则,而后国文法乃有告成之一日。自有《马氏文通》以来,研究国文法者,往往不能脱模仿之窠臼,今欲矫其弊,惟有从独立的研究下手耳。

过去文法的研究中犯所谓机械的模仿的毛病的例是很多的。记得《中国文法革新讨论集》中已经举出不少，这里可以再举出两个小小的例子来作证。例如"自己"、"自家"等语，如今的文法书上都说是"复称"，是"复指上面的名、代语"的，其例是举"我自己送他到车站"。以为这里的"自己"就是复指上面"我"（黎锦熙《国语文法》第114页）。这就是一个机械的模仿的说法。模仿的大约是所谓"复合身称代语"的说法，说明的对象可说是 myself, yourself, himself 等语，而不是"自己"、"自家"等语。那些字语都是所谓"复合"的，"自己""自家"等语，却不一定要"复指上面的名、代语"。例如我们可以说"害人反害自己"，并不一定要"复指上面的名、代语"说"你自己"、"他自己"。而且"自己""自家"等语，也和"你""他"等身称代语的用法不同，不应该名之曰"复称"，当作"身称代语"的一种。身称代语是以"说话"上的地位做标准的，分三身，说话的是第一身，用"我"，听话的是第二身，用"你"，入话的是第三身，用"他"或"她"或"它"；而"自己"、"自家"等语，却是以"作为"上的地位做标准，分两方，发动"作为"的为主方，可以用"自己""自家"等语标指，主方以外的一切为客方，可以用"别人""人家"等语标指。我们如果依照分三身的称为"身称代语"的命名方式来命名，那就可以称它为"方谓代语"（四川有些地方的方谓代语形式很整齐，统用"家"字煞尾，称主方用"自家"，称客方用"人家"，称主客双方用"大家"）。因为方谓代语的"自己""自家"等语通例是用来标指"作为"的主方，以别于"作为"的客方，所以它们常被用在主客对照，人己对称的地方，如说"害人反害自己"，"自己不好，还怪人家"。就在文言也是如此。例如《论语》里有所谓"己所不欲，勿施于人"，《礼记》里有所谓"君子贵人而贱己，先人而后己"。这都是极普通的说法,例中都并不曾用"己"或"自己"和"我"一类字"复合"或"复称"。复称在中国语文中只用在一个特殊的情境中,就是要连带指出那主方是第几身的时候。譬如要连带指出第二身,这才说"你自己不好,反怪人家";要连带指出第三身,这才说"害人反害他自己"。除此之外,都是不用所谓"复称"的。然而我们的文法学界自从《马氏文通》卷二说了一句"身、亲、自、己四字,皆重指代字"之后,多只沿袭他的说法,一沿袭就沿袭了四十多年未曾有人提出异议。

再如"身称代语",如今的文法书都叫做"人称代名词",而其说明又照例是从"人称"两字上做文章,说是"代替人类的名称"(黎锦熙《国语文法》第112页)。这又是一个机械的模仿东洋的译语,也是机械的模仿他们错误的说法的一个例。那错误他们自己在明治41年(1900年)出版的书中已经有过严正的批评。说"这完全由于国语学者单看译语的表面妄加凑合形成的大错误。人称代名词并不是代替人类的代名词,Personal Pronoun 决不是做人类的代表的代名词的意思,乃是一种可以叫作称格代名词的东西,是就说话文章上所显现的事物之中,指出说话者,直接做说话者的对手的,以及在说话中出现的第三者等等的。(说是代替人类?)且看所谓第二人称、第三人称,何尝限于人类?而国文法家却多不注意这种情形,硬当它是代替人类的东西"(山田孝雄《日本文法论》第89页)。他们国内已经有过这样的辨正,而我们的《批评》的笔者以为最"进步"的《国语文法》却至今还在散播他们的谬说,说是"代替人类的名称",致使同一页中一个说明和一个表自相矛盾。表中"他称"(就是"第三身称")列有中性"它"或"牠"。这"它"或"牠"可以代木石,也可以代鹿豕,明明不是所谓"代替人类的名称",却也不顾事实,机械地模仿说是"代替人类的名称"。

像这样的"郢书燕说",这样的"削足适屦",这样的只知道有文法的成名成说,不知道有文法事实,只知道有外国的文法事实,不知道有中国的文法事实的机械的模仿作风,文法革新论者以为决不宜再相沿不改的。文法革新论者切望这种模仿风气能够立刻改过来,改成"不是叫我们的语文去迁就学说"(傅东华《给望道先生的公开信》),改成"从事实缔造学说,拿事实证验学说"(我的《答客问》)。

"模仿"和"欧化"是等值的用语吗?"反模仿"就是"反欧化"吗?在这次讨论中,大家对于"模仿"的意见最一致,没有一个人不反对"模仿",对于"欧化"的意见却最不一致,其中有主张反"欧化"甚至鼓吹中国古化的,如傅东华先生;却也有主张"欧化",甚至鼓吹欧洲的一个语言学家化就是索绪尔(Saussure)化的,如方光焘先生;同时也有单讲"从事实缔造学说,拿事实证验学说",单讲"推动语文学术接近科学一点",对于欧化不欧化未曾插谈的,如我。"模仿"和"欧化",在这次讨论中实际是处于意见最一致和意见最不一致的两个极端的两个问题,中间有过许多讨论,不是等值用语,是谁也看得清楚的。而我们的《批评》的笔者却看不清楚。他处处把"模仿"字样换成了"欧化"的字样,把反"模仿"也说成了反"欧化",说"在这次讨论中许多人都从反欧化出发"(节六,第213页)。这样一混同,自然许多从各种角度立言的反"模仿"的话,都被混成一团看不清楚了,却又说"关于这个问题,据笔者看来,在这次讨论中是还不曾把它弄清楚的"(节六,第213页)。居然把自己看不清楚推作别人说不清楚。假使是疏忽,笔者也似乎疏忽得太离奇了,我们似乎可以请他把《中国文法革新讨论集》重看一道。再请他略为看看欧洲近几十年来发表的文法革新方案。欧洲近几十年来对于文法也已经拟出了许多革新方案,其中一种,密斯推利(Misteli)氏的,早已由《国语学草创》介绍到中国来(见该书第52页)。旁的革新方案近几年来也已经陆续有人介绍。笔者果真想"依据中山先生的遗教,迎头赶上去"(节二,第201页),对于那些革新方案似乎也不能不留意。留意之后,即使没有别的好处,至少可以使笔者有点镇定力,不致一看见"反模仿",就惊惶失措,以为"反欧化"。

"反模仿"的笔锋所至,自然不免涉及于"名称"。因为过去所用的学语也有许多是未经思索查考,抄袭模仿的。如前面说到的所谓"人称"就是一个例。再如所谓"述语",也是一个例。"述语"这个学语本来也还可以用,现在因为学术进步,对于语文的组织条理认识更加清楚,在那原出产地也已经有人用新语替换旧名了。再有一些学语,本来本国就有现成的学语可以用,只因过去未曾留意,也去抄袭模仿的,如"语"的称为"词"。凡此种种,文法革新论者认为都当尽快有所革新。尤其是想"迎头赶上去"的人,不好"认为在目前的讨论中,一切文法上的名称,最好尽可能地采用旧的"(节八,第216页)。而所谓"旧",又以黎锦熙氏著的《国语文法》里的用语为标准。不愿意再旧也不愿意再新,把历史"隔断"成"前不见古人,后不见来者"的荒凉境地。再旧,如《文法稽古篇》主张"上探墨荀名理之谈,博采小学训诂之说,务使一名之立,一例之起,皆必于古焉有可稽征",他就问:"假如……没有墨荀名理和小学训诂的时候,文法上的名、例,又依据什么呢?"(节三,第203页)再新,又觉得"目前讨论才开始,就你也起一套新名称,他也起一套新名称,这会使阅读的人费去额外的脑力"(节八,第216页)。始终不肯从是否切合中国语文习惯,是否切合中国语文法现象上去下批评。

我们可说这次讨论的总倾向是反对"模仿",而其所以反对"模仿",则因那些机械的模仿的说法不能或不便说明中国语文的文法事实文法现象。这无论在个别的例子上,在整个的体制上都有这种情形。关于别个的例子上的情形,上面已经举出两个小小的例证,关于整个的体制或体系上的情形,我在《文法革新的一般问题》篇,和傅、金两先生商讨他们提出的新体系时,也曾经有过一段简约的陈述。那段的小题目是《想把文法革新到怎样》。我说:

> 对于这个问题,有两方面的看法:第一,从体系的属性方面看;第二,从普遍性和特殊性的关系方面看。从体系的属性方面看,凡可以算是一个体系,或说可以算是好的体系的,照理,应该有妥贴、简洁、完备这三个条件。而我们现在所用的文法,据一般革新者看来,却还不曾具备这三个条件。例如一般有以陈述功能的为动词,没有陈述功能的为形容词,而实际我们中国的语文中,形容词至少是性态形容词都是有陈述功能的,把这有陈述功能的说成没有陈述功能,便是一个不妥贴的例证。因为把有陈述功能的说成没有陈述功能,等到要讲它的陈述功能时,便又不得不转弯抹角说这是形容词变成动词了,就又成为不简洁的例证。……至于不完备有遗漏的地方,当然也很多,东华先生在《提议》文中已经约略说到。……我们要革新文法必得把现在文法里的一切不妥贴、不简洁、不完备的地方一律革除。

散例的解释有不合这三个条件的自然也该革除。像前面所谓两个小小的例证,就是不合这三个条件的两个散例。

我说的三个条件都是对照事实立言:同事实不切合,就是不妥贴;要转弯抹角的推演才能切合事实就是不简洁;立论太狭隘不能包括事实就是不完备。这同所谓"从事实缔造学说,拿事实证验学说",同是注重文法事实文法现象的主张。"从事实缔造学说,拿事实证验学说"是文法学上的工作;妥贴、简洁、完备,则是评衡文法学的工作的高下的标准。笔者除非也想牺牲事实,歪曲事实,在不完备、不简洁、不妥贴的圈子中自画自赞,我们文法革新的献议是无法抹杀的。"现在文法革新的气运已经形成,许多革新的方案,已经先后提出"。笔者即使披起"唯物辩证法"的外衣,来和大家"笔战",也无法压平革新,使我们的文法学术"倒退"。

六 革新讨论涉及的内容一:文法学语的商讨

这次文法革新讨论的主要内容已经说过,是语部区分,但也曾经连带涉及旁的问题。文法学语的革新,就是其中比较引人注目的一个问题。少数常用的文法学语已经提出商讨。这里不便一一征引,单举《批评》九节说到的一二个来说。例如九节所谓"词",原本是日本文法家用来译 word 的旧译语,《批评》九节引用《国语文法》里的界说道,"词就是说话的时候表示思想中一个观念的语词"。这个界说本身及界说中的用语如所谓"词"、"语词"等语都有问题,并非如笔者所谓"还和文法上的实际现象相合"的。界说问题,说来话长,暂且不谈。用语方面如"词",实该换作"语"。用"词"字的短处有二:一、兼指虚实,不合向来习惯,向来习惯"词"专指虚字,如《经传释词》就是专门解释虚字的书,并不兼指虚实。二、与"字"字立别,"字"、"词"两字的声音也嫌太近似,且与向来"字"、"词"两字分用的习惯不合。用"语"字的长处有四:一、与向来同"字"字立别的习惯相合,如钟嵘的《诗品》中所谓"句无虚语,语无虚字","字"、"语"两字分用的情形,就与《国语文法》中"字"、"词"两字分用的情形相仿佛;二、改用"语"字又可以不改动许多成语,如"语汇"就可以不必改称"词汇";三、"字"、"语"两字的声音也分别较清;四、"语"又没有专指虚字或专指实字的历史,用来不致与别种用法错杂,致生误解。所以九节所谓"词",我们以为不如改作"语"。再如九节所谓"语",在笔者所引用的《国语文法》中实含有歧义:一、就是所谓"名词语""形容词语""副词语"的"语",指所谓"短语";二、就是所谓"主语""述语"的"语",又不一定指所谓"短语"。我们以为这不一定指所谓"短语"的"语"可以改作"辞"。如"主语"可改作"主辞","述语"可改作"宾辞"。曾经讨论过的几个旧语和新语可以参看下表。

旧 语		新 语	
《马氏文通》	《国语文法》	《文法稽古篇》	《答客问》
字	词	字	语
字类	词类	字类	语部
句读	句法	辞例	辞例或辞法
起词	主语	命辞	主辞
语词	述语(广义) (狭义)	谓辞	宾辞 谓辞
	附加语	属辞	系辞
	形容的附加语		形容系辞
	副词的附加语		副疏系辞
表语	补足语	足辞	补辞
止词司词	宾语	受辞承辞	被辞

照表看来,曾经讨论的学语并不多,即使加上表中未列的"功

能"等语,曾经讨论的学语也不多,无所谓"太多了些的"(节八,第215页)。学语讨论中我们以为可告无罪的是:(1)讲求正确,处处留神是否切合现象;(2)追溯历史,尽量搜求以前的说述,以前的用语;(3)崇尚普通,两语同样可用,就取用普通语;(4)打通隔碍,凡与别的学科共同使用的学语,如果别科已经有适当用语,就不另造新语。我们自己以为总算能够实事求是,不逞臆说。但是笔者却想以《国语文法》中那些机械的模仿来的用语为标准学语,不想再行审定,那自然和我们的见解不合。

七 革新讨论涉及的内容二:文法体制的调整

这次文法革新讨论又曾涉及文法体制的调整。文法一般的体制分成语式论和辞例论两个部门。语式论中重要的工作是语部区分,把所有的字语分成名语、代语等若干部;辞例论中重要的工作则是辞项分划及辞项配置的研究。语部和辞项大多看成两条线。如果看成两条线,这两条线实是两条交互纠结的线。论一线就不能不涉及别一线。东华先生以其纠结就想并合,所以有他的"一线制"的提议。而我们却以为应将两线纠结解开,同时又求两线互相配合。就为这样对于两线纠结的解决方法不能一致,曾经展开了繁复的讨论。讨论过后,东华先生自己也认为他的解决方法不能成立,自动撤回。那讨论的内容可以摘要记在下面:

一、问题:文法体制——语和辞两线交互纠结——如何调整?

二、第一解决法——主张两线改成"一线",将语和辞并合。理由是"西文法有 Parsing 和 analysis 两步工作,中国文字因无形体变化,Parsing 一步就不能不依附在 analysis 工作内"(傅东华《请先讲明我的国文法新体系的总原则》)。

三、第二解决法——主张两线分开却又互相配合。这种解决法中包含两线分开和两线配合两项主张。

(甲)两线分开主张——这在讨论中有过以下四说：

1."一是基本观念,一是基本观念的配合,原本是两件事,不是一事,不必混为一谈"(金兆梓《炒冷饭》,见《中国文法革新论丛》第8—9页)。

2.再从句子上看,句中也实在有职务不同而词性一致的地方,例如"张生作文"一句中,"张生"和"文",职务虽然不同,词性却是一致……倘不另有一步分部的工作,"张生"和"文"的异点固然容易指明,同点却就不免有些难以指出的困难(见《文法革新的一般问题》)。

3.其实西洋文法的 Parsing 和 analysis 是建立在两种不同的原理上的。Parsing 是以单语(word)为对象;而 analysis 却以句(sentence)为对象。语言学家告诉我们:"语"是言语(language)的单位,隶属于言语世界的,"句"是"言"(speech)的单位,隶属于"言"世界的(方光焘《体系与方法》,见《中国文法革新论丛》第50页)。

4.词的现象它那组织是比较有特殊性的,句的现象它那组织是比较有普遍性的,也以不并为是。句论的内容在不同的语文当中也没有极大的差异,大概可以挪借;词论的内容则彼此可以有极大的差异,非自己设法解决不可。研究任何一种语文的文法,都不能不拿它当做第一个难关打(见《从分歧到统一》)。

(乙)两线配合主张——这在讨论中只有过一说：

第一就得研究词在句中的职务到底有多少种。据现在一般的说法,句子共有主语、述语、宾语、补足语、形容词附加语、副词附加语六种成分,这意思就是说:词在句中共有这样六种职务。这等职务要不要从新分过,我以为是一个比之区分语部更其重要的问题,语部的区分是必须和这些职务上的区分互相配合的(见《文法革新的一般问题》)。

以上是关于文法体制调整问题的一般原则的讨论,另外还应当有调整的具体方法的研究。关于原则的讨论可以注意的地方有两点:(一)是指出语和辞不同。语和辞不同,是我们这次讨论中很注意的一点,后来也曾谈及(如《文法革新问题答客问》十三答中也曾说:"语和辞不同。辞是不在辞例中不能认其存在,不能凭空发现的范畴。语是离开辞例也还可以辨认,也还可以按其个体搜求经常性质的范畴")。凡是语和辞主要的不同点,这里都已指出。(二)是指出语和辞必须互相分开,却又互相配合。这是一个非常重要的原则,不理解这个原则就不容易拟出好的调整方案。对于这个原则,东华先生起初还不承认,后来他也承认了。他在《稽古篇》中既说"今各国文法,皆分辞例与字类为二部,此例殆不可破"(《文法稽古篇》),又特立一节论"字类与辞例之配合"(见《中国文法革新论丛》第151页),就是他后来也承认这原则的表示。他既经承认这原则,第一个解决法就正式撤销了。以后所要商讨的,只有实现第二个解决法中两项主张的具体方法,但这在当时并未展开讨论,只有过一点连带暗示,现在可以依据我个人的见解补说于下(补说不详,要请大家原谅,因为这里篇幅有限):

(甲)两线分开的具体方法——将旧制中两线纠结处,尽数分开。旧制中两线纠结处据我看来,共有三处:1)是"动词"和"述语"纠结;2)是"形容词"和"形容的附加语"纠结;3)是"副词"和"副词的附加语"纠结。纠结的方式有两种:(一)是名异而实同的,如1)处;(二)是名实都大同小异的,如2)、3)处。因此解决的具体方法也有两种:

(一)"动词"和"述语"分开——这在讨论中金兆梓先生已经有极精当的主张(《炒冷饭》,见《中国文法革新论丛》第6页以下)。

(二)"形容词"和"形容的附加语",及"副词"和"副词的附加语"分开——这在讨论中未曾涉及,依据我新近的考察,我以为可以在语式论中保留"形容词"和"副词"两部,而在辞例论中另外设立"区别语"和"疏状语"两种附加语,以代替以前的所谓"形容的附加语"和所谓"副词的附加语",或者所谓"形容系辞"和所谓"副疏系辞",使语式论中的"形容词"和"副词",和辞例论中的"区别语"和"疏状语"名实各别,彼此不相牵连、缠结。两种附加语的名称,我以为可以借用严复氏在《英文汉诂》中用过的两个用语:"区别"和"疏状"。

以上两种具体解决方法都在使语和辞两线中所有的条项都名实不同,而各能尽其用。旧有的学语不能不更动,这也是一个原因。

(乙)两线配合的具体方法——将辞例作为语部区分的定准,从语在辞例中的功能揣求语部区分的方法。普遍好像都将未经调整的两线设想作为K字模样的线,分开之后可作两线平行的配合。但我以为依据文法事实,分开之后应当是十字交叉的配合。所以我在讨论中不称它们为两线,要称它们为"双轴"(见《从分歧到统一》)。双轴纵横交叉如图：*

$$\begin{array}{c}|\\ 纵\text{────┼────}\\ |\\ 横\\ |\end{array}$$

纵轴代表配置关系，横轴代表会同关系。配置关系以多少有些自由为特质。所谓自由就是说一个辞项可以和属于同范畴的别个辞项互相代换。如"我读书"一个辞句，"我"和"读"和"书"的关系就是配置关系。这配置关系之中的任何一个辞项在文法上都可以和属于同范畴的别个辞项代换。如"我"可以换作"他"，"读"可以换作"看"，"书"可以换作"报"。这可以互相代换的各个分子之间的关系，就是会同关系。我们想建立中国文法的新体制，必须注意语文上的这两种关系。我在《文法革新的一般问题》中说："新案的体制据我的拟议，仍当分做分部和析句两部，以析句合其纵而以分部连其横"，就是根据语文现象中各个分子之间有这两种关系的一种建议。这两种关系有分子有定限和无定限的差别：配置关系是分子有定限的，会同关系是分子无定限的。又有关系是显在的，是隐存的差别：配置关系是显在的，会同关系是隐存的。要能标示这等差别，我们可以改用实线标示配置关系，虚线标示会同关系。如"我读书"一个辞句，可以标示如下：

$$\begin{array}{ccc}我 & 读 & 书\\ \vdots & \vdots & \vdots\\ 他 & 看 & 报\\ \vdots & \vdots & \vdots\end{array}$$

＊本书以纵表示配置关系，以横表示会同关系。原版直排，纵横依照一般习惯，现改横排，图版亦只有纵横互换，请注意。

图中每个辞项都成了纵横双轴的中心,纵里有它的配置关系,横里有它的会同关系。每个辞项,横里都有和它会同成群的分子,一个辞项和别个辞项发生了配置关系就是显示这群会同成群的分子和别群会同成群的分子可以发生配置关系。可以发生会同关系的分子是无定限的,只须几个分子有了什么一点共通性,便可会同成群,不问共通性是关乎声音的,关乎形体的,关乎意义的,还是关乎功能的。光焘先生在《要素交替与文法体系》中也曾说到会同关系(就是联合关系)(方光焘《要素交替与文法体系》,见《中国文法革新论丛》第90页),那是关乎意义的,这里说的会同关系却是关乎功能的。我们以为可以从配置关系决定辞项分划和辞项配置,从会同关系决定语部区分。语和辞的配合也应当是十字交叉纵横双轴的配合。

最近看到陆志韦先生著的《国语单音词词汇》(1938年4月出版)用"同形替代原则"鉴别语的部类,实际就是根据会同关系鉴别语式的工作。他以为这至少有两种贡献:"第一种是关乎语言学的。譬如问汉语是否由多数单音词构成的,由简单的词造成复杂的词,在汉语是按照什么法则的。这些问题的解决,只凭主观的所谓意识和所谓观念是不中用的。现在开辟了一条新的途径。第二种是教育上的实用,注音符号或是国语罗马字是应当怎样连缀的。设若拼音文字有一天在中国实行,又应当怎样写法的。……同形替代原则和这原则所产生的词汇至少可以用来参考一下。绝对不能分写的格式和绝对应当分写的格式都是不能随个人的意见随便改动的。……此外凡是造新词,或是科学名词,要是能够把我们的原理推行一下,就不至于大家聚讼纷纭。"(见《国语单音词词汇》第16—17页)

假使说我们这次文法革新讨论也有一点小贡献,这一部分的讨论正是我们讨论中关涉最广、剖析最细的部分,要使文法革新不致成为"凭自己的一点直觉去瞎撞瞎摸",或要批评我们的讨论真能有如何的成就,都不能不注意这一部分,而《批评》的笔者对于这一部分却似乎并未切实留意。在他的《批评》中既未分节评述,偶然涉及,甚至还会误解或者曲解别人的话。如笔者对于光燊先生的上面引过的(甲)两线分开主张中的3)说"语言学家告诉我们"以下的一段话"批评"说:"像这样把词类和句子绝端地分隔开来,好像它们俩一点也没有关联,这又忘记句子是由词类组成的了。同时也是忘记没有语言的材料,也不能够表现言语的行动,没有言语的行动,也用不着言语的材料,甚至不会产生言语的材料"(节九,第218页)。笔者大约不知道他所谓"属于言语世界的",正就是说材料,所谓"属于言世界的",正就是说行动,不过彼此用语不同。他的用语是严守索绪尔氏的成规的,他所谓"语言学家"也就是索绪尔,笔者不妨把索绪尔的书翻开来看看,是否真个粗疏到连这样的关联也忘记了。没有看清别人的话,也要"批评"别人"忘记",这无论如何不能不说是学术界不应当有的疏忽。

至于文言和白话的分别,在讨论研究对象时虽然很重要(这我在《"一提议"和"炒冷饭"读后感》中曾经有过详细介绍),在讨论文法体制时是极不重要的,因为我们不相信文言和白话要有两个不同的文法体制来范围它。笔者推重黎锦熙氏,试问黎锦熙氏讲白话文法的《国语文法》和讲文言文法的《比较文法》,不是同用一个文法体制吗?文言白话既然可以合用一个文法体制,则讨论文法体制的时候正该眼观四方,把文言文法和白话文法的现象尽数收入眼中,通盘筹划,省得将来应用,扞格难通。笔者如果定要探索

"在这次讨论中,文言文法和白话文法混在一块来谈的基本原因"(节四,第206页),我可以正告笔者:基本原因就在讨论文法体制,并非讨论研究对象(一属文法第二方面,一属文法第一方面)。笔者不知道讨论文法体制和决定研究对象不同,总是混同说话而且还要评断所谓"进步"、"倒退",这也无论如何不能不说是学术界不应当有的疏忽。

八 "不怕笔战"和"为了真理"

答复的话已经说得很多,我们旁的讨论的内容以及笔者的旁的"批评",都不及一一介绍了。现在单想对于《批评》结尾"不怕笔战"的呼声再说几句话。

说些什么呢?我想证实笔者确实是"不怕"的。他的大胆的"不怕"什么的言论我们已经领教得很多,现在可以再摘出几段很可看清他所谓"改变一下面目"的面目来的奇文,供大家欣赏。

1.语序的一般原则——拿时间先后做次序说

《僖十六年经》云:"陨石于宋五,是月,六鹢退飞过宋都。"《穀梁传》云:"陨石于宋五,后数,散辞也。""六鹢退飞过宋都。先数,聚辞也。"

笔者认为"陨石于宋五"这句话,写成"陨石五于宋","陨五石于宋","五石陨于宋","石五陨于宋",都是通的,甚至有时候,"陨于宋五石","于宋陨五石","于宋五石陨"都可以通,然而只有"陨石于宋五"这一个句子的组成,是和事实发生的先后一致的。因为第一个事实的发现是"陨",第二个是"石",

第三个是"于宋"(严格说起来,"于"和"宋"都有发现的先后次序),第四个才知道是"五"。至于"六鹢退飞过宋都",不写做"飞鹢退过宋都六",使它和上句的句法一致,也只是因为事实发生的先后不同,不可把它们在文字上写成形式上的同一罢了(节一三,第228—229页)。

这段中玄妙的话很多,的是奇文!就文法学的观点看来,更是空前!文法学上所谓通不通,前面已经说过,本只讲究组织的规律,只要组织的规律上并无不合,就得加以承认。今谓都可以通,又说只有"陨石于宋五"和什么一致,应该排斥其余,确是创见。又这段虽然是文言,却可以和那白话"我在纸上写字"混在一块来谈,千万不可错认为"不仅不再向前进步,而且向文言文法上倒退"(节四,第206页)。再照笔者得出的"中国语序上的一般原则:中国的语序是拿时间先后做次序的",当然《孟子》里的"以釜甑爨,以铁耕乎?"(《滕文公上》)是先有"以釜甑"而后有"爨",先有"以铁"而后有"耕",《孟子》里的"杀人以梃与刃,有以异乎?"(《梁惠王上》)又是先"杀人"而后"以梃与刃"的,这也是前无古人的发明。

2.虚实——一个矛盾的两面说

依笔者的意见,虚实问题很容易解决。虚实就是指相对的两种——那一个矛盾的两面。"实"是指的主导方面,"虚"是指的副次方面。比方叹词和其他组成语言的各种词是一个矛盾,其他的各种词是主导方面,是实,叹词是副次方面,是虚。又比方,名词和动词是一个矛盾,名词是主导方面,是实,动词是副次方面,是虚。在词类里面,只看有多少个矛盾,那就有多少种虚实(节一六,第232页)。

按所谓"容易解决",不知解决了文法上的什么,所谓矛盾,在这里又不知是什么意思,都是闻所未闻。"词类"里的"矛盾"大概是很多的,以前多未发现,如叹词和其他各种词的"矛盾"便是笔者的新发现。据我所知,以前并未有人在这两者之间分过虚实。

3.叹词和助词——语言发生发展说

"叹词是言语的初步。"的确,在人类还没有语言的时候,人们要表示意思或情感,就仅仅只能够发出一种简单的声音。从这种简单的声音里发生出一种语言来,以后,人们就尽可能地采用语言表示自己的意思或情感了。因此,笔者认为:简单的声音和语言,应该作为语言发生发展的过程上语言本身的第一个矛盾。语言和原始的简单声音是一种对立的东西,语言却是站在主导方面。语言是一天天向前发展的,那些原始的声音却是一天天的单纯化。逐渐进步的语言,一天天起来代替意义含混的简单声音;同时,人类情感的一天天复杂化,又发生出代替复杂情感的新的叫喊。因此,叹词对于语言好像是残余的、不关重要的东西,然而它却在语言上永远不会消灭;而且在语言上,它还能够表示出一种强有力的声音,表达出任何句子所不能够完全表达的情感。因此,笔者认为:叹词这种东西,在词类上应该列做第一种。因为要这样把叹词在旧词类的排列次序上倒转过来,那我们的文法才是记叙的,同时又是历史的。

助词这种东西是中国文法里面一种特别的词类。其实,依据笔者的看法,它也是一种简单的声音在句子里面的表现。拿它去和叹词相比,叹词是单独地笼统地表示一种情感,助词却是附属在语言里面帮助语言表示一种意思罢了。依语言本身发展过程看来,当助词发生的时候,它好像是一种残余在语言里面的原始声音。这种原始声音……好像算不得什么重要角色。比方在"柴也愚"里面,在意义上,"也"字是可有可无的。然而,这个"也"字,它却把中国文字的单音节变成多音节了,它开始解决了同音相混的问题。并且,在这次讨论中,大家争论得厉害的词尾,如"头"、"子"、"儿"和"的"、"地"等,都是过去那种好像是残余的声音的发展。叹词是在语言发生以前就存在的;因此,那只是一些简单的声音。助词却是和中国语言同时发生的,而且在中国语言的发展过程中发展,因此,在古文里面,它虽然大部分仅只是一些简单的声音,但是,到了现在,它却是有许多是由有一点点意义的字构成的了。比方"花儿"的"儿"、"石子"的"子"便是。

助词在中国语言里面,是和其他的词类对立的。若是单就"它好像是一种残余的声音"说,它好像是副次的,没落的东西。然而,它在中国文法的整个发展路线上,它却是引导中国的语言向一种崭新的路上走。因此,笔者认定:它对于叹词以外的一切词类是主导的。在词类的次序上,它应该列在最后一种(节十,第220—221页)。

按《批评》十六节说依据"对象发生发展的历史""词的分类,第一种应该是叹词,第二种是名词(包括代名词),第三种是动词,第四种是介词,第五种是连词,第六种是形容词,第七种是副词,最后一种是助词"。这里便是它是第一种和最后一种的说明。据说叹词是一种"好像是残余的"、"简单的声音",应该列做第一种,这是

"历史的",助词虽然也是"好像是残余的""原始声音",然而因为它重要,因为"它在中国文法的整个发展路线上引导中国的语言向一种崭新的路上走",却又应该列在最后一种,据说这也是"历史的";历史可以自由安排,自然大胆可喜。再"一个矛盾的两面说"中说过"实是指的主导方面",这里又说"它(助词)对于叹词以外的一切词类是主导的",这便可以断定助词"对于叹词以外的一切词类"是实字;助词是最实的字,这也是以前没有人敢说的奇说。

以上三段短文略略代表笔者的三个方面;"语序的一般原则——拿时间先后做次序说",略略代表他研究文法的识度;"虚实——一个矛盾的两面说",略略代表他在文法学中运用唯物辩证法的技能;"叹词和助词——语言发生发展说",略略代表他对于语言进展或文化进展的理解。在这三方面,他都随顺己意,不顾前后、不顾一切地在放谈。谈得误解了人言,曲解了事实,他也毫不关心,毫无顾忌。他既然以为假借了唯物辩证法的名义,就有这样超越一切、百无禁忌的便利,当然再也"不怕"什么"笔战"!

"笔战"也的确有"是为了真理的更加正确,也是为了我们的大家认识共同增高,也是为了中国文法的大众化"的,像这次讨论中,傅东华先生和方光焘先生的"笔战",我相信他们就都能有这样高洁的精神。至于说,我们的《批评》的笔者也能够实践这几句话么?我想这要看看将来的事实,在这篇《批评》中是丝毫也看不出来的。这篇《批评》实在是和我们的文法革新讨论太隔膜了。

1940年除夕在四川北碚

这篇文章曾经寄到《现实》社去发表,因为《现实》停刊,时隔一年还未刊出,承《复旦学报》编者代为索回刊登,极其感谢。我写作答复的时候,以笔者有所谓"不怕笔战"等激辞,又有所谓"进步""倒退"等激评,笔锋上不免略带感情,今晚重读一过,颇觉跟我以前写的讨论文法的文字格调不类,但又觉得颇能表现当时我在破石冈上竹林中阅读《批评》时候的心境,也就不再重写一道了。

    1941年12月26日附记,在夏坝。

      (《复旦学报》复刊第1号)

文法的研究

关于文法,过去曾有种种的说法,现在我们可以说文法就是组织字语为辞白的规律。文法的研究就是辞白的组织的研究,也就是字语如何参加组织的研究。我们总都记得许多单立的字语。单立的字语如"山"如"河",只可指事称物而不足以传情达意。传情达意必须配合字语,组织为辞白,如说"还我河山"。

每一字语可以分析为四种因素。第一是声音,第二是形体,第三是意义,第四是功能。说得简单点,可说字语都有音、形、义、能四种因素。四种因素之中,形体一种因素是文字上独有的,其余三种因素都是语言文字上共有的。这音、形、义、能四种因素,可以分为两类。声音和形体是可以耳闻目见的;可以称为形态;意义和功能是要凭借可以耳闻目见的形态才得心领神会的,我们可以称为品格。形态是外显的,品格是内蕴的。

内蕴的因素之中有一个是功能。所谓功能就是字语在组织中活动的能力。例如我们可以说"开水"、"水开",一个"开"字用在附加组织,一个"开"字用在统合组织,便是"开"字在组织中有这两种活动的能力,也就是"开"字有这两种功能。另一方面,我们不能说"吗开"、"吗水",便是"吗"字在组织中没有这种活动的能力,便是"吗"字没有配置在"开"、"水"两字前面的功能。这种功能的区别,我们的古人似乎早已见到。《穀梁传·僖公十六年》有云:"陨石于宋五，……后数，散辞也。……六鹢退飞过宋都，……先数，聚辞也。"所谓聚散，可说就是功能的区别。

将形态和品格的分别放在心头去看，字语两字之间也就可以看得出用法略有区别。这区别在钟嵘的《诗品》中已可见到。《诗品》说："句无虚语，语无虚字"，就已经把字和语分作两方面的称谓了。字是形态方面的称谓，语是品格方面的称谓。如说"孟子见梁惠王"，论形态，有"孟""子""见""梁""惠""王"六个形态的单位，我们就说有六个"字"。论品格，却止有"孟子""见""梁惠王"三个品格的单位，我们又说止有三个"语"。一个"语"和一个"字"不同。一个"语"有止一个"字"构成的，如"见"；也有两个"字"构成的，如"孟子"；也有三个"字"构成的，如"梁惠王"。讲"字"的个数，是就形态说，就是就声音和形体的整一数目说；讲"语"的个数，是就品格说，就是就意义和功能的整一数目说。"字"、"语"的区别，普通的文法书也说到，不过他们都把"语"沿袭日本的旧译称为"词"，"词"在中国文法史中专指虚字，不便混用。

文法学是研究辞白组织的。我们研究辞白的组织，虽然不宜偏废字语的形态，却当十分注意字语的品格。在品格的意义和功能两个因素之中尤当注意功能。例如或说"孟子见梁惠王"，或说"猫捉老鼠"，两辞的声音和形体全然各别，两辞的意义也不相同。而论组织，却自有相同之处。"见"和"捉"都是标示活动情状的语。"孟子"和"猫"又都是标示物的语，在辞中都为标示发动者。"梁惠王"和"老鼠"也都是标示物的语，与"孟子"和"猫"相同，所不同的在乎它们在辞中都为标示受动者。倘把标示发动者的称为主辞，标示受动者的称为被辞，把标示活动情状的称为谓辞；则两辞便成同是由"主辞——谓辞——被辞"一个格式组成的辞句。这相同，就辞句说,固然可说由于各个分子相互间的组织关系相同,倘就字语说,却就是由于彼此相当的字语彼此的功能相同。即"孟子"和"猫"同有能力做主辞,"梁惠王"和"老鼠"同有能力做被辞,而"见"和"捉"又是同有能力做谓辞。可知功能对于组织有极其密切的关系。

功能的观念是极其重要的,有些字语的意义也要从功能上去说明。我们对于字语从宋朝以来就有所谓实字虚字之分。实字虚字之分,马建忠氏在《文通》中定为有解无解之分。马氏说:"凡字有事理可解者曰实字,无解而惟以助实字之情态者曰虚字。"有解无解之说,如今不无异议。以为凡字总有意义,既然总有意义,便不能说什么无解。话也不错,不过马说也不为无见。我们如有功能观念,把马说略为改动,说所谓无解的意义就是字在组织中的意义,就是字的功能,马说自然还可以存在。所谓虚字实际都是功能极大而意义不很明显的字语,凭空讲究意义极其困难,很容易认为无解,甚或认为无用可删,必得注意组织,认识它们在组织中的功能,才知它们实在有大用,研究文法的人必须在这上面大用工夫。

文法学是研究辞白的组织的。辞白的组织和字语的功能有连带的关系。功能是语参加一定配置的能力,组织是由功能决定的语和语的配置。组织要受功能限制,功能要到参加组织才能显现。当语未参加组织,加入一定的配置的时候,它的功能是潜藏的,只有见过用例,知道底细的人知道的,这就是所谓记忆的事实;及既参加组织,就同别的语结成一定的关系,那关系是显现的。这显现的关系,我曾称它为表现关系。倘用表现关系一语,文法学也可以说就是研究表现关系的学问。

表现关系极多,我们可以大别为两群。一群是语和语配排,连

183

贯的关系。例如"孟子见梁惠王"一辞中"孟子"和"见"和"梁惠王"的关系便是一种配排,连贯的关系。这是一种纵的关系。这种纵的关系我们称为"配置关系"。还有一群是语和语并列,协同的关系,如不说"孟子见梁惠王"而或说"孟子见齐宣王",这"齐宣王"和那"梁惠王"的关系,便是一种并列、协同的关系。这是一种横的关系。这种横的关系我们称为会同关系。这纵横两群关系可以包罗尽一切语,一切语也必被编织在这纵横两群关系之中。我们研究纵的一群关系就有所谓辞项的分别,如所谓主辞、被辞等,研究横的一群关系就有所谓语部的区分,如所谓名语、代语等。文法学必得究明这纵横两群的所有关系才算尽其职责。近来有人因中国语文区分语都颇不容易,倡为语部区分不甚重要之说,那不过企图减轻研究一切会同关系的责任罢了。

文法的研究,就语部问题而论,国内学者还多徘徊于形态中心说与意义中心说之间。两说都有不能自圆其说之处,鄙见颇思以功能中心说救其偏缺。此意前在参加文法革新讨论时已露了一点影子,兹拟粗描其轮廓,以教务繁忙不及展开,仍不能详也。(1942年12月8日寄《读书通讯》发表)

(《读书通讯》第59期,1943年2月1日)

论文法现象和社会的关系

许杰先生的《中国文法革新泛论》,大体是从语文现象、文法现象和社会的关系立论。这方面的现象当然也很可以研究,应当有人用力。即如古时,身称代语往往不分单复。例如《孟子·公孙丑上》"尔为尔,我为我","尔"是单数;《论语·先进》"以吾一日长乎尔","尔"又是复数;《左传·文公十八年》"人夺女妻而不怒,一抶女,庸何伤","女"是单数;《尚书·盘庚》"今予将试以女迁,安定厥邦","女"又是复数。这种单复不分的现象如今已经消灭了,如今单数已经定说"你",复数定说"你们"。为什么古时会同用"尔""女"字?若从社会关系着眼,或不难从集团意识下一个新解说。又如现在有所谓"动员民众"。"动员民众"在文法上是一个新现象,怕非有长期抗战不会出现。我们过去有所谓"革他的命"。"革他的命"或以为不能分析(参看陆志韦《国语单音词词汇》第15页),其实这是过去通用的格式。过去有所谓"上他的当"、"造你的谣"、"生我的气"等辞句,都是用的同样格式。这等格式所有谓辞如"革命"、"上当"、"造谣"、"生气",都由一个小谓辞如"革"、"上"、"造"、"生"等字合一个小被辞如"命"、"当"、"谣"、"气"等字组成,这等谓辞如需添加一个被辞,如"他"、"你"、"我"等,便将被辞化成系辞的形式作"他的"、"你的"、"我的"等附在小被辞之上。故如"革命"以"他"为被辞,便要说"革他的命"。"动员"也是"革命"一类的谓辞,照样,"动员民众"也当说"动民众的员"或"动他的员"。如今都说"动员民众",还也不难从社会方面下一个解说。这等现象如果加以搜集,自可得到不少,如将问天说成了"天问"等谦敬辞法也可搜集在内,加以社会的说明,自然也很新颖可喜。

不过社会的说明还是"新探"、"初探"一类的工作,还未能和文法学一样有历史。我曾读过几部这方面的名著,有的是以语言社会学为名的,有的是以雅弗语言学为名的,大体都以一部分的语言现象为对象,还未涉及语文的全界域。大抵最能说明的是语汇,语汇最能显出各异的要求和关心,最能反映各异的意识和习惯,一有新知识、新事物发生,便能立时显出了变动。文法也能显出各异的习惯和意识的水准,但变动较难,对于社会的关系的反映也不及语汇对于社会关系的反映的简洁分明。所谓"可以做人类发展上一切创造和进化的一切阶段的证据",大体是语汇方面的事;所谓加"海",加"洋",也是属于语汇的,不是关乎文法的。据我所知,文法现象如今还大多未能作社会的说明,即说明也要曲折详尽,才不至流为牵强。五四以来,男女的地位的差别比以前少得多了,而文法的现象却就在那时出现了"他"、"她"有别的习惯。身称代语固然都已单复画然,不相混淆,而名语却至今还是在"一马,马也;二马,马也",单复无别的境地。若说一切文法的事实都要从社会的事实出发,不如此便会徒劳无功,那就像说一切文法的事实都要从心理的事实出发,不如此便会徒劳无功,未免近乎夸张。

夸张容易失实。《泛论》之中便有一个小小的失实的例。《泛论》说"中国文法革新气运……一面是由于抗战文艺展开以后文艺上提出民族形式的要求,对于语文现象特别加以注意与研究所形成的。至于动词与形容词的分别的讨论,倒不过是这气运展开的契机而已"。写《谈动词和形容词的分别》者是我,我记得写的时候并没有看见谁提出民族形式的要求,以时间论,民族形式的讨论是远在我们开始讨论文法革新之后。把文法革新讨论寄附在民族形式讨论之下,也许可以使中国文法革新讨论有幸附骥尾以传,但我们还是愿意尊重事实,辞谢失实的厚惠。

1942年11月寄《东方杂志》发表
(《东方杂志》第39卷第1号[复刊号],1943年3月15日)

《评黎锦熙的〈新著国语文法〉》书后

庹谦先生的《评黎锦熙的新著国语文法》是在《文化杂志》上分三期登出的。我们编辑《论丛》的时候还只见到它在第一期上登出的一部分,看去好像与中国文法革新讨论没有多大关系,也就不曾等待,现在全篇登出,看见它的篇末声明"在这篇文字以前,还写过一篇《对于中国文法革新讨论的批评》,这一篇对于那一篇,稍为有一点补充和修正",希望读者"注意这些补充和修正",我们不能不顺从他的意思,将这一篇也收集在内,而我们的《论丛》却已经完全排好,只好把它追加在《论丛》的后面并附记一点感想。

所谓补充和修正实际并不多,我们的"答复"在这篇文字上也还可以适用。比较可以算是重要的修正的不过是变扬黎为抑黎以及语部顺序的重排。在《批评》中他主张的语部顺序是:

一、叹词;二、名词;三、动词;四、介词;五、连词;六、形容词;七、副词;八、助词。

在这篇中却改成了:

一、叹词;二、动词;三、名词;四、副词;五、形容词;六、介词;七、连词;八、助词。

这算是一个重要的修正,但这修正适足证明他在《批评》中所主张的语部顺序并不是什么"记述的同时又是历史的"。如果是历史的,决不容许人这样纯循主观自由重排。

我们对于庶谦先生的主张,就在他批评黎著的部分也有好几处不能同意(固然也有我们认为批评得当,对于中国文法革新颇有贡献的地方)。例如他嫌黎著中"注"、"注意"、"附则"、"附言"太多(二节,第293页),我们以为那正是黎著可供中国文法革新论者参考之处,文法革新论者正可以从那些地方发现问题。一个研究者"对于他所研究的对象,能够全部的解释,解释得没有例外"固然最好,否则记下事实,声明自己不能解释,也未始没有贡献,至少不会比不肯实事求是更坏。我们讨论文法革新是在文法革新,对于已成的著作责备求全是不必的。其次,他批评黎著所谓"主语述语,二者缺一,就不成句"(四节,第307页),以为"人类当然有单独用一个动词作为一个句子的时候",并且举"来!"为例,以为"这是一个只用动词表示意思的句子,并不是你来或你们来的省略"。我们以为黎著所谓一句常有主宾两部,是语言学界认为无疵也是评者一再称许过的通说(参看《批评》六节,第213—214页,及十一节,第221页),无可批评。至于要研究既说一句常有主宾两部,何以又有一语成句的问题,则当注意说话时必然具有的另外一种因素——情境。情境对于辞句并不是毫无作用的废物,它是有积极的作用的。逻辑地说来,它可以做判断的主辞,也可以做判断的宾辞。我们说话的时候可以把主辞或宾辞寄托在情境中,由情境来代言,而成所谓意在言外,或所谓言外之意。如"来"是一例,如"火"也是一例。这些例都同电影上用特写的情形相似,是将所说的辞句中某部分特提,而将其余一部分委给情境。我们对于这类句子,与其说它将其余一部分省略了,不如说它将某部分特表,称之为"特表句"以与"平白句"对待。"平白句"是句子的一般体式,必然具备主宾两部,不必依傍情境,由情境来烘托;"特表句"是句子的特殊体式,不必显露主宾两部全体,必须依傍情境,由情境来烘托。如"来"如"火"等单语所以也能成句,就是由于情境对于这些单语能有烘托作用,其中混含的字语如"你"或"你们",如"起"可以从情境中搜索出来。假如从情境中也搜索不出或者连情境也不存在,如辞书中的单语,那单语便只是单语,不成其为句子。庶谦先生说"来"是"一个只用动词表示意思的句子",而不说起情境,将何以与辞书中的"来"字立别呢? 至于他说"火"是一个动词,不是一个名词",那更是很有讨论余地的新说,更可不必置辩了。

记得对于这个问题,林语堂先生在《旧文法之推翻与新文法之建造》一篇文章中也曾经有过一段新说。他说:

> 例如 Fire! 一字没有动词,旧文法家说,这没有动词,所以不成句子。然而试问看见某屋失火而喊出一字 Fire! 的人,他的意义是否已经由这一字完全满意的表现出来? 其回答一定是完全满意。那末,除去承认他为一种完全句子,还有什么办法? 又如一人要买两张二等上海到南京的往回火车票,跑到卖票处说"两张二等南京来回",或是说英文 Two second (class) Nanking return,遇着文法家在你的背后拍你的肩膀说,你忘记你的动词,你生气不生气? 倘使你索性不买车票,回过头来与这位文法家争辩起来,被巡警双双捉到克罗齐的衙门来,克罗齐先生就要问那位文法家"两张二等南京来回"一句达意没有? 文法家大概要说达意总算达意,但是不合文法。克罗齐又要问,依你的意见,合文法的买票者似乎应该说"请先生卖给我两张二等由上海到南京又回来的票,不背章程的票价鄙人愿意照出",文法固然无碍了,然而于表现能力,这句比"两张二等南京来回"何如? 那位文法家如果诚实,必定说

"前者不如后者"。克罗齐先生于是就要驳他:"你们这班学究的所谓文法,岂不是反教人说话不达意吗?如此贻误青年,扰乱治安,合应把你判决,监禁三月。"这位文法家坐在监狱里三月,穷思极索,寝食俱废,出来时,大概就变为克罗齐的信徒了。

他也承认句子显示得不完备可以成句,不过他所承认的是没有"动词"可以成句,与庶谦先生的意见刚巧相反。而两说都以为这等地方有所谓文法新旧之分,却又相同。我们以为这等地方尽可不必分争聚讼。无论文法如何新,决不能新到语和句没有分别。关于语和句的分别,中国旧说是"句必联字而言"(见《诗关雎疏》),新说则说"句常具备主宾两部",而语则可以单立。假使单语竟也成句,则必有一部分字语隐伏在情境中,可以从情境中搜索出来。无论文法新旧,对于句子仿佛都应该作如是观。

1943年3月29日在北碚夏坝
(《中国文法革新论丛》,1958年中华书局出版)

《中国文法革新论丛》[*]序

中国文法思想的进展，大体可以分作三个时期：从往古直到中国文法和西洋文法学术接触之前为第一个时期。这个时期的文法思想大体是自发的，虽然有过六离合释等少数文法思想输入，大体无甚影响。自发的言论多散杂在评论注释的文中，只有一部分解释"词"（就是虚字）的，曾经辑集成书，如《经传释词》等等。从中国文法和西洋文法学术接触之后到最近十年前为第二个时期，在这个时期中虽然也有过自立的研究的主张，大多以模仿西洋文法教科书的体制为能事，可以称为模仿时期；模仿时期的著作特别多，当以《马氏文通》为代表。最近十年来则因中国文法的特殊事实渐渐的发见了，模仿体制已有难以应付裕如之苦，文法的新潮又从语言学界涌现了，模仿体制的根本已经不能不动摇，还有中国文法的成语成说如今还可采取承用的也陆续发见了，已不能再像从前那样弃如敝屣，于是报章杂志或是会谈讲演之间也就逐渐出现了根据中国文法事实，借镜外来新知，参照前人成说，以科学的方法谨严的态度缔造中国文法体系的动议。这个时期我们可以称为缔造时期。缔造固然艰难，幸而已经开始。

---

* 《中国文法革新论丛》，1943年重庆文聿出版社出版，原收陈望道、方光焘等所著论文三十四篇，1957年重印时，又增收一篇。

我们的中国文法革新讨论,便是因为缔造艰难,也很容易分歧,想由商讨来融合各种特见,来解决缔造上种种基本问题的一种尝试。讨论从1938年10月19日《语文周刊》15期登载了一篇《谈动词和形容词的分别》,因讨论方言文法偶尔涉及一般文法体系的缺点开始,到现在已经过了四个半年头,总算还能自然的顺利的进行。涉及的范围相当广,举凡与文法体制有关的方面大体都已讨论到,还常涉及一般文化界所常涉笔的欧化国化问题;传播的区域也相当大,由上海而香港,而重庆,而广东、广西,几乎遍及整个的南中国。虽然参加讨论的人并不多,大约由于讨论的问题的性质的缘故,兴趣还是普遍的持久的,时常有人探问讨论的内容,借阅讨论的文字。

关于中国文法革新讨论的文字,曾由上海学术社编成《中国文法革新讨论集》),作为《学术》杂志的第2辑发行,据说在上海方面颇为销行,但搜集未完全,传布也不广,更有新近发表的文字未及收入。这次重行编辑,或可减少以上诸缺点,读者当更可以明了文法革新的内容。

读这革新论丛的人当能看出这里的准绳和以前的准绳不同。以前几乎都奉《马氏文通》的体系为准绳。多少聪明才智之士都在马氏的体系之中盘旋穿插,不敢超越范围。即使感到削足适屦或郢书燕说,也止在不超越范围的范围之内,略提异议,略加修正。这次讨论却一以文法事实为准绳,完全根据文法事实立言,不问是否超越范围。这不是我们敢对于马氏的不朽以白眼相看,只是我们未能故步自封。我们以为研讨学术,即使不想迎头赶上,也决不宜故步自封!

今天正是习俗所谓万象更新的日子,四周正在狂放爆竹送旧迎新；我们这部革新论丛恰巧在这个时候编成，希望它也能在文化建设上尽一点革故鼎新的使命。

最后，我应该在这里谢谢各位参加文法革新讨论的作家以及发表这些讨论文字的报刊的编辑者。

   陈望道　1943年元旦在北碚夏坝复旦大学

叠字的检验

一 叠字问题

这里有三句结构大同小异的句子,意思各不相同,句里的"明白"和"明明白白"不能互相掉换:(一)"我同他说明白的";(二)"我同他说得明白的";(三)"我同他说得明明白白的"。要是把第一句的"明白",换做"明明白白",句法就不顺,"我同他说明明白白的",恐怕是不会有人说的话;要是把第二句的"明白"换作"明明白白"句法虽然还是顺,但句子的意思又已经变了。句子中间的一个"得"字已经从第二句表示可能性的"得"变成了第三句表示现实性的"得",整个句子的意思也就随着这个"得"字意指的转变,从第二句表示可能性的句子变成了第三句表示现实性的句子,句意倒反跟第一句相仿佛,而语气却比较地重实些。

我从这里发生了两个感想:一个是关于"得"字的。这里的第二句和第三句的"得"字,功能明明不同,一个表示可能性,一个表示现实性,而在北平话里却是音上没有分别,两个都读作"得"(de),但在江浙话里却大都分别得很清楚,像我们义乌话,就前者说作"得"(de),后者说作"勒"(le),此外像绍兴、苏州等处也都好像有分别。到底是有分别的好呢?还是没有分别的好?这是我所发生的第一个感想。

第二,我们从这里可以看出叠字"明明白白"和非叠字"明白"文法功能不同。不探明它们功能到底不同在那里,这类句子意义的变化,就不能有一般的说明。这类叠字问题,过去也很有人注意,尤其是诗里的。如刘彦和在《文心雕龙》的《物色》篇中说:

> 诗人感物,联类不穷。流连万象之际,沈吟视听之区;写气图貌,既随物以宛转;属采附声,亦与心而徘徊。故"灼灼"状桃花之鲜;"依依"尽杨柳之貌;"杲杲"为日出之容;"瀌瀌"拟雨雪之状;"喈喈"逐黄鸟之声;"喓喓"学草虫之韵。……并以少总多,情貌无遗矣。虽复思经千载,将何易夺?

过去像这类的评论很多,但大抵是颂扬赞叹其神奇美妙的多,立心探求其能耐本领的少。就是说这类话的多是天才的鉴赏家,不是杰出的研究者。我们现在对于这类现象,到底能不能站在研究者的立场上,把它拖到工作室里来给它一个明确的检验呢?这是第二个感想。

二 检验的开场

我想,这个检验工作,我们不妨大家来试试看。这里我就把我的心里还未十分成形的一些感想先写出来,做一个开场白。

据我所知,这个问题是相当的复杂。依学问领域说,它涉及辞汇论、文法学和修辞学三个领域(如果文法学取广义解说,辞汇论自然可以包括在内,现在且照通常说法)。单就文法学的领域来说,叠字现象也广布在名、代、动、形、副等各个语部中,情形颇为复杂,它的功能大体随着语部变化,不能一概而论。

(一)名词叠字,如"天天""夜夜""人人""事事"等,都是表示分别的总括(但由叠字方式构成的辞汇,如"饽饽""馍馍"及"哥哥""弟弟""太太""奶奶"等,不在此例)。分别的总括是集合的总括的对待名称。集合的总括,如"人"就说"一切人"、"所有的人",不叠字。

(二)定准辞(旧称量词,那是胡以鲁定的名词)叠字,功能和名词同一,如"件件""间间""个个""只只"等,也都表示分别的总括。

(三)代名词叠字不大用,用也功能和名词不大同。如说"什么什么""那个那个",就只表示不止一种,不止一个,没有总括的意思。

(四)数词叠字,意义最为繁复。有时也表示分别的总括,如"一一"。但又有时表示相乘,如说"三三见九";又有时表示相加,如说中学"三三制";又有时表示集团的员数,如说"三三两两";又有时单只加强语调,如说"万万"。此外也许还有别的种种用法,很难建立范畴。数字可供研究处很多,如进法,现在知道世界上的数字大概可以按照进法归总做三类:一类是用五进法的,六要说"五,一",七要说"五,二";一类是用十进法的,中英的语文就是这一类;另外还有一类是用二十进法的,三十不说三十,要说"二十,十",基数要有二十个。这种地方,现在已有好多文化人类学家正在搜集材料,努力探究。数词的叠字现象,该也是还待探索的课题之一。

(五)动词叠字,功能也极难捉摸。如说"写写字,读读书"。这"写写""读读"等叠字是表示什么的呢?以往有过种种说法,似乎都还没有摸到它的实质。我现在想假定它是表示松缓的动作的,和表示紧急的相对。表示动作紧急,通例要在动词前面加一个"一"字,如说"一写""一读""一看""一想",后面都就跟来了一个

"就"怎样怎样的"就"字。而这样用叠字表出的动作,情况刚巧和它相反,它是不限定要做,又不限定要快做的。或许就是因此,大家常利用它做和缓口气的请求句。如说"请你看看这篇文章","请你坐坐"。又常利用它来做轻淡口气的愿望句。如说"我想看看这篇文章","我来说说这个故事"。前者当然限于叠字用在第二身次的动作的时候,后者限于叠字用在第一身次的动作的时候。还有试验动作,也可以在这种叠字动词后面添加一个"看"字构成,如说"写写看""谈谈看""说说看""坐坐看"。这种句子如果还要表示动作很短促,就可以在叠字中间再插加一个"一"字,如说"写一写看","读一读看",那也是对人显示口气和缓、态度松动的一种常用方式。

动词叠字的花色很多。譬如有时用双字叠用,如"打听打听"等,有时双字重叠又把内中的一个节缩成单字,如上海话里的"白相相"。尽量搜集起来,当可发见种种有趣的现象。

(六)形容词和副词是叠字用得最多的两部。像"白相相"一类的组织,也在这两部语词中生产得顶多。"冷清清","乱纷纷","急忙忙","黑漆漆","黄澄澄"等,我们差不多随时随地都可以听见看到。它们的功能更要进一步的探讨。我们姑且改日再谈。

(《译报》副刊《语文周刊》,1939年4月。署名:雪帆)

六书和六法

近来许多文学者都已注意到文法,并且已经有好多人进而作文法的专门研究,这是值得注意的现象。文学者进而作文法的专门研究的,似乎文学理论批评家居多,但也有诗歌小说家在内。名字很多,而且似乎大家也已知道,可以不必列举。从这现象我们可以期待的,是文法体制可能改成较合适,使于文学的修养上,也于科学的表达上更有用;而文学上的问题,如所谓通俗化之类,也能够逐渐提出语文上的方术,不致停在有主张无办法的境地。

最近东华先生发表他的《文法稽古篇》,企图把文法学与文字学打成一片,主张文法上的字类区分要从"六书"上找根据。其说能否成立,尚待商讨。

号称"稽古"实在拘牵很多,若不以"稽古"为限,就多有转旋余地,譬如说,我们就不妨提出字辞构成的"六法。也是"六",但是个新"六"。

新"六法"之名可以暂定如下,于语文的形成、发展和改进都极有关系:

(1)内创　　(2)外来　　(3)合成　　(4)推出
(5)演变　　(6)转化

凡用语必以"内创"一法加"外来"一法所成的为主。"内创"是本地自造的,本地货,其语可以称"内创语"。与"内创语"相对的,便是借自他国的"外来语"。"外来语"以译音为主。如《后汉书·楚王英传》，永丰八年(公元六五年)汉明帝赐楚王英的诏书里说："楚王诵黄老之微言，尚浮屠之仁慈，洁斋三日，与神为誓。何嫌何疑，当有悔吝。其还赎以助伊蒲塞桑门之盛馔"。内中"浮屠""伊蒲塞""桑门"三个印度的外来语，便都是音译语。这内创加外来是一国语文的基干。其次就用这两法所得的辞项再用"合成"和"推出"两法来配合。"合成"和"推出"的不同，全是辞素的关系。假使用以配合的辞素各各可以独立成语的，便是"合成语"；假使用以配合的辞素有一可以独立成语，又有一个不能独立成语的，便是"推出语"。前者如"学校""公司""报馆""商店"都是。因用这法构成的辞项很多，中间还可以细别为若干类。最粗的类别，是看构成分子是相等的，还是相异的。构成分子相等的，如"人人""山山""年年""月月"，就叫作"叠语"；构成分子相异的，如上举各语，就叫做"复语"或"复合语"。"推出语"则构成上的类别较少，只能看那不能独立分子是衬附在前还是衬附在后，分为前衬和后衬两类。在中国语文中，前衬的如"老王""阿狗"，后衬的如"桌子""扇儿"，都是"推出语"。所谓中外合璧的辞项，如"卡片"，"高尔夫球"，"华尔兹舞"，"米突尺"，"双妹嚜"等等，多是"合成语"。这都是利用"内创"和"外来"两种辞来和合所成的。有了以上四法，语文已经丰富。然而还有两种方法使其花色更加繁多，那就是所谓"演变"和"转化"。"演变"是从既成语的意义上起变化，"转化"是从既成语的音形上起变化。意义上的变化最容易被人发见的，是一个概念内部的全体和部分的关系，因此最常见的也就是由全体向部分，或由部分向全体的"演变"。如指一切肉的"肉"转成专指猪肉的"肉"，便是前法的例，这叫做语义缩小；如指水的"潮流"转成兼指文化的

"潮流",便是后法的例,这叫做语义扩大。扩大缩小是演变中最常见的,两种之中,尤以扩大为常见。但这等常见的现象常是演变于不知不觉间的。而其所以演变的原因常常可以追根到生活的变动。即如"首饰",本是头饰,而今扩大到手,或竟扩大到脚,把手镯也算是"首饰";又首饰,本是男女头饰共同的称谓,而今又已缩小到只称女子的"首饰"。《通俗编·服饰》说:"刘熙《释名》有首饰篇,冠冕弁帻簪缨笄瑱之属,刘总列于此篇,则凡加于首者,不论男妇,古通谓之首饰也;今独以号妇女钗珥,非矣。"其实非非也,语义缩小也,语义演变也。我们在语义演变之中,也隐约可以看见生活的变动。

语义演变多出无意,音形的转化却有时出诸有意。有意的转化也是由于生活上的特殊需要。或由于保守秘密,如秘密社会的"隐语""切口";或由于禁忌,如旧俗新年的吉祥语;或由于生活上其他的必要,如有思想文化上的革新,一定有语言上的推陈出新等等。

这"六法"和"六书"似乎各有领域。谈"字"可谈"六书",谈语(就是市上文法书所谓"词")似乎可谈"六法"。

(《大美报》副刊《浅草》,1940年1月17日。署名:张华)

从"词儿连写"说到
语文深入研究

"词儿连写"是一个时常说起的口号,但这口号实有种种可议,应当重新商讨。

第一,"词儿连写"字义含胡,很容易使人误解以为词儿应该连写起来。词儿连写起来不是一句一节会连成一片吗?这决不是所谓"词儿连写"的本意。

第二,是"词"或"词儿"这个名字的本身也不十分妥当。不妥当处约有三点:一点是跟其他的名字不连贯。现在都称 a、b、c、d,等等为字母,而于字母拼成的却不说"字"而说"词"或"词儿",不是字母的"字"字落空,便是词儿的"词"字突起,两下里不相关顾。第二点,"词"跟辞书普通写作"辞"也不连贯。第三点是跟文法历史上的别种用法相交错,说明上或者思想上平增种种麻烦。文法史上是以所谓"意内言外"谓之词,略当于所谓虚字,如《经传释词)一部书名里的"词"字就用此义,而现在所谓词,却并不是虚字。所以如果还要说历史,就得细细剖释方会明白。

考"词"字现今用法的形成,大约起于一九〇七年。文献是章士钊的《中等国文典》。《文典》开卷第一节就说:

"齐宣王见孟子于雪宫",共九字,而自文法上观之,则孟子,齐宣王,雪宫,皆名词;见,动词;于,前置分词。名词三,动词一,介词一,共五词也。是一字可为一词,而一词不必为一字,泛论之则为字,而以文法规定之则为词,此字与词之区别也。

当时章氏在日本,所谓"词",也是承袭日本文法界习惯的用法。一般人大多依据此说为字和词的分别。但也有不采此说的,如胡适、唐钺等,都仍用"字"字,而把"字"改作章氏所谓文法的看法。

胡适氏说:"我们可以说,单音字变成复音字,乃是中国语言的一大进化。这种变化的趋势起得很早,《左传》里的议论文已有许多复音字,如'离散我兄弟,挠乱我同盟,倾覆我国家……'。汉代的文章用复音字更多。"(见《胡适文存》卷三,《国语文法概论》)

唐钺氏说:"中国话的双音字发达很早。《盘庚》已经有'响迩'、'扑灭'、'殄灭'等说。至荀子时双音语尤其发达。《论语》说:'君子周而不比,小人比而不周。'《荀子》《战国策》《管子》都以'比周'当'比'字。《论语》《孟子》'性''情'都分用,《荀子·正名》篇也分定界说;但他的《非十二号》篇有'纵情性''忍情性'的话。可见当时的白话已经有这种言语,故荀子不觉用他。"(见《中国史的新页》第八篇《现代人的现代文》)

说"字"不能不分单复或单双,故有所谓"单音字""复音字",或"单音字""双音字";说"词"也不能不分单复,故也有所谓"单纯词""复合词"。其繁简正相等。

"词儿连写"这个口号有种种可议,可议之处一在"词儿",一在"连写"。"词儿"方面问题,在乎我们要连写的并不是"辞"或"语"本身,"词儿"用语合不合习惯当然也是问题,还在其次。我们要连写的是辞构成或语构成的成分,就是辞素或语素。我们即使说"连写",也应该说"辞素连写",或者留用"字"字,采用分用合用的说法,说"合用字连写",不应该说"词儿连写"。

另一方面,则是"连写"问题。"连写"方面的问题是整个书式的问题,应该包括离和合两个方面,也即包括分写和连写两个方面,而且更须注意分写一个方面,因为不分它就连起来了。过去单注意连的一方面,不全面,应用起来,有不便。现在应该注意离合两个方面,并提分连两个口号:一为"辞素连写",一为"辞间分写"。

假使我们把这"辞间分写"和"辞素连写"合称为"分连写法",则"词儿连写"一个口号所要表达的正就是这样包括书式的离合两个方面的分连写法。"词儿连写",应该可以改称"分连写法"。

这是关乎"词儿连写"的。再说"辞"的界说也实在应该革新。无论为通俗起见,或为理论上的需要起见。但此说来话长,这里只能单提我所赞同的说法,辞是语言组织上的一种单位——供大家参考。

总之,我觉得有些现今大家以为没有讨论余地的地方实在很有讨论余地。讨论时虽然觉得麻烦,但为讨论能有较合适的结果,则很可以省却以后无数不便。我们似乎不应该将不便就不便。以上说的不过是最简单的一个例。

我们假使想有前人同样程度的成就,必得要有前人同样程度的深入的研究。研究应当没有先入为主的成见。研究结果也许更加证实前人的说法不错,也许发见前人的说法不对,都当依照事实下判断,不应以成见转移。对于前人如此,对于自己也应当这样。自己假使发见有跟自己以前所说不合的,也应当舍旧从新,唯恐不及。这才会有进步,会有前途。

我们面前摆着的语文问题,真不知有多少。有些老问题到今还未得到合理的解决,有些新问题到今还没有确当的提出。如今流行的旧体系还没有从根的批判,将未可行的新体系也还没有多少人尽力探求。我们决不应当俯仰于原有的小天地,自满自足,以为世界之大尽在此矣。

语文研究往往因与不同的文字接触而有新发展。原因在乎与不同的文字接触,语文得到比较的资料,而知彼此所以同所以异。但人类心理往往精于求同而疏于别异。俗语所谓"少所见,多所怪,见骆驼说马驼背",就是透露这个道理。说明少见多怪的,多是见同不见异。心理上有见同而不见异的锢蔽,形诸工作上便只有机械的模仿,而不知灵活的取法。我们中国语文自从跟西洋语文接触以来,所谓机械模仿的例是很多的。即如"自己""自家"等字,如今的文法书上都说是"复称",就是"复指上面的名、代字",其例是举"他自己送到车站"。这就是一个极显明的机械的模仿的说法。模仿的是西洋的所谓"复合身称代名词"(compound Personal Pronouns)的说法,说的对象是 myself, yourself, himself 等字,而不是"自己""自家"等字。"自己""自家"等字,并不是什么"复合"或"复称"的代名字,也不是"身称"的代名字,乃是另外一种代名字,身称代名字是以"说话"上的地位做标准,说话的是第一身,用"我",听话的是第二身,用"你",被说到的是第三身,用"他"或"她"或"它";而"自己""自身"等字却是以"作为"上的地位作标准,发动作为的是主体,就用"自己""自家"等字,除出主体都是客体,就用"别人""人家"等字。故用"自己""自家"等字,常是人己对称,如说"自己不好,还怪人家","害人反害自己"。其在古文亦然。例如《论语》"己所不欲,勿施于人",《礼记》"君子贵人而贱己,先人而后己",都是极普通的说法,都并不和"我""尔"等等或"我""你"等等身称代名字"复合"或"复称"。复称在中国语文只用在一个特殊的情境上，就是那主体确定是说话上的哪一位的时候。譬如确定是第二身，就可以说"你自己不好，还怪人家"，确定是第三身，就可以说"他自己送到车站"。除此之外，就都不用所谓复称的。然而我们的语文界自从马建忠在《文通》第二卷说过一句"身、亲、自、己四字，皆重指代字"之后，多只沿袭他的说法，一沿袭就沿袭了四十多年。可见所谓见同不见异的锢蔽，实在是很可以阻止语文事实的真正认识的。如今总算已经有一部分人醒过来了，已经有人提醒我们："别人家里没有的东西，我们家里不见得就没有"。应该认清事实，从事实上去研究。但该留神的是不要走进另一极端：见异而不见同。依然不肯灵活的取法。

说到灵活，好像很玄妙，其实是很科学的。所谓灵活就是不机械。机械的是不顾一切条件，单只知道抄袭人家的结论的。不管人家是三寸金莲，也拿了高跟鞋子给他穿，不管人家是多愁多病身，也拿了露胸西装给他着。灵活的是计较一切条件的。在种种条件中运用人家的方法，利用人家的经验。其事极为难能，但也极为可贵。我们不敢说，谁已能够这样做，但是我们不该不想这样做。

在这中外文化汇合的大时代，这是一个唯一可取的态度，我以为。

追　记

篇中只说到对于外国说法的机械的模仿，实则机械的模仿也可以见于别的情境。例如对于古人说法的机械的模仿。这也有碍于语文事实的真正的认识，跟篇中说的害处一样。

有些人一发见了见同不见异的特点,立即走入见异不见同的另一端,而其依凭往往是古人;这从内容看来,好像彼此不同,其实还是同在一个圈套里,在对说法的态度上同是机械的模仿,在对事实的态度上同是不尊重事实。一样是企图以臆见涂饰事实,曲解事实,一样是非科学的。科学的基本态度是尊重事实,以事实证验学说,从事实缔造学说。即使想要改革事实,也从事实出发,从事实里面探求改革的方案。

(《中国语文》第2期,1940年1月。署名:张华)

"语"和"语团"论略[*]

一 文法的基本单位——语

讲究语文,要注意单位,如果不注意单位,很容易把单位上的现象和单位以下的现象牵合,或把单位上的现象和单位以上的现象牵合,甚或把单位以下的现象和单位以上的现象牵合,形成交错杂乱,不能显出语文上可能得到的简明条理。单位可以不止一种,其中基本的可以称为基本单位。

所谓基本单位,就是标准个体,就是我们根据需要,逐步分析对象,分到极限所得的个体。需要不同,分析的方法和分析的极限都就会有彼此不一致的地方。譬如同是一篇演说辞,逻辑学可以有逻辑学的分析法,语音学可以有语音学的分析法,两面分析的极限也可以彼此不同。逻辑学大概先分析为论式,再从论式分析为命题,更从命题分析为辞端。语音学或者也从相当命题的句子分析起,而然后却要分析为呼吸群,由呼吸群再分析出重读群,再分析为若干音节,再由音节分析为若干音素。逻辑学普通分析到辞端为止,就以辞端为基本单位;语音学普通分析到音素为止,就以

---

[*] 这里所说的"语",现在称为"词";"语团",现在称为"词组"。

音素为基本单位。

文法学上却以语(word,以前译作"词儿")为基本单位,以语为标准个体。语是什么,文法学上必须有所说明。但这是颇难说明的东西。在文法学上至今还没有一致的说法。现在国内流行的说法,大致有下列几种:

一、语是意义的最后的独立单位。(刘复《中国文法通论》第44页)

二、语是具有单纯观念,而文法上有语部关系的独立作用的语素。(周辨明《词的界说》,《科学》第八卷第四期)

三、语是言语中间一个一个观念的表示。(黎锦熙《国语文法》第3页)

四、语是表示整个观念的。(《中国话写法拉丁化》第29页)

这些说法中间显然有彼此不一致的地方,如有人提出"独立",有人不提出,又有人提出"单纯",也有人不提出。语究竟是独立的还是不独立的?究竟是单纯的还是不单纯的呢?倘没有补充说明,就可以发生疑问。何况疑问还可以更进一步涉及语究竟可不可以从意义上去辨别,要从辨别的标准上重加考量。

二 语的三方面的说明法

语是什么?回答这个问题的话是无数,却大体可以分作三个倾向:(1)从声音上说明的倾向;(2)从意义上说明的倾向;(3)从组织功能上说明的倾向。这三个倾向的说法,据现在所已得到的知识看来,前面两个倾向似乎都有难以维持的困难。

试从声音上说罢。声音上可以立说的论据不过两点:一是声音多少,一是声音断续。但成语不成语并不与声音的多少有关。如"纸"一音节是一个语,"玻璃"两音节也是一个语,并不能依据声音的多少判定是一个语是两个语。再如"戒严"和"戒烟","织补"和"织布",不但声音多少相同,而且非常近似。但也是一边是一个语,一边是两个语,并不能依据声音多少,判定是一个语是两个语。从声音多少上判定既有难点,这就有人转而从声音的断续上判别,想从声音断续上来维持从声音上说明的倾向。但这倾向在这方面也仍然要遇到难以支持的难点。例如古文"率性之谓道,修道之谓教",普通的读法都把"之"字连下作一顿,共计四顿,我们也不能因为是四顿,就认为四个语,所以从声音说明的倾向始终有难点。声音方面,无论是声音的多少,还是声音的断续,都不能作为判别语的个数的标准。从声音方面探索的结果当然也不是完全没有贡献,但那贡献是消极的,不过证明语是文法的基本单位。但并非就是声音单位。语可以是单音节的,也可以是复音节的;音节多少,或音节断续,跟语之为一为多,并没有必然的关系。

再试从意义上来说罢。结果也只有消极的贡献,不过证明语是文法的基本单位,但并非就是意义单位。语可以是意义简单的,如"马"如"牛",语也可以是意义复杂的,如"驹",意为"小马",如"犊",意为"小牛","粥"意为"稀饭","饭"意为"干饭","三角形"意为"三条直线围成的图形","宪法"(在英文是两语,在中文好像只能当作一语)意指"一个国家的根本法律"。语也不好以意义是否单纯作决定的标准。

语既不是声音的单位,也不是意义的单位,当然不能从声音上或意义上去下语的界说。剩下来的一条路就是从语的组织功能上,就是从语在组织中活动的能力上去寻觅语的界限。

从组织功能上判别,并非撇开声音或意义,乃是从包含着声音又包含着意义的个体上去判别。从这方面看来,语就是自成个体的,可以在单位以上的组织中活动的分子。不论它的声音是单音节的,还是复音节的。也不论它的意义是简单的,还是复杂的,甚至不论它的意义是有自主性的,还是没有自主性的,凡是可以在语组合中活动的,都可以算做一个语。语中最有自主性的是名词,最没有自主性的要算到语助词。倘把语助词也认作语的一个部类,就是一个词类或语部,独立性或自主性的多少就不能算是语的必要条件。

所谓自成一体和不自成一体,大概决定在功能的认识。对于功能的认识不同,判别也就不能一致。所以往往有这处不认为自成一体的,在别处认为自成一体;或在古时不认为自成一体的,在今时认为自成一体;又或这个文法学者不认为自成一体的,在别个文法学者却认为自成一体。一排起来看,就觉得五花八门,毫无条理,像托尔斯泰的眼中所见的美的界说一样。所以周辨明先生要说"语就是印刷上、书写上的风尚和习惯,全是时髦,毫无理性"(见《词的界说》)。但在毫无条理中间却也还有一点条理。那条理就是当时当地人意识中的统一感。凡被认为一个语的必定是当作一个统一体记在心头。

三 语和语团

现在国内有许多学者从意义或观念上下语的界说,这很容易把语的个体放得太大,把许多自成个体的语连成的语团,也认作语。如周辨明先生以为姓和名应看作一个语。"虽然咱们总觉得姓和名是要辨认的"。我以为既然要辨认,就不如看作两个语,不必看作一个语。因为既然要辨认,在别处必将拆开用,例如说"他姓赵",这"赵"就只能认作一个语。再如"走进去",周先生也主张应看作一个语,我以为也不如看作三个语连成的语团。我们可以认定语团也可以在文法上有整一作用,不必为了有整一作用就认作一个语。

三连的动语团如"走进去"之类的组织,用法极繁,三连之间任何一处都可以拆开用:(1)在第一个字和第二个字之间拆开来用,如说"走了进去"、"走不进去";(2)在第二个字和第三个字之间拆开来用,如说"走进门去"、"走进教室去";(3)如果"走"字换了个推移性动词如"摇",组成"摇进去"语团,则第一个字和第二个字之间,及第二个字和第三个字之间就同时可以拆开来用,如说"摇船进港去";(4)这样可以同时双拆的语团,如果只用单拆,而拆开的地方又在第二个字和第三个字之间,则拆开的地方可以随便取用双拆开时候所可插加的任何一个字,或是"船"或是"港"。我们可以用"港",说"摇进港去";也可以用"船",说"摇进船去"。说"摇进船去",是说"摇……船","摇进"两字中间重在"摇";说"摇进港去",是说"……进港","摇进"两字中间重在"进"。这"摇船进港去"一类配置和"赠书给他"极相类似,"赠书给他"一类配置是否需要特设一格,如一般文法所说,也是大可调查研究。

据我观察,语和语团是现在需要留意的一种辨别。有些小问题可以在这辨别上解决。例如我们可以说"打倒"、"不打倒",也可以说"打不倒",但我们可以说"拥护"、"不拥护",却不能说"拥不护"。这可以说由于"打倒"是个语团,"拥护"是个语。又如我们中国的好多地方只能说"晓得"、"不晓得",不能说"晓不得",而广西、云南,却还可以说"晓不得"(记得宋儒语录上也有这种说法),这也可说由于一地认作语,一地认作语团的差异。在这种地方,就见得书式分连写法的重要,分连写法可以把语的是一是二显在语面上,不分连写就含胡了。于语文阅读的难易和组织的疏密上都有相当影响。

最近《中国语文》有"的""底""地""得"四个字应该分合的讨论。"的"字用法也很多,倘不厘定单位,"的当""的确"的"的",以及"目的""标的"的"的"也会牵入。这些"的"字是单位以下的语素,当然应当提开。但把这些提开之后,"的"字用法也还很多。如《老残游记》第一回:"他的父亲……做了二十年实缺,回家仍是卖了袍褂做的盘川。"这里"做的"的"的"字,功能只在提重"做"字,论实义可以除开解,论辞旨却仍应该并入解。再如赵元任先生编的《留声片课本》中有一例:"这本书是六寸(宽)的九寸(长)"。"的"又等于"跟""和"。杨树达先生所以认一部分的"之"字为连词就由于文言的"之"字也有赵例的用法的缘故。像赵例的用法,的确可以判定它是个连词。像《老残游记》的一例,却又的确是个助词。语的部位要从它在组织的功能上去认定,无法可以凭空硬派("的底地得"的分化是由《民国日报》的《觉悟》同人提出,何晚成先生说是《学灯》,实系误记)。

四　说到书体分连写法

关于书体的分连写法,我们过去注重连写,爱把虚词(注意:所谓虚词是指功能上不能单独成"辞"的语),跟实词连写。这个方法,决不能通体贯彻,要看情形而定。以文法论,马建忠认定介、连、助、叹为虚词的说法大体是正确的,因为这几部语词确凿都不能单独成辞。试取连词来说,"我和他研究文法"一例,"和"这连词就不能单独成辞,必得和实部的"我""你"会同,才成一个主辞,而"和"在书体上却不能跟"我""你"连写。

对于书体的分连写法,我提议采取"可以分就分"的原则。这似乎有四种便利,请大家酌量一下:(一)当地受教育者普通是长于分、不长于连的,采取可分就分的原则,分得多,可使受教育者容易学上;(二)别地学习方言者,将来有辞典可查时容易查;拼合太多,却不容易查;(三)还是当地受教育者,采取尽分的原则时可以省记些忽合忽离的花色,也少烦杂些分音写法的辨认;(四)可以使语形比较固定,不但有音可读,也有形可看,每个辞语的面貌容易认熟,每个辞语的功能也更容易把握。

(《中国语文》第 6 期,1940 年 5 月 1 日。署名:张华)

试 论 助 辞

——纪念《马氏文通》出版五十周年

上

一 助辞种种成说的渊源——《马氏文通》

关于助辞,我们流传着种种好像已有定型的成说。如(一)说助辞是助语气或口气的;(二)说助辞是华文所独有,或国语所特有的;(三)说助辞是结煞句读,或只用在句子的末尾的;(四)说助辞是全与动辞有关,或说是助动辞与形容辞所不及的;(五)说助辞可以分为传信、传疑,或分为决定、疑问等等。彼此即使偶有差异,也所差很微。五说之中,又以(一)(二)(三)三说为较流行;(一)(二)(三)说之中,又以(一)(二)两说为更流行;(一)(二)两说之中,又以(一)说为最流行。现在几于有 说助辞即等于说语气之势,这盖种因于 八九八年出版的《马氏文通》,到今年已经有五十年了。五十年来,我们文法的研究在体制方面因袭很多,革新甚少。直到近年,才有转机。既多因袭,很容易流于太少考虑。我们现在是否可以略加考虑,或者略加检点:五十年来,我们有没有把马氏的立说好好地发挥,把应承的全都承下,把应改的全都改掉了呢? 我们且请温读一遍马氏诠说助辞的原文。马氏的原文,见《文通》卷九助字卷,如下:

> 凡虚字用以结煞实字与句读者,曰助字。
>
> 《文心雕龙》云:"乎哉矣也,亦送末之常科。""送末"云者,即结煞实字与句读之谓也。故古人谓助字为语已之辞,所以别于连字为句端之辞也。
>
> 泰西文字,原于切音,故因声以见意。凡一动字之尾音,则随语气而为之变。古希腊与拉丁文,其动字有变至六七十次,而尾音各不同者。今其方言,变法各自不同,而以英文为最简。惟其动字之有变,故无助字一门。助字者,华文所独,所以济夫动字不变之穷。
>
> 字以达意。意之实处,自有动、静诸字写之;其虚处,若语气之轻重,口吻之疑似,动、静之字无是也,则惟有助字传之。
>
> 助字所传之语气有二:曰信,曰疑。故助字有传信者,有传疑者。二者固不足以概助字之用,而大较则然矣。

一读这五段话,我们就看见一切种种关于助辞的定型的说法全在这里了,而所谓语气云者,也竟出现了三次。仿佛马氏自己也是非常重视语气,把语气看得和助辞不可分离似的。

二 《文通》原意的探测

语气是甚么呢? 何容氏在最近出版的《中国文法论》第八章里曾做过一番详尽的探索,最后他根据上文所引的《文通》助字卷的第三段话推定马氏所谓语气就是西文所谓 mood(页一三七)。这是因为上文所引的第三段话说的与动字有关。但上文所引的第四段话，又说："意之实处，自有动、静诸字写之；其虚处，若语气之轻重，口吻之疑似，动、静之字无是也，则惟有助字传之。"以"其虚处"作冒，仿佛说的是全部虚字，所谓语气便也似乎是指全部虚字之所表示，而所谓"则惟有助字传之"的助字，又就和刘淇的《助字辨略》所谓助字的范围相仿佛。假使所谓语气是指全部虚字之所表示，则语气便又不一定与动字有关的了。我们把那第三段话和第一段话连起来看，亦可以发见有些出入。第一段话述助字定义，除了说助句读外，也曾说到助实字；助句读与动字有关，助实字便也不见得与动字有关。即此可见，马氏立言原极自由，略有出入，亦不计较，忽开忽合，并无一定。我们如果坚持执著，也许反会失了马氏原意。再证以《文通》自序所说：

次论虚字。凡字无义理可解，而惟用以助辞气之不足者，曰虚字。刘彦和曰："至于夫、维、盖、故者，发端之首唱；之、而、于、以、者，摘句之旧体；乎、哉、矣、也，亦送末之常科"。虚字所助，盖不外此三端。

马氏自己又的的确确曾经用所谓辞气一辞指称全部虚字之所表示。所谓辞气固然与所谓语气略有分别，但马氏在助字卷中却常把语气、辞气、口气三辞，不加别择，错综交互使用，如五册页一用了三次"语气"，页二便又就有所谓"也字所以助论断之辞气，矣字惟以助叙述之辞气"云云，页四又就有所谓"凡决断口气"云云，则上文第四段话中的所谓语气或系即如序上所谓辞气，忽又指称全部虚字之所表示，也未可知的。大约马氏在当时，对于语气一辞作广义解还是作狭义解并无成见，正如他对于助辞作广义解作狭义解并无成见一样。也许序上所谓助辞和辞气都是作广义解，而卷

217

九所谓助辞或语气又全是作狭义解的。如果如此,我们可以断定马氏并未认定语气和助辞有不可分离的关系,他不过借辞气或语气这几个单辞来表明他所谓无义理可解的字的功用罢了,说虚字时就用以指虚字之所表示,说助字时又就用以指助字所表示。至像近年出版的文法书,一概以语气为助辞之所表示,把语气看成和助辞有不可分离的关系,也许竟是马氏著书的当时所不及料的。

至于所谓"华文所独"一点,我想马氏一定非常看重。因为马氏对于语气既未坚持(对于语气的二分法更未坚持,他自己就说"二者固不足以概助字之用"),对于与动字有关云云亦未执著(同时也就是对于结煞句读云云亦未执著),而独于所谓"华文所独"另无其他迹象。我们似乎有理由可做这样的推测。

所谓"华文所独"云云,是由于他采取和西文比较定部定类法而来。他把中国的单辞和西文的单辞一一地对比,一一编入西文所有或他所定的辞部或字类中,一一都很顺当地编完了,但还剩下了这些原无名辞、后来称为助字的辞,无可归编。马氏认定这是无可归类的杂类,无可归编的编余。马氏说这是"华文所独"的。无以名之,名之曰助字(助字犹之说搭头,亦称语助,犹之说话搭头),又无以说明,就将就说它是传语气、助辞气的罢。也许马氏所谓"华文所独",所谓语气辞气,竟是这样来的。他是姑定其名,姑立其说,以等待我们进而推敲的。后来严复氏在《英文汉诂》里曾经提过一个并部之议。他说:

> 泰西文字,八部而止,惟中国若多一部,若语助之焉哉乎也是已。虽然,谛而审之,即以为未尝多亦可。盖语助常函云谓、疏状之义。(卷一二,页一二)

这是主张把马氏所谓助字并入马氏所谓动字、状字了。把助辞看作杂类、看作编余的意思,更属显然。

三　对于助辞可以考虑检点的种种问题

助辞可以看作杂类、看作编余吗?我们现在可以,亦是应该仔细考虑考虑、检点检点。如是杂类,就应分编,或从严氏,或另设计;如非杂类,就当探寻它的功能,确定它的部格;不要再以无义咧、可有可无咧、语气咧、辞气咧,种种近乎作践或类乎敷衍的字样为说。我们希望我们能够广泛地考虑检点一切种种的问题:

(一)助辞是否应当并入别部,抑或仍当独立为部?

(二)假使助辞仍当独立为部,是否仍当用语气、辞气一类辞说明它?有无其他的辞可用?如不用其他的辞,是否应把语气一辞的广泛性(如昨日各报所载华盛顿电中有所谓"神秘性的语气"云云)加以界定,使它适于用为学术的用语?

(三)假使助辞独立为部,是否能够指出它的部格,使它不再被目为编余的杂类?

(四)对助辞是否能够指出它的功能,以后可以不再以"这种词的本身并没有意思"(黎说,见《新著国语文法》,一二页),或以这种辞是可有可无的为说?

(五)它是真的华文所独有,或国语所特有的吗?可否访问访问凭吊过原了城的记者,那里的居民是否在用类似我们助辞的助辞比我们还要多?

(六)可说助辞是结煞实字与句读,或只用在句子的末尾的吗?马氏所谓结煞实字与句读,就是黎氏所谓用在句子的末尾吗?黎氏既说助辞只用在句子的末尾,何以又要举出"你可知道?""阿是真さ?"等句中的"可""阿"等不在句子的末尾的诸字为例？是错列的吗？陈承泽氏曾在《国文法草创》里,倡议分助辞为语末助字、语首助字、语间助字三类,除了语末助字外另外增加了语首助字、语间助字两类。杨树达氏也曾在《高等国文法》及《词诠》里照样分助辞为语首、语中、语末三类,也除了语末一类之外,另外增加了语首、语中两类,而且在《高等国文法》里列举语首、语中助字至五十二个之多(原为语首三十四个,语中二十九个,共计六十三个,但有"爰"等语首语中相同者十一个,所以共为五十二个),是否也是错的呢？

(七)助辞是否可说全与动辞有关的？即使是,增列语首助辞与语间或语中助辞两类之后,也还可说全与动辞有关的吗？

(八)助辞分类应当竖分,还是应当横分？竖分是否应该分为语首助辞、语间或语中助辞、语末助辞等三类,抑或有其他可能的分类？横分是否应该沿袭唐、宋旧说,分为疑决,或照马氏分为传信、传疑？或照黎氏分为决定句、商榷句、疑问句、惊叹句、祈使句？或者还有其他的分类？横竖两种分类是否可以并存,是否应该并存？

(九)除了助辞以外还有甚么虚辞？假如说还有接辞(包括马氏所谓介字与连字)和衬辞(包括一般所谓语头、语尾),助辞和接辞、助辞和衬辞的区别又如何？可以用马氏语已句端的鉴别法鉴别助辞和接辞的分别吗？

(十)虚辞和实辞的区别应该怎么说？可照马氏说"有事理可解者"叫实辞,"无解而惟以助实字之情态者"叫虚辞吗？

如果有时间或者有必要,我们可以一一讨论这些问题,一一写成详细的答案。

下

我们把《马氏文通》以来乃至《文心雕龙》以来的著作及助辞的现象大观过来,觉得助辞的研究在口口相传、陈陈相因的表面之下,也已经大有进展,我们只须将分歧的说法略加廓清、贯通,各别的发见试加综合、补充,就可整合为一个可以发挥马氏旧说的新说。请以所见,略陈于下。

一 助辞是不是有意义

我们先从助辞是不是有意义这个问题说起。过去对于这个问题有两种说法颇为流行,其实都须从新斟酌:一就是助辞无意义说;二就是用实辞来对换助辞及一般虚辞的说法。这两种说法都可能在一般的原则上说不通。

试问:文法是以甚么为对象的?是语言(文字),还是心理、物理等等?

答:文法是以语言(文字)为对象的。

再问:语言(文字)有些甚么要素?单是声音么?还是还有意义?

答:语言都有声音和意义两种要素(如说义字,还有形体一种要素,为求简便,暂且不谈),当然声音之外,还有意义。

再问:所谓文法以语言为对象,是说以语言的两种要素——声音和意义——当中的一种为对象的呢?还是同时以两种要素为对象的？

答：语言文字的研究之中也有以声音和意义两种当中的一种为对象的，如以声音一种要素为对象的有语音学，以意义一种要素为对象的有字义学，文法学是以声音和意义两种要素缔结所成的辞为对象的。每一单辞，都有声音和意义两种要素，两两缔结，相与为一。单辞的定义都须表现出这一点。黎氏的定义说：单辞是"说话的时候表示思想中的一个观念的语词"，内中也有"观念"一辞表示单辞中含有意思、意义。即使有些助辞或其他虚辞的意思、意义，是很微妙、很难捉摸的，也只能努力寻求它的意思、意义，不能说助辞没有意思、意义。若说助辞没有意思、意义，除非助辞不是单辞，否则便与单辞的定义不相容，也就是在一般的原则上不可通。故所谓助辞无意思或无意义之说必当放弃。

我们一面放弃了助辞无意义的说法，同时还当放弃以实辞来对换助辞及一般虚辞的说法。说助辞及一般虚辞无意义是犯了一个极端的错误，错在把实辞和虚辞的区别看得太扩大，大到以为一方有意义，一方没有意义，而实际并非如此，我们已经在前面说明了。而以实辞来对换助辞及一般虚辞的说法，却又犯了另一极端的错误，错在把实辞和虚辞的区别看得太若有若无了，其实也不是如此的。

关于实辞与虚辞的区别，我们有过种种的说法。大致可以分为两路：一路着眼在意义（概念）上的差别。《马氏文通》说："凡字有事理可解者，曰实字；无解而惟以助实字之情态者，曰虚字。"便是这一路的说法。照这说法，实辞可称为"事理辞"，虚辞可称为"情态辞"。王力氏在《中国现代语法》里分辞为"理解成分"和"文法成分"（节二，页二〇至二四），也是属于这一路。另外一路着眼在组织上的差别。我在《文法革新问题答客问》里,何容氏在《中国文法论》里(页六至八)的说法都是属于这一路的。依这一路的说法,实辞是在组织上能够独立自主的,可以称为"自立辞";虚辞是在组织上必须依附实辞才能成一节次的,可以称为"他依辞"。例如"风""云"都是自立辞,"大风起兮云飞扬"的"兮"是个他依辞。自立辞可就其自身寻求意义,他依辞必须就该辞和自立辞的连贯上寻求意义,看它如何节限自立辞的意义。故也可说意义有两种:一是自立辞——实辞的意义,一是他依辞——虚辞的意义。两种意义虽则同是意义,却是不同的意义,原则上不能以实辞的意义对换虚辞的意义,如有些说虚辞者所为。

二 对于"语气""辞气""口气"等用语

再说"语气"、"辞气"、"口气"等用语。"语气、"辞气"、"口气"等用语,含义实在太不一定,又似乎很难界定。对于这等用语,我们至多只能采取中立的态度,既不维持;也不排斥。

"语气"、"辞气"、"口气"等用语,包含的范围可以很广。赵元任氏曾历举六种表示的方法:(1)用"实词",(2)用"副词(状词)或连词",(3)用"词式的变化"(inflection),(4)用"单呼词"(interjection),(5)用"语调的变化",(6)用"语助词"。这六种方法除了第三种"词式的变化"一种外,都是中国语里所有的。他对于(1)、(2)两种举的例是:

(1)用"实词":(一)"我想"今天许会下雨。(二)"谁料到"她会嫁勒这个人勒!

(2)用"副词(状词)或连词":(一)这事情"一定"要失败。

223

(二)他现在娶勒亲过后,"倒"比从前快活勒。(三)他现在娶勒亲勒,"所以"没有从前那么快活勒。(《北京、苏州、常州语助辞的研究》,《清华学报》三卷二期)

看了这些例,便知"语气"等语所包的范围如何大。如果定要用"语气"等语来诠说助辞,依赵氏的例,便当把作广义用,可以扣合六种方法的用语,缩小成为扣合助辞这一种方法的用语。依马氏的例,也当把作广义用,可以扣合介、连、助、叹四种虚辞的用语,缩小成为扣合助辞这一种虚辞的用语。一为六对一,一为四对一,都是伸缩出入颇大的。我们似乎可以一任"语气"、"辞气"、"口气"等语和"民气"、"士气"、"官气"等语一同作为普通用语,不必设法用在助辞上。

记得以前读《名学浅说》,曾见严复氏攻击过"气"字的滥用,现在说到"气"字,可以翻出来看看:

> 有时所用之名之字,有虽欲求其定义,万万无从者。即如中国老儒先生之言气字。问人之何以病,曰:邪气内侵。问国家之何以衰,曰:元气不复。于贤人之生,则曰闲气。见吾足忽肿,则曰湿气。他若厉气、淫气、正气、余气、鬼神者二气之良能,几于随物可加。今试问先生所云气者,究竟是何名物,可举似乎?吾知彼必茫然不知所对也。然则凡先生所一无所知者,皆谓之气而已。……出言用字如此,欲使治精深严确之科学哲学,庸有当乎?今请与吾党约:嗣后谈理说事,再不得乱用气字,以祛障蔽。(节三〇,页二三至二四)

我们或者可以替"语气"、"辞气"、"口气"等"气"字辩护说可以解作"精神之表现于外者",并不是"欲求其定义,万万无从者",但若是这样,便又将发生何容氏已经注意到的问题:"是不是凡语句都有语气呢?"是不是凡语句都有"精神之表现于外者",凡语句都要用助辞呢?

我想,我们可以斩断葛藤,试建新议,另用新语来试提新说。

三 试提新说

助辞同语文组织的结构最有关系(《新著国语文法》说"它与国语的内容和组织都不相干",那和我们的见解正相反)。语文组织的一般结构可以分为前后两橛。例如说:

和平一定战胜战争。

我们就可以将它分为前后两橛:前橛为"和平",后橛为"一定战胜战争。"两橛互相衔接,却又互相别异。我们可以把前橛称为主部,后橛称为谓部。助辞的一般用法都同这一般的结构有关系。它的功能在乎加强阐明。每遇一般的结构中有某一特定部分需要加强阐明时就可把它添上,将基本结构中的某一特定部分加以强调、渲染——就是添显。它只能将基本结构中的某一特定部分作特定的添显,而非本身充当基本结构中的某一特定部分。

因为助辞只能将基本结构中的某一特定部分作特定的添显,而非本身充当基本结构中的某一特定部分,故考察助辞决不宜用减法,把助辞一一减去,看减了助辞基本结构依然完整,便说助辞可有可无;而当运用加法,以基本结构做底了,将助辞一一加上,看加上了一个助辞,添显了些甚么,来判别助辞之不是可有可无。例如韩愈的《师说》中"师者,所以传道授业解惑也"句,我们固然可以运用递减的方法,减去"者"字,减去"所"字,减去"也"字,剩下"师以传道授业解惑"一个基本结构(注意剩下的基本结构未必全与既加助辞显扬的结构毫厘不差),但这递减的方法,只可用以发现基本结构,不能用来考察助辞。考察助辞必当采用递加的方法,看"师"字后面加上个"者"字,影响如何?"以传道授业解惑"的后面加上个"也"字,影响又如何?它的前面加上个"所"字,影响又如何?是不是都有些添显作用?助辞之不是可有可无,就为它有添显功能,能够添显组织中需要加强阐明的部分,强调它,渲染它,使助辞既加之后,其强弱明暗与未加的时候不同,而这不同又正是说者所要显示的。

我们似乎可以假定:凡是助辞都有纵横两种添显功能,纵里显局势,横里显格式。不过隐显的程度各有不同,大抵添助谓部的助辞,两种功能同时存在的形迹比较显,添助主部的比较隐,加在主部或谓部中间的更其隐。隐现的差别主要表现在横的格式上。例如以《师说》一例中的"者""也"两字来说,"者""也"两字显然同有纵里显局势、横里显格式的纵横交织作用,而"者"字显示格式的显明度,却便有些不及"也"字了。

助辞的分类,过去有竖分、横分两种分法同时存在,就是因为助辞本身有这纵、横两种功能。现在也当依据这纵横交织的两种功能,作纵横交互的区分。纵里分局势,横里分格式。局势的区分,过去有人只注意句末的一种(如黎锦熙氏),有人只注意后置的两种(如马建忠氏),也有几家分语首、语中、语末三种(如陈承泽氏、杨树达氏)。格式的区分,过去多注意句末一种局势下所有的格式,曾作传信、传疑等多种区分。那些分类之中有一部分已在实际上采取了纵横交互的区分法,如《马氏文通》的横分,实际已是以横为纲、以纵为目的纵横区分;如陈承泽氏的纵分,实际已是以纵为纲、以横为目的纵横区分。

现在我们也计拟采取以纵为纲的纵横区分法,试将助辞依据局势分为起发、提引、顿挈、收束、带搭等五种,又依据位置归作前置、后置、中置等三类,如下:

格式	局势	
	起发	前置
	提引	
	顿挈	后置
	收束	
	带搭	中置

三类、五种之中,以后置类中的收束一种为式最多,所谓"各随其语句之反正轻重,而一一副之,而其情各异",向来最受人注意;以中置类的带搭一种为式最少,向来最不受人注意。其余则介乎两者之间。

(一)后置类——这类助辞都是置在所助实辞的后面。《马氏文通》所谓"助字",就是这类助辞。马氏所谓"结煞",也就等于这里所谓后置。中含顿挈、收束两种。

(甲)收束助辞——收束助辞是后置助辞的一种,用在句末煞句,变式最多,向极受人注意。马建忠氏分为(1)传信助字,(2)传疑助字两目。黎锦熙氏分为(1)决定,(2)商榷,(3)疑问,(4)惊叹,(5)祈使等五目(《新著国语文法》页三〇六),还有其他种种,都是这种助辞所助格式的横分。对于这种助辞,马氏以前也已经有过柳宗元、朱熹等人的疑决两分法,受注意的时间最长,研究也最细密。今只简举二例以见一斑:

(1)"了"——画定进程:

到了龙门下,行主人指道:周客人,这是相公们进来的门"了"。进去两边号房门,行主人指道:这是天字号"了"。(《儒林外史》第二回)

(2)"的"——判别境界:

王冕道:秦老爹,头翁不知,你是听见我说过"的"。不见那段干木、泄柳的故事么?我是不愿去"的"。(《儒林外史》第一回)

画定进程是就事情的演进说,指说事情已经到达如何一个程限了;判别境界是就事理的分布说,指说事理实际处在什么境界的。凡是表画定、表判别等格式上的区别,都可像这两例,放在横分的细目上说明。文言中:

吾闻其语"矣",未见其人"也"。(《论语·季氏》)

"矣"也为画定进程,类似"了";"也"也是判别境界,类似"的"。

(乙)顿挈助辞——顿挈助辞也是后置助辞的一种,用在句末之外的某一特定部分的后面,作顿上挈下之用。这种助辞马氏也曾说到,不过他未曾立过顿挈这个总名,只说助字,助读。他说"也"字的助读说:"也字助读,其为用也反乎其助句也。助句以结上文,而助读则以起下文。其起下文也,所谓顿宕取势也。"这说明可以移来说明一般的顿挈助辞。

口语中的顿挈助辞算"呢"、"呀"等字较常用。"呢"字常用做顿挈需要论断或叙述的事物:

喜欢"呢",和他玩玩笑笑;不喜欢,可以不理他就是了。(《红楼梦》第六十回)

"呀"字可用以顿挈历数的事物:

米"呀",茶叶"呀",蜡"呀",以至再带上点儿香药啊,临近

了,都到上屋来取。(《儿女英雄传》第三十四回)

文言中常用的顿挈助辞有"者"、"也"两字。"者"、"也"两字同是顿挈需要诠说的事物,不过"者"字多用以顿挈人物,"也"字多用以顿挈事理:

> 庠"者",养也;校"者",教也;序"者",射也。(《孟子·滕文公》)

> 桥梁之设"也",足不能越沟也。车马之用"也",走不能追远也。足能越沟,走能追远,则桥梁不设,车马不用矣。(《论衡·程材篇》)

顿挈和收束同为后置,用的字往往形体相同,但不一定用法相同,如上举的"呢"、"呀"、"也"等字的用法便是例。

顿挈助辞也相当多,如历举的"一来"、"二来"的"来","一则"、"二则"的"则"等都是。

(二)前置类——这类助辞都是置在所助实辞的前面,也有两种:起发和提引。提引一种为用较大,也比较受人注意。但也往往被杂列在别的辞部之中。又有若干辞语,如口语中用的"是"字,口语文言同用的"所"字,向来极感问题复杂,归类烦难。今都试为安排说明。

(甲)提引助辞——提引助辞是前置助辞的一种,通常加在谓部(广义的谓辞)的前面,为式颇多。口语中常用的,有下列诸目:

(1)询问提引——用"阿"、"可"、"敢"等字:

> "阿"是真ㄍㄜ?

> 近日都中"可"有新闻没有? (《红楼梦》第二回)

> 你"敢"是昨夜不依我?今日连我也奔不得住。(《水浒》第五十二回)

(2)反诘提引——用"岂""难道"等字语:

这样诗礼之家,"岂"有不善教育之理?(《红楼梦》第二回)

"难道"不知道家里房子窄鳖鳖的?(《儒林外史》第六回)

(3)否定提引——用"并"字:

王冕隐居在会稽山中,"并"不自言姓名。(《儒林外史》第一回)

行主人走进头门。用了钱的"并"无拦阻。(《儒林外史》第二回)

有时也用"也""又"等字,但用"也"字是显示例外的推概(即违背通例),用"又"字是显示例外的牵涉(即否认缘由,亦即无缘无故),都不是单纯的否定:

王举人"也"不让周进,自己坐着吃了。(《儒林外史》第二回)

你夺我的鸡怎的?你"又"不买。(《儒林外史》第三回)

(4)坚执提引——一向认为用得很空灵的一部分的"是"字,可列入此目:

你众位"是"不知道我们学校规矩。(《儒林外史》第二回)

(5)说断提引——用情状来解说或论断所涉及的人物时用"所"字提引说断:

师者,"所"以传道授业解惑也。(《师说》)

"所"不与舅氏同心者,有如白水。(《左传·僖公二十四年》)

我这些女孩儿,"所"疼的独有你母亲。(《红楼梦》第三回)

"所"喜他天性高明,又肯留心学业,因此上见识广有,学问超群。(《儿女英雄传》第一回)

文言中常用的有:

(6)拟议提引——用"其"字:

谚所谓辅车相依,唇亡齿寒者,"其"虞虢之谓乎?(《左传·僖公五年》)

(乙)起发助辞——起发助辞也是前置助辞的一种,多用在句首,揭举事物。文言中有"夫""维""盖"等字。如:

"夫"天地者,万物之逆旅;光阴者,百代之过客。(《春夜宴桃李园序》)

用"夫"字起发论述事项。这种助辞在现代语作中几乎已经绝迹,也许口头上还有存在,但在古语体文中却有"兀那""话说""却说"等辞,颇为常用。"兀那"常用于招呼:

"兀那"弹琵琶的是那位娘娘?(《汉宫秋》)

"兀那"汉子,你那桶里甚么东西?(《水浒》第三回)

"兀那"客人,会事的留下买路钱!(《水浒》第四回)

"话说""却说"常用于话首,例略。

(三)中置类——只有带搭助辞一种,常用在主部或谓部的中间,带搭两个节次,使之更为显眼。口语中有一部分的"的""得""个"等字可以归属这一种。文言中有一部分的"之"字也可断定归属这一种。

(1)"的"——这带搭助辞用在动辞和宾辞之间:

我也记得是中"的"第七名。(《儒林外史》第三回)

女儿是水做"的"骨肉,男人是泥做"的"骨肉。(《红楼梦》第二回)

其先他的父亲原也是个三四品的官,因性情迂拙,不曾要钱,所以做了二十年实缺,回家仍是卖了袍褂做"的"盘川。(《老残游记》第一回)

(2)"得"——这带搭助辞用在动辞和表境相的辞之间:

一日,正当嗟悼之际,俄见一僧一道,远远而来,生"得"骨格不凡,丰神迥异。(《红楼梦》第一回)

封肃喜"得"眉开眼笑。(《红楼梦》第二回)

(3)"个"——这带搭助辞用在动辞和表境界的辞之间:

封氏闻知此信,哭"个"死去活来。(《红楼梦》第一回)

叔叔两下里住着,过"个"一年半载。(《红楼梦》第六十四回)

三人你一句,我一句,说"个"不了。(《儒林外史》第一回)

若到庄上来,你家那佃户又走过来嘴嘴舌舌,缠"个"不清。(《儒林外史》第四回)

(4)"之"——这文言带搭助辞常用在辞结(读)的主谓辞之间:

民"之"归仁也,犹水"之"就下,兽"之"走圹也。(《孟子·离娄》)

且王者"之"不作,未有疏于此时者也;民"之"憔悴于虐政,未有甚于此时者也。(《孟子·公孙丑》)

以上所说大抵都是一般格局的助辞。除了一般的格局之外,种种特殊格局中的助辞,我们相信也可以分配到上列三类五种中去说明。例如文言中动辞不居常位的句子:"吾以子为异之问,曾由与求之问。"(《论语·先进》)句中两个"之"字就可归入带搭。而我们既然有了这三类五种的助辞,也便对于语句组织中任何一个部分,需要加强阐明的时候,都可加以添显,不止动辞,不止谓辞也不止谓部。

四　马氏的旧说和我们的新说

我们的新说和马氏的旧说出入颇多。我们的新说对于马氏的旧说,可以说是新说,也可以说是旧说。我们的新处比马氏的旧说新,我们的旧处也比马氏的旧说旧。

我们的新说和马氏的旧说,有下列各点不同:

(一)马氏常用"语气"、"辞气"、"口气"等辞语论说助辞,我们以为可以采用更明确的"局势"、"格式"等辞语论说助辞。

(二)马氏以为助辞和其他虚辞的区别在位置,以"结煞"(即后置)为助辞的特征,我们以为区别不在位置,在功能。助辞和衬辞的区别可看加上之后是否仍成一种单辞。仍成一种单辞,加的便是衬辞,不再成一种单辞,加的便是助辞。如"我"加上了"们","我们"为代辞,"荐"加上了"头","荐头"为名辞,都仍成一种单辞。"我"与"们",或"荐"与"头"的连接关系可说是乘法的,即为 $a \times b$,"们""头"等字,便是衬辞。而"米"加上了"呀","米呀"却不再是任何一种单辞,"米"与"呀"的连接关系可说是加法的,即为 $a + b$,"呀"便是助辞。至于助辞和接辞,它们同实词的连接关系同为 $a + b$ 式,则可看那关系是添显,还是接续。

(三)马氏说助辞限于"结煞"(后置),"结煞"多与动辞有关,故特别看重助辞与动辞的关系,我们以为即使后置也不见得全与动辞有关。注意中国语文组织主谓部的成分就可以同意这论断。

(四)马氏说助辞是中国语文所独有的,我们以为不是。如日本语文中,就有后置助辞很多。我们至多只能说中国的助辞是有特殊性的,不能说助辞是中国语文所独有的。

（五）马氏注重格式的区分,故有传信、传疑两目的横分;我们以为局势的分别比格式的分别更显著,故有三类五种的纵分。这大抵都可说我们的新说比马氏的旧说新,但其中三类之说也可说比马氏的旧说旧。至于下列三点则几乎完全相同：

（一）主张助辞独立为部。

（二）对助辞作纵横区分。

（三）后置助辞一类二种的内容。

同异两相比较,或者可以说同点更其重要,或者可以说我们的三类五种说就是马氏的一类二种的扩充。而这扩展,不是由于演绎,而是由于以我们的考察综合马氏以前以后的研究,也小小加上了点浅见而成,或者多少可以发挥马氏的原说。马氏原说是否另有发挥余地,或我们的发挥是否适当,则请大家研究。

最后我愿声明:本文所述是我年来从组织功能观点研究辞部分类的一个小小结果,本文的主要意义在乎以和马氏不同的观点证实马氏助辞独立为部的主张,以及助辞部域的可能开拓和诠说的可能发展。敬即以之纪念《马氏文通》出版五十年。[*]

（《国文月刊》第 62 期,1947 年 12 月）

---

[*] 按《马氏文通》初版于 1898 年,到 1948 年才是五十周年。作者于 1947 年 12 月写成本文,《国文月刊》即于当月刊出。这大概是含有先期纪念的意思。

计　　标

一　什么叫"计标"？

"计标"就是"计论的标准"，也就是个、只、斤、两等这些词*。这些词的功用怎样，是近代中国文法中最受人注意的一个问题。

关于这类词，过去有过很多名称，例如：量词、陪伴字、副名词等。关于这一问题，过去也有过很多研究。这些定名和研究，可以说都有所见。不过因为这种专题研究的工作，不是一天两天做得好的，所以必须长时间的调查研究，才能看得更全面。

我们可以从应用范围、作用、形成、对象、组织这五个方面来研究计标。

二　计标的应用范围

计标一定是跟"指词"和"数词"连起来用的。

---

* 这些词作者于1973年改称为"单位词"。1950年，华东教育部工农教育处、华东工农速成中学和上海新文字工作者协会联合举办了一个文法讲座，请作者主讲，共讲五次。这是所讲内容之一，由倪海曙记录整理。本文发表时，曾征得作者同意，并由他亲自修改定稿。

"指词"是用来指示物或事的位置的,就是这、那、此、彼等词。数词是用来点一点或分一分事或物积聚的数目的,就是一、二、三、四等词。

计标一定用在"指词"或"数词"的后面,例如:这个、那只或一个、两只。

有人说计标是"表数量的名词",这种说法只注意到计标一定和数词相连,没有注意到计标也一定和指词相连,也就是只注意到计标应用范围的一半。

三　计标的作用

计标有两种作用:一种是划界(限)的作用;一种是分式(样)的作用。每一计标都同时具有两种作用,但不免有偏重。

划界(限)作用是划分所指或所数的事物的界限。例如:一斤油,两丈布。"油""布"是连续不分界限的事物,有了"斤""丈"作界限,作标准,才可以计论。

分式(样)作用是分别所指或所数的事物的式样。例如:这架飞机,那幅古画,一堆泥土,两捆柴草。"架""幅""堆""捆"都是指事物的式样,那些事物是原来不连续的,是有界限的。凡是不连续的事物的计标就有"分式样"作用。

古代着重"划界",因为式样是随事物变化的,事物本身就已经有了,所以分式的计标常常省去,例如"一个人"可以省为"一人"。现代兼重"分式",因此就非有计标不可。

四　计标的形成

计标的形成,分三种方式:一种是"依法"的,就是依照法制规定的;一种是"从俗"的,就是随从习俗决定的;一种是"随拟"的,就是随时拟定的。

依法的计标,如度量衡的单位(尺、寸、斤、两……),以及一切可以规定的事物的单位(年、月、日……)。

从俗的计标,如上海叫"一个月亮",广西叫"一条月亮"等。

随拟的计标,如茶放杯中,就称"一杯";茶放壶中,就称"一壶";茶放桶中,就称"一桶"。

五　计标的对象

计标的对象,有动,有静;动的是事,静的是物。

"一条路""一碗饭",计标"条"和"碗"的对象是静的物("路"和"饭")。"条""碗"是计物的计标。

"走一趟""读一遍",计标"趟"和"遍"的对象是动的事("走"和"读")。"趟""遍"是计事的计标。

如果是"走一趟路""读一遍书",计标"趟"和"遍"同时有两个对象:一个是动的事("走"和"读"),一个是静的物("路"和"书")。

有人说计标是"副名词",如果从动的对象来看,这个说法就不全面了。

过去研究文法的人,往往喜欢静的东西,害怕动的东西;静的东西,规律容易找;动的东西,规律难掌握。

关于物的计标多,关于事的计标少;关于事的计标如果没有时,往往就拿动词来做计标。例如:打一打,走一走等。

六　计标的组织

计标是怎样跟它对象组织的?

如果它的对象是静的物,它就经常放在物的前面。例如:"一碗饭"。

如果它的对象是动的事,它就经常放在事的后面。例如:"走一趟"。

像"走一趟路"这样的句子,计标"趟"就同时有两个组织对象,一事一物;也同时有两种组织关系,一前一后:

$$\overset{\text{事}}{\underset{\text{物}}{走一趟路}}$$

（倪海曙记）

（《语文知识》总第 2 期,1952 年 6 月）

对于主语宾语问题讨论的两点意见

关于主语宾语问题的讨论,一时没有时间详谈,想先提两点原则性的意见供参考,并请指正。

一、关于词序 在讨论中,有些同志非常注意词序,有的几乎有专从词序先后考虑主语宾语问题的趋势。词序自然应该注意,但注意的分寸如何,似乎应当斟酌。

(一)是否单是汉语应当注意词序?说"2 加 3 等于 5",并不等于说"5 等于 2 加 3"。说"驴子是动物",更不等于说"动物是驴子"。如果语言和思维不能截然分开,就没有例外,都应该注意词序。不过注意的程度可以彼此不同。注意词序先后,似乎应该看作语言的共同性,而不应该看作汉语的特殊性,至少不能过分强调,把它作为汉语与其他语言不同的特征。

(二)汉语是否可以单单注意词序先后?恐怕也不可以如此。因为那不见得合乎我国历来的语法学说,也不见得合乎现有的语法事实。我国旧有的语法学说,是注意"相接"的,也就是我们所谓"接连"。刘勰《文心雕龙·章句》篇说:"句司数字,待相接以为用。"相接或接连,除了先后之外,还包括有分合、断续等等现象,也是研究语法者所应当注意的。

(1)分合——如《中国文法革新论丛》的例:

红花(分:红的花)

　　红花(合:一种药草名)

分合也是我们向来极为注意的现象。大家说的"词儿连写"或"词儿分写"就是要在文字书法上标明分合。汉文的旧式书法,在标明分合上也是有缺点的,必须加以改革。

　　(2)断续——如《北京口语语法》的例:

　　鸡不吃了("鸡"为主语,续接下文。)

　　鸡,不吃了("鸡"为提示语,断接下文。)

断续也是我们向来极为注意的现象,如所谓句读,就是从断续来分别。我们现在还是应当注意,不注意就会使上述两句无从分别。

　　以上是说词序先后相同,词的组织关系不一定相同。下面再说词序先后不同。

　　(3)先后——如:

　　他忽然来了。

　　忽然他来了。

词序变了,也不见得语法的组织关系就会随着变化(当然修辞关系已经随着变化)。

　　我们以为谈论词序,似乎应当考虑这些情形。因此,我们的第一点意见想请大家斟酌注意词序的分寸,考虑是否可以扩大注意的范围,从注意词序扩大为注意"相接"或"接连"。

　　二、关于宾语　记得以前好多人讲语法,是把现在所谓宾语分作宾语和补足语两种。分作宾语和补足语两种,我们以为不如合并作一种。但合并成一种之后,到底应称为宾语呢还是称为补足语,还可以从详讨论。如果称为宾语而可以包括"施事",不如称为补足语。为了同原来的补足语有分别起见,又不如称为补语,因此,我们的第二点意见想请大家斟酌,可否改称宾语为补语。

这两点意见是否妥当,请大家讨论。

(《语文学习》,1956年2月号)

漫谈《马氏文通》[*]

《马氏文通》是1898年(清光绪24年,戊戌年)出版的,今年是它的出版六十周年。著者马氏,名叫建忠,字叫眉叔,江苏丹徒人。他的生卒是1845年—1900年。关于他的生年无问题,他自己也曾经在他著的《适可斋记言记行》的《自记》也就是自序中谈起过。关于他的卒年,说法不一:有《马氏文通校注》等书说他死在1899年,也有《中国近代思想史参考资料简编》等书说他死在1900年。我们曾经将这问题请问熟悉马氏生平的胡文耀先生,胡文耀先生回答:"马氏生在道光二十五年(1845年)正月初三日,死在1900年8月14日。"说他死在1900年的一说是正确的。上海是马氏著书的地方,梁启超著的《中国近三百年学术史》(十三)说:"著书的时候他住在上海的昌寿里。"上海又是《马氏文通》出版的地方,出版的书店是上海商务印书馆。《马氏文通》的版本很多。最近我们陆续发现了三种初期的版本,一种是商务印书馆排印本,一种是绍兴府学堂木刻本,还有一种是上海文林石印本,都是小型的线装本,把十卷分钉成十册。商务印书馆排印本最早,一至六卷出版于1898年,六卷末附有马氏自记,说论实字部分已全,论虚字和句读部分,

---

[*] 为纪念《马氏文通》出版六十周年,上海语文学会和复旦大学语言研究室于1958年12月28日联合举行学术座谈会。本文即是作者在这次学术座谈会上所作的报告。

且待续印,七至十卷出版于1899年。第一卷和第七卷前面,都印有出版的年月和"上海商务印书馆排印"字样。上海同马氏和《马氏文通》的关系特别深。上海又曾经在1938年进行过《马氏文通》学术倾向的评论,现在上海又正在进行语言文学思想的讨论。所以上海语文学会决定在今年举行一次关于《马氏文通》出版六十周年学术座谈会,将《马氏文通》的成就和缺点作一次概括性的讨论,在讨论之前,让我先来漫谈一下《马氏文通》,作为开场锣鼓。因为没有充分时间准备,说述不一定周到妥当,还请同志们讨论,批评,指正。

一

《马氏文通》的文法研究是有很大的成就的,但也有很多缺点,有的应当讨论,有的需要批判。我们对于《马氏文通》的成就和缺点,可以分为三部分来谈。

第一是可以肯定的部分。

《马氏文通》的成就可以肯定的,我们认为有三点:

第一是他对于文法研究的努力和成就。他的"积十余年之勤求探讨以成此编"的持久研究精神,以及他的研究的成果比之过去深入完密,向来极其受人敬重,我们现在也应当加以肯定。它的影响极其大,一般人对于文法的认识可以说是从1898年马建忠氏的《马氏文通》的出版之后开始的。从语文的教育方面看,也应当加以肯定。

第二是他的研究方法比之过去的旧式方法也有所改进。旧式的研究者虽然也知道词有虚实两类,如刘淇在《助字辨略》自序里

说:
> 构文之道,不过实字虚字两端,实字其体骨,而虚字其性情也。

但是由于他们认为"经传中实字易训,虚字难释"(王引之著《经传释词》阮序)的缘故,往往单只解释虚词,不讲究实词,而解释虚词又多止一个一个地各别解释,并不分门别类说明它们在句子的组织结构中的作用。马氏书中常有批评小学家的话,可见他是有意改进的。凡是他改得好的地方,我们也应当加以肯定。

第三是他的讲究文法的目的也是为了"实用",虽然他的谋求"实用"的方法同当时一般的方法不同。当时一般的方法是主张语文合一,如黄遵宪(公度)说"语言与文字离,则通文者少,语言与文字合,则通文者多"(见1887年《日本国志·学术志》二),是主张切音为字,如卢戆章(雪樵)所谓:

> 窃谓国之富强,基于格致;格致之兴,基于男妇老幼皆好学识理,其所以能好学识理者,基于切音为字,则字母与切法习完,凡字无师能自读;基于字话一律,则读于口,遂即达于心;又基于字画简易,则易于习认,亦即易于捉笔,省费十余载之光阴,将此光阴专攻于算学、格致、化学,以及种种之实学,何患国不富强也哉?(见1892年《中国第一快切音新字》自序)

而马建忠氏却主张讲究中文的组织结构的规律,来缩短学习中文的年限,就是他的《后序》所谓:

> ……以确知华文义例之所在,而后童蒙入塾能循是而学文焉,其成就之速必无逊于西人。

他的《后序》看来是针对当时风起云涌的提倡白话文、提倡拼音文字的潮流——他写《后序》的前两个月就曾经有裘廷梁氏的一篇《论白话为维新之本》的长文登在《苏报》上,——为自己钻研古文、寻求古文规律的工作辩解,但讲究语文的组织规律,的确也是一种能使语文学习进步比较快的方法。他的讲究文法的主张也是应该肯定的。

二

第二部分是《马氏文通》应该批判的部分。

关于《马氏文通》应该加以批判的方面,我们在1938年讨论中国文法革新的时候,曾经提出古典的和模仿的两点(参看《中国文法革新论丛》第14—18页)。

第一,是我们当时所谓古典的,就是现在大家所谓厚古薄今的。他曾经再三宣传他的我国文章今不如昔的看法。《前序》里说:

> 愚故罔揣固陋,取四书、三传、《史》、《汉》、韩文为历代文词升降之宗,兼及诸子、《语》、《策》,为之字栉句比,繁称博引,比例而同之,触类而长之,……辑为一书,名曰《文通》。

《例言》也说:

> 此书为古今来特创之书。凡事属创见者,未可徒托空言,必确有凭证,而后能见信于人。为文之道,古人远胜今人,则时运升降为之也。……今所取为凭证者,至韩愈氏而止。

又说:

> 诸所引书,实文章不祧之祖,故可取证为法。其不如法者,则非其祖之所出,非文也。

他那今不如昔或说厚古薄今的看法是极其错误的,是不符合事实的。对于这一点,过去已经有许多人批评过他,我们现在也应该加以批判。

第二,是我们当时所谓机械模仿的,削足适屦的,也就是现在大家所谓生搬硬套的。这一点他也曾经再三宣传。《例言》里说:

> 此书在泰西名为葛郎玛。葛郎玛者,音原希腊,训曰字式,犹云学文之程式也。各国皆有本国之葛郎玛,大旨相似;所异者音韵与字形耳。……此书系仿葛郎玛而作。

《后序》里说:

> 斯书也,因西文已有之规矩,于经籍中求其所同所不同者,曲证繁引,以确知华文义例之所在。

又说:

> 常探讨画革旁行诸国语言之源流,……见其……所以声其心而形其意者,皆有一定不易之律;而因以律夫吾经籍子史诸书,其大纲盖无不同。于是因所同以同夫所不同者,是则此编之所以成也。

他那机械模仿或说生搬硬套的方法,也是极其错误的,是不切合实际的。对于这一点,过去也已经有许多人批评过他,我们现在也应该加以批判。

三

第三部分是《马氏文通》可以讨论的部分。

《马氏文通》可以讨论的地方很多,在它出版五十周年的时候,我们曾经提出它的论助字来讨论,这次我们想提出它的论词的分类的问题来讨论。

凡分类必有一定的目的。——实践的目的。词的分类的目的是为便于自觉地运用词。

凡分类必须有一定的依据。选择分类的依据应随分类的目的为转移。

例如全国人民代表大会及地方各级人民代表大会的代表选举法讨论选举,以年龄为依据,"凡年满十八周岁之中华人民共和国公民,不分民族和种族、性别、职业、社会出身、宗教信仰……都有选举权和被选举权。"(第四条)

毛主席在延安文艺座谈会上谈如何正确地解决歌颂和暴露的问题,谈革命文艺的歌颂和暴露应该针对什么人的时候,依据革命的立场,把人分为敌人、同盟者和自己人,指出"一切危害人民群众的黑暗势力必须暴露之,一切人民群众的革命斗争必须歌颂之,这就是革命文艺家的基本任务"(《在延安文艺座谈会上的讲话》)。

这些都是根据分类的目的选择分类的依据。

《马氏文通》是我国著名的依据意义区分词类的主张者。《马氏文通》卷一所谓:

> 字各有义……义不同而其类亦别焉。故字类者,亦类其义焉耳。

所谓:

> 字无定义,故无定类;而欲知其类,当先知上下之文义何如耳。

等等说法,过去差不多人人都会背诵的。他的影响非常大,过去多是无批判地接受他的主张。直到1938年10月才有许多人作为问题提出来讨论(讨论内容详见中华书局出版的《中国文法革新论丛》)。直到 1954 年 10 月才有一位吕叔湘先生声明放弃单纯依据意义区分词类的办法(声明内容详见《中国语文》1954 年 10 月号 47 页)。所以讨论起来,牵涉的范围可以很广泛。我们现在单就《马氏文通》来说。

单就《马氏文通》来说,我们以为可以分为三点来讨论(另外还有一点,就是分类和归类混同不分,也很可以讨论,因为今天时间不够,暂且不谈)。

第一是三种意义混同不分。

《马氏文通》曾在上面所引的两段文字之间写了一大段讲究依据意义区分词类的文章。为了便于讨论起见,我们先将这段文章抄录在下面(原文引文有缺误,拟不照抄):

> 字各有义,而一字有不止一义者,古人所谓望文生义者此也。义不同而其类亦别焉。故字类者,亦类其义焉耳。

> 字有一字一义者,亦有一字数义者,后儒以字义不一,而别以四声,古无是也。凡字之有数义者,未能拘于一类,必须相其句中所处之位,乃可类焉。经籍中往往有一句中叠用一字而其义不同者。《论》:"求之与?抑与之与?"第二"与"字为动字,上下两"与"皆虚字也。《论》:"夫子之求之也。"上"之",虚字也,下"之",代字也。《孟》:"讼狱者不之尧之子而之舜。"第二"之"字,虚字,上下两"之",解往也,动字也。《史记·淮阴侯列传》:"陛下不能将兵,而善将将。"前两"将"字,解用也,动字也,末"将"字,名也。《公宣六》:"勇士入其大门,则无人门焉者,入其闺,则无人闺焉者。"前"门"字,名也,后"门"字,解守也,动字也。"闺"字同。《德充符》:"人莫鉴于流水,而鉴于止水。惟止能止众止"。"止"字四用:"止水"之"止",静字,言

水不流之形也。"惟止"与"众止"两"止"字,泛论一切不动之物,名也。"能止"之"止",有使然之意,动字也。是一"止"字而兼三类矣。《史记·萧相国世家》:"夫置卫卫君,非以宠君也。"两"卫"字,上"卫",兵也,名也,下"卫",护守也,动字也。凡此之类,不可枚举,读者当自得之。

字无定义,故无定类;而欲知其类,当先知上下之文义何如耳。

如将这段文字细加分析,我们认为马氏所谓字义,似乎含有三种不同的意义,《马氏文通》却将三种不同的意义混而为一,未加区别:

第一种意义是个别意义。如《文通》说:《孟子·万章上》:

讼狱者不之尧之子而之舜。

上下两个"之"字"解往也","往也"就是"之"字的个别意义,也就是马氏所谓"字各有义"的意义。辞书所载的多是这种个别意义,所以这种意义也可以称为辞书意义。

第二种意义是配置意义。如《文通》说:《庄子·德充符》:

"人莫鉴于流水,而鉴于止水。惟止能止众止","止"字四用,"止水"之"止",……言水不流之形也。"惟止"与"众止"两"止"字,泛论一切不动之物,……"能止"之"止","有使然之意"……

说的就是配置意义。配置意义是随同配置发生,又是附丽在配置上的,配置如果相同,不同的成分也可以有相同的配置意义,如说"红花"、"绿叶",成分不同,仍然有相同的配置意义,红对于花,绿对于叶,同有区别的意义,即所谓言某某之形也;配置假使不同,就是同样的成分,也会有不同的配置意义,如说:

红花　　　花红

成分相同，但仍然有不同的配置意义。配置意义同个别意义不同，不能同个别意义混为一谈。应该说：同个别意义又有区别又有联系。而马氏似乎只注意它们之间的联系，并未注意它们之间的区别。

第三种意义是会同意义。会同意义又与配置意义又有联系又有区别。如文中所谓动字名字的意义就都是这种会同意义。这种会同意义不同于个别意义，也不同于配置意义。例如我们说：

  人莫鉴于流水。

句中的"人"和"水"都是名词，我们就不是说"人"和"水"的个别意义相同，也不是说"人"和"水"的配置意义相同，而是说"人"和"水"两者在组织上有会同的或类同的功能。这三种意义的不同，我们认为不能混同，而马氏却把这三种意义混而为一，未曾注意它们的区别。

这三种意义又可分为两大类：

一是个体含有的意义，个别意义属之。

二是集体组成的意义，配置意义和会同意义属之。这两类意义的区别，也颇重要。文法学或语法学研究的对象，如果单就意义这一方面来说，正是集体组成的意义。而马氏对于这两类意义的区别，似乎也未加以注意。他所谓"字各有义"，似乎是指个别意义而言，而所谓"而欲知其类，当先知上下之文义何如耳"，又似乎指配置意义等等而言。

第二是经临不分。

如《文通》说：

  《公宣六》："勇士入其大门，则无人门焉者，入其闺，则无人闺焉者。"前"门"字，名也，后"门"字，解守也，动字也。"闺"

字同。

前后两个"门"字,一个作名词用,一个作动词用,是有经常用法和临时用法的区别;两个"闺"字,一个作名词用,一个作动词用,也是有经常用法和临时用法的区别。马氏并未注意经常和临时两种用法的区别。所谓临时用法就是修辞学上所谓转品,就是有意把别一类的词转成这一类的词来用的修辞手法,它的词类已经转换,不是它的原来的词类。经、临两种用法不宜混同不分。经、临两种用法混同不分,必致在一个词的经常的类之外又加上它的临时的类,使人觉得词无常类,头绪纷繁。

经、临不分,还会引人误入迷途。黎锦熙先生的有些文法主张,可能就是受了他的影响。因为经、临不分,就有可能因为词的临时用法不能离开某一具体配置辨别它的临时词类,例如"门"字不能离开"门焉者"这一具体配置辨别它是临时用为动词,——而就用来推概一切,认为一切词的经常用法也都不能离开某一具体配置而来辨别它的经常词类。于是就有可能迷失方向,会有人提出所谓"凡词,依句辨品,离句无品"等等临时主义的说法,来否认词类的经常性质(参看《新著国语文法》第29页),把《马氏文通》所谓"字无定类"说发展成为《新著国语文法》的所谓"词无分业"说。如说:

> 国语的九种词类,随他们在句中的位置或职务而变更,没有严格的分业。(《新著国语文法》第6页)

又说:

> 譬如一个"人"字,一望而知其为名词,但若不举出句子来作例,也就不能单独的断定,因为他有时也作动词用,如古文中之"人其人"(韩愈《原道》)是。……(《新著国语文法》第7

251

页）

这些说法，都是以偏概全，不得要领的；这些说法，都只说到从配置，辨配置，以定词类，而没有说到从配置，求会同，以定词类，都只注意从单一配置，辨别词的配置功能，以定词类，而没有注意从多数配置，寻求词的会同功能，以定词类。这些说法后来虽然有过字面上的修改，主要意义还是没有变动，还须有进一步的改进。

第三是词能不能单依意义分类？

这是讨论词类区分的关键问题。讨论这个问题，必须分清两种情况：

就是要区别我们究竟要讨论词的什么分类：要讨论词的一般分类，还是要讨论词的文法分类。就是我们需要连同分类的目的来讨论。

如果讨论词的一般分类，就是讨论词的分类的一般的可能性或者一般的有过怎样的分类法，那就可以有各种各样的分类法。我们对于各种各样的分类法，不能离开它们的分类目的去评论它们的是非高下。我们可以单单依据意义分类，如分为天文、地理等等，也可以单单依据声音或字形分类，如依声母分类，依韵母分类，或依部首或笔画分类等等。如果讨论一般的分类，所有的依据或都可以随宜采用。

假使讨论词的文法分类，能不能单单依据意义分类，而所谓意义又是一般地指所谓个别意义而言，那我们就可以坚决作否定的回答说：不能单纯依据意义区分词类。

词类并不是由许多个别意义相同的同义词汇集而成的类，同类的词不一定同意义，如"山"和"水"不同意义，"你"和"他"也不同意义，而它们还是各自为同类，马氏所谓"义不同而类亦别焉"等等依义分类的说法是不能成立的。这种说法,就用他自己举的例也可以驳倒他自己的说法。例如他说的"人"和"水"意义不同,也仍然同样是名词,"与"和"之",意义不同,也仍然同样是动词。就是同一个字的意义不同的也有类似的情形,如道路的"道"和道理的"道",意义不同,还都是名词,点灯的"点"和点名的"点",也是意义不同,还都是动词,并不是如他所谓"义不同而类亦别焉"。

如果他还想维持他的意义说,只有扩大意义的含义,以广义的意义说来补救原说的不足,把配置意义,甚至把会同意义也包括进去。《马氏文通》说:

> 而欲知其类,当先知上下之文义何如耳。

或者原来就有包括配置意义在内的意思,他的原来的主张也许就是广义的意义说。如果如此,原说的缺点可以小一些。但是即使是广义的意义说也无法把意义的范围扩大到把形态也包括在内,广义的意义说的广义还是无法弥补意义说的片面性的缺点的。广义的意义说把意义扩大了之后,对于功能说来说,虽然已经有很多互相共通之处,而对于形态说来说,还是互相对立,互相留有空白点,彼此不能相容,不能并立的,要求圆满,恐怕最后只有同吕叔湘先生一样以声明放弃单依意义分类的办法结束自己的主张。

如果如此,那就是在文法研究的真理长途上指出单依意义区分词类的"此路不通",也是学术上破的方面的一个大贡献,值得我们对他表示感谢,表示钦佩的。

1958 年 12 月 28 日

(《复旦》月刊,1959 年第 3 期)

"文法""语法"名义的演变和我们对文法学科定名的建议

文法学科至今没有定名

"文法"这个学科至今还没有统一的定名,除了常见的"文法"、"语法"两个名称之外,还有过文通(见马建忠著《马氏文通》)、文谱(见严复《英文汉诂》)以及文则、文律等等名称。而对于常见的"文法"和"语法"两个词的用法,近人又有种种不同的主张,以致各家用法分歧不一致,久久未能统一。归纳起来,大致有下列几种主张:

(一)主张用"文法"统括"语法",不论文言文法或白话文法都称"文法"。如吕叔湘在《中国文法要略》(1956年修订本)里说:

> 我们讲义法,很显然,白话有白话的文法,文言有文言的文法。但是因为究竟同是汉语的文法,当然有很多共同之点。有人把白话文法称为语法,文言文法称为文法,这也未尝不可。但是假如我们需要说明白话和文言相同的那些条理的时候,没有一个双方通用的名称也不方便。所以我们将就文法这个现成的名词,有必要时分别称为白话文法和文言文法。

(二)主张用"语法"统括"文法",不论文言文法或白话文法都

称"语法"。如朱星在《语言学概论》(1957年)里说:

> 语法和文法二词在过去有区别:文法指文言文法,语法指现代语法。其实都是语法,一是古代语,一是现代语。又现代语写在书面上的就是文,研究它的语法也可叫文法,那么语法就是指口头语了。所以这些说法不妥当,最好通称为语法。因为是语言的法则规律,不管是古代语、现代语、书面语、口头语。

(三)主张"文法""语法"两个术语分用,把文言的文法称为"文法",白话文法称为"语法"。如刘复在《中国文法讲话》(1932年)里说:

> 现在是文言文和白话文平行用着。……所以现在讲中国文法,有文言文的文法,有白话文的文法,为便于分别起见,常通称前者为"文法",称后者为"语法"。

(四)把"文法"和"语法"看成是"五四"前后不同时期的用语。如北京师范大学中文系集体编写的《汉语讲义》(1958年)里说:

> "语法",过去叫做"文法",是指文章的法则的意思。"五四"以后,随着口语和书面语的变革,"文法"这个词儿逐渐为"语法"所代替了。

这些分歧的见解,究竟哪一种有充分的理由根据,哪几种没有充分的理由根据,我们似乎应当略加调查研究。对于文法这个学科究竟如何定名也应当早作计议,早加讨论,使彼此分歧的见解能够逐渐趋于一致。为此,本文想就常用的"文法"和"语法"两个名称的来源、演变试作概略的考察,并且提出我们对于文法学科定名的建议,请语文界讨论指正。

"文法""语法"名义的演变

我们想把"文法""语法"名义的演变分项来说述。

(一)"文法"名义的演变

"文法"这个词的来源很古,早在《史记》《汉书》里就已经出现了。这个词的用法在它的发展过程中也有很大的改变,总计经过两个时期和两个阶段的演变。两个时期的演变,是从第一个时期,把"文法"这个词作为一般用语,指规则法律而言,变为第二时期,把"文法"这个词作为语文科学用语,指语文的规律而言。第二时期又分为两个阶段。两个阶段的演变是从第一阶段把"文法"这个词作广义用,指语文的一切规律而言,变为第二阶段把"文法"这个词作狭义用,专指语文的组织规律而言。"文法"的狭义用法,就是"文法"这个术语的现在通常用法。这种用法虽然在《马氏文通》出版以前便已出现,但那时还往往有些游移不定或模糊不清,不如《马氏文通》出版以后用法明确。

下面分别叙述"文法"各个时期和各个阶段的演变:

第一个时期,把"文法"这个词作为一般用语,指规则法律而言,最早见于《史记》《汉书》。

《史记·李将军列传》:"程不识孝景时以数直谏为太中大夫,为人廉,谨于文法。"

又,《汲黯传》:"弘大体,不拘文法",又"好兴事,舞文法"。

《汉书·翟方进传》:"方进知能有余,兼通文法吏事,以儒雅缘饰法律,号为通明相。"

又,《循吏传》:"霸为人明察内敏,又习文法。"

以上"文法",都是指法律、法则之类,与"规律"意义相近,和现在通行的语文用语的意义不同。

第二个时期,"文法"这个词已演变为语文用语,指语文的规律而言。在这个时期中,前一时期的旧用法还是继续流行的。这个时期又可分作两个阶段:第一阶段,把"文法"这个词作广义用,指语文的一切规律而言;第二阶段,作狭义用,专指语文的组织规律。

第一阶段,"文法"的广义用法,把"文法"这个词作为文理、文势、作文、修辞等的同义词用,也就是把"文法"这个词用在语言文字的研究上,指语言文字的一切规律。

> 宋·吴子良《林下偶谈》(卷一)"韩柳文法祖史记":退之获麟解云:角者我知其为牛,鬣者吾知其为马,犬豕豺狼麋鹿,吾知其为犬豕豺狼麋鹿也。惟麟也不可知。句法盖祖《史记》。《老子传》云:孔子谓弟子曰:鸟,吾知其能飞。兽,吾知其能走。鱼,吾知其能游。走者可以为罔,游者可以为纶,飞者可以为矰。至于龙,吾不能知其乘风云而上天。

> 又,《林下偶谈》(卷四)"孟子文法":《孟子》七篇,不特推言义理广大而精微,其文法极可观。如齐人乞墦一段尤妙。唐人杂说之类,盖仿于此。

以上列举的"文法",都是指作文造句之类,显然是广义的用法。

金·王若虚《滹南遗老集》,将"文法"、"语法"、"句法"、"文理"、"文势"等字样同时并用,有时用"文法"字样。如:

> 丹阳洪氏注韩文有云:"字字有法,法左氏司马迁也。"予谓左氏之文,固字字有法矣,司马迁何足以当之?文法之疏莫迁若也。(卷三十五"文辨"二)

257

有时又用"语法"字样。如：

> 学则不固,旧说以固为蔽。而新说曰固,坚也,不能敦重,则学亦不能坚。以语法律之,旧说为长。(卷四"论语辨惑"一)

有时又用"句法"字样。如：

> 《宋世家》云:"襄公及楚人战于泓,公曰:君子不困人于厄,不鼓不成列。子鱼曰:如公言,即奴事之耳,又何战为?"奴事字不似当时语,盖迁撰出者,三传初无此意也,抑其句法亦自不顺。(卷十九"史记辨惑"十一)

上面列举的"文法""句法""语法",显然也是指一般语言文字的规律而言,而且三者的含义无多大区别,都是作文法的广义用。

王若虚《滹南遗老集》,除了常用"文法""语法"以外,有时还用"文势"、"文理"等字样。王若虚说的"文势"、"文理"也是属于广义的文法。

在这一阶段中把"文法"这个词作广义用的例证很多。除了上举的一些例证而外,还可以在明清时代的许多著作中见到。现在略举于下：

> 明·王鏊《震泽长语》(下):世谓六经无文法,不知万古义理,万古文字,皆从经出也。……昌黎序如书,铭如诗,学书与诗也。其他文多从《孟子》,遂为后世文章家冠,孰谓六经无文法乎?

> 又,明·杨慎《丹铅总录》(史籍类)"古文用之字":《庄子》厉之人夜半生其子,又以骊姬作骊之姬,地名南沛作南之沛,《吕览》楚丹姬作丹之姬,《家语》江津作江之津,乐府桂树作桂之树,文法皆异。

又,清·魏禧《日录》"杂说":尝论古人文法之简,须在极明白处方见其妙。简莫尚于《左传》,然如"宋公靳之"等句须解注者,不足为简也。门人问:如何方是简之妙?曰:如"秦伯犹用孟明",突然六字起句,格法既高,只一"犹"字,读过便见五种义味,孟明之再败,孟明之终可用,秦伯之知人,不以再败而见弃,时俗人之惊疑,君子之叹服,皆一一如见,不待注释解说而后明,如此乃谓真简,真化工之笔矣。

又,刘大櫆《论文偶记》:古人文字最不可攀处,只是文法高妙。

文法至钝拙处,乃为极高妙之能事;非真钝拙也,乃古之至耳。古人能此者,史迁尤为独步。

文法有平有奇,须是兼备,乃尽文人之能事,上古文字初开,实字多,虚字少。典谟训诰,何等简奥,然文法要是未备。

又如清·章学诚《文史通义》:"论文辨伪":文法千变万化,惟其是尔。(《章氏遗书》卷七)

又,"与邵二云":"法度资乎讲习,疏于文者,则谓不过方圆规矩,人皆可与知能。不知法度犹律令耳,文境变化,非显然之法度所能该,亦犹狱情变化,非一定之律令所能尽。故深于文法者,必有无形与声而又复至当不易之法,所谓文心是也;精于治狱者,必有非典非故而自协天理人情之勘,所谓律意是也。(同上卷九)

又,"答周永清辨论文法":文有颠倒字,意义悬绝,不可不辨别也。如治经而自作解诂考订,其书本不以注为名,记传称之谓注某经,于理无碍,盖注为虚辞也。如直曰某经注,于法为非,盖注为实据也。……夫曰"注某书"固异于"某书注"

259

矣。(同上卷九)

又,如清·方东树著《昭昧詹言》卷一:古人不可及,只是文法高妙,无定而有定,不可执著,不可告语,妙运从心,随手多变。

又卷四:读阮公、陶公、杜、韩诗,须求其本领,兼取其文法,盖义理与文辞合焉者也。

以上数例都是作"文法"的广义运用,指的是一般的语文规律。值得注意的是某些作者已经注意到语文的组织规律。因此"文法"一词已经由第一阶段广义用法向第二阶段狭义用法过渡。在这时期的后期"文法"的广义运用和狭义运用是同时并存的。因此"文法"这个词有时指一般的语文规律,有时又是指语文的组织规律。例如章氏虽也把文法用为文章之法,看成是文心等的一般的语文规律;但章氏也确已注意到"颠倒一字,意义悬绝"的"文法"现象了,就是一例。

此外还有刘熙载《文概》说:

庄子文法断续之妙,如《逍遥游》忽说鹏,忽说蜩与莺鸠、斥鷃,是为断,下乃接之曰:此大小之辨也,则上文之断处皆续矣。而下文宋荣子、许由、接舆、惠子诸断处,亦无不续矣。

方宗诚《桐城文录》序说:

惜抱先生文,以神韵为宗,虽受文法于海峰、南青,而独有心得。

俞樾《古书疑义举例》序说:

执今人寻行数墨之文法,而以读周、秦两汉之书,譬犹执山野之夫,而与言甘泉、建章之巨丽也。

刘师培《文说》序:

> 昔文赋作于陆机,诗品始于钟嵘,论文之作,此其滥觞。彦和绍陆,始论文心;子由述韩,始言文气。后世以降,著述日繁,所论之旨,厥有二端:一曰文体;二曰文法。

从以上诸例,约略可看出,大家已经逐渐习惯于用"文法"字样评述语文的诸现象,"文法"一词已经逐渐成为大家常用的共同语言。在这阶段中,我们还可看到陈梦雷等在编《古今图书集成》时把原来没有"文法"字样的标题改成有"文法"字样的标题的现象。例如:

> 班固作文帝叙赞曰:我德如风,民应如草,用论语君子之德风,小人之德草也。潘岳作晋世祖诔曰:我德如风,民应如兰。

这条文字的标题在王楙《野客丛书》卷三十原以其中的一句"民应如兰"为题,《古今图书集成》"文学典"卷八,转载了这一条,却把它的标题改为有"文法"一词的"用论语文法"。又可以看到方东树在《昭昧詹言》中运用"文法"术语多至九十几次的现象(1839年),还可以看到罗承澍研究虚字用法以及其他语文法则,著了用文法作书名的《文法大全》一书(1875年)。可见大家已经习惯用"文法"这个术语,乃至有人爱用"文法"这个术语了。

第二时期的第二阶段:

从《马氏文通》以后,"文法"的含义,已向狭义方向发展,专指语文的组织规律,这是文法学的专用用法,也就是现在的通常用法。

"文法"的狭义的用法从《马氏文通》出版以后已经大为流行。下列诸例都是按照文法学的专用用法运用"文法"一词的:

如裘廷梁的《无锡白话报》序里说:

诵学庸论孟之人，非不多也。然而不通古今，不知中外，不解文义，不晓文法。

又如章炳麟的《文学说例》里说：

间语者，间介于有用之语，似若繁冗，例以今之文法，又如诘诎难通。如"卷耳"言"采采卷耳"，而《传》云："采采，事采之也"。训"采"为"事"，以今观之，似迂曲不情。(《新民丛报》第五、九、十五号)

又如鲁迅在《藤野先生》一文中说：

原来我的讲义已经从头到末，都用红笔添改过了，不但增加了许多脱漏的地方，连文法的错误，也都一一订正。(《朝花夕拾》)

又如陈承泽在《国文法草创》绪言中说：

语言、文字问题，其为重要，人人知之。从事于研究者，亦固有人矣。不独今日也，即在昔时，考据家之所发见，古文家之所推敲，其说明方法诚旧矣，其所研究范围诚有限矣；然欲屏诸文字研究之外，亦不可也。……探语学共通之原理，考组织变迁之沿革，抒其所见，作为是篇。

他指出文法研究语言文字的组织规律，又指出研究组织规律不能割断历史，也曾引起当时广泛的注意。

(二)"语法"这个词用法的演变

"语法"这个词也有过一些同"文法"一词相类似的演变。"语法"虽然没有经过"文法"的第一时期的演变，也曾经经过"文法"第二时期的演变。"语法"，作"文法"的第二时期的同义词用，统括语文双方，语文两用，也是由来已久，不过实例比较难得。

据郑奠氏考证(见《中国语文》1959年第6期)，"语法"最早见于唐·孔颖达《春秋左传正义》：

> 左传,昭公二十年："尔其勉之,相从为愈"。服虔云相从愈于共死,则服意相从使员从其言也。语法两人交互乃得称"相",独使员从己,语不得谓相从也。

> 宋·陈叔方《颍川语小》：此八用且字,而上下呼应,则用两乎字,语法尤紧。

金·王若虚《滹南遗老集》将"语法"、"文法"、"句法"等词并用,例如下列一例就用"语法"：

> 子曰："十室之邑,必有忠信如丘者焉,不如丘之好学也",或训焉为何而属之下句。"厩焚,子退朝,曰伤人乎？不问马",或读不为否而属之上句。意谓圣人至谦,必不肯言人之莫己若,圣人至仁,必不至贱畜而无所恤也。义理之是非,姑置勿论,且道世之为文者有如此语法乎？故凡解经,其论虽高,而于文势语法不顺者,亦未可遽从,况未高乎？（卷五"论语辨惑"）

"语法"这个词也有广义和狭义的用法之分。狭义的"语法"从 1913 年胡以鲁编《国语学草创》开始,"语法"的狭义用法在 1913 年以后也大为流行。

由此可见,"文法"和"语法"两个术语都有它的悠久的历史演变,在演变中都是统括语文双方,语文两用,又都是从广义用法演变为狭义用法,把"文法"和"语法"作为前后交替的用语,或者说"文法"指文言文法,"语法"指现代汉语语法都是没有充分的理由根据的。把"文法"说成指文章的法则,或文字的法则,也是片面的理解。

文法是语文的组织规律,不管是古代语文法也好,现代语文法也好,都是语文组织规律。所谓"文法"和"语法"都是指这种语文组织规律,既然都是指语文组织规律,无论规律有了如何的变化发展,总应该有一个统一的名称。分用"文法"和"语法"两个名称的主张,我们认为不能同意,也决不可能用两个名称作为一种学科的名称,我们应当考虑统用"文法"或"语法"中的一个名称来做文法学科的定名。

我们对于文法学科定名的建议

统用"文法"或"语法"中的一个名称,来做文法学科的定名或正名,究竟应该统用"文法"还是统用"语法"呢?我们建议采用"文法"这个术语,作为文法学科的定名或正名,理由如下:

(1)历史上一般都以"文法"为正名,以文律、文则、语法等等为别名。例如清·方东树(植之)的《昭昧詹言》一书中用"文法"一个词多至九十二次,同时也用"文律"这个名称三次,就是一个显著的例。过去也有以"语法"为正名的,例如陈叔方的《颖川语小》,但比较少见。

"文法"这个术语的历史比较长,流行也比较广,早已有约定俗成之势。采用这个术语为文法学科的定名或正名,最为人民大众所喜闻乐见,也最便于说明文法学科的历史发展。

(2)"文法"这个名称的含义也比较明确、简括。《释名·释言语》:"文者会集众采以成锦绣,会集众字以成辞义,如文绣然也。""文"字的本身就有语文组织的意义,"语"字本身没有组织的意义。《管子·七法篇》:"尺寸也,绳墨也,规矩也,衡石也,斗斛也,角量也,谓之法。""法"字就有规律的意义。"文法"两字就含有语文组织的规律的意义。用"文法"来表示语文组织的规律,要比"语法"一词明确、简括得多。

(3)"文法"一词修辞的功能也比较强,可以作种种的譬喻用法用,"语法"却没有这种能力。如斯特鲁罗维契的《论形式逻辑的对象》说:

> 为了说明形式逻辑的本质,可以说它是思想的文法。(巴克拉节等著《逻辑问题讨论集》第89页)

又如夏衍的《写电影剧本的几个问题》说:

> 电影里情节发展到了一个段落的时候,就得用淡出来表示分段。看来这已经成了电影剧本写作上的文法。(第39页)

又说:

> 甚至有些拍过好几部片子的导演和编剧,他们的片子也会产生一些电影文法上的错误,最常见的是运用技巧没有目的性。(第4页)

此外我们还可以说某人研究音乐文法,某人学习戏剧文法,以及某校擅长排球文法,某校擅长足球文法等等。我们说农业的八字"宪法",也就等于说成八字"文法"。这等譬喻用法,我们都只见过用"文法",未曾见过用"语法"。如果采用"文法"这个名称为定名,就可以更连贯地运用这种修辞方法,不必同时夹杂使用"文法""语法"等词样。

(4)作为语言的组成部分共有三个要素:语音、词汇、文法。用"文法"这个名称和语音、词汇配合,也比用"语法"的名称更为整齐些匀称些。如果采用"语法"一个名称,那与语音词汇配合起来就有一个"语"字重复。

根据以上几个理由,我们建议文法学科采用"文法"这一个词作为定名,至少采用"文法"这一个词为正名而以"语法"一个词为别名。我们的建议是否有当,还请语文界同志们指教。

(《文汇报》,1960年11月25日。

与吴文祺、邓明以联合署名)

关于卢以纬的《语助》[*]

关于卢以纬氏的文法著作，大白先生早就提到《助语辞》，我们年来略事收集，并承朋友们帮助摄影、抄录，已经得到四种本子。其中三种都是以"助语辞"为名：(1)明代出版的《新刻助语辞》，见胡文焕编的《格致丛书》，书前有万历壬辰年(公元1592年)胡文焕氏《助语辞序》；(2)清代出版的《音释助语辞补义》，康熙丁卯年(公元1687年)版，也录胡文焕氏《助语辞序》；(3)日本出版的《重订冠解助语辞》，享保丁酉年(公元1717年)版，也录胡文焕氏《助语辞序》。这些名为"助语辞"的书，都是卢氏原著的改编本，书前标有"东嘉卢以纬允武著"或"原著"字样，但都不曾序说原著的经历，无从知道原著成书的年月，等等。另外一种，书名《语助》，书的本文也比《助语辞》多了一页，见于《夷囊广要》丛书。这种本子较为罕见，我们最近才看到它的摄制本和北京图书馆收藏原本。这种本子前面有元泰定元年(公元1324年)胡长孺氏《语助序》，这就使我们对于原著的经历有了更为充分的了解，知道原著成书的年月为元代，原著的原名为"语助"。原著的原名为"语助"，就在各改编本里也还可以看到痕迹，如各改编本在《语助》原来用"语助"字眼的

---

[*] 这是1962年重版《修辞学发凡》时作者对刘大白序中提到关于卢以纬氏《助语辞》一书所作的附注。

地方还是都用"语助"字眼,只有《音释助语辞补义》偶有一二处,如在"云"字"已"字的诠释文中改用"助语"字样。根据这些事实,我们需要考虑决定采用元代卢以纬氏著作《语助》的新说法来代替明代卢以纬氏著作《助语辞》的老说法。《语助》一书是我们现在所能见到的我国讲究汉语文虚字用法的最早的专著。

        1962 年 5 月 15 日

论现代汉语中的单位和单位词

单位是计数的标准。现代汉语里的尺、寸、升、斗、条、位、箱、封、次、趟等一类词,都是对事物或动作的计数标准。这类词在现代汉语里较为丰富,运用也很经常,因而引起语文学界的注意。我国许多语文工作者曾经对此作过不少调查研究,并为它设立了种种别名,如量词、助名词、副名词以及计标等等。其中尤以"量词"一说最为著名,几乎充满各种语文教科书中,甚至有人将它编入辞典,广为传播。毛主席教导我们:"实践的观点是辩证唯物论的认识论之第一的和基本的观点。"语言研究的正确与否,也只有在实践的检验中才能得到证实。本文打算对"量词"一说提出我们的不同看法,并且陈述我们对现代汉语中的单位和单位词的见解。不妥之处,请批评指正。

一 批判混沌的"量词说"

最先提出"量词说"的是黎锦熙先生。早在一九二四年出版的《新著国语文法》一书中,他就提出"量词"一说,并给"量词"下了定义:"量词就是表数量的名词,添加在数词之下,用来做所计数的事物之单位"。一九五九年出版的《汉语语法教材》改为"量词就是表数量的单位名称"。两个定义繁简虽有不同,但都表示:"量词"就是单位,就是表数量的单位。"量词"果真都是表数量的单位吗?让我们来看看语言的事实吧!例如:"一座桥"、"一间房子"的"座"、"间",就不是表数量,而是表"桥"和"房子"的形体模样,也是表质的。六千多米长的南京长江大桥称"一座桥",不过数米长的邯郸路小桥也称"一座桥"。如果说量,两者的量相差有几千倍。同样,人民大会堂的一间大厅和一间小电话间的量相差也是异常大。又如"一杯水"、"一碗饭"中的"杯"、"碗"也有大小之分。同样说"一杯水"、"一碗饭"而其量可以不同。可见像"杯"、"碗"这类采用事物的依托器物来充当事物的形体单位也不是表数量的。再如"一包豆"、"一捆柴"的"包"、"捆"的大小也不一定。"一包豆"可以有几千粒之多,也可以只有几十粒之少。"捆"的大小也可相差很远。那么像"包"、"捆"一类采取事物的措施方式充当事物的形体单位又怎能说是表数量的单位呢?黎先生置这样大量的语言事实于不顾,硬把"量词说"强加于不表数量的语言事实之上,这将何以自圆其说呢?

　　黎先生在主张"量词说"的同时,还曾征引外国的"陪伴词"一说来作它陪衬。他在《新著国语文法》一书中说:"近来日本人著的《支那语文法》,称量词为'陪伴词',独立为一种词类,列在名词后。又分为二:一,纯粹陪伴词,就是这书所分的(ㄇ)项(黎先生的ㄇ项就是所谓既非物体,又非专称,大都是从名词转变而成为形容词性质的,如'个''只''朵''棵''匹'等);二,转化陪伴词,就是(ㄆ)项(黎先生的ㄆ项就是所谓即用一种个体的普通名词来表他物的数量,如'碗''桶''包'等)。"日本支那语文法界所谓"陪伴词"到底是说什么的呢?我们翻了他们的书,他们说陪伴词这个名称他们自己也觉得是很新奇的,不过它是今日日本支那语学界惯用的词,所以也就袭用了(见何盛三著《北京话文法》第229页)。从这段话看来,原来黎先生征引书的原著者的同道也不知道什么叫做陪伴词。但我们可以从他们所举的例看出他们完全是在说"座"、"间"、"个"、"只"、"碗"、"桶"等等形体单位。形体单位是表形体的,事物的形体无论是天然的或人为的,在量上都不免有大小出入,同由度量衡制度规定的在量上毫无出入的计量单位是不同的。而黎先生却把形体单位(即所谓陪伴词)的事实分为(ㄅ)(ㄇ)两项,排在"量词"再分的首尾,又把计量单位的事实作为一项,插在"量词"再分的中间,来做"量词"的例证——成为形体单位的事实和计量单位的事实混而为一的"量词"的例证。语言事实经过他这样混合的安排还能使人看清它的本来面目吗?

黎先生对"量词"的分类又非常烦琐,似乎想包罗万象,又想宣扬他的名词分类。他在《汉语语法教材》一书中,设立了三种分类标准:有从词源上分类、从词汇上分类以及从功能上分类。从功能上分类中又分为用成形容性的和用成副词性的两类。在用成形容性的一类中又分成对于特有名词、对于普通名词、对于抽象名词三类。在对于普通名词中又分为表个体的量词、表质料的量词、表集体的量词三类。在表质料的量词中又分度量衡制、用另一物体作容量的单位、活用一般名词和个体量词三类。其结果,真正计量的度量衡制度一类词却从属于从功能分类中的用成形容词性的对于普通名词中的表质料的量词中的一个小类。按层次来说,它是属于第五层次了。他作了这么许多分类,恰恰脱离语言实际,忽视了计量单位和形体单位的大区别。该分者不分,不该分者却大分特分,这还不可以说它是一种混沌的学说吗?

记得黎先生自己也曾说过"'运用量词'是一个还待整理"的问

题(见《新著国语文法》第111页)。现在我们根据人们运用两类单位的实际,提出我们整理的建议如下,还请大家商讨。

二 "量词"(单位)的整理条目

甲:整理"量词"(单位)应当依照人们运用单位的实际分为两类单位。人们买卖有些东西时,计数之前常要商量"论"什么,如买卖梨子说"论斤还是论个?"这句话里就有两类单位:一类是"斤"一类单位,另外一类是"个"一类单位。计数之前必须决定依据哪一类单位计数,才能计数。"量词说"把两类单位混同为一类是不合实际习惯的,也就是不正确的。"量词说"的不正确之处还很多。它的命名就不正确。命名为"量词"就是单提计量一类单位,遗弃了非计量的一类单位。它的定义说"量词是表数量的",也是不正确的。数是数,量是量,如说"一斤","一"是数,"斤"是量;单说"斤",不该称为表数量。

乙:整理"量词"应当探讨"个"一类单位是计论事物或动作的什么的? 应该叫它什么? 我们认为它的作用在指称事物和动作的形体,应该叫做形体单位;形体单位如说"一座山"、"一座桥",可以称天然的东西,也可以称人为的东西。

丙:人们常用的计量和形体两类单位之中,计量一类单位已有度量衡制度明确规定,在语文书中无需多加说明。在语文书中应该详加说明的通例是形体一类单位,而形体单位过去却还没有充分认识。它的运用情况和真实作用,必须要有一些同志来共同用一点力,使它的眉目更加让人看得清楚些。

三　两类不同的单位和单位词

单位是计数的标准。计数的标准一般可以区分为两大类。

第一类是度量衡制度规定的计量单位,是计算东西的长度、容量、重量的单位,如寸、尺、丈、升、斗、石、两、斤、吨等。

第二类是在日常点计个别事物或动作的习惯中形成的形体单位,如面(旗)、条(街)、位(英雄)、味(药)、篮(菜)、箱(书)、封(信)、捆(柴)、次(会)、阵(雨)等。

这两类单位计有下列两种区别：

第一,单位的量有一定和不完全一定的区别。

计量单位是计论量的标准,计量单位的量有一定;形体单位是计论形体的标准,形体有大小,形体单位的量也就不完全一定,有的甚至相差很远,如前举"座"、"间"等单位。

第二,单位经常附在数词之后。它附在数词之后,有有复名数和没有复名数的区别。

单位附在数词之后,在数学上叫做名数。带有一个单位的名数叫单名数,如五尺、十里。带有两个以上单位的名数叫复名数,如一丈二尺、三斤六两。计量单位有单名数,也有复名数,如十五两可以化为一斤五两。形体单位只有单名数,没有复名数。

这两类单位显然不同,如果以文法成分来判别,就是两类不同的词,第一类可称为计量单位词,第二类可称为形体单位词,两类不同的词不能混称为"量词"。

四 形体单位词探讨

下面,拟据我们的见解,分项探讨形体单位词。

甲、形体单位词的形成

汉语的形体单位词的形成,都同计数对象的情况有相应的关系,都是随从计数对象的本身情况或依附情况逐渐形成的。计数对象有事物,也有动作。因此,可以分为事物的形体单位词和动作的形体单位词两类。

(一)事物的形体单位词

关于事物的形体单位词的形成方式,可以概括为四种类型:(1)(2)两种类型都同事物的本身情况有关系,都是依据事物的一种本身情况设立事物的形体单位词;(3)(4)两种类型都同事物的依附情况有关系,都是采取事物的一种依附情况充当事物的形体单位词。

1.依据事物的模样,设立事物的形体单位词

这种类型的形体单位词可分单式、复式两种。单式单位词一般常用的有:

根	条	管	株	棵	杆	枝	挺	炷
面	片	块	锭	头	尾	口	眼	颗
粒	点	滴	丸	峰	朵	瓣	孔	角
顶	幢	栋	间	座	线	缕	台	架
只	匹	辆	艘	方	圆	轮	扇	领
墩	堵	槽	腔	张	层	版	本	部

轴　册　记　苤　道　股等。

根、条、管、株、棵、杆、枝、挺、炷等是依据事物狭长或细长的模样设立的形体单位词：

根：用于狭长或细长的事物，如一根柱子、一根手杖、两根筷子。

条：用于长条形的事物，如一条街。

管：用于细长中空的事物，如一管萧、一管笛。

株、棵：用于树等。

杆：用于有杆的事物，如一杆秤、一杆枪。

枝：用于杆状的事物，如枪、笔、树、烛等。

挺：只用于机关枪。

炷：只用于香。

面、片、块、锭等是依据事物面形、片形等模样设立的形体单位词：

面：用于有平面的事物，如一面旗子、一面镜子。

片：用于成片的事物，如一片草地。

块：用于有体积的事物，如一块肥皂、一块石头。有时也用于只有面积的事物，如一块试验田、一块油渍。

锭：用于成锭的事物，如一锭墨。

头、尾、口等是依据事物的部分模样设立的形体单位词：

头；用于牛、驴、骡、羊等家畜，如一头牛。

尾：用于鱼，如一尾鱼。

口：用于人、猪、井等，如一口人、一口井等。

有些事物习惯上可从不同的观点采用不同的单位。例如"笔"可以因为杆状用"枝"作单位，也可因为细长中空用"管"作单位。

又如"草地"可用"片",也可用"块";"鱼"可用"尾",也可用"条"。

这类形体单位词如用于抽象事物,可使事物具体化、形象化。如:

一片光明　　表示光明一片,面积很大。

一缕炊烟　　表示炊烟状如丝缕。

一线希望　　表示希望似线那样细小。

复式单位词一般常用的有:

双　对　副　套　群　帮　伙　班　组

行　列　支　批　份　剂　簇　打　绺

汪　些等。

"双、对"用于成双成对的事物,如一双鞋、一双手、一对眼睛、一对矛盾等。"双"和"对"略有分别:

如"眼睛",可说"一双眼睛",也可说"一对眼睛";而"矛盾",则只能说"一对矛盾",不能说"一双矛盾"。

"副、套"用于成组成套的事物。"副"多用于两两相对的事物,如一副对联、一副手套、一副眼镜等。"套"则用于大小成套的事物,如一套制度、一套家具、一套课本等("副"也可列入单式,如一副笑脸、一副模样等)。

"群、帮、伙"用于成群成伙的人。"群"除用于人(如一群人)外,还可用于其他事物,如一群羊、一群山等。"群"用于人时无褒贬义,"帮、伙"用于人时,有时有贬义,如"林彪一伙"。

2.依据事物的项目,设立事物的形体单位词

事物的形体中有些可以分项列目的,我们可以根据事物的项目,设立事物的形体单位词。这种类型的单位词常用的有:

编　篇　章　节　段　句　则　期　首

出	曲	位	员	名	种	类	流派
件	桩	具	味	料	宗	门	路档
品	级	项	样	号	纸	页	等。

我们讲书籍、文章就用编、篇、章、节、段、句这些单位词。这些单位词中有的不仅用于书籍、文章,还可用于其他事物。如:

节:用于火车、竹子等,如两节火车、三节竹子。

段:用于长条东西分成的部分,如两段木头、一段铁路。

像新闻、期刊、诗歌、戏曲等类事物,也可根据它们的项目分别具有单位词,如:

则:用于分项的或自成段落的文字的条数,如试题三则、新闻两则。

期:用于分期的事物,如学习班先后办了三期;这个刊物已出了十几期。

首:用于诗词,如一首新诗。

出:用于戏曲,如一出地方戏。

曲:用于歌曲,如一曲凯歌。

用于人的单位有位、员、名等:

位:表示尊重,如一位英雄、一位客人。

员:表示称许,如一员虎将、一员名将。

名:是一般计论人的单位,如十名战士、三十名学员。

种、类、流、派是按照某种类同点区别设立的形体单位词。

种、类可用于任何事物的区别,如一种观点、一种思想、一种方法、一种态度、这一类意见、一类产品等。

流、派多用于学问、艺术、形势、景象等区别,如第一流水平、第一流革命艺术、世界第一流的大桥、一派大好形势、一派繁忙景象等。

3.采取事物的依托器物,充当事物的形体单位词

这种类型的形体单位词采取事物的依托器物来充当。大致可以分为装盛、承载、凭借三式。

第一式装盛:我们计论米时,除"一粒米"外,还可以有"一碗米"、"一桶米"、"一缸米"等称谓。米用碗盛,就称"一碗米";用桶盛,就称"一桶米";用缸盛,就称"一缸米"。这都是采取事物装盛的器物来充当的形体单位词,一般常用的有:

  杯　盘　碗　盏　盅　碟　盆　盒　瓢
  篮　瓶　锅　罐　坛　缸　桶　筒　袋
  箱　柜　篓　箩　仓　窖　房　车　窝　等。

第二式承载:我们说"一台戏"、"一桌菜"、"一床被"等,是由于"戏"在台上演出,"菜"放在桌上,"被"放在床上而来。这是采取事物的承载器物来充当的形体单位词,一般常用的有:

  堂　台　桌　床　身　席　等。

第三式凭借:我们说"一刀纸"、"一刀肉"、"一笔债"、"一笔好字"等,"刀"作为"纸"和"肉"的形体单位词是由于"纸"和"肉"是凭借"刀"切成的;"笔"作为"债"和"字"的形体单位词是由于"债"、"字"是凭借"笔"写出来的。这类采取事物凭借的器物来充当的形体单位词为数不多,常见的有:

  刀　笔　票　帖　手　客　等。

4.采取事物的措施方式,充当事物的形体单位词

事物的形体单位词还可以采取事物的措施方式来充当。这种类型的形体单位词一般常用的有:

把 捧 捆 包 封 抱 束 兜 围
担 抬 挑 绞 撒 合 串 挂 铺
沓 摊 堆 折 截 服 贴 发 卷
撮 等。

如：

把：用于用手把握的事物，如一把刀、一把米。

捧：用于可捧的事物，如一捧花生、一捧豆。

捆：用于捆起来的事物，如一捆柴禾。

包：用于包起来的事物，如一包棉花。

封：用于加封套的事物，如一封信。

(二)动作的形体单位词

动作的形体单位词的形成方式，可以概括为两种类型，也分别随从动作的本身情况、动作的依附情况形成。

5.依据动作的经历方式，设立动作的形体单位词

这类形体单位词一般常用的有：

次 回 番 度 转 遍 通 趟 遭
阵 场 下 记 餐 顿 任 届 等。

如：

次：开了一次会。

回：他来过两回了。

趟：我去了一趟北京。

次、回、趟都是表示经历方式的，这里都用做动作的形体单位词。

6.采取动作的依仗形体，充当动作的形体单位词

279

动作时,要有依仗的形体,如打了他一拳,踢了他一脚,咬了他一口,削了一刀,放了一枪,挨了一棍等,就采取依仗形体"拳"、"脚"、"口"、"刀"、"枪"、"棍"等充当动作的形体单位词。

乙、"个"词的广泛用途概说

"个"词用途比较广泛,既可用于事物,也可用于动作;既可专用于某些事物,又可在一定范围内通用。此外,还有漫指、特指等用途。现在把"个"词的用途概说如下:

"个"词的一般用法有两种:

1. 专用——作人、蛋等事物的形体单位词。

如:

　　一个人,一个鸡蛋,一个山芋等;

2. 通用——有些事物各自已有专用的形体单位词,但也还可以通用"个"词。

如:

　　一张桌子,也可以说一个桌子;

　　一把椅子,也可以说一个椅子;

　　一间房间,也可以说一个房间;

　　开一次会,也可以说开一个会;

　　会一回面,也可以说会一个面等。

当然,这样通用的范围并不是漫无限制的:

如:

　　一粒米,就不能说成一个米;

　　一滴汗,就不能说成一个汗;

一本书,就不能说成一个书等等。

旧称"个"可以用于一般事物的说法似乎需要酌加限制。

此外,还常在记述事情的时候,把"个"用做指点性的形体单位词,也有两种用法:

(1)漫指某个事物。

如:

一个幽灵,共产主义的幽灵,在欧洲徘徊。(《共产党宣言》)

我发现了自己是一个……。是什么呢?我一时定不出名目来。(鲁迅《答有恒先生》)

(2)特指某种事物和动作的某种境界,有表示强调加重的意思。

如:

旧世界打个落花流水……(《国际歌》)

参谋长:追剿队出其不意插上威虎山,打他个措手不及!(京剧《智取威虎山》第四场定计)

这是我们对形体单位词进行了初步探讨所得的概略。

后　记

我想在这里说明两点:

(1)这一篇短文是我和复旦大学语言研究室的同志们一起讨论写成的。

（2）文中批判了"量词"说，也否定了多年来设立的其他各种别名。因为单位这个名称现在已经广泛通用，无需另立别名了。

陈望道　一九七二年十月二十五日

(上海人民出版社,单行本,1973年1月)

汉语提带复合谓语的探讨

汉语句子中有一种表现事物的发展变化的复合谓语,我们称为提带复合谓语(本文对于提带复合谓语的分析,也适用于不做句子谓语的提带组织)。这种复合谓语的组织成分比较繁复,组织功能比较丰富,组织法式也比较变化多样,用处极多,我们认为需要详加探讨。现在就将我们探讨所得的这种复合谓语的轮廓,分项写出,来同研究语文的同志们商讨。

一 提带复合谓语是四种复合谓语的一种

现代汉语句子的谓语有两类:

第一类是单纯谓语 它是由一个动词或者形容词之类组成的。例如"我写信"、"他勇敢"之类句子里的谓语就是。

第二类是复合谓语 它是由两个以上的动词或者形容词之类互相连贯地组成的。

典型的复合谓语大约可以分为四种:

(一)并列复合谓语。如"吟诗作画","吟"和"作"两个动词互相并列。

(二)顺递复合谓语。如"上街买布","上"和"买"两个动词的动作表现先后顺递的关系。

(三)接合复合谓语。如"化整为零","化"和"为"两个动词接合成套。

(四)提带复合谓语。如"打败敌人","打"和"败"两个动词互相提带,组成归结关系,表示"打"的结果或前途是敌人失败。

提带复合谓语,是四种典型的复合谓语的一种。

二 提带复合谓语的两种成分

提带复合谓语是现代汉语中极常见的一种谓语。人们只要稍为留心一下,就随处可以看见这种谓语。例如鲁迅的小说《药》开头的一段话:

秋天的后半夜,月亮下去了,太阳还没有出,只剩下一片乌蓝的天;除了夜游的东西,什么都睡着。华老栓忽然坐起身,擦着火柴,点上遍身油腻的灯盏,茶馆的两间屋子里,便弥满了青白的光。

上面用圆圈、圆点标出的,都是提带复合谓语。在这样短短的一段话里,就有八个提带复合谓语。

每一个提带复合谓语都是由两种成分组成:一种成分是提举成分,是说者所要说述的动作或者情状,如"坐起"、"卧倒"的"坐"和"卧"之类,字下我们都用圆圈(○)标明;还有一种成分是随带成分,是说者所要说述的发展变化的情况,如"坐起"、"卧倒"的"起"和"倒"之类,字下我们都用圆点(·)标明。

我们说一个动作或者情状,如果还要连带叙明它的发展变化的情况,那就可以用表现动作或者情状的成分为提举成分,用表现它的发展变化的成分为随带成分,前后相连,组成提带复合谓语,如"走进"、"走出"、"坐起"、"卧倒"之类,以表现当时实际的情况。

一个提带组织通常只有一个提举成分。

一个提带组织的随带成分可以由一个成分组成,也可以由两个以上成分组成。

第一,一个提带组织的随带成分由一个动词或者形容词之类组成。例如:

① 湖里有十来枝荷花,苞子上清水滴滴,荷叶上水珠滚「来」滚「去」。(《儒林外史》第一回)
② 不能好「了」疮疤忘「了」痛。(熟语)
③ 灯火结「了」大灯花照「着」空屋和坑洞,毕毕剥剥的炸「了」几声之后,便渐渐的缩「了」以至于无有,那是残油已经烧「尽」了。(鲁迅《白光》)

上面用方括号(「 」)标出的都是要说明的随带成分(以后凡是要说明的对象都用这种方括号标明它的起讫)。

第二,一个提带组织的随带成分由两个以上的动词或者形容词之类组成。例如:

①(我)便立刻告诉他明天要离开鲁镇,进城去,趁早放「宽了」他的心。(鲁迅《祝福》)
② 阿Q放下烟管,站「了起来」。(鲁迅《阿Q正传》)

三 提带复合谓语两种成分的相互关系

我们把一个提带复合谓语分析为提举成分和随带成分这样两种成分,我们又把这两种成分的相互关系适当地扩大,包括以前

285

认为表现功能不同而我们认为相同的一些方面在内。我们认为依据汉语实际，提带复合谓语两种成分的相互关系，可以而且应当这样扩大，使它能够如实地显示出两种成分之间的广泛、丰富的关系。

一般说来，社会上或者自然界实际存在或者可能存在的关系，都可以成为两种成分的相互关系。例如提举成分为"打"、为"说"、为"红"等动作或情状，就可以有下列诸种情况：

打：打进、打出、打退、打通、打开、打完、打破、打倒、打胜、打败、打赢、打输、打乱、打穿、打掉、打成、打好、打坏、打断、打翻、打烂、打伤等等。

说：说出、说开、说通、说过、说了、说光、说完、说尽、说绝、说明、说服、说知、说破等等。

红：红过、红了、红着、红起来、红下去等等。

随带成分为"进"、为"过"、为"好"等等情况的就可以有下列诸种动作或情状：

进：走进、跑进、跳进、飞进、开进、落进、打进、丢进、住进、吃进等等。

过：走过、跑过、跳过、飞过、打过、住过、吃过、高过、瞒过、错过、红过、好过等等。

好：读好、写好、看好、听好、学好、讲好、种好、收好、晒好、藏好、修好、搞好、补好、练好、建设好、研究好、整理好、准备好、修理好等等。

提举成分和随带成分的提带关系就是这样错综复杂的。有些提带组织，前面的提举成分所用的词相同，而后面的随带成分所用的词却不同；也有些提带组织，后面的随带成分所用的词相同，而前面的提举成分所用的词却不同。一个动词或者形容词如果做提举成分,它可以根据事实需要带上各种随带成分;同样,同一个随带成分,它也可以根据事实需要同各种不同的提举成分相配。语言文字必须能够这样灵活配合才能尽其用,能够反映出同一提举成分可以有不同的发展变化,而不同的提举成分也可能有相同的发展变化的实际情况。

提举成分和随带成分互相配合的含义,需要把两个成分联系起来理解,不能孤立或分离起来理解。譬如说"跑进"、"走进","进"的含义是相同的,都是往里面去的意思。但是,说"打破"、"说破","破"的含义就不同了:"打破"的"破"是说破坏东西,"说破"的"破"是说揭露秘密。又如说"走过"的"过"是表示地位的移转,说"说过"的"过"又是表示时间的经历,说"瞒过"的"过"却又含有超越某个人物的意义。三个"过"字的含义各有不同。我们就此可以看出,提带谓语两种成分之间常有连带关系,它们的表现作用经常需要联系起来理解,不能孤立分离地理解。

毛主席最善于把提带复合谓语逐层递进地来用:

① 党委对主要工作不但一定要"抓",而且一定要"抓紧"。什么东西只有抓得很紧,毫不放松,才能抓住。(《毛泽东选集》第四卷第1332页)

② 只有将城市的生产恢复起来和发展起来了,将消费的城市变成生产的城市了,人民政权才能巩固起来。(《毛泽东选集》第四卷第1310页)

例①中"抓"的随带成分有"紧"和"住",例②中"起来"的提举成分有"恢复"、"发展"、"巩固",都是用许多分量不同的词逐层递进来运用的,层层深入,启人深思。

四　两种肯定和否定

提带复合谓语一般可以用两种肯定和否定的法式。第一种是整个提带组织的肯定或者否定。如说"出去"、"不出去",表示动作或者情状及其发展变化情况的出现或不出现。第二种是随带成分的肯定或者否定。如说"出得去"、"出不去",加"得"或"不"在随带成分之前,表示发展变化情况的可能或不可能实现。

现在分别来谈谈这两种肯定和否定:

第一,整个提带组织的肯定或否定

这种法式在肯定时,通常就用提带复合谓语的原来的组织,不再附加任何肯定的词语。例如:

① 他关好大门,摸进自己的屋子里。(鲁迅《阿Q正传》)
② 我大哥引了一个老头子,慢慢走来……(鲁迅:《狂人日记》)
③听说《新月》月刊团体里的人们在说,现在销路好起来了。
（鲁迅《"硬译"与"文学的阶级性"》)

上面例句中的提带复合谓语的组织,都是表示整个肯定的,表示动作或者情状及其发展变化情况的出现。

这种法式在否定时,通常加"不"字在提举成分之前。例如:

① 自古无场外的举人,如「不」进去考他一考,如何甘心?
（《儒林外史》第三回）
② 祝永康走到门口……问道:"春芳,你父亲怎么还「不」回来啊?"（《风雷》第一部上册）

上面例句中的"不",都是表示整个否定的,表示动作或者情状及其发展变化情况的不出现。

第二,随带成分的肯定或否定

随带成分的肯定法式是,加"得"在随带成分之前,表示发展变化情况的可能实现。例如:

① (众人)一齐并力掘那石龟,半日方才掘「得」起。(《水浒》第一回)
② 这些都是世界上平常的花,我弄「得」到,人家也弄「得」到,又有什么稀奇?(《叶圣陶童话选》)

这些"得"字,都是肯定随带成分的可能性。如"掘得起"就是能掘起的意思,"弄得到"就是能弄到的意思,等等。

随带成分的否定法式是,加"不"在随带成分之前,表示发展变化情况的不可能实现。例如:

① 这些名目,未庄人都说「不」明白……(鲁迅《阿Q正传》)
② 史进并太公苦留「不」住,只得排一个筵席送行。(《水浒》第二回)

这些例句中的"不",都是表示随带成分不可能实现。"说不明白"就是不能说明白的意思,"留不住"就是不能留住的意思。

如果随带成分是两个以上的,表示肯定或否定的"得"或者"不"一般放在提举成分和第一个随带成分之间。例如:

① 今晚大坝就要合龙了,谁歇「得」下来!(京剧《龙江颂》第三场会战龙江)
② 荀玫不懂这句话,答应「不」出来。(《儒林外史》第七回)
③ 要不是遇到你,俺春苦姑娘,坐在这水沟里,哭三天也爬「不」起来啦!(《风雷》第一部上册)

加"得"、"不"在随带成分之前表示肯定否定的法式,现在用得很多。例如:

289

天是坍「不」下来的,东风压倒西风的总形势是改变「不」了的,帝国主义和一切反动派的王位总是保「不」住的,现代修正主义总是要彻底破产的,马克思列宁主义总是要在全世界胜利的!(《人民日报》一九六二年十一月十五日社论)

这里三个提带组织,都是把"不"加在随带成分之前来表示否定的。

有些随带成分的有些用法,因为没有需要和可能,所以不用加"得"加"不"的法式。

五　随带成分的四种用途

随带成分的用处极多,它可以表现提举成分的一切发展变化的情况。但按照一般常见的例子看来,也不是漫无头绪的,大体可以划分为四种用途:第一、移转,第二、经历,第三、归结,第四、趋向。四种用途之中,只有第三种用途归结,用处较为复杂,是否需要再分,还待研究;它所用的词一时也难详尽列举。其余第一、二、四三种用途,它们常用的词为数不多。我们可以列一个随带成分四种用途的常用词简表如下:

移　转	经　历	归　结	趋　向
上、下	起	大、小	来
起、落(下)	到	长、短	去
出、入(进)	过	好、坏	
进、退	了	……	
拢、开	着	倒、翻	
动、停	完	成、败	

(续表)

| 通、塞 | 止 | 输、赢 | |
| …… | …… | …… | |

现在分别说述随带成分的四种用途：

第一，表现移转

这种成分经常表现空间上地位的移转。它所用的词大多互相对立，如"上"、"下"，"起"、"落"，"出"、"入"等等，便于表现两面各别的情况。如"上山"、"下乡"，"出国"、"入境"等等。这些词也可以作单纯谓语，如上举几例就是。现在举几个作随带成分的例如下：

① 但见那条大蛇……两只眼迸「出」金光，张「开」巨口，吐「出」舌头，喷那毒气在洪太尉脸上。（《水浒》第一回）
② 马玉琦叫来二哥，坚「起」梯子，爬「上」房顶，刚要下手扒山墙，治河大军集合的号声提前响了。（《战海河》第143页）

第二，表现经历

这种成分经常表现事情的经历。这些词也可以作单纯谓语，如说"起床"、"到家"之类。现在举几个作随带成分的例如下：

① 太尉定睛看时，只见一个道童，倒骑「着」一头黄牛，横吹「着」一管铁笛，笑吟吟地正过山来。（《水浒》第一回）
② 鲁智深听「了」四句偈子，拜「了」长老九拜，背「了」包裹、腰包、肚包，藏「了」书信，辞「了」长老并众僧人，离「了」五台山，径到铁匠间壁客店里歇了，等候打「了」禅杖、戒刀，完备就行。（《水浒》第五回）

第三，表现归结

表现归结的词是表现提举成分的动作或情状所引起的一切变

化,或者动作者所怀抱的种种目的,范围很为广泛。这些词也大抵可作单纯谓语,如说"胆子大"、"个子小"等等。现在略举作随带成分的若干例子如下:

① 忽然乒乓一声响,屋梁上掉下一件东西来……将碗打「翻」。(《儒林外史》第十回)

② 孔乙己便涨「红」了脸,额上的青筋条条绽出……(鲁迅《孔乙己》)

③ 你们分别去东西村通知大家……把粮食、贵重东西藏「好」。(话剧《南方来信》)

④ 这许多年来,你爷爷的心都磨「硬」了。(《三千里江山》)

⑤ 姚长庚犯疑,放「慢」脚步,留心听他们谈些什么。(《三千里江山》第二段)

上面的例句,有的表动作或情状的结果,如"打翻"、"涨红";有的表动作或情状的目的,如"藏好";有的表示动作或情状的程度,如"磨硬"、"放慢"。

第四,表现趋向

我们所谓表现趋向的只有"来"和"去"两个词,不包括"上"、"下"、"起"、"落"、"出"、"入"、"进"、"退"等等在内,因为它们的运用的着眼点不同。"上"、"下"、"起"、"落"、"出"、"入"、"进"、"退"等等运用的着眼点是放在对事物的移转上,如说"出门"、"入门",以对门的"出"、"入"为转移;而"来"和"去"两个词运用的着眼点是放在对发言人所在地位的趋向上,以移近发言人的地位还是离开发言人的地位为转移。如不注意这种特点,我们就难保不会把"来"、"去"两个词用错。譬如我们在公共汽车上时常听见人们说"你是不是在五角场车站下来",在车上怎么可以说下「来」而不说"下「去」"？这也就是不管怎样平常的词句，如果不自觉地按照文法规律去运用它，也不一定不会出错的一个例证。

这两个词也可以作单纯谓语。如说"来上海"、"去北京"等等。现在举作随带成分的例子如下：

① 周学道虽然赶他出「去」，却也把卷子取「来」看看。(《儒林外史》第三回)

② 胡老爹！你每日杀猪的营生，白刀子进「去」，红刀子出「来」。(《儒林外史》第三回)

③ 祝永康站在水沟里……向岸上叫道："来，快下「来」，把绳子解开，先把芦柴扛上「去」，再抬车子。"(《风雷》第一部上册)

表现趋向用途的"来"和"去"不止可以表现空间上的趋向，也可以表现时间上的趋向。表现空间上的趋向：用"来"表现从远到近，用"去"表现从近到远。表现时间上的趋向：用"来"表现从以往到现在，用"去"表现从现在到将来。例如：

① 这些都是把周初的思想继承了下「来」的。(郭沫若《先秦天道观之进展》)

② 摆在你们面前是一个更艰巨、更光荣的任务，那就是：要把革命事业继承下「去」，发扬光大。(话剧《年青的一代》第四幕)

又以上各种用途的用例，凡带有趋向性的如有必要都可以用"来"和"去"附加上去。如"滚上来"、"滚下去"、"翻过来"、"翻过去"、"放开来"、"缩进去"等等。

六 一个词可以用于多种用途举例

四种用途的随带成分一般都有常用的词。第一种用途的随带成分常用某一群词,第二种用途的随带成分又常用另外一群词。但是,常用于第一种用途的词也可以连带用于第二种用途,彼此之间并没有不可逾越的界限。同一随带成分之所以可以用于多种用途,是由于它可以同多种表现动作或者情状的提举成分配合。一个随带成分同不同的提举成分配合,它就会显示多种不同的用途。它们的表现作用是错综复杂的,但也不是不可捉摸的。现在试以"上"和"下"、"起来"和"下去"以及"过"、"了"、"着"为例,探讨它们错综复杂的用途。

第一,以"上"和"下"为例,谈多种用途。

"上"、"下"一般常用于表现移转的用途,但也连带用于表现经历和归结两种用途。先列表于下,随后略举例说明。

	移 转		经 历	归 结
	一般事物	公文书信		
上	上升 走上、爬上、登上、跳上、升上、跑上、抬上	上行 寄上、带上、送上、献上、呈上、递上	到达 看上、吃上、追上、赶上、考上、碰上、选上、爱上、看上	增进 加上、添上、凑上、搭上、戴上、盖上、穿上、贴上、接上
下	下降 走下、爬下、冲下、飞下、降下、落下、掉下、滚下、摘下、跌下	下行 寄下、带下、送下、发下、传下、拨下	着落 住下、停下、放下、记下、留下、备下、剩下、写下、摆下、买下、排下	减退 减下、退下、解下、脱下、除下、揭下、撤下、取下、卸下

一、移转

之一——用"上"和"下"表示事物移转从低到高和从高到低。例如:

① 两人走「上」岸,来到市梢尽头邹吉甫女儿家,见关着门。(《儒林外史》第九回)

② 只有小栓坐在里排的桌前吃饭,大粒的汗,从额上滚

「下」……(鲁迅《药》)

之二——用"上"和"下"表示公文、书信由下方上行和由上方下行。例如:

① 今已托书店寄「上」一册,后又出有《准风月谈》一本,顺便一并寄赠。(《鲁迅全集》第十卷第290页)
② 二者皆手头所有,并非买来,万勿以代价寄「下」为要。(《鲁迅全集》第十卷第290页)

二、经历 用"上"表示到达,用"下"表示着落。例如:

① 不然这冯渊如何偏只看「上」了这英莲?(《红楼梦》第四回)
② 你,你考「上」了!(叶圣陶《一个练习生》)
③ 咱们且住「下」再慢慢儿的着人去收拾,岂不消停些?(《红楼梦》第四回)
④ 秦老在打麦场上放「下」一张桌子,两人小饮。(《儒林外史》第一回)

三、归结 用"上"表增进,用"下"表减退,例如:

① 你再拿你的名字添「上」一个保状。(《儒林外史》第九回)
② 庄征君到了下处,除「下」头巾,见里面有一个蝎子。(《儒林外史》第三十五回)

第二,以"起来"和"下去"为例,谈多种用途。

"起来"和"下去"一般也常用于移转用途,但也连带用于其他用途。也可以先列一个简表,再来说明。

	移 转	经 历	归 结
起来	**提高** 站起来、浮起来、提起来、立起来	**开始** 打起来、印起来、做起来、说起来	**兴盛** 大起来、好起来、多起来、壮大起来、强起来

(续表)

下去	降低 坐下去、沉下去、 放下去、弯下去	延续 打下去、印下去、 做下去、说下去	衰落 小下去、坏下去、 少下去、弱下去

一、移转 用"起来"表示向上移动,用"下去"表示向下移动。例如:

① 申祥甫拱进堂屋。梅玖方才慢慢的立「起来」和他相见。(《儒林外史》第二回)

② 孔乙己着了慌,伸开五指将碟子罩住,弯腰「下去」说道:"不多了,我已经不多了。"(鲁迅《孔乙己》)

二、经历 用"起来"表示起始,用"下去"表示延续。例如:

① 祝永康拍手大笑「起来」:"这才是奇谈呢! 真是天大的笑话。"(《风雷》第一部上册)

② 祖祖孙孙打「下去」,打不尽豺狼决不下战场!(京剧《红灯记》第五场痛说革命家史)

三、归结 用"起来"表示兴盛,用"下去"表示衰落。例如:

① 帝国主义一天一天烂「下去」,社会主义一天一天好「起来」。

② 美伪集团正在一天天弱「下去」,小「下去」,人民武装则在一天天强「起来」,大「起来」。

第三、以"过"、"了"、"着"三词为例,谈多种用途"过"、"了"、"着"三个词一般认为常用于表经历,但就它们常用的各个用处看,也常连带用于其他用途。现在我们试来略加分析:

一、过 "过"的经常用处有三个:甲、表示地位的移动,属于移转用途;乙、表示事情的经过,属于经历用途;丙、表示超越某种事

物,属于归结用途。现在各别举例如下:

甲、表移转:

① 走进这个峡谷口,顺山根一条蚰蜒小道直朝里走,穿「过」一带老松林,便有一个小小山庄。(郑直《激战无名川》第1页)

② 他们还没有跨「过」电车轨道呢。(叶圣陶《潘先生在难中》)

乙、表经历:

① 众人都作「过」揖坐下。(《儒林外史》第二回)

② 不认识了么?我还抱「过」你咧!(鲁迅《故乡》)

丙、表归结:

① 洪太尉道:"我直如此有眼不识真师,当面错「过」!"(《水浒》第一回)

② (你)出门便是八抬的大轿,还说不阔?吓,什么都瞒不「过」我。(鲁迅《故乡》)

③ 李春三这孩子说话率,做事也率……要讲做活,那个泼呀,有多大力气使多大力气,极好人也敌不「过」他。(《三千里江山》第三段)

"过"字的以上三种用处三种用途都经常出现在书本上和口头上,特别是移转和经历的用处用途,我们很难分别哪一种更为常用。我们在随带成分用途常用词简表上,不过暂照一般的说法把它列在经历用途一项中。

二、了 "了"的经常用途有两个:甲、表经历,乙、表归结,而其用处却有三个。

甲、表经历:

之一——用"了"表了结,就是结束的意思。例如:

他们忘却「了」纪念,纪念也忘却「了」他们!(鲁迅《头发的故事》)

之二——用"了"表达成,就是做到的意思。例如:

① 那人也上「了」骡子,一同来到店里。(《儒林外史》第三十五回)

② 小栓慢慢的从小屋子走出,两手按「了」胸口,不住的咳嗽……(鲁迅《药》)

乙、表归结:用"了"表示完尽、周全。例如:

① 次日凤姐梳洗「了」,先回王夫人毕,方来辞贾母。宝玉听「了」,也要逛去,凤姐只得答应着,立等换「了」衣裳,姐儿两个坐「了」车,一时进入宁府……(《红楼梦》第七回)

② 有堵墙是两家,拆「了」墙咱们就是一家子。(京剧《红灯记》第五场痛说革命家史)

三、着 "着"的经常用途也有两个:甲、表经历,乙、表归结,而其用处也有三个。

甲、表经历:

之一——用"着"表着落。例如:

① 大虫去了一盏茶时……再收拾地上香炉,还把龙香烧「着」,再上山来。(《水浒》第一回)

② 到汶上县,头一名点「着」荀玫,人丛里一个清秀少年上来接卷。(《儒林外史》第七回)

③ 母亲和宏儿都睡「着」了。(鲁迅《故乡》)

之二——用"着"表持续。例如:

① 在那前进的生活的激流里就正是充满「着」理想的光辉,斗争的欢乐……(何其芳《关于写诗和读诗》)

② 店里坐「着」许多人,老栓也忙了,提「着」大铜壶,一趟一趟的给客人冲茶;两个眼眶,都围「着」一圈黑线。(鲁迅《药》)

乙、表归结:用"着"表示接触某种事物。例如:

① 扑的一声,六斤手里的空碗落在地上了,恰巧又碰「着」一块砖角,立刻破成一个很大的缺口。(鲁迅《风波》)

② 这其间,心在空中一抖动,又触「着」一种古怪的小东西了,这似乎约略有些马掌形的,但触手很松脆。(鲁迅《白光》)

照以上所举简例看来,一个词往往可以有种种用处、种种用途,如有事实需要,当然可以详加区分,但是有些区分或许可以从略。例如"纺过纱,织过布"的"过"和"走过桥,渡过河"的"过",为什么非分不可?我们甚至认为随带成分的常用词,虽然可以分为第一、表移转,第二、表经历等等用途,但它们在提带组织里的功能还是大体相同的,都是显示一个动作或者情状的发展变化的情况,而且常有彼此错综复杂的现象,很难把它们画成彼此不相交错的条条,还不如把它们作为随带成分综合处理较为切实些。

七 提带复合谓语的组织变化

提带复合谓语不但用处用途很多,经常出现在各种语文之中,它们的组织也变化多样,便于表现形形色色的发展变化。其中随带成分的常用词组织更为多样,配置更为灵活,可以几个词连起来用,也可以在几个词中间插进有关的成分把它们岔开。而且插进成分的时候,有时插在前面,有时插在后面,使在同一穿插之中还能够繁复多变,能够切合当时的修辞需要。

现在试谈随带成分的几种组织变化如下:

第一,在提举成分和随带成分之间插进"得"或"不"表示发展变化的可能或者不可能。

这在前面谈肯定和否定时已经详说了。现在为了显示随带成分组织变化的一格,略举数例如下:

爬「得」上　　爬「不」上
住「得」下　　住「不」下
举「得」起　　举「不」起
熬「得」过　　熬「不」过
吃「得」了　　吃「不」了
接「得」着　　接「不」着
过「得」去　　过「不」去
起「得」来　　起「不」来
……　　　　……

第二,在提举成分和随带成分之间,插进补语(补语,是谓语的补足成分,例如"我读书""你是学生""他能文能武",这三句中的"书"、"学生"、"文"、"武"都是补语)将提举成分和随带成分岔开。例如:

① 王员外赏了报喜人酒饭,谢「恩」过,整理行装,去江西到任。(《儒林外史》第八回)

② 智深道:"……且教他吃「洒家三百禅杖」了去!"(《水浒》第七回)

③ 狐冲「官道」过,狗触「店门」开。(《北梦琐言》卷七《卢诗三遇》)

在几个随带成分连用时,补语可以是一个,也可以是几个,补语也可以用许多法式插到提带组织中去。

一、补语是一个,可以插在两个位置

甲、补语插在提举成分之后,两个连用的随带成分之前,例如:

① 鲁智深观见那汉子挑「担桶」上来,坐在亭子上看。这汉子也来亭子上,歇下担桶。(《水浒》第四回)
② 酒保下去,随即烫「酒」上来;但是下口肉食,只顾将来摆一桌子。(《水浒》第三回)

乙、补语插在两个随带成分之间。例如:

① 接着就走上「两个女人」来,一个不认识,一个就是卫婆子。(鲁迅《祝福》)
② "我真傻,真的,"祥林嫂抬起「她没有神采的眼睛」来,接着说。(鲁迅《祝福》)

二、补语是两个,插在提举成分和第一个随带成分之后。例如:

① 端王大喜,那里肯放「高俅」回「府」去?就留在宫中过了一夜。(《水浒》第二回)
② 于是嬷嬷们引「黛玉」进「东房门」来。(《红楼梦》第三回)

三、补语如果是三个,那就在提举成分、两个随带成分之后都要带上补语了,组织更为繁复。例如:

摇「船」进「黄浦江」去「上海大厦」。

随带成分连用时插上补语的情况是相当繁复的,这里个再一一列举。

第三,在随带成分肯定或否定的组织里,也还可以再插上补语。

一、在随带成分肯定的组织里,补语插在"得"之后。例如:

301

① ……倘或又跳出一只大虫来时，却怎地斗得「他」过？（《水浒》第二十三回）
② 史进、李忠抱住劝道："哥哥息怒，明日却理会。"两个三回五次劝得「他」住。（《水浒》第三回）
③ 老头子眼看着地，岂能瞒得「我」过。（鲁迅《狂人日记》）

二、在随带成分否定的组织里，补语可插在两个位置。

甲、补语插在"不"字之前。例如：

① 大虫见掀「他」不着，吼一声，却似半天里起个霹雳，振得那山冈也动。（《水浒》第二十三回）
② 范进……就往门外飞跑……众人拉「他」不住，拍着笑着，一直走到集上去了。（《儒林外史》第三回）

乙、补语插在"不"字之后。例如：

① 那父亲母亲放不「心」下，暗里为他请托。取得个前列，就认做自己的，越发夸大。（《醉醒石》第七回）
② 众租户道："……如今我们这村里，也种不「田」成了！"（《醉醒石》第十回）

三、在随带成分肯定和否定的组织里，有时为了表示强调，中间还可以播进"个"之类的词。例如：

① 那个气球腾地起来，端王接「个」不着，向人丛里直滚到高俅身边。（《水浒》第二回）
② 每日问卜卖画，到也挤「个」不开。（《儒林外史》第一回）
③ 竟被他说一「个」着！（《儒林外史》第二回）

四、又在《水浒》、《西游记》等小说中常用"将"字插在提举成分和随带成分之间特提，表示当时出现特出的趋向，随带成分之中

往往带有"来"、"去"等词。例如:

① 众人吃了一惊,发声喊,撇下锄头铁锹,尽从殿内奔「将」出来……(《水浒》第一回)

② 他爬「将」起来,又拍着手大笑道:"噫!好!我中了!"(《儒林外史》第三回)

③ 李小二正在门前安排菜蔬下饭,只见一个人闪「将」进来……随后又一人闪入来。(《水浒》第十回)

④ 郑屠道:"着人与提辖拿了,送「将」府里去?"(《水浒》第三回)

⑤ 时迁看见土地庙后一株大柏树,便把两只腿夹定,一节节爬「将」树头顶上去,骑马儿坐在枝柯上。(《水浒》第五十六回)

⑥ (孙行者)纵云头,跳「将」起去,径到人参园里。(《西游记》第二十五回)

这种用例,现代也还能见到。例如:

⑦ 她于是十分喜欢似的,笑「将」起来,同时将一点冰冷的东西,塞在我的嘴里。(鲁迅《阿长与〈山海经〉》)

⑧ 他站住了,眯着眼,端详一阵,呼地脱下棉衣,伸出一双长满茧子的手,岔开虎步,紧攥镐把,举镐过顶,使上全身的劲儿,朝冻土刨「将」下去。(郑加真《江畔朝阳》第1—2页)

第四,随带成分常用的词,也经常可以用作提带组织的提举成分。例如:

① 智深赶下亭子来,双手拿住扁担,只一脚,交裆踢着。那汉子双手掩着,做一堆蹲在地下,半日「起」不得。(《水浒》第四回)

303

② 那凤姐只管慢慢吃茶,「出」了半日神,忽然把脸一红,笑道……(《红楼梦》第六回)

③ "六一"儿童节前夕,铁人从外面开会回来,没顾上回家就忙着给孩子们「上」了一堂政治课。(《大庆人的故事》第44页)

④ 孔乙己「着」了慌,伸开五指将碟子罩住,弯腰下去说道,"不多了,我已经不多了。"(鲁迅《孔乙己》)

第五,随带成分的常用词也常常可以单独作谓语用。这在前面也已经说过,现在再举几个例如下:

① 说犹未「了」,只觉得那里又一阵风,吹得毒气直冲将来。(《水浒》第一回)

② 果有一线之明,推情拔了他,也「了」我一番心愿。(《儒林外史》第七回)

③ 在那寒风呼啸声中,一架银灰色的巨型客机,在机场的跑道上「着」陆了。

④ 检验完毕,在客店小坐之后,即须「上」火车。(鲁迅《范爱农》)

此外,有些提带组织的变化,我们一时还没有能够看透它的底细。例如《水浒》中常将"了"字有时连着动词用,有时连着名词之类用,而且往往在一处地方先后出现,是否为了用字有错综变化之妙,我们一时还不能断定。例如:

① 吴用道:"……若是赶得紧,我们一发入「了」伙!"……"我等有的是金银,送献些与他,便入伙「了」。"(《水浒》第十八回)

② 郓哥道："早些个。你且去卖一遭「了」来。他七八分来了，你只在左近处伺候。"武大飞云也似去卖「了」一遭回来。

（《水浒》第二十五回）

总之，提带复合谓语组织是异常繁复多变的，所以常用词虽然时常出现，往往一页之中要见好几次，还是显得灵活生动，经常能够发挥它们所应有的作用。

余 言

我们对于提带复合谓语的组织所作的搜集调查，当然还不大详尽，分析也还不够精细；但我们认为大致已经能够从它繁复多变的组织中整理出一些头绪来，使过去以为不可解或不能定的问题，经过大家共同的努力，可以逐渐成为可以解，可以定。例如"加上"、"减下"、"配上"、"记下"等组织里的"上"、"下"两词，过去或者以为是不可解的，现在我们认为已经可以解释了。又如，随带成分的词类识别问题，过去也曾经有过种种不同的说法，立过种种不同的名称，现在我们认为无论就随带成分的种种用处用途看，还是就随带成分组织变化多样看，都已经可以认定这些用作随带成分的词都是动词或者形容词。例如：表移转的"上"、"下"、"起"、"落"、"出"、"入"、"进"、"退"等等，表经历的"起"、"到"、"过"、"了"、"着"、"完"、"止"等等，表趋向的"来"、"去"等等都是动词，表归结的"大"、"小"、"长"、"短"、"好"、"坏"等等都是形容词，"倒"、"翻"、"成"、"败"、"输"、"赢"等等都是动词。

"过"、"了"、"着"这几个词，有些人把它们看作特殊的东西。

根据我们调查研究的结果,我们看不出它们同其他随带成分的动词之间有什么特殊不同之处,也看不出它们三者之间有什么特殊相同之处。把"过"、"了"、"着"看作特殊,说作特殊的倾向,据我们看来,是没有事实根据的。

(上海人民出版社,单行本,1973年3月。本文曾以复旦大学语言研究室的名义发表)

怎样研究文法、修辞

今天的题目是"怎样研究文法、修辞",实际上我要讲的是怎样研究汉语的文法、修辞,因为:(一)听讲的是中文系同学,彼此共喻,可以不加附加语。(二)也因为今天讲的方法也许可以通用于其他的语言,也许还是不加附加语为好。因此,就决定不加"汉语"这个附加语。

汉语的文法和修辞的研究有很长的历史,也都有不少的成就,——修辞学研究的成就更其大。但在最近一百多年内,和西洋学术接触之后,都有了极大的改变。那改变据我看来,第一是组织的改变,过去研究多是随感式的,碰到什么就说什么,这里面当然也有些很有价值的研究成果,但毕竟规模狭小,安排也不十分紧密。和西洋学术接触之后,情况就改变了。研究就趋向于注意全面一些了。第二是方法的不同,特别是马克思主义传入以后方法的不同。过去的研究往往是演绎式的,现在比较注意用立场、观点、方法,把事实总结和组织起来,同实际的联系也大大地加强了。这是近百年来、特别是近几十年来学术研究与过去研究不同的地方。关于我们中国研究文法、修辞的历史,我都曾作简略的介绍(关于修辞的研究可看《修辞学发凡》第十二篇,关于文法研究的情况,可看《中国文法革新论丛》中《一提议和炒冷饭读后感》),这里不再详谈。现在关于文法,关于修辞,都有许多组织不同、方法不同的著作摆在大家的面前,文法有黎锦熙、吕叔湘、王力、郭绍虞诸先生的著作,在抗日战争时期我和在座的张世禄先生也曾经在文法革新讨论中插过嘴。修辞有杨树达的《汉文文言修辞学》,在座的郑权中先生的《修辞学》等等,亦有我的《修辞学发凡》。这些著作现在还都"鸡兔同笼",和平共处。同学们如果想从现有的水平出发研究文法、修辞,首先就会遇着一个方法论的问题。我们讲政治,例如进行反右派斗争,要讲究立场、观点、方法;我们讲研究学术是不是也要讲究立场、观点、方法呢?我看,也要讲究。所以今天特地提出怎样研究文法、修辞这个问题来和大家谈谈。我谈的不一定妥当,更不是什么定论,一切要大家批评指正。

一　先谈研究

"研究"两个字现在用得颇频繁,含义也不完全相同。我们略加分析,可以根据成就的不同,把研究两字的用法分为两种:

一种是继承性的研究。

一种是创造性的研究。

比如,我近来略略翻阅一些有关火箭和人造地球卫星的书籍,有些朋友知道了,就说我在研究火箭、人造卫星了。这所谓研究就是继承性的研究,不是创造性的研究。

任何学问、任何科学的发展过程,都是从不认识到认识,从不完全认识到完全认识的过程。这个意思,在我们学校的文件里,曾经用别的话来表达,就是所谓"从无到有,从低到高"。所谓"从无到有"就是从不认识到认识,所谓"从低到高"就是从不完全认识到完全认识。上述两种研究的分别就是对于认识过程有没有增益的区别:凡是对于认识过程无所增益的就是继承性的研究,有所增益的就是创造性的研究。

过去我们的研究非常注意于继承性的研究,非常注意于读书,并且就称知识分子为读书人。近来我们极其重视创造,但是仍旧要注意继承。就是倡议文化革命,鼓吹知识分子彻底自我改造,也仍旧要注意文化继承、学术继承。唯其对于文化学术有所继承才能像接力赛跑一样,不是从别人的出发点起步,而是从别人的到达点起步。这样才会越跑越远,越往前走水平越高。我们要讲创造性的研究,也要从继承性的研究谈起。

二 继承性的研究

继承性的研究,就是学习性的研究,就是打基础。我看从事继承性的研究要注意这几点:

(一)应该拿代表性的著作加以系统的研究。

甲、不要怕难。有些人读书怕难,读到难懂的地方往往跳了过去。我们不要怕难。著作难懂的地方可能是作者研究最精、贡献最大的地方,也可能是作者自己也还是想不明白、讲不清楚的地方。我们碰到这种地方决不要轻易放过。我看书时碰到这种地方,往往丢掉其他,集中精力,把那个难题彻底搞清。

乙、不要怕繁,要反复阅读。我们读书可以有两种读法:一种是快读,一种是慢读。快读是翻看大意,漏丢细节;慢读是逐字逐句、逐节逐章地细读。快读可以看清系统,慢读则可了解细节。要看出作者的思想基础、思想方法。要看出著作能否概括事实,如《马氏文通》就有人说他用外国筛子来把中国语文事实筛了一道,单拿筛过的事实组织起来的,即并不能概括事实。除此之外,还要看他能不能自圆其说,他的说法是不是前言不对后语,自相矛盾。我们的老前辈教人读书,曾有所谓慢读快读等方法,我们如果好好运用,可以得到好结果。

(二)要看出作者的立场、观点、方法。我们鼓励青年独立思考。所谓独立思考,就是思想解放,能够从立场、观点、方法上去考虑问题,决不是胡思乱想。我们如果就问题方面来看科学研究,科学研究就是发现问题,分析问题,解决问题。我们能够发现问题,分析问题,就可以算是能够独立思考,也就可以说是有研究的能力了。

(三)要学习人家研究学问的方法,要用心练习运用种种研究学问的方法。过去称有学问的人为读书人。会运用研究学问的方法,就不但能够读已经写出的有字书,也能够读还未写出的无字书。无字书就是"天书",就是自然的书,就是事物的规律。学习运用方法要研究逻辑,要研究形式逻辑,亦要研究辩证逻辑。为什么要研究逻辑?因为可以练习抽象思维的本领。我们在具体现象中,头脑比较清楚,不会发昏,而在抽象的现象中,我们容易发昏。例如我们知道"陈望道是浙江人"成话,"浙江人是陈望道"不成话。而于形式逻辑所讲的甲是乙,不可随便倒过来作乙是甲,或不甚了解。因此也就把文法是什么和什么是文法,随便倒说。学过形式逻辑,思想就会有条理些。学习形式逻辑,我看只要有三年就可以了,大约只要练习三年已经能够自由运用。我们学人文科学的人,一定要学点形式逻辑,不学很吃亏。学习辩证逻辑比较难,能够自由运用,恐怕需要五年吧!不过形式逻辑和辩证逻辑可以同时学,我奉劝大家学习一下,不要怕难。如果初学逻辑觉得不易入手,可以多看各种辩论文字,因为那里面就有逻辑。

三 创造性的研究

从事创造性的研究要注意:

第一要从实际出发。研究文法要从文法的事实出发,研究修辞要从修辞的事实出发,不能从古人的成说或个别论断出发,也不能从外国人的成说或定义出发。要从我们研究的对象出发,就是研究什么就从什么出发。比如研究散文就从散文出发,研究骈文就从骈文出发,不能从骈文出发研究散文,也不能从散文出发研究骈文。这一点看起来很简单,但有很多人未能做到,有很多的人不是从杀猪的事实中去研究杀猪的规律,却是从吃饭的事实中去研究杀猪的规律。这是什么缘故呢?这主要是因为方法不熟,看不清对象。我们从事研究,首先要认清研究的对象是什么事物,认清对象是事物的什么方面。比如修辞和文法都属于语言的范围,我们研究文法、研究修辞都应该以语言事实为对象,而不是以概念为对象。又,研究文法和研究修辞虽然同是以语言现象为对象,但研究的方面彼此不同,文法是讲究语言的组织,修辞是讲究语言组织对应题旨、对应情境的运用。近来许多哲学工作者正在讨论哲学史的研究对象问题,这是很好的,要从事研究,必须认清研究的对象是什么。

第二是探求规律。既然要从事实出发,就得搜集事实,但是单单罗列事实不能算是科学研究,必须能从事实中探求出规律来。规律也有人叫做法则、定律或通则。所谓规律就是关系,就是客观的关系,就是普遍的必然的关系。单讲普遍还不全面。比如这里女同学有穿绿衣服的,即使女同学全穿绿衣服,亦还不能因此说穿绿衣服的就是女同学。如果凡是女同学都必须穿绿衣服,那就有必然关系。普遍而又必然的关系就是规律。任何学问都须探求这种关系。探求这种规律,不能单单罗列事实。荀子说过"持之有故,言之成理"。理就是规律。我们现在常说"摆事实,讲道理"。单摆事实,不讲道理,不能算科学。你们可以看一看我发给大家的例证,例如刘半农研究"打"字,他曾搜集"打电话,打电报,打千里镜,打样,打算盘,打结,打秋风,打酒,打板子"等等"打"字的例,写成题为"打雅"的一篇文章。(文章中说"打"字是一个意义含混的"混蛋字"。)据那文章的后记里说,他已经搜集了八千多条"打"字的例子。又如王云五研究"一"字,曾经把"一"字的用法编成将近五百页的一本大书叫做《一字长编》,那能不能就算科学呢?我以为不能,那只是材料。那些材料很可以供我们研究,但还不是科学。因为科学应该总结前人的经验,否则就要成为经验主义。刘半农就因为单事搜集,未加总结,看不出"打"字用法的规律,所以会说"打"字是"混蛋字"。我们认为"打"字的用法并不深奥神秘,并不是无法探讨,普通用法不过三种。三种用法是:

1. 作动词"打击"用。例如:"打钟""打鼓骂曹"的"打"。
2. 作没有独特观念的机动动词用。这种机动动词是群众为了说话简便,专门用来代替种种有独特观念的动词的。例如"打"水(打代取)、"打"鱼(打代捕)、"打"印(打代盖)、"打"牌(打代玩)……
3. 作动词添衬用,本身无意义,只是用来构成复音和加强后面那个字的动词性的。例如"打"消(= 消)、"打"算(= 算)、"打"扮(= 扮)、"打"扫(= 扫)……

三种之外另加两种特殊的用法：

(1)作"从"字解的"打"，如"打哪儿走近"的"打"。

(2)作十二件解的"打"，如说"一打瓶子"的"打"。

"打"字的用法总括起来不过五种，可见打字的用处虽然极多，仍旧极有条理，只要不以罗列现象为止境。经过综合是可以得出规律来的，并不像刘半农所说的不可捉摸（即所谓"混蛋"）。也许我们的总结并不完善，但我们可以断言：加总结求规律是科学，不加总结不求规律不是科学。还有一个表示位置的"在"字，刘半农也曾经搜集研究。据说曾经写成小册子，他以为：(甲)"我(在纸上)写字"，(乙)"我写字(在纸上)"，甲乙两式都是通的；而(甲)"我(在书房里)写字"和(乙)"我写字(在书房里)"，就只有甲式可通，乙式是不可通的。他画了许多图样来解释，却始终未曾得出规律。我在《中国文法革新论丛》的一篇文章中曾经略加总结，以为实际只有两种用法：甲组各句的"在"是表示主体活动的位置的，乙组各句的"在"是表示动作着落的位置的。用法也极简单。总之科学研究必须探求以简驭繁的规律，单单罗列头绪纷繁的事实不能算是科学研究。

第三点：假使你通外国文，要当心成为中外派。自从五四以后，有所谓中外派、古今派。要是通外文，一般很容易成为中外派。所谓中外派不是以中国为主，也不是中外并重，而是以外国为主的。胡适就是中外派的代表。他们无论研究甚么，开口就英国怎样，美国怎样，所以我们应该怎么样，这个"所以"不知怎么得出来的。毛主席所谓"言必称希腊"的许多同志用的却都是这种方法。我曾经把这种不从实际出发的方法称为"祝由科"的方法。我们要想研究有成效，必须改变这种违背科学从实际出发原则的方

313

法。我以为我们如果通外文,应当学习外国人如何研究他们自己语言文字的方法,把那些原理原则结合我们中国的实际,创造性地运用于研究我们语言方面,不能照搬照抄。而我们的中外派却多是照搬照抄,而且是据外论中。外国语有语尾,就以为中国语言一定要有语尾。就在没有语尾的地方,也一定要找出语尾来。这才便于他们生搬硬套。有时硬套不上,则把别人的话割了一半。如斯大林说:"文法是词的变化规则及用词造句的规则的综合"(斯大林:《马克思主义与语言学问题》第 21 页)。我们有些人因为外国的词有变化,我们没有,就把这句话截取了一半。如果你们通外国文,我希望你们不要成为这样的中外派。

第四点:假如你长于古学,要注意不要成为古今派。过去凡是通古学的人,很多成为古今派。所谓古今派也不是古今并重,而是以古为主,据古论今。"五四"前后曾经有过很多的例子。比如看见男女同学在一起,他会说古语说过"男女授受不亲",所以……。他根据的是古代成说,而他的"所以"却就"所以"到现在来了。我们也不要成为这样据古论今的古今派。

过去有中外、古今的对立,而中外派又常同古今派互相对立。在方法方面,如陈承泽曾主张独立研究,胡适反对独立研究,主张比较研究。修辞方面,唐钺曾经根据西洋纳氏的方法研究修辞,郑奠就不同意,主张根据古说研究修辞。过去的中外派和古今派是不能统一起来的,因为中外派是信奉外国的现代的东西,而古今派则是信奉中国古代的东西。彼此之间既有中外的歧异,又有古今的歧异。其次是思想方法不同,也无法统一。要是中外派以中国为主,古今派以今为主,而又用一种新方法加以结合,我想可以合流成为新的古今中外派。所谓新的"古今中外派",老实说就是马列主义派。马列主义派也要用形式逻辑,但形式逻辑不便于讲发展,所以还觉得不够,还必须运用辩证逻辑。

应该怎样研究文法、修辞呢？我认为这个答案应该包括四件东西：一、搜集事实,二、探索规律,三、运用形式逻辑,四、运用辩证逻辑。这四件都是研究文法、修辞必不可少的东西。要想对于文法、修辞有所创造和发现,必须同时注意这四件东西。

现在同学们跟随先生学习,正在进行继承性的研究,不久就可进入创造性的研究。我的意见仅供诸位参考,如果有不妥当之处,还请大家批评、指正。

（邓明以、程美英记录）

（《学术月刊》,1958年第6期。本文系1957年12月4日对复旦大学中文系学生所作的学术讲演。）

我对研究文法、修辞的意见

一 文法修辞研究虽然不同,但是可以同时进行

文法和修辞是两门科学。修辞比较具体,文法则比较抽象。比如农业的"八字方针",可以说成"八字宪法",就是一种修辞现象。修辞研究的条件很复杂。什么是修辞?修辞是利用每一国语文的各种材料、各种手段来表现我们所说的意思,它要讲究美妙,讲究技巧,但不是凌空的浮泛的,是利用语文的各种材料(语言、文字等等)来进行的。修辞的研究要从具体的运用上去观察,过去我研究修辞常到茶馆、戏院里去听。现在研究修辞的机会就更多了。我们常常开会听报告,有些报告不但政治意义很大,就是对研究修辞也有很大的意义。例如,周总理在辛亥革命五十周年纪念大会上的开幕词,从修辞上讲也是很好的。辛亥革命是失败的,本身没有多少话好谈,因此,有人把它讲到辛亥革命之前去,如革命派与改良派的斗争等等,这样好谈的东西就比较多,但和今天不容易联系起来。周总理以孙中山为线索,把它贯串起来,这样就可以把中山先生在"五四"以后所采取的联俄、联共和扶助农工的三大政策,把旧三民主义改为新三民主义等等也接连上去,而且可以遥遥接到我们党所领导的社会主义革命和社会主义建设。这样讲就很

好。这次上海纪念辛亥革命五十周年,要我发言,我也大体以孙中山为一条线来谈。这说明修辞不能死守框框,不能讲辛亥革命就死抱住辛亥革命,不敢离开辛亥革命来做文章;我们可以讲讲以前的,也可以讲讲以后的,但这和八股文不同。八股文是离开内容来讲前一层、后一层的,我们是为了内容恰如其分来讲前后左右。所以修辞研究总是具体的。修辞不仅语文工作者要研究,学文学的也要研究,甚至更要研究。修辞是介乎语言和文学之间的一门学科。

文法研究比较抽象,要抽象到规律上去,要有概括。因此研究文法如果取材过分简单的话,就不足以分析语言的复杂现象。过去日本人曾挖苦《马氏文通》,说《马氏文通》是以西洋的筛子把汉语的材料筛了一通,单把通过筛子的材料拿来用。这就是说他用西方的框框硬套汉语,看起来很清楚,但不能解决问题。学问在乎能够概括繁复的事实,过于简单化,不能概括,就没有多大用处。当然研究修辞也要概括,但修辞研究总是比较具体,而文法研究则比较抽象。

文法和修辞虽然是两门不同的科学,但是可以同时并进。我们复旦大学语言研究室,研究文法的人要研究修辞,研究修辞的人也要研究文法。这两者的关系是很密切的,并进而可以使我们的研究更为周到全面。

二　确立文法研究,加强修辞研究

修辞的研究应加强一些,开展一些。研究修辞对于个人的修养来说,可以使每个人对于语言的了解更加正确,运用起来更有把握。过去有人把古书解释错了,其中有些是由于不懂修辞,如"三思而后行"中的"三"是什么意思呢?如果不懂修辞,就容易解错。现在有些人的文章常常说:"第一是和平,第二是和平,第三也是和平"、"第一是斗争,第二是斗争,第三也是斗争",这又是什么意思呢?只有懂得这种修辞的用意,才能正确解释这类现象,也才能正确运用这类修辞手法,因此,研究修辞可以使我们精通语文事实。

修辞中的条件很多,而且很复杂,我们要看清楚关系。在修辞学里,有些语言事实可以从字面上得到解释,有些则不能从字面上来解释。我们对于各种语文事实不能单看表面,如"一日不见如三秋兮",这里的"三秋"是指三年,现在我们也常讲"三秋"是指秋收、秋耕、秋种,意思完全不同,必须就具体问题作具体分析。修辞可分为消极的和积极的两类,消极修辞可以按照字面解释,积极修辞则不能按照字面解释。解放以后,数字用得很多,例如"三反""五反""三结合""百花齐放,百家争鸣""十边"等等,我们应该对它进行分析和调查研究。有些是属于消极修辞的,有些则属于积极修辞。如"万岁"是包括万万年的意思,"百家争鸣"的"百"是指不限于"百",是多的意思,"百姓"的"百"和"万有文库"的"万",都是指多的意思。有一次我到农村中去,问农民种"十边"是否恰恰是"十"呢?他们说可多可少,那么那"十"就是积极修辞。修辞现象不管有多少变化,都应该可以解释,可以言传,如"万岁"是指"多"和"无限"的意思,也有欢呼和喝彩的意思。我们懂得修辞就可以更精确地掌握语文的意思,就可以扩大言传的境域。运用起来也可以更敢于进行创造和了解他人的创造。例如我们常讲"吃绍兴""吃龙井",我们也就可以因为南京的干丝很有名,把吃干丝说成是"吃南京"。又如"八字宪法"也可以说作"八字文法"等等。如果我们懂得修辞,就能一目了然了。所以研究修辞可以使我们更正确地理解掌握语文现象。对个人来讲,要加强修辞研究,对国家来讲,也要加强修辞研究。工农业的突飞猛进,语文也就跟着突飞猛进,比如过去收稻叫打稻的,现在用机器来脱粒了,不再打了,于是语文中也就都说"脱粒",不说"打稻"了。总之,新的事实出现了,新的语文也随之出现,我们应该随时进行研究。

现在进行修辞研究比过去方便得多,过去找材料要到古书中去找,例如"回文",就只能在古书中才能找到,而现在我们在一般的文件中就可以找到"回文",如"我为人人,人人为我"。"语言""言语"也是回文。又如"顶真"过去也少见,现在报纸上也有用"猪多肥多,肥多粮多,粮多猪多"作为大标题了。"双关"以前用得也不多,现在也用得多了,例如《刘三姐》中就有不少双关的例子:

妹相思:妹有真心哥也知,蜘蛛结网三江口,水冲不断是真丝(思)。

哥相思:哥有真心妹也知,十字街头买莲藕,节节空心都是丝(思)。

我最近访问过江西,听到革命根据地一个歌谣:

不费红军三分力,消灭江西两只羊(杨)。

歌谣中的"羊"是"杨"的谐音,意指杨池生、杨如轩两个师,用的也是比较特别的析字法。现在找材料容易,有了材料就可以进行分析,概括出规律来。从材料中也可以概括出成功的失败的经验来。解放前上海的"大世界"是个藏垢纳污的场所,人们对它印象不好。解放以后,就把它改为"人民游乐场",但改了以后,外宾来上海参观要找"大世界"却找不到了,所以后来又把它改了回来。这恐怕就是失败的经验。总的说来,我们是失败的经验少,成功的经验多。我们对成功的经验和失败的经验加以研究，就可以贡献一得之见。

我们说确立文法研究，并不是想抹杀过去研究的成绩，而是从过去的研究中确立进取的方向。文法研究在我国有着悠久的历史，自从外国文法学传入中国以后，对中国文法的研究曾经起了激荡的作用。开始的时候，有人企图搬用外国的文法来硬套中国的语文，但套不进去。几年前，大家争谈尾巴问题，有人说汉语有尾巴；有人说外国有，中国没有。认为有的就大谈其尾巴，认为没有的就干脆取消了词法。看起来这两种态度完全不同，但它们有一个共同点，就是认为研究文法必须研究尾巴。研究文法究竟是不是必须研究尾巴，必须认真探讨。我以为文法是研究组织的，文法把各个成分组织起来表示意思。"组织"和"结构"这两个术语要分开来用，"组织"是概括任何两个成分之间的关系和联系的，"结构"则是具体的组织，比如一个具体的句子的组织就叫做"结构"。近年来讨论"充分地研究"之类组织，有人特别注意其中的"地"，但我们也可以讲"充分研究"，没有"地"而组织还是基本上没有变。因此我们用不着特别重视这个"地"字。确立文法研究方向问题是一个学术问题，也是一个思想问题。过去曾有一个日本人说中国话里没有尾巴变化，不能讲文法，正如一只鸡没有鸡冠就无法分辨雌雄一样。我曾经写过一篇文章说他是"鸡冠派"，其见识和孙传芳相差无几。孙传芳禁止妇女剪头发，说剪了头发就男女分不清了。我们认为不但剪了头发还是分得清，就是女扮男装也还是分得清的，戏台上乔装的杨八姐不是终于看出来了吗？过去外国学者认为汉语没有"形态"，是低级的语言，后来有人起来辩护，说汉语也有"形态"，这是善意的，但我以为可以不必这样讲。打个比方说，外国人认为只有黄头发才是头发,长黄头发的人才是人,我们则说黄头发是头发,黑头发也是头发,长黄头发的是人,长黑头发的也是人。头发颜色在人并不是主要的东西。所谓"形态"在语言中的地位也是一样。总之,文法研究必须打破以形态为中心的研究法,采用一种新的观点方法来研究文法,这种新的观点方法要不仅能够研究汉语的文法,而且能够研究外国语的文法。这样说是不是有点过于敢想敢说呢? 也许有一些,但这是根据事实、根据我国语文需要提出的敢想敢说。我们认为,我们的文法研究者必须发挥一点敢想敢说的精神来找寻一条研究的出路。出路何在? 大家起来找寻,我们是主张用功能(词在组织中的作用)来进行文法研究的,来建立新的文法体系的。我们认为这是一条大道。赞同用功能来研究文法的人慢慢地多起来了,但这个工作还需要大家来努力。

我们主张用功能来研究文法,所谓"形态",也不是与功能无关。"形态"只有它是功能的标志、表示组织上的作用的时候才在文法的研究上有作用。外国语有"形态"的也可以对"形态"多研究一些。我们讲功能,是把意义和形式统括起来的,它们的关系如下图所示:

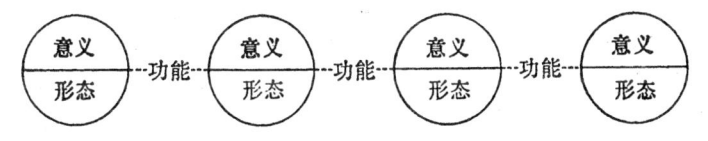

$$\boxed{\dfrac{意义}{形态}} \cdots 功能 \cdots \boxed{\dfrac{意义}{形态}} \cdots 功能 \cdots \boxed{\dfrac{意义}{形态}} \cdots 功能 \cdots \boxed{\dfrac{意义}{形态}}$$

可以看出,功能是讲各成分之间的联系和关系的。用功能来研究我国语文是必要的,也是可能的。也许有人会觉得从功能的观点研究文法前途茫茫,无从着手。我们认为如果能够看看各种学问兴废存亡的事迹,就会坚定起来,任何学问都是材料和观点的结合。材料充足,观点正确,就可以成为学问。材料贫乏,观点错误,这门学问就要消灭。要有材料必须进行调查研究。我们主张文法革新,反对文法生搬硬套,反对把某些特殊的现象当作普遍的现象。中国过去讲"形态"的要改,就是有些术语也要改,如所谓"范畴"到底是不是最高的类,不是最高的类为什么叫它"范畴"呢?

从功能的观点来研究文法,要有更多的人来做,我也曾经做了一点。例如区分词类,《马氏文通》以后,都是按意义(概念)来区分词类的。功能说是在同意义(概念)说的斗争中成长起来的。一种学说往往是在斗争中成长起来的。文法研究中还有形态派,主要是研究尾巴的,也要同他们辩论。方光焘先生是讲广义"形态"的,广义形态也是从关系和联系上讲的,所以也可以归为功能派。功能最近出现了各种不同的理解,我们讲功能是同组织连起来讲的。文法讲语文的组织规律,从小的方面讲,词素组合成词,从大的方面讲,词组织成句子。根据什么东西可以组织,什么东西不可以组织,什么同什么可以组织,什么同什么不可以组织,来进行分类。这样分出来的类就可以对我们的语言运用起指导作用。

我们讲功能是看分子与分子之间的作用的。功能是组织的功能,也就是各分子在组织上有什么不同的作用。过去有人把代词和副词归为虚词;这是从意义(概念)上来区分虚词和实词的结果。如果从功能着眼,以是否能单独运用,是否能充当句子成分作标准来区分词类,那么副词和代词都是实词。因为从功能的观点看来,虚词不能单独运用和充当句子的成分,这同语音学上区分元音和辅音有点相似。例如"方先生对语言学很有研究"这句话,也可以说:"他对语言学很有研究",在这两个句子里,如果把"方先生"说成是实词,而把"他"说成是虚词,那就没有什么意义了。《马氏文通》以意义来分类,我们要批判它,因为意义分类是讲不通的。"桌子""椅子"意义不同,但我们都把它归为名词一类。名词是意义的类呢,还是功能的类?"你、我、他"意义也不相同,但我们一般也把它归为一类,可见这样归出来的类,不是意义的类,而是功能的类。我写过一篇《试论助词》的文章,不同意助词是表示语气的说法,有人从意义上看,认为助词没有意义,但从组织作用上看,却很有意义,如"人者仁也"中"者也"等助词在组织上就有很大的作用。在文法上我主张用加法,他们却主张用减法。从功能的观点看,名词和代词可以合为一大类。总之,我们应该从词与词的关系上来看它的作用。还有人对功能说有别的解释,这说明我们的功能学说还有待于严密限定,使人不能随意下解释,希望大家一道来做这种工作。

文法研究从词的用法上来分类是对的。"形态"是功能的标志,如果"子""儿"是形态的话,那么它也是标志功能的,因此分类必须看功能,因为有些带"子""儿"的不一定都是名词,还必须看它的功能才能确定它的类。正好像炊事员要戴个白帽子,但不等于戴白帽子的人都是炊事员。这说明功能是主要的,形态不是主要的,如带"然"字的都是副词,但"征服自然"的"自然"就不是副词。可见只有标志功能的形态在分类上才有意义,凭"形态"分别出来的词类,归根到底还是功能的类。这样讲文法也许比较严密。

三 对研究的初步意见

1.调查研究要以马克思主义作指导。

党的方针是非常正确的,不但表现在政治上,而且表现在学术上,我非常拥护和佩服。如党提倡调查研究,它的意义就很大。但是调查研究的结果是否有用,还要看调查方法是否正确。调查研究要以马克思主义作指导,调查研究是为了解决问题,真正作学术研究,首先要对调查研究有正确的理解。

2. 研究语文应发扬爱国主义和国际主义精神。

过去的留学生往往看不起自己中国人,有一次鲁迅和林语堂一起吃饭,谈到语言问题,林语堂说:"广东人总以为自己的广东话是国语,普通话反而不是国语,有一次我对他们讲英语,他们都肃然起敬了。"听到这里,鲁迅耐不住了,愤然问他:"你是什么东西,拿外国人来吓唬我们的同胞。"鲁迅是有爱国主义精神的。我们语文学界也曾经介绍了许多看不起中国人的东西进来,如汉语是低等的语言等等说法。有爱国主义也要有国际主义,我们研究语文,应该屁股坐在中国的今天,伸出一只手向古代要东西,伸出另一只手向外国要东西。这也就是说立场要站稳,方法上要能网罗古今中外。我们学马列主义,学毛泽东思想不是为了贴标签,不是为了装门面,不能只在文章前面引几句毛主席的话,而后面就不接气了。我们研究语文,要把马列主义、毛泽东思想渗透到学术中去,记得在上海有一次学术会议中我曾经说过,要相互勉励,要做到不用毛主席的一句话而能体现毛主席思想。总之,我们要形成一种新的风气,加强语文方面的研究,在党的领导下,发奋图强,努力做一点应做的工作。

(录自《陈望道语文论集》,上海教育出版社,1980年。本文系1961年10月24日在南京大学所作的学术讲演节录)

修辞学在中国之使命

这个题目范围广大,决非一二小时内所能详说无遗;不过我想对诸位发表一点最近对于国文教授的感想,因此就这道题目的大概,在此和诸位谈谈。

修辞学底定义,照通常说法,原可以说:修辞学是研究文章上美地发表思想感情的学问。但所谓美和所谓丑,究竟如何区别呢?普通人说这是美的,那是丑的,似乎他们分别美丑很容易;若根本地问一句,究竟怎样叫做美,怎样才叫丑,也就不是一时间可以讨论清晰的。所以这种定义,不能用在匆促讨论的地方;现在讨论,实须另用简单的说明。

简单的说明起来,我想可以如此:先说明何谓辞,然后再说明何谓修辞。

修辞学所讲的"辞"是什么呢?简单言之,辞是由思想和言语组成的,二者缺一,便不成辞。所以画起表来便是:

$$\text{辞}\begin{cases}\text{思想}\\ \text{言语}\end{cases}$$

有思想,没有言语,那是肚子里面的思想,不是辞,所以不把思想吐露出来表现于言语上,不能成为辞。换一面说,只有语言,没有思想,那也只是鹦鹉的说话,梦呓,所以没有思想的言语,也不能算是辞。凡是辞,必具有思想和言语这两个要素。

再就这两个要素据我底研究细分起来,思想有三条件:(一)事理,(二)心理,(三)论理;言语也有三条件:(一)声音,(二)声音的记号——文字,(三)声音和声音连接的关系—— 文法。列表如下：

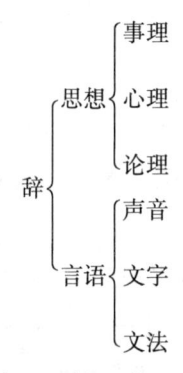

$$\text{辞}\begin{cases}\text{思想}\begin{cases}\text{事理}\\\text{心理}\\\text{论理}\end{cases}\\\text{言语}\begin{cases}\text{声音}\\\text{文字}\\\text{文法}\end{cases}\end{cases}$$

修辞便是在这六条件上用的工夫。消极的说,是要去掉不好；积极的说,是要现出好来。我们消极地能对于事理、论理、文字、文法四条件上留心,则结果为"通"；再能积极地对于心理、声音两条件上用意,则结果为"工"。我底这研究如果可靠,则一切文章上底通不通和工不工,都该可以在这六条件上去下检点的工夫。举例来说,如说"煮米成饭",我们知道是通的；倘说"煮沙成饭",我们觉得这是不通了。何以不通？便因为它不合于通的条件的"事理"。再如说"研究哲学科学可以通晓事物的公理","研究因明逻辑可以通晓辩论的公理",那是通的；倘如林传甲在京师大学堂《中国文学史》讲义第五篇第十六节上说:"西人之辨学曰,合肥相国姓李,而姓李者不尽如合肥相国也。东文之论理曰,见英雄皆善饮酒,然饮酒者未必为英雄也。初学作论,必自兹始。与其习西人辨学,东人论理学,何若取《论语》二十篇,实力研究之,以折衷万国之公理乎。"我们便觉得不通了。何以不通？便因它不合乎通的条件的

"论理"。再举一例,就如上海《民国日报·觉悟》栏上最近揭发的东南大学教授顾实君做了登在《国学丛刊》一卷三期里的《文章学纲要序论》中开始的一段话:

> 诗曰"他山之石,可以攻玉"。中国从来独创文化,第知则古称先,以往古为他山之石。今也不然,五洲棣通,不独可横而沟通中外,并可纵而贯穿古今焉。英语之流陀列克,源于希腊之流阿,本流水之义,以人类谈话,亦从思想流出,遂联想而转成此语。

这里的"不独可横而沟通中外,并可纵面贯穿古今"一语,实如《觉悟》所指摘,异常奇怪。何以奇怪?便因为它不合乎工的条件的"心理"。照普通心理,上文说古今,下文说中外,中间一句当然该说"不独可纵而贯穿古今,并可横而沟通中外焉";且必如此,才与本句前半截"今也不然,五洲棣通"八字相贯。所以我们觉得他所做的,倘不是辞不达意,便是他的心里有点上锈;总之是不工的了。一切尽可如此检查,现在可惜不能多说。

现在要讲一点修辞学底职务。修辞学的职务,就消极方面说,就是要使不至于不通;就积极方面说,就是要使成为工。但什么是工,工在何处呢?什么是不通,不通在何处呢?怎样才成工,怎样才不是不通呢?这几个问题如要详谈,便该翻出全部修辞学,现在只能略讲一点工的条件。工的条件,在声音方面至少有两个:(一)能调和,(二)有风味。譬如同一意义的辞,如"说大话"、"自夸",我们细细玩味起来,也可以看出不同的背景:说"自夸"的往往是文坛上的人,背景是文坛;说"说大话"的往往是普通人,背景是普通社会。背景不同,两个辞底风味便也因而不同。在心理方面讲来,最重要的研究是辞格底构成及其根据心理的应用。这问题可也颇复杂。现在只能举辞格研究的一例来略加说明:譬如"铁血主义"这个辞,普通的意思是强权的意思。但细想想"铁血主义"为什么是强权的意思呢？修辞学回答说:修辞学里有两条通例:

(一)原因可以代结果,结果可以代原因。

(二)材料、工具可以代事物、工作。

例如范成大诗"筭舆蔑舫相穷年",又《尚书·顾命》篇云"敷重筭席",筭是因,竹是果,原因可以代结果,所以这两句中的筭都是竹底意思。反之,结果也可以代替原因,如《史记·晋世家》云"汗马之劳,此复受次赏"。"汗马"是果,"力战"是因,因为结果可以代原因,所以此处的汗马也便是力战。意思就是说:"力战底功劳,这也受次赏。"懂得这条通例,"血"字就有着落,就是流血是战争底结果,照修辞常例可以用血来代战争。再讲到"铁",也可代战争,这也是依照第二例通例。如平常说的"某人笔墨好",便是用笔墨等工具材料代文章,决不是真说他或伊底笔墨都是在九华堂等处买的,笔墨格外地好,不过说他或伊底文章好罢了。这是说用工具材料代物;工具材料也还可以代事。如白居易诗"田园寥落干戈后,骨肉流离道路中";"干戈"二字便代战争的事。照此类推,"铁血主义"一辞,流血是果,战争是因;铁是工具,战争是工作;所以"铁血主义"是战争的意思,也便是强权的意思。诸如此类,凡是常人以为好的或奇的,都可以一一分析出它们底构造法则及它所以如变个样子说话的缘故。

关于修辞学的概念说完,以下该入本题说它在中国的使命了。我觉得如真像样的修辞学出来,它在中国的使命,共有四种,现在请与诸位逐段说明:

第一,可以绝灭关于修辞学本身上的谬想。我曾见有一位胡怀琛先生——这位先生诸位大约也知道他学问很博的,当他署名"胡寄尘"的时候,便会做礼拜六派的文章;当他署名"胡怀琛"的时候,又会做新小说新诗——几年前做了一部不到百页的《修辞学要略》,自己说是花了六年光阴才做成功。我以为这部书该是在中国修辞学书里最好的了,但是读过之后,令我大失所望。原来他把甚么"叠字传神"、"骈字传神"、"虚字传神"等说了一堆,又桐城八个字眼,什么"神"啦,"理"啦,"气"啦,"味"啦……一字一字扭过来,抄了几大篇古文,就叫人去"心领神会"去,算是修辞学了。这是名是而实非的修辞学。真的修辞学在中国的第一使命就在绝灭这等似是而非的修辞学。

第二,可以矫正利用修辞学材料排击文法学的妄想。有正书局出版的《文法津梁》一书,编者主旨是以中国修辞学材料来排斥文法的,他以为中国本来有文法,用不着西洋的文法,看此书的自序说:

> 今者兹编之辑,汇先正之绪言,以为后学津梁。果能据此以资讲习,则文章之消息已可得其大概。其贤于今之"文典"者远矣。

可知此书编者把修辞学和文法学混为一谈。他把修辞材料认作文法,又把他所谓的文法来排斥新兴文法,说来,总算很肯替修辞刮地皮了。但修辞学其实很愿文法学保全地位,决不想去并吞它。像这样的瞎拼命,修辞学是不很欢喜的。不,——不但不欢喜,并且还要排斥它。所以真正的修辞学在中国第二使命便是绝灭一般人想用修辞学去排击文法的空想。

还有第三种使命就是要矫正拉杂把修辞学混充文法学的弊病。此类的人并不像第二类,要排击文法,却把文法看得很重,但

329

实际是把修辞材料来混充文法。最明显的例子,就是《文法会通》。这书的自序说:

> 《马氏文通》出,于字类之分别,句读之组织,极言详论,博引繁征,诚千古未有之创作,然于积句成篇之法,则似尚多未详,爰不揣谫陋……虽举例简少,解释鄙略,不敢谓继《文通》而作,然欲与学者以易知易能,使即其可授受者以求夫不可授受者,则犹夫眉叔(文通著者)之意也。

这该是文法书了。但我们试查他底目录。卷一:论字,论词,论句;这是文法。卷二:论积句上——阴阳。卷三:论积句中——奇偶,排比,比例,譬喻,陪衬,援引,虚实,例证。卷四:论积句下——因果,假定,逆溯,设难,正负,演绎。卷五:论布局。(这是甲编的目录,乙编未见)差不多全是修辞性质的东西!

至于第四使命,就在使一般糊涂不解的,此后也解。从前一般摇头先生,往往以不解为神秘。记得我少时在私塾里读书,一位老师他很好心,教我练字,他说"春秋鼎盛"一辞很妙,倘改作"年纪很轻",便不妙了。说完大点其头,露出洋洋得意之色,觉得津津有味。我问他究竟为什么用了"春秋"二字就妙,他便神秘地作哑了。其实,我们只要知道修辞学里一条小小的通则:全体可代部分,部分可代全体;那末用春秋二字来代年岁,本无稀奇,又何以摆头摇足装神奇呢?修辞学在中国第四种的使命,就在使一般模糊不懂的明白起来,可以使只知其然的知其所以然。前月曹慕管先生为了"复辟"两字闹了一场大混乱,也就因为不知"复辟"两字与他自己所用"老马"一样是譬喻修辞的缘故,倘中国有一本小小的修辞学可看,这种小事也就不会闹到废了几万字了。

以上四种使命是我以为修辞学能担当的。不过我自己的却不敢说能尽这样的责任。我个人不过因为近来癖好它,就略略加以稍稍的观察,在责任上只是或者可以略尽一小部分罢了。学问原是共同的事业,那些走错路的能够回转头来努力,我自然很欢喜;诸位倘若愿意,我更希望诸君共同努力,起来担任这一类使命。

(杨光煮记)

(《时事新报》副刊《文学》第132期,1924年7月28日。本文系在浙江四中师范部的讲演)

修辞学的中国文字观

人们说到文字,总说文字是语言底记号,或说"言者意之声,书者言之记"(《尚书》序疏)。这就现在而论,也符事实。假若追溯源头,文字实与语言相并,别出一源,决非文字本来就是语言底记号。人们知道用声音表达思想,也就知道用形象表思想。知道从口嘴到耳朵的传达法,一面就又知道从手指到眼睛的传达法。口耳和手眼两条思想交通的路径,现在固然有了并合的地段了,当初实非如此。

从起初到现在,文字有着约略下面的四阶段:

(一)象征的质料

(二)备忘的标识

(三)表意文字

(四)表音文字

即在今日通用的表音文字之前,都曾有过表意文字;表意文字之前,又曾用过别的几种方法,表现传达。那些方法自然比较的简单,然而实际却做了文字底先驱。

用象征的质料表思想,如在苏门答腊岛的马来人,就是普通的通信法。他们往往造了容纳各物的小包,送给旁人表示自己的意思。小包中装了少许的盐或胡椒或槟榔子,顺次表示"爱"或"憎"或"嫉妒"。这种用物示意的方法,言语学家说,以铜色印第安底旺普姆族(Wampums)间最为发达。备忘的标识,则是为了便于记忆而运用的种种方法。中国也有传说,说是书契(文字)以前,曾经有过结绳时代。即所谓"上古结绳而治,后世圣人易之以书契"(《易·系辞》),这结绳便是一种备忘的标识,现在别的人种也还有人用它。借着绳底颜色、数目和结的数目,记载过去的事、将来的事以及来往的账目。

但是这些,真地只是文字底先驱罢了。真的文字,是以表现观念之连续的绘画,即所谓绘画文字为起点的。《虞书》上说的欲观古人之象而作日月至黼黻十二章,《左传·宣公三年》王孙满说的"昔夏之方有德也,远方图物,贡金九枚,铸鼎象物,百物而为之备,使民知神奸";近来有人,例如沈氏,以为这说的或者就是绘画文字。但古代纯粹用这初步表意文字记事的古迹,已不见了。后乎绘画文字的,就是表示各个观念的象形文字;表意文字到此已进一步。中国普通用作六书中"象形"之例的☉☽(日月),用作"指事"之例的⊥⊤(上下)等就是这一步的表意文字;埃及底楷书,表太阳的☉,表月亮的☽也是这一步的表意文字。由此再进一步,拼合了这等象形文字来表思想,这个便是最后的表意文字。这在中国,如六书中的所谓"会意",合"人木"两字作一"休"字,合"刀牛角"三字作一"解"字等,就是适例。

表意文字以后便是表音文字了。这里有了一个显著的分歧:一面埃及楷书的象形文字发达为行书(僧侣文字)与草书(民间文字)之后,腓尼基人取了楷书及行书造出拼音字母底原形,递嬗下来,变成今日世界通行的拼音字母;而一面如我们中国,虽然也有六书中称为"形声""转注"的半表音文字及称为"假借"的纯表音法,却终于只借固有文字以为表音符号,直至注音字母出现为止,

333

并不曾造出甚么以简驭繁的拼音字母。现在的中国文字,虽因经了几次的字体转变,已为钱氏所谓"四方的太阳(日),长方的月亮(月),四条腿的鸟,一只角的牛,象形字不象形了",毕竟还是带几分图形的性质(参看沈兼士《国语问题之历史的研究》及钱玄同《汉字革命》)。

表音文字底特色在乎消灭了原有的意义,纯粹用作声音底记号。因此所谓从"表意"进到"表音"者,严密说来,也就该是从"字即意"的境地进到"字即音"的境地。然而现在的中国文字,虽然原属表意的象形、指事、会意等也已原形消失而且兼表音意,一半有了表音文字底资格了,——从这点说,中国文字也是语言的记号,——但终不曾完全实现了表音的倾向,不曾完全消灭了图形的性质(注音字母又当别论)。

中国文字因此在修辞学上就发现了一个特殊的情形,就是有了通常所谓字面好看不好看的问题。字面底好看不好看,不关于文字做语言记号的任务,乃在文字底本身,文字底形。拼音文字固然也是 A 有 A 底形,B 有 B 底形,但在它们,形已消失了原义,又因单用有限的几十个音符拼音的缘故,字形底个性实际不免模糊,因而文字形体也就不甚注意。至如中国,以至参用中国文字的日本国,字形既已繁多而又多少带有图形的性质,文章上这就不免很有些人在字音所致的"听觉的效果"而外,并注意字形所致的"视觉的效果",而有所谓"字面问题"了。这与中国写字特别发达为一种艺术,仿佛同一因缘。关于这问题修辞上的议论,我们将在别的机会相当地介绍它。

(《立达季刊》第 1 卷第 1 期,1925 年 6 月)

修 辞 随 录

年来略略研究修辞的现象,随见随录,毫无次序。现拟着手整理,先从《辞格论》*的材料中,稍稍整理出几条来,请朋友们加以指正。

藏 词 格

本词已见于古人成句,便把本词藏了,单将成句底别一部分用在文中以代本词的,名叫藏词格。例如成句中有:

(一)兄弟见于　友于兄弟(《书·君陈》)

(二)孙谋见于　贻厥孙谋(《诗·大雅·文王有声》)

(三)日月见于　日居月诸,胡迭而微。(《诗·柏舟》)

(四)祸福见于　祸兮福所倚,福兮祸所伏。(《老子》,第五十章)

修辞的现象中就有:

(一)"友于"代"兄弟"——(例)一欣侍温颜,再喜见友于。(陶渊明《庚子岁从都还》诗)

---

* 即为作者《修辞学发凡》初稿中"辞格论"。本篇以下四篇原题分别为《修辞随录》(二)、(三)、(四)、(五),今统一于本篇之下,各列辞格名。

（二）"贻厥"代"孙"——（例）（溉孙）荩早聪慧。溉每和御诗，上辄手诏戏溉曰，"得无贻厥之力乎？"（《南史·到溉传》）

　　（三）"居诸"代"日月"——（例）岂不念旦夕，为尔惜居诸。（韩愈《符读书城南》诗）

　　（四）"倚伏"代"祸福"——（例）鬼神只瞰高明宝，倚伏不干栖隐家。（徐夤《招隐》诗）

这里的"友于""贻厥""居诸""倚伏"，便都可以称为藏词格。其中也略有分别：如"友于""贻厥"之类，本词在后半截，文中藏了后半截的，可特称为"歇后藏词格"，就是前辈所说的"歇后语"；如"居诸""倚伏"之类，本词在前半截，文中藏了前半截的，依前例可特称为"虚前歇后语"，以前仿佛无专名。

　　这种辞格，似乎过于细巧。陆游在《老学庵笔记》里，吴曾祺在《涵芬楼交谈》里，都曾隐隐地教人不要用；我觉得他们底意见很不错。不过用在诙谐，却亦有趣，尽可不必拘拘罢了。

（《小说月报》第15卷第4号，1924年4月10日）

析　字　格

　　字有形音义三方面；把所用的字析为形音义三方面，看别的字有一面与它相合相连，随即借来替代或即推衍上去的，名叫析字格。顾亭林《日知录》卷二十七说：

　　　　太白诗有《古朗月行》。又云"今人不见古时月"（《把酒问月》）。王伯厚引《抱朴子》曰，"俗士多云，今日不及古日之热，今月不及古月之朗"（《困学纪闻》卷八；《抱朴子·外篇》卷三

《尚博》篇),是则然矣。而又云"狂风吹古月,窃弄章华台"(《司马将军歌》)。又云"海动山倾古月摧"(《永王东巡歌》)。所谓"古月"则明是"胡"字,不得曲为之解也。……或曰:析字之体,止当著之谶文,岂可以入诗乎?"稿砧今何在?山上复有山",……古诗固有之矣。

按亭林引来证明诗中也用析字格的这首古诗,"稿砧今何在?山上复有山。何当大刀头?破镜飞上天",粗看颇不易解,须有解释。《学林新编》解释说:"稿砧者,铁也;稿砧今何在,问夫何在也。山上复有山者,出也;言夫已出也。大刀头者,镮也;何当大刀头者,何日当还也。破镜者,月半也;破镜飞上天者,言月半当还也"(《渔隐丛话》前集卷九所引)。据此,则"稿砧"两字共有两重曲折:(一)衍义为"铁";(二)再依"铁"谐音作"夫"。"山上复有山",是"出"字底分形。"大刀头"又有两重曲折:(一)衍义作"镮";(二)又从"镮"谐音作"还"。"破镜"是月半底衍义。又,所引太白诗底后二例,如依亭林解释,"古月"两字也是"胡"字底分形。总数所有析字修辞底基本方法,共得三类:(一)分形;(二)谐音;(三)衍义。其余都是这三类基本方法(或参用他种辞格)复合所成的现象。今分别说明于下:

一、分形析字格

(一)"一个"就是我,就是你,就是毛厕里的石头,就是你所可爱的清风明月及一切物质文明精神文明,就是你所可憎的尘垢秕糠及一切蛇狼虎豹政客丘八!(《科学与人生观》,《一个新信仰的宇宙观及人生观》篇)

(二)张俊民道,"㸑子老官,这事凭你作法便了。做成了,

少不得言身寸。"王䪁子道,"我哪个要你谢……"(《儒林外史》第三十二回)

这都因为字形相合,借来替代。如"丘八"两字会了便是"兵"字,所以就借"丘八"两字代"兵"字,"言身寸"三字合了便是"谢"字,所以就借"言身寸"三字代"谢"字。《镜花缘》第七十回里的所谓"马扁儿""昔酉儿",也是如此。

旧体诗中的"离合体",有的也用这一格。如唐人陆龟蒙所作《闲居杂题五首》(《甫里先生文集》卷十一),就每首含有"鸣蜩早""野态真""松间斟""饮巖泉""当轩鹤"等三字题底分形析字格:

(三)子山园静怜幽木,公干词清咏荜門。月上风微萧洒甚,斗醪何惜置盈樽。(第三首)

"木""公"合成"松","門""月"合成"閒","甚""斗"合成"斟";"木公""門月""甚斗",便是本题"松閒斟"三字底分形析字格。又:

(四)已甘茅洞三君食,欠买洞江一朵山。巖子濑高秋浪白,水禽飞尽钓舟还。(第四首)

也同前例一般,用在两停(依吾友刘大白先生《中国诗歌概论》所用新名)之间的"食欠""山巖""白水"等六字,便是本题"饮巖泉"三字底分形析字格。

还有字谜,酒令,讖语之类,有时也用这一格。字谜如:

(五)斜竿上,挂件衣。可惜沾点土,还说日头底。(超人《离家的一年》篇,"褚"字)

酒令如:

(六)〔令〕鉏麑觸槐,死作木边之鬼。

〔答〕豫讓吞炭,终为山下之灰。

(唐人酒令之一,见《渔隐丛话》前集卷二十一所引)

谶语如:

(七)言居东,西有午,两日并光日居下。(《三国志·魏文帝纪》注;一是"许"字,一是"昌"字)

二、谐音析字格

(八)季苇萧笑说道,"你们在这里讲盐䭔子的故事?我近日听见说,扬州是六精。"辛东子道,"是五精罢了,哪里六精?"季苇萧道,"是六精的很!我说与你听:他轿里是坐的债精,抬轿的是牛精,跟轿的是屁精,看门的是谎精,家里藏着的是妖精:这是五精了。而今时派,这些盐商头上戴的是方巾,中间定是个水晶结子:合起来是六精。"说罢,一齐笑了。(《儒林外史》第二十八回)

这就是因为"精"和"晶"声音相谐合,便把"晶"也算作"精",合着原有"五精"称为"六精"。

(九)(湘云)呷口酒,忽见碗内有半个鸭头,遂夹了出来吃脑子。众人催伊:"别只顾吃,你到底快说呀!"湘云便用筷子举着说道:"这鸭头不是那丫头,头上哪有桂花油?"众人越发笑起来,引得晴雯、小螺等(丫头)都走过来说,"云姑娘会开心儿,拿着我们取笑儿,快罚一杯才罢!怎见得我们就是该擦桂花油?"(《石头记》第六十二回)

这也无非为了"鸭"和"丫"声音谐合,因此云姑娘吃鸭头时,拿着丫头们取笑。

(十)南京的风俗:但凡新媳妇进门,三天就要到厨下收拾一样菜,发个利市;这菜一定是鱼,取"富贵有余"的意思。(《儒林外史》第二十七回)

这是谐音析字格之术数的应用底一例,正如分形析字格之术数的应用(即所谓"拆字"的)一般,现今的社会还是到处有人迷信它。

那旧诗中,诗话里称它为"借对"(严羽《沧浪诗话》)或"假对"(胡仔《渔隐丛话》所引)的,大抵都是这一格。如下文所举两个所谓借对的例便是:

　　(十一)厨人具鸡黍,稚子摘杨梅。(杨作羊)(孟浩然《裴司士见访》)

　　(十二)眼穿长讶双鱼断,耳热何辞数爵频。(爵通雀)(韩愈《酒中留上襄阳李相公》)

三、衍义析字格

　　(十三)宝玉道,"等我回去,问了是谁,教训教训伊们就好了。"黛玉道,"你的那些姑娘们,也该教训教训,——只是论理,我不该说。今儿得罪了我的事小,倘或明儿宝姑娘来,甚么贝姑娘来,也得罪了,事情岂不大了?"(《石头记》第二十八回)

宝姑娘是宝钗,贝姑娘并无此人,只因"宝贝"两字意义相连,即便推衍上去,以嘲笑宝玉平日爱重宝钗,把宝钗当作"宝贝"。

以上所举都是单纯的例。此外复杂的例:如俗称"假"为"西贝",便是把"假"字先依谐音例看作"贾"字,再依分形例分为"西贝"两字;又如俗称"岂有此理"为"岂有此外",便是先把"理"字依谐音例看作"里"字,随后又依倒反格(另详),把"里"字化为"外"字而成:这些都是析字格复合体底活例。《世说新语》(中卷下)《捷悟》篇载:

　　魏武尝过曹娥碑下。杨修从碑背上见题作"黄绢幼妇外孙齑臼"八字。魏武谓修曰,"解不?"答曰,"解。"魏武曰,"卿未可言,待我思之。"行三十里,魏武乃曰,"吾已得。"令修别记所知。修曰,"黄绢,色丝也,于字为绝;幼妇,少女也,于字为妙;外孙,女子也,于字为好;齑臼,受辛也,於字为辤:所谓'绝妙好辤'也。"魏武亦记之,与修同。乃叹曰,"我才不及卿,乃觉三十里"。

本例并见《三国演义》第七十一回,也可说是析字格复合体底一个活例。其构成方法,都重用分形、衍义两类基本方法:如"绝"先分形作"色丝",再衍义作"黄绢";"妙"先分形作"少女",再衍义作"幼妇";余仿此。

附记——析字与双关(另详)两种辞格,都是构成所谓廋辞的重要方法。"廋辞"一名,始见于《国语》;《晋语》(五)记:范文子(士燮)有一次退朝很晚,他底父亲范武子(士会)问他,"何暮也?"他说,"有秦客廋辞于朝,大夫莫之能对也,吾知三焉。"他父亲听了大怒,说,"大夫非不能也,让父兄也。尔童子而三掩人于朝,吾不在晋国,亡无日矣",竟大打了他一顿。即此便是关于廋辞最初的记载。韦解"廋,隐也;谓以隐伏谲诡之言问于朝也。"这条解释就是说,廋辞便是隐语,便是隐伏谲诡的话。但所谓隐伏谲诡的内容,已不可考,我们自然无从确指它究竟是何辞格。只据修辞常例,我们可以推定说:那廋辞大约也不出这析字和那双关的两种辞格。这种"廋辞",后世也称"廋语"。宋孙觌诗"廋语尚传黄绢妇,多情好在紫髯翁",便是改称廋辞为廋语的一个实例。

(《小说月报》第15卷第5号,1924年5月10日)

铺　张　格

说话上张皇铺饰过于客观的事实处,名叫铺张格。说话上所以有这铺张格,大抵由于作者当时,重在主观的情意底畅发,不重在客观的事实底记载。我们主观的情意,每当感动深切时,往往以一当十,不能适合客观的事实。故见一美人,可以有:

> 增之一分则太长,减长一分则太短。著粉则太白,施朱则太赤。(宋玉《登徒子好色赋》)

之感;说一武士可以有:

> 力拔山兮气盖世(项羽《垓下歌》)

的话。所谓铺张的辞格,便是由于这等深切的感动而生。

知道铺张格底作用,在乎抒描深切的感动,我们赏鉴那抒描感动的小说诗歌等类作品时,遇有此种辞格,就当原情逆意,还它本来面目。孟子(轲)说,"说诗者,不以文害辞,不以辞害志;以意逆志,是为得之。如以辞而已矣,《云汉》之诗曰'周余黎民,靡有孑遗'。信斯言也,是周无遗民也"(《万章》篇上)。像他这样说,才可算是真能领略铺张辞格的人。倘如对于杜子美(甫)底这两句诗:

> 霜皮溜雨四十围,黛色参天二千尺。(《古柏行》)

沈存中(括)必要说它"四十围乃是径七尺,无乃太细长乎?"(《梦溪笔谈》卷二十三《讥谑门》);《湘素杂记》又要为子美辩护,说"存中性机警,善九章算术,独于此为误,何也? 古制以围三径一,四十围即百二十尺。围有百二十尺,即径四十尺矣;安得云七尺也? 若以人两手大指相合为一围,则是一小尺。即径一丈三尺三寸,又安得七尺也? 武侯庙古柏,当从古制为定。则径四十尺,其长二千尺宜矣;岂得以细长讥之乎?"(《渔隐丛话》前集卷八所引)我们即可原谅他们两位算法上的错误,也不能不埋怨他们底两盘算盘声,把我们铺张格底真声音掩盖了。

铺张格可以分为两类:(一)普通的,可称为普通铺张格;(二)单关于事象先后的,可以称为窜前铺张格。普通的用处并不限于甚么,古来注意它论述它的也比较地多,如所谓"增语"及"增文"(见王充《论衡》卷七八《语增》、《儒增》、《艺增》等篇),所谓"夸饰"(刘勰《文心雕龙》卷八《夸饰》篇),所谓"激昂之言"(《渔隐丛话》前集卷八引诗眼),都是专论这一格;它在实际上是比较普通的了,所以我们就称为普通铺张格。还有关于事象先后的,是常将实际上后起的现象说成它在先呈的现象之前(至少说成它与先呈的现象同时并现),就是常有落后者反而奔窜在前的特点的,因此我们便称它为窜前铺张格。

一、普通铺张格

(一)明日一早定要家去了。虽然住了两三天,日子却不多,把古往今来没见过的,没吃过的,没听过的,都经验了。(《石头记》第四十二回)

(二)严监生正在大厅陪着客吃酒,奶妈慌忙走了出来说道,"奶奶断了气了!"严监生哭着走了进去,只见赵氏扶着床沿,一头撞去,已经哭死了。众人且扶着赵氏灌开水,撬开牙齿,灌了下去。灌醒了时,披头散发,满地打滚;哭得天昏地暗,连严监生也无可奈何。(《儒林外史》第五回)

(三)锦江春色来天地,玉垒浮云变古今。(杜甫《登楼诗》)

(四)吴楚东南坼,乾坤日夜浮。(杜甫《登岳阳楼诗》;坼读如策,裂也。)

(五)白发三千丈,缘愁似个长。(李白《秋浦歌》十七首之十五)

(六)一风三日吹倒山,白浪高于瓦官阁。(李白《横江词》六首之一;瓦官阁在瓦官寺,古碑云:昔有僧……以瓦棺葬于此……寺中有阁,高三十五丈。)

(七)谁谓河广?曾不容舠。(《毛诗·卫风·河广》篇;舠音刀,小船形似刀者。)

(八)千禄百福,子孙千亿。(《毛诗·大雅·假乐》篇)

(九)汤汤洪水方割,荡荡怀山襄陵,浩浩滔天。(《尚书·尧典》篇;汤音伤,汤汤流貌;割,害也;怀,包也;襄,上也。)

(十)前徒倒戈攻于后以北,血流漂杵。(《尚书·武城》篇)

就上举诸例看来,如例一,例五,例七,例八,例九之类,我们或者可以说它是数量上的铺张,如例二,例三,例四之类,我们或者可以说它是性状上的铺张,——总之用处并不限于甚么一面。

二、窜前铺张格

(十一)(雨村,士隐)二人归坐,先是款酌慢饮;渐次谈至兴浓,不觉飞觥献斝起来。当时街坊上家家箫管,户户笙歌,当头一轮明月,飞彩凝晖,二人愈添豪兴,酒到杯干。(《石头记》第一回)

(十二)吃过了茶,摆两张桌子杯箸……随即每桌摆上八九碗……叫一声"请",一齐举箸,却如风卷残云一般,早去了一半。(《儒林外史》第二回)

(十三)宝玉道,"这条路是往哪里去的?"焙茗道,"这是出北门的大道。出去了,冷清清,没有可顽的。"宝玉听说,点头道,"正要冷清清的地方好。"说着越发加上两鞭,那马早已转了两个弯子,出了城门。(《石头记》第四十三回)

(十四)愁肠已断无由醉;酒未到,先成泪。(范仲淹《御街行》词)

(十五)请字儿未曾出声,去字儿连忙答应;早飞去莺莺跟前,姐姐呼之,诺诺连声。(《西厢·请宴》)

(十六)武王克殷反商,未及下车而封黄帝之后于蓟,封帝尧之后于祝,封帝舜之后于陈。(《礼记·乐记》篇;"反"当为"及"之误,蓟音计。)

就上举诸例看来,凡是后起的现象,在这铺张格里都有一个窜前的倾向,轻则如例十一,将后起的现象"杯干"说成与先呈的现象"酒到"同时,重则如例十二以下诸例,将后起的现象说成在先呈的现象之前,所以我们要给以窜前铺张格底名称。窜前铺张格,专用在记载接连起来的两件事象,我们要刻意形容它"说时迟,那时快"的时候。

古来论这铺张格最周到的,据我知,要算汪容甫(中)为第一人。他说:

《礼记·杂记》:"晏平仲祀其先人,豚肩不揜豆。"豚实于俎,不实于豆。豆径尺,并豚两肩,无容不揜。此言乎其俭也。《乐记》:武王克商,未及下车,而封黄帝尧舜之后。人封必于庙,因祭策命,不可于车上行之。此言乎以是为先务也。《诗》:"嵩高维岳,峻极于天。"此言乎其高也。此辞之形容者也。……辞不过其意则不鬯,是以有形容焉。(《述学·释三

345

九》中篇;他底所谓形容就是我们所谓铺张。)

短短的一段文字,居然也把我们说的两类铺张辞格都论到了。

附记:——历来讲铺张格的常附有许多的限制,其中最可取的约有两条:(一)主观方面须出于情意之自然的流露;如《古文苑》里名为宋玉作的《大言赋》《小言赋》,完全出于做作,可说毫无意义。(二)客观方面须不致被人误作为事实;如上举的"白发三千丈",倘不是"三千丈"而是"三尺",那便容易使人误认为事实,那便不是修辞上的铺张而是实际上的说谎。

(《小说月报》第15卷第6号,1924年6月10日)

譬 喻 格

思想底对象与另外的事物有了类似点,文章上就用那另外的事物来比拟这思想底对象的,名叫譬喻格。这格底成立,实际上共有思想底对象、另外的事物和类似点等三个要素,因此文章上也就有正文、譬喻和譬喻语词等三个成分。凭着这三个成分底异同及隐现,譬喻辞格可以分为明喻、隐喻、借喻三类,如下表:

辞格 成分　句式	明 喻		隐 喻		借 喻
	详 式	略 式	详 式	略 式	略 式
正文	现	现	现	现	(隐)
譬喻语词	"似""如"之类	(隐)用平行句法替代它	"是""也"之类	(隐)	(隐)
譬 喻	现	现	现	现	现

一、明喻——是分明用另外事物来比拟文中事物的譬喻。正文与譬喻两个成分不但分明并揭,而且分明有别;在这两个成分之间,常有"好像"、"如同"、"仿佛"、"一样"或"犹"、"若"、"如"、"似"之类的譬喻语词绾合它们。例如:

(一)我底佳偶在女子中,好像百合花在荆棘内。(《旧约·雅歌》第二章)

(二)这……是黄昏时候,高寒明净的月光,漫盖山野;田野尽头冒着薄霭,如在梦里;树林含烟,仿佛浮着一般;低的河柳叶尖的积露,珠子一样的发光。(《现代日本小说集·少年的悲哀》篇)

(三)君子之交淡若水,小人之交甘若醴。(《庄子·山木》篇)

(四)侨闻学而后入政,未闻以政学者也。……譬如田猎,射御贯则能获禽;若未尝登车射御,则败绩厌覆是惧,何暇思获?(《左传》襄公三十一年)

(五)人之有学也,犹木之有枝叶也。木有枝叶犹庇荫人,而况君子之学乎?(《晋语》九)

这类的譬喻,往往用较熟悉较具体的事物作比,使人对于正文格外看得真切。如:

(六)王小玉……唱了几句书儿,声音初不甚大,……唱了十数句之后,渐渐地越唱越高;忽然拔了一个尖儿,像一线钢丝抛入空际,不禁暗暗叫绝。哪知伊于那极高的地方,尚能迴环转折;几啭之后,又高一层,接连有三四叠,节节高起。恍如由傲来峰西面攀登泰山的景象:初看傲来峰削壁千仞,以为上与天齐;及至翻到傲来峰,才见扇子崖更在傲来峰上;及至翻到扇子崖,又见南天门更在扇子崖上:愈翻愈险,愈险愈奇。那王小玉唱到极高的三四叠后,陡然一落,又极力骋其千回百折的精神,如一条飞蛇在黄山三十六峰半中腰里盘旋穿插,顷刻之间,周匝数遍。(《老残游记》第二回)

(七)有人的性情,例如我自己的,如以气候作喻,不但是阴晴相间,而且常有狂风暴雨,也有最艳丽蓬勃的春光。有时遭逢幻灭,引起厌世的悲观,铅一般的重压在心上,比如冬令阴霾,到处冰结,没有些微生气。(徐志摩《曼殊斐儿》)

又往往就用眼前的事物作比,使眼前的两件事物格外密切。如

(八)微风早经停息了;枯草支支直立,有如铜丝。一丝发抖的声音,在空气中愈颤愈细。细到没有,周围便都是死一般静。(《呐喊·药》)

(九)伊也从眼泪里笑了出来,好比阳光照着晶莹的涧水。(《涡堤孩》第七章)

要用譬喻,约有两个要点必须留神:第一,譬喻与被譬喻的两个事物必须有一点极相类似;第二,譬喻与被譬喻的两个事物必须本质上很是不同。倘缺第一要点,譬喻当然不能成立;便是只缺第二要点,修辞学上也不能称它为譬喻。例如:

(十)上排牙齿如同下排牙齿。

(十一)火车底汽笛如同轮船汽笛一般发响了。

这样单举了相同的事物与正文相排叠的,虽然也有类似点,也有"如同"一类的词绾合,决算不得是明喻。又如:

(十二)他很鄙薄城里人,譬如用三尺长三寸宽的木板做成的凳子,未庄叫"长凳",他也叫"长凳",城里人却叫"条凳";他想,这是错的,可笑!油煎大头鱼,未庄都加上半寸长的葱

叶,城里却加上切细的葱丝;他想,这也是错的,可笑!(《呐喊·阿Q正传》)

这样单单举出正文特殊的事物来做例证的,虽然也与正文有类似点,有"譬如"之类的词绾合,也只是例证,不是明喻。

明喻通常都如上文所举各例,在白话里常有"如同"、"好像"等词,在文言里常有"犹"、"若"、"如"、"似"等词标明。这是详式。至于略式,大抵省去了这等词面,把正文与譬喻配成对偶、排比等平行句法。如:

(十三)富润屋,德润身。(《大学》)

(十四)流丸止于瓯臾,流言止于智者。(《荀子·大略》篇)

(十五)狡兔死,走狗烹;高鸟尽,良弓藏;敌国破,谋臣亡。(《史记·淮阴侯列传》)

(十六)离娄之明,公输子之巧,不以规矩不能成方圆;师旷之聪,不以六律不能正五音;尧舜之道,不以仁政不能平治天下。(《孟子·离娄》上——以上譬喻在前)

(十七)人道敏政,地道敏树。(《中庸》)

(十八)养儿防老,积谷防饥。(谚语——以上譬喻在后)

备览——"明喻"这名,系沿用清人唐彪所定的旧名(见《读书作文谱》卷八)。唐彪之前,曾有宋人陈骙称它为"直喻"。《文则》卷上丙节条举十种"取喻之法"说:

一口直喻,或言"犹",或言"若",或言"如",或言"似",灼然可见。《孟子·梁惠王》上曰,"犹缘木而求鱼也",《书·五子之歌》曰,"若朽索之驭六马",《论语·为政》曰,"譬如北辰",《庄子·大宗师》曰,"凄然似秋"。此类是也。日本人所著的修辞书,历来都只根据这一条,称我们所说的明喻为直喻;一二年来就是我们中国人也颇有人用它了。但我总以为还不如明喻一个名称显明。

二、隐喻——隐喻是比明喻更进一层的譬喻。正文与譬喻底关系,比之明喻更为紧切;如用风喻君子之德,有草喻小人之德,在明喻应用"君子之德如风,小人之德如草"一类形式的,在隐喻却用下列的两项形式:

(十九)君子之德,风也;小人之德,草也;草上之风必偃。(详式——《孟子·滕文公上》)

(二十)君子之德,风;小人之德,草;草上之风必偃,(略式——《论语·颜渊》)

我们就此知道上列两类譬喻,表明正文与譬喻关系的形式,显然有点不同:明喻底形式是"甲如同乙",隐喻的形式是"甲就是乙";明喻在形式上只是相类的关系,隐喻在形式上却是相合的关系。这种形式关系底不同,再看下举数例,便可了然:

(二十一)我同你去科学庙里游逛看。你先跑到博物学殿上,自然只看见动植物标做活物,金石标做矿物。你若转到化学官里,便差不多看见金石都活了起来。你又走向物理学的宝塔上面去,看见了万有引力菩萨及相对性大神,你才把万有,一齐都活了起来,自然都活到"一个"身上去了。(《科学与人生观·一个新信仰的宇宙观与人生观》篇)

(二十二)向劳工的岸走去,经过苦难的河。(《点滴·沙漠间的三个梦》)

(二十三)怕听《阳关》第四声,回首家山千万程,博着个甚功名,教俺做浮萍浪梗。(乔孟符《扬州梦》杂剧楔子;"阳关第四声"是指《阳关》曲中"劝君更尽一杯酒"一句。)

(二十四)旧恨春江流不尽,新恨云山千叠。(辛弃疾《念奴娇》词)

(二十五)赵衰,冬日之日也;赵盾,夏日之日也。(《左传·文公七年》)

(二十六)杨布问曰,"有人于此:年,兄弟也;言,兄弟也;才,兄弟也;貌,兄弟也;而寿夭,父子也;贵贱,父子也;名誉,父子也;爱憎,父子也:吾惑之。"(《列子·力命》)

备览——陈骙在《文则》卷上丙节里了曾说到隐喻。但他底所谓隐喻,适当我们下文说的借喻,与上文说的隐喻不同。上文说的隐喻,我到现在还不曾发见出明确地说过它的人。所以就连名词,也只好向既成名称很多的借喻类里,暂时借了一个来用。

三、借喻——比隐喻更进一层的,便是借喻。借喻之中,正文与譬喻底关系更其密切;这就全然不写正文,便把譬喻用作正文底代表了。如:

(二十七)我觉得立在大荒野的边界,到处都是飞沙。(《点滴·沙漠间的三个梦》;大荒野喻浊世,飞沙喻恶俗。)

(二十八)缲成白雪桑重绿,割尽黄云稻正青。(王安石《木末》诗;白雪喻丝,黄云喻麦。)

(二十九)这些鹍,从古以来,几千年几万年地接连了燃烧着一种的希望。(《爱罗先珂童话集·鹍的心》)

(三十)博陵崔师立,种学绩文,以蓄其有。(韩愈《蓝田县丞厅壁记》)

(三十一)这等燕雀,安敢和鸿鹄厮并!(《水浒》第六十回卢俊义的话;借喻梁山泊好汉,不敢和自己作对)

(三十二)岁寒,然后知松柏之后凋也。(《论语·子罕》;借喻人在浊世才见得君子守正。)

用借喻有该独特留神的两件事:第一,应该避去同一事物在同一文中混用两个以上的借喻。如说:

社会革命底潮流,已在呼唤我们了。

有"潮流""呼唤"两个借喻糅杂在一处,便觉不很好。其实不但混用两个借喻,就是一个借喻与一个平语底混用,也都应该避去。如说:

马克思是社会主义底始祖,也是燕妮底爱人。

这样将一个借喻的"始祖"与一个平语的"爱人"混用,也就觉得有点不伦不类了。第二,应该避去容易引起误解的借喻。据《新约》耶稣曾经用过这一种的借喻,今就引入了他底一段故事,来暗示用这种借喻底有损:

门徒渡到那边去,忘了带饼。耶稣对他们说,你们要谨慎,防备法利赛人和撒都该人的酵。门徒彼此议论说,这是因为我们没有带饼罢。耶稣看出来,就说,你们这小信的人,为甚么因为没有饼彼此议论呢? 你们还不明白么? ……我对你们说的话,不是指着饼说的,你们怎么不明白呢? 你们却要防备法利赛人和撒都该人的酵。门徒这才明白他说的,不是叫他们防备饼的酵,乃是防备法利赛人和撒都该人的教训。

(《马太传》第十六章)

借喻(或兼用隐喻拟人等格)不止可以用在文中,也且可以独立成文。所谓"寓言",所谓"讽喻",便是这类借喻独立成文的文体;在中国现有的书中,已有《伊索寓言》、《天路历程》、《梦》等等纯用这类文体的书。

备览——"借喻"这名,系沿用元人范德机底定名(见《木天禁语·借喻》条),此外所有的名称,如"隐语"(见元人陈绎曾所著《文说》论"造语法"条),如"譬况"(见明人杨慎所著《丹铅总录》卷十三《订讹》类《譬况》条及卷十八《诗话》类《双鲤》条),如"暗比"(见清人唐彪所著《读书作文谱》卷八《暗比》条)等,或太浮泛,或与别的譬喻名称不很连贯,都觉不大适用。

以上三级的譬喻,从譬喻所以成立的根本上看来,原无如何的区别,可是:(一)越进了一级,形式就越简短起来;(二)越进了一级,用做譬喻的客体就升到主位了:从形式上和内容上看来,都不免有点不同的地方。形式内容既经有了不同,所以它们实际的用处也便不免有点差别。大概感情激昂时,譬喻总是采用形式简短的譬喻;譬喻这一面的观念高强时,譬喻总是采用譬喻越占主位的隐喻或借喻。

(《小说月报》第15卷第9期,1924年9月10日)

借 代 格

借了实际上有关系的事物名称,来代替所说事物底名称的,名叫借代格。借代格,随着所借事物与所说事物关系底不同,可以分为两类:一、旁借;二、对借。

、旁借　　借来代替所说事物底名称的,都是实际上附随着所说事物的事物,此等事物,约有四组:

(1)所说事物底特征或标识

(一)我拿了新闻看,长腿装着无聊的脸,坐在安乐椅子上。(《现代日本小说集·沉默之塔》;长腿指那有腿长特征的一个人,借特征代人。)

(二)马氏五常,白眉最良。(《三国志·蜀书·马良传》说:"马良字季常……兄弟五人,并有才名。乡里为之谚曰:'马氏五常,白眉最良。'良眉中有白毛,故以称之。")

(三)归来且看一宿觉,未暇远寻三朵花。(苏轼《三朵花》诗。序:"房州……有异人,常戴三朵花,莫知其姓名,郡人因以三朵花名之。")

(四)纨袴不饿死,儒冠多误身。(杜甫《奉赠韦左丞丈二十二韵》诗;纨袴是富贵子弟底标识,儒冠是文人学者底标识,都借来代人。)

(五)梧桐更兼细雨,到黄昏点点滴滴。这次第,怎一个愁字了得!(李清照《声声慢》词;愁字代愁字所标识的情感,并非真说愁字这字。)

(六)我虽贫呵,乐有余,便贱呵,非无惮;可难道脱不的二字饥寒?(郑光祖《三粲登楼》杂剧;二字饥寒也是代饥寒二字所标出的生活状况。)

(2)所说事物底资料或工具

(七)我最佩服北京双十节的情形。早晨,警察到门,吩咐道"挂旗!""是,挂旗!"各家大半懒洋洋地踱出一个国民来,撅起一块斑驳陆离的洋布。这样一直到夜,——收了旗关门,几家偶然忘却的,便挂到第二天的上午。(《呐喊·头发的故事》;洋布是国旗资料,代国旗。)

(八)严致和道,"老舅怕不说的是。只是我家嫂也是个糊涂人;几个舍侄,就像生狼一般,一总不听教训:他们怎肯把这猪和借约拿出来?"王德道,"妹丈,这话也说不得了。假如令嫂令侄拗着,你认晦气,再拿出几两银子,折个猪价,给了王姓的;黄家的借约,我们中间人立个纸笔与他,说寻出作废纸无用。这事才得耳根清净。"(《儒林外史》第五回;纸笔代退据,纸是资料,笔是工具。)

(九)说来说去,说的老太转了口,许给他二十两银子,自己去住。(《儒林外史》第二十七回;口代说话。)

(十)平生闻若人,笔墨极奇峭。相望二千里,安得接谈笑?(陆游《谢徐志父帐翰惠诗编诗》;笔墨代诗文。)

(十一)无丝竹之乱耳,无案牍之劳形。(刘禹锡《陋室铭》;丝竹代音乐。)

(十二)田园寥落干戈后,骨肉流离道路中。(白居易《自河南经乱关内阻饥兄弟离散各在一处因望月有感聊书所怀寄上浮梁大兄於潜七兄乌江十五兄兼示符离及下邽弟妹》;干戈代战争。)

(十三)民有持刀剑者,使卖剑买牛,卖刀买犊;曰:"何为带牛佩犊?"(《前汉书·循吏龚遂传》;牛代可以卖了买牛的剑,犊代可以卖了买犊的刀。都用资料名代本名。)

(十四)陆生昼卧腹便便,叹息何时食万钱。(陆游《蔬园杂咏五首》之五,咏芋;万钱代用万钱作资料换得的食品。)

(3)所说事物底作家或产地

(十五)我们这里时时有人说,我是受了尼采的影响的。这在我很诧异,极简单的理由,便是我没有读过尼采。(《工人绥惠略夫》译序所引;尼采,作家,代尼采所著的文哲学书。)

(十六)熟读王叔和,不如临症多。(《儒林外史》第三十一回。王叔和曾采集众论，著脉经、脉诀、脉赋，又编次张仲景《伤寒论》为三十六卷；例中的王叔和，即代王叔和编著的这些医书。）

（十七）慨当以慷，忧思难忘。何以解忧？惟有杜康。（曹操《短歌行》；杜康，人名，代酒，李善《文选》注引《博物志》云"杜康作酒"。）

（十八）常恐夜寒花索寞，锦茵银烛按凉州。（陆游《花时遍游诸家园十首》之八；洪迈《容斋随笔》卷十四说："今乐府所传大曲，皆出于唐，而以州名者五，伊凉熙石渭是也。凉州今转为梁州，唐人已多误用，其实从西凉府来也。凡此诸曲，惟伊凉最著。"）

（十九）红儿谩唱伊州遍，认取轻敲玉韵长。（罗虬《比红儿》诗）

（4）所说事物底衬垫或包围

（二十）严致和又道，"却是不可多心；将来要备祭桌，破费钱财，都是我这里备齐"。（《儒林外史》第五回；祭桌说祭桌上的祭品。）

（二十一）焦遂五斗方卓然，高谈雄辩惊四筵。（杜甫《饮中八仙歌》；筵，指筵上的人们。）

（二十二）严家家人掇了一个食盒来，又提了一瓶酒，桌上放下。揭开食盒，九个碟子，都是鸡鱼火腿之类。严贡生请二位先生上席，斟酒奉过来，说道，"本该请二位老先生降临寒舍。一来，蜗居恐怕亵尊；二来，就要进衙门去，恐怕关防有碍：故此备个粗碟，就在此处谈谈，休嫌轻慢。"（《儒林外史》第四回；粗碟指所谓粗碟里的鸡鱼火腿之类。）

(二十三)余殷道,"彭老四点了主考了;听见前日辞朝的时候,他一句话回的不好,朝廷把他身子拍了一下。"余大先生笑道,"他也没有甚么说的不好;就使说的不好,皇上离着他也远,怎能自己拍他一下?"(《儒林外史》第四十五回;朝廷即代下文所谓皇上。)

(二十四)四海之内,皆举首而望之。(《孟子·滕文公下》篇;四海之内,说四海之内的人们。)

(二十五)万钟则不辨礼义而受之;万钟于于何加焉?(《孟子·告子上》篇;六斛四斗叫做钟,钟说钟里的粟。)

(二十六)大江东去,浪淘尽千古风流人物。(苏轼《念奴娇·赤壁怀古》词;大江,指大江里的流水。)

二、对借——借来代替所说事物名称的,都是实际上与所说事物对待的事物,大约也可分为四组如下:

(1)部分与全体相代

(二十七)你历年卖诗卖画,我也积聚下三五十两银子,柴米不愁没有。(《儒林外史》第一回;柴米代全体的日用。)

(二十八)李纨道,"嗳呀,这硬的是甚么?"平儿道"是钥匙。"李纨道"有甚么要紧的东西怕人偷了去,却带在身上?我成日家和人说笑:有个唐僧取经,就有个白马来驮着他;刘智远打天下,就有个瓜精来送盔甲;有个凤丫头,就有个你。你就是你奶奶底下一把总钥匙,还要这钥匙做甚么?"(《石头记》第三十九回;梁章钜《浪迹续谈》卷七说"通行之语……谓物为东西。物产四方而约举东西,犹史记四时而约言春秋耳"。)

(二十九)由呀,我们回去罢。我是巴不得早一天也好,将《春秋》赶紧写完呢。(《现代日本小说集·雄鸡的烧烤》)

357

(三十)过尽千帆皆不是,斜晖脉脉水悠悠。(温庭筠《望江南》词;帆说船。)

(三十一)十目所视,十手所指。(《大学》;十目十手都说十人——以上借部分代全体。)

(三十二)汽笛曼声的叫了。汽船画着圆周,缓缓的靠近埠头去。埠头上满是人。为要寻出有否知己的谁,一意的注视着人们的脸。然而没有,并无一个人。(《现代小说译丛》第一集,《省会》;末一"人"字专指"知己"一部分的人。)

(三十三)子无谓秦无人,吾谋适不用也。(《左传》文公十三年,绕朝语;这人专指人中一部分的"识者"——以上借全体代部分。)

附记——此类用全体代部分的用法,与下文用泛呼代专称的一类原来相差很微;只因这所代的实是部分,并非专称,说它用泛呼代专称时,不免略带语病,所以于今断然把它和那一类分开了。

备览——俞荫甫(樾)在《古书疑义举例》里,曾检举过从前注释家对于这一组对借的误解。他说:"古人之文有举大名以代小名者,后人读之而不能解,每每失其义矣。《仪礼·既夕》篇'乃行祷於五祀'。郑注曰'尽孝子之情。五祀,博言之;士二祀:曰门,曰行'。推郑君之意,盖以所祷止门行二祀,而曰五祀者,博言之耳。五祀,其大名也。曰门曰行,其小名也。祀门行而曰五祀,是以大名代小名也。贾疏曰,'今祷五祀,是广博言之,望助之者众',则误以为真祷五祀矣。"他又说:"又有举小名以代大名者。《诗·采葛》篇'一日不见,如三秋兮',三秋,即三岁也。岁有四时而独言秋,是举小名以代大名也。

《汉书·东方朔传》'年十二学书,三冬文史足用',三冬,亦即三岁也。学书三岁而足用,故下云'十五学击剑'也。注者不知其举小名以代大名,乃泥冬为说,云'贫子冬日乃得学书',失其旨矣。"他底所谓"以大名代小名",就是用全体代部分;所谓"以小名代大名",就是用部分代全体。

(2)专称与泛呼相代

(三十四)三人请问房钱;僧官说:"这个何必计较。三位老爷来住,请也请不到。随便见惠些须香资,僧人哪里好争论。"(《儒林外史》第二十八回;不说银钱而说香资,是以专称代泛呼。)

(三十五)孔子曰,"吾闻之,古也墓而不坟;今丘也东西南北之人也,不可以弗识也。"(《礼记·檀弓上》;不说四方而说东西南北,也是以专称代泛呼。)

(三十六)在于王所者,长幼卑尊皆薛居州也,王谁与为不善?在王所者,长幼卑尊皆非薛居州也,王谁与为善?(《孟子·滕文公下》;两薛居州都代善士。)

(三十七)因威公之问,举天下之贤者以自代,则仲虽死,而齐国未为无仲也,夫何患三子者?(苏洵《管仲论》;第二"仲"字代贤者。)

附记——以定数代不定数,也是以专称代泛呼底一格。清人汪容甫(中)曾考明我国古书中,常用定数"三"代替多于二的不定数,又常用定数"九"代替"三"还不能充分表明的极大不定数。在他所著的《述学》一书中,有《释三九上》一篇,专论这一格;其言很精密,常为后人所称道,今也节录于下,以便阅览:"生人之措辞,凡一二之所不能尽者,则约之三以见其

359

多;三之所不能尽者,则约之九以见其极多。此言语之虚数也。实数可稽也,虚数不可执也。何以知其然也?《易·说卦》'近利市三倍',《诗·大雅·瞻卬》篇'如贾三倍',《论语·微子》'焉往而不三黜?'《春秋传·定公十三年》'三折肱为良医'(《楚辞》作九折肱),此不必限以三也。《论语·公冶长》'季文子三思而后行',《乡党》'雌雉……三嗅而作',《孟子·滕文公下》'陈仲子食李三咽',此不可知其为三也。《论语·公冶长》'子文三仕三已',《史记·管晏传》'管仲三仕三见逐于君,三战三走',《田完世家》田忌三战三胜,《货殖传》范蠡三致千金。此不必其果为三也。故知三者虚数也。《楚辞·离骚》'虽九死其犹未悔',此不能有九也。《诗·豳风·东山》篇'九十其仪',《汉书·司马迁传》'若九牛亡一毛',又'肠一日而九回',此不必限以九也。《孙子·形篇》'善守者,藏于九地之下,善攻者,动于九天之上',此不可以言九也。故知九者虚数也。推之十百千万,固亦如是。"汪氏原文,《汉书》误作《史记》,"九牛"二字下,又多一"之"字。

(三十八)人叫伊(胡七喇子)新娘,伊就要骂,要人称呼伊"太太"。……后复嫁了王三胖;王三胖是一个候选州同,伊真是太太了。伊做太太又做的过,把大呆的儿子媳妇,一天要骂三场;家人婆娘,两天要打八顿。(《儒林外史》第二十六回;一天三场两天八顿,只是多底意思。)

(三十九)十目所视,十手所指。(《大学》)

(四十)百世以俟圣人而不惑。(《中庸》)

(四十一)得意高歌,夜静声偏朗;无人赏,自家拍掌,唱得千山响。(正嵒《点绛唇》词)

(四十二)游子悲故乡;吾虽都关中,万岁之后,吾魂魄犹乐思沛。(《汉书·高帝纪》;悲,顾念也。)

(四十三)有情潮落西陵浦,无情人向西陵去;去也不教知,怕人留恋伊。忆了千千万,恨了千千万;毕竟忆时多,恨时无奈何。(萧淑兰《菩萨蛮》词;这五例中,十,百,千,万,千千万等字,也只是极多底意思——以上用专称代泛呼。)

(四十四)到了除夕,严监生拜过了天地祖宗,收拾一席家宴,同赵氏对坐。吃了几杯酒,严监生吊下泪来,指着一张橱里,向赵氏说道,"昨日典铺内送来三百两利银,是你王家姐姐的私房。每年腊月二十七八日送来,我就交与伊,我也不管伊在哪里用。今年又送银子来,可怜就没人接了。"(《儒林外史》第五回;这人专指王氏。)

(四十五)彼此说着闲话,掌上灯烛,管家捧上酒,饭,鸡,鱼,鸭,肉。堆满春台;王举人也不让周进,自己坐着吃了,收下碗去。(《儒林外史》第二回;这肉专称猪肉——以上都用泛呼代专称。)

(3)具体与抽象相代(具体与抽象两词,普通有种种的意义;这里说的具体大抵指事物形体,抽象大低指事物底性质、状态、关系、作用等类而言。)

(四十六)饮食男女,人之大欲存焉;死亡贫苦,人之大恶存焉。(《礼记·礼运》篇;男女代男女底关系。)

(四十七)渡头余落日,墟里上孤烟。(王维《辋川闲居赠裴秀才迪》;落日指落日底光。)

(四十八)无穷江水与天接,不断海风吹月来。(陆游《泊

361

公安县》诗;月代江中的月色流光。)

(四十九)平生最喜听长笛,裂石穿云何处吹。(陆游《黄鹤楼》诗;笛代笛声——以上具体代抽象。)

(五十)正义完全胜利。却跋多烧成灰烬,住民不分男女老少,都砍杀了。(《点滴·酋长》;正义说仗正义的日耳曼人。)

(五十一)天下有道,小德役大德,小贤役大贤。天下无道,小役大,弱役强。(《孟子·离娄上》;前半句德贤等字都说人,后半句小大弱强四字都说国。)

(五十二)被坚执锐,义不如公。(《史记·项羽本纪》宋义语;坚说铠甲,锐说兵器。)

(五十三)死伤未收而弃之,不惠也;不待期而薄人于险,无勇也。(《左传》文公十二年;死伤说死者伤者。)

(五十四)白鸥没浩荡,万里谁能驯?(杜甫《奉赠韦左丞丈二十二韵》诗;胡仔《渔隐丛话》前集卷三说"浩荡,谓烟波也"。)

(五十五)忆欢不能食;徘徊三路间,因风觅消息。(无名氏《读曲歌》八十九首之二十二;欢代恋爱关系中的对方。)

(五十六)昨夜雨疏风骤,浓睡不消残酒。试问卷帘人,却道海棠依旧。知否,知否?应是绿肥红瘦。(李清照《如梦令》词;绿说海棠叶,红说海棠花。)

(五十七)伫立多时,徘徊半晌,猛听的塞雁南翔,呀呀的声嘹亮;却原来满目牛羊,是兀那载离恨的氈车,半坡里响。(马致远《汉宫秋》杂剧第三折;离恨代怀抱离恨的王昭君——以上抽象代具体。)

(4)原因与结果相代

(五十八)故乡吴江多好山,筍舆篾舫相穷年。(范成大《题金牛洞》诗;以原因"筍"代结果"竹"。)

(五十九)汉皇重色思倾国,御宇多年求不得。(白居易《长恨歌》;"倾国"代"佳人",佳人算是因,倾国算是果:汉李延年歌云"北方有佳人,绝世而独立。一顾倾人城,再顾倾人国。宁不知倾城与倾国,佳人难再得"。)

(六十)文公曰:"……矢石之难,汗马之劳,此复受次赏。"(《史记·晋世家》;汗马代力战,也以结果代原因。)

*　　　　*　　　　*

本格头绪很繁,只有将说明减到极度的简单,来节省篇幅,因此说明文字颇与别格不同。又我对于辞格的说明与类别,往往越经了长期的分析与综合,越觉不便无反省地踏袭前人陈迹;本格尤其如此。本格我曾更换过七八次的分类,此次旅行中在车船上静思的结果定为两类八组,又将前次所定类名完全改换,组目也换了几条,似乎比之从前更其便于说明这格底现象了。前次譬喻格稿中论"就用眼前的事物作比,使眼前的两件事物格外密切"处,有一很好的例忘记收入,今补于此:

糠和米本是相依倚,被簸扬作两处飞;一贱与一贵,好似奴家与夫婿,终无见期。丈夫便是米呵,米在地方没处寻;奴家便似糠呵,怎的把糠来救得人饥馁。好似儿夫出去,怎的教奴供膳得公婆甘旨。

思量我生无益,死又值甚的,不如忍饥死了为怨鬼。只一件公婆年纪老,靠奴家相依倚,只得苟活片时。片时苟活虽容

易,到底日久也难相聚。漫把糠米相比,这糠尚兀自有人吃,奴家的骨头知他埋在何处。(《琵琶记传奇·吃糠》)

1924年8月1日记于龙山之麓

(《小说月报》第15卷第12期,1924年12月10日)

论辞格论底效用兼答江淹

振铎先生：

转来江淹先生底投函，此刻收到了。那日相见，先生说我底修辞随录，引例都有趣，惟析字一格，不曾说及弊端，恐怕死套起来，流弊不少。先生底意思极是；不曾说及弊端，当然是我底疏忽。不过说到死套，那却不止析字一格可以有流弊，一切辞格都可以有流弊。原来辞格论底用处，据我看来，约有四项：(一)让我们明白每格全体的条理，读书或讲书时容易通晓或解释作者底真意；(二)让我们明白每格全体的条理，作文时可以尽在通则里回旋，不致拘拘去模仿别人底一点一画；(三)让我们统观已有的一切格，修辞不致偏于自己偶然留心到的一方面；(四)让我们周览现在已有的一切格，进而创造现在未有的多少格。这四项，我以为，是辞格论正当的效用；至于死套，乃是它底可有而非必有的流弊。同是一江清水，蛇喝了便成毒液，牛喝了便成甘乳，流弊虽然可以发生，却非必不可免。要在我们底读者，人人知道有"我"，不像从前以模仿古人算能干、算荣耀，却能如陆士衡《文赋》中所谓"谢朝华于已披，启夕秀于未振"。所以我对于先生怕人死套的防弊意思，颇觉得不止可以适用在析字这一格上；承蒙提示，此后当与邵力子先生"应防流弊"、朱自清先生"应奖励创制新格"底意思，一齐尊重，随处留心。

至于江淹先生，他底意思虽也可敬，说话却有误解。我所说的

365

主干是辞格底条理,不是成例;成例在研究条理时虽有可以转移全局的力量,在《修辞随录》中却只是引来证明我所说的条理不是捏造臆说的少数证据,并非全体。江淹先生因为我说藏词格用在诙谐却亦有趣,便问我藏词格中"所举的四例用在诙谐,其趣安在",那是问的太非科学的了。藏词格中所举的四例,只有第二例是诙谐;江淹先生即要就例设问,也应问我:不用"孙"却用"贻厥",其趣安在?至于说新文学中不应如旧文学不论情境,随便滥用此种辞格,那是当然的事,我底文中早已明白说了。要我把这格用在诙谐的例,亦加以排斥,我可惭愧不能遵命;因为我曾经看见过旧文学中寻常用它的杂凑可笑(所以我赞成陆吴们底意见),亦曾感到过它用在诙谐时的有趣(所以我不能排斥诙谐时用它)。然而江淹先生爱护新文学的热心,却已使我十分地心敬了。

陈望道
八月十三日

附　录:

江淹来信

望道先生:

《小说月报》第十五卷四号,有你的《藏词格》一文,所举的"友于""贻厥""居诸""倚伏"四例,实在细巧过甚,并未见有何出色;先生以为若用在诙谐,却亦有趣,尽可不必拘束。鄙意因学程经历,甚不谓然:

(一)"友于"代"兄弟"——(例)一欣侍温颜,再喜见友于。

(二)"贻厥"代"孙"——(例)溉孙荩,早聪慧。溉每和御诗,上辄手诏戏溉曰,"得无贻厥之力乎?"

（三）"居诸"代"日月"——（例）岂不念旦夕，为尔惜居诸。

（四）"倚伏"代"祸福"——（例）鬼神只瞰高明室，倚伏不干栖隐家。

试问：若将以上先生所举的四例，用在诙谐中，其趣安在？亦只觉无聊乏趣而已。

先生是我们新文学的先进，此例，在新文学界中，是应在屏弃之列。盖词细巧，实为初学者之阻梗，此风不可长！愿先生于此后收集时，将此段删去，始免贻误后人。

施江淹
1924年7月23日写于越南堤岸

（《民国日报》副刊《觉悟》，1924年8月18日）

说 双 关

在中国底文辞中,无论古文今文,韵文散文,都很有一些利用文字语言本身的修辞方式。如藏词,析字,挂折,双关,仿伪,拟体等都是。

双关一定是用一语来同时说两种不同的事物。例如:

杨柳青青江水平,闻郎江上唱歌声。

东边日出西边雨,道是无晴还有晴。

这首竹枝辞中的"晴",就是一种双关辞。一面说晴雨的晴,因为"东边日出西边雨"所以说"道是无晴还有晴",同时又是说情感的情,因为"闻郎江上唱歌声"所以说"道是无情还有情"。照以前评注的惯例画起表来,便是这样:

杨柳青青江水平,闻郎江上唱歌声,
东边日出西边雨,]——道是无晴还有晴。

就例来说,晴字双关所及的两个不同的对象内容上是有轻重宾主的分别的:如眼前的事物"晴"是辅,而心中所说的意思"情"是主。但在语言文字上却并无高低轻重之分地,双双地干涉着。就形式说,却是双关的。

双关这种辞格,形式颇与析字格中借音的析字相类,而内容不同,因为借音是借这一音去表那一意的,不是双关两意;而内容又颇与起兴相似,而形式不同,因为起兴总将起兴辞安在前头,而这却是放在后头的。谢榛《四溟诗话》说：

> 古辞曰，"黄蘖向春生，苦心随日长。"又曰，"雾露隐芙蓉，见莲不分明。"又曰，"石阙生口中，衔碑不得语。"又曰，"桑蚕不作茧，昼夜长悬丝。"又曰，"理丝入残机，何悟不成匹。"又曰，"桐枝不结花，何由得梧子。"又曰，"杀荷不断藕，莲心已复生。"此皆吴格，指物借意。

"指物借意"四字，实是这类辞法底一种确切解说。但就说是"吴格"，未免太被几个吴声歌曲的成例所拘囿了。

指物借意的双关辞，并不是吴地所独有，（其实也不是中国所独有）；这在以前也不是没有人知道。如李调元的《雨村诗话》（卷十三）就说：

> 诗有借字寓意之法，广东谣云，雨星蜘蛛还结网，想晴唯有暗中丝，以晴寓情，以丝寓思。

所引的广东歌谣正是这一类的辞。又如梁绍壬的《两般秋雨盦随笔》（卷六）中也说：

> 粤俗好歌……语多双关。

所引的广东歌谣也正是这一类的辞。不过事实上是《乐府诗集》底吴声歌曲中最多这一类的辞格，而且也是由于吴声歌曲多有这一类的辞格，这才引起文人底注意与摹拟的。所以李调元已经知道它并不是什么"吴格"了，也还说它是"乐府闺怨体也"。（引同上）

这类辞格底成立，以语音能够关涉眼前和心里的两种事物为必要条件。重心在乎语音，在乎用作双关的语音，和那可以用表主意的语音的等同或类似。所以这类的辞例常是发见在歌谣戏剧之类注重语音的文辞中。

至于字形字义，原本可以不论。假如为了便于分析起见，同时

把形义也放在眼里来考察,则双关语对于表明主意的语辞大约可以分为

(1)音类同

(2)音,形类同

(3)音,形,义类同

这三种。其中(1)(2)两种多见于歌谣;(3)这一种多见于平话小说。我们可以把它们归为两群,而把(1)(2)两种,言陈之外暗藏意许之义的,称为表里两关;(3)这一种,将一义明明兼指彼此两事的,称为彼此双关。

一、表里双关

(甲)单单谐音的:

> 将懊恼——石阙昼夜题,碑泪常不燥。
>
> 别后常相思——顿书千丈阙,题碑无罢时。
>
> ——《华山畿》
>
> 打坏木栖床,谁能坐相思?三更书石阙,忆子夜题碑。
>
> 奈何许——石阙生口中,衔碑不得语。
>
> 闻乖事难怀,况复临别离;伏龟语石板,方作千岁碑。
>
> ——《读曲歌》

"题"暗作"啼","碑"暗作"悲"。都以"题""碑"关本句,同时又以"啼""悲"关上句。

> 奈何不可言——朝看莫牛迹,知是宿蹄痕。
>
> ——《读曲歌》

"蹄""啼"表里双关。

> 縠衫两袖裂,花钗鬓边低;何处分别归,西上古余隉。
>
> ——《读曲歌》

370

"隄""啼"表里双关。这以表面的"隄"关上句,同上几例稍为不同。

> 垂帘倦烦热,卷幌乘清阴;风吹合欢帐,直动相思琴。
> ——王金珠《子夜夏歌》

"琴""情"双关。

> 今夕已欢别,会合在何时?明灯照空局,悠然未有期。
> ——《子夜歌》

> 坐倚无精魂,使我生百虑;方局十七道,期会在何处。
> ——《读曲歌》

"期""棋"双关。

> 执手与欢别,欲去情不忍;余光照已藩,坐见离日尽。
> ——《读曲歌》

> 闻欢远行去,相送方山亭;风吹黄蘖藩,恶闻苦离声。
> ——《石城乐》

"离""篱"双关。

> 怜欢好情怀,移居作乡里;桐树生门前,出入见梧子。
> ——《子夜歌》

> 仰头看桐树,桐花特可怜;愿天无霜雪,梧子解千年。
> ——《子夜秋歌》

> 我有一所欢,安在深阁里;桐树不结花,何由得梧子。
> ——《懊侬曲》

"梧""吾"表里双关。

> 欢相怜,题心共泣血;桄头入黄泉,分作两死计。
> ——《读曲歌》

"计""髻"双关。

> 非欢独慊慊,侬意亦驱驱;双灯俱时尽,奈许两无由。

371

>十期九不果,常抱怀恨生;然灯不下炷,有油那得明。
>
>——《读曲歌》

"由""油"双关。

>阔面行负情,诈我言端的;画背作天图,子将负星历。
>
>——《读曲歌》

"星""心"双关——"负"是下一项的双关。

最流行的是用芙蓉莲藕和蚕丝布匹做双关。但匹也应归入下一项。

>高山种芙蓉,复经黄蘗坞;果得一莲时,流离婴辛苦。
>我念欢的的,子行由豫情;雾露隐芙蓉,见莲不分明。
>
>——《子夜歌》
>
>朝登凉台上,夕宿兰池里;乘月采芙蓉,夜夜得莲子。
>郁蒸仲暑月,长啸出湖边;芙蓉始结叶,花艳未成莲。
>盛暑非游节,百虑相缠绵;泛舟芙蓉湖,散思莲子间。
>
>——《子夜夏歌》
>
>掘作九州池,尽是大宅里;处处种芙蓉,婉转得莲子。
>
>——《子夜秋歌》
>
>江南莲花开,红光覆碧水;色同心复同,藕异心无异。
>
>——梁武帝《子夜夏歌》
>
>千叶红芙蓉,照灼绿水边;余花任郎摘,慎莫罢侬莲。
>思欢久,不爱独枝莲,只惜同心藕。
>娇笑来向侬,一抱不得已;湖燥芙蓉萎,莲妆藕欲死。
>欢心不相怜,慊苦竟何已;芙蓉腹里萎,莲汝从心起。
>种莲长江莲,藕生黄蘗浦;必得莲子时,流离经辛苦。

罢去四五年,相见论故情;杀荷不断藕,莲心已复生。
——《读曲歌》

青荷盖绿水,芙蓉披红鲜;下有并根藕,上生并目莲。
——《青阳度》

欢欲见莲时,移湖安屋里;芙蓉绕床生,眠卧抱莲子。
——《杨叛儿》

"芙蓉"与"夫容","莲"与"怜","藕"与"偶"各双关。

前丝断缠绵,意欲结交情;春蚕易感化,丝子已复生。
——《子夜歌》

婉娈不终夕,一别周年期;桑蚕不作茧,昼夜长悬丝。
——《七日夜女歌》

伪蚕化作茧,烂熳不成丝;徒劳无所获,养蚕持底为。
——《采桑度》

隐机倚不织,寻得烂熳丝;成匹郎莫断,忆侬经绞时。
——《青阳度》

"丝""思"双关。

(乙)音形可通用,而字义不同,就义做双关的:

见娘喜容媚,愿得结金兰;空织无经纬,求匹理自难。
始欲识郎时,两心望如一;理丝入残机,何悟不成匹。
——《子夜歌》

春倾桑叶尽,夏开蚕务毕;昼夜理机缚,知欲早成匹。
——《子夜夏歌》

"匹"双关布匹和匹偶。以布匹的匹关本句,匹偶的匹关上句。与上项所引的例同。

郎为傍人取,负侬非一事;攡门不安横,无复相关意。
——《子夜歌》

373

"关"双关关门和关心。

> 一夕就郎宿,通夜语不息;黄蘗万里路,道苦真无极。
> ——《读曲歌》

"道"双关道路和道说。

> 夜半冒霜来,见我辄怨唱;怀冰阓中倚,已寒不蒙亮。
> ——《子夜冬歌》

"亮"双关明亮和原谅。

> 自从别欢后,叹声不绝响;黄蘗向春生,苦心随日长。
> ——《子夜春歌》

"苦"双关苦味和苦情。

> 音信阔弦朔,方悟千里遥;朝霜语白日,知我为欢消。
> ——《读曲歌》

"消"双关消融和消瘦。

> 自从别郎后,卧宿头不举;飞龙落药店,骨出只为汝。
> ——《读曲歌》

"骨"双关飞龙底骨和思妇底骨。

以上所举都是郭茂倩《乐府诗集》清商曲辞中间吴声歌曲和西曲歌里面的例。就这些例看来,我们可以看出:(1)借来做双关的都是歌者当地所能见到的事物,如藩篱梧桐,芙蓉莲藕,蚕丝布匹之类;(2)借来做双关的也是歌者当时所能见到的事物,如"春歌"里说"黄蘗向春生","夏歌"里说"藕异心无异"之类。大概最初用这辞法,都是即物抒情的;谢榛说是"指物借意",实是确切的解说。

下列两例更加显然:

> 宣和中,童贯用兵燕蓟,败而窜。一日内宴,教坊进伎为三四婢,首饰皆不同。其一,当额为髻,曰,"蔡太师家人也。"

其二,髻偏坠,曰,"郑太宰家人也。"又一人满头为髻如小儿,曰,"童大王家人也。"问其故。蔡氏者曰,"太师觐清光,此名朝天髻。"郑氏者曰,"吾太宰奉祠就第,此懒梳髻。"至童氏者曰,"大王方用兵,此三十六髻也。"

——周密《齐东野语》卷十三

"三十六髻"双关"三十六计";"三十六计"是谚语"三十六计,走为上计"底歇后藏词格,用以讽刺童贯底"败而窜"。

章宗元妃李氏势位熏赫,与皇后侔矣。一日宴官中,优人玳瑁头者戏于上前。或问上国有何符瑞。优曰,"汝不闻凤凰见乎?"曰,"知之而未闻其详。"优曰:"其飞有四,所应亦异:若向上飞则风雨顺时;向下飞则五谷丰登;向外飞则四国来朝;向里飞则加官进禄。"上笑而罢。

——《金史·后妃传》

"向里飞"双关"向李妃"。

这一类的措辞法,在现在的歌谣中还很多,只不知实际运用时有没有指物表意的情形,很希望研究歌谣的专家们能够告诉我们。

二、彼此双关——这也显然是借眼前的事物来述所说的意思,即旧小说上所谓指桑说槐,但用的是音形义三方面都能关涉两种事物的来做双关辞。双关辞不必只是一个词,而常是几个句。如:

这里宝玉又说,"不必烫了,我只爱吃冷的。"薛姨妈道,"这可使不得,吃了冷酒,写字打颤儿。"宝钗笑道,"宝兄弟,亏你每日家杂学旁搜的,难道就不知道酒性最热!若热吃下去,发散的就快;若冷吃下去,便凝结在内,——五脏去暖他,岂不受害?从此还不改了?快不要吃那冷的了。"宝玉听这话有情理,便放下冷的,令人烫来方饮。黛玉嗑着瓜子儿,只管抿着

375

咀笑。可巧黛玉的丫环雪雁走来,与黛玉送小手炉。黛玉因含笑问他说,"谁个叫你送来的?难为他费心,哪里就冷死了我?"雪雁道,"紫鹃姐姐怕姑娘冷,叫我送来的。"黛玉一面接了抱在怀中,笑道,"也亏你倒听他的话!我平日和你说的,全当耳旁风;怎么他说了,你就依的比圣旨还快!"

——《石头记》第八回

点出的几句都是双关吃冷酒和进手炉两件事,所以"宝玉听这话便知是黛玉借此奚落他"。

——《修辞学发凡》底一节

《修辞学发凡》是我五年前的一部旧稿,今承大江催促,决以一年之力来重写一遍,把五年来所搜集的材料加进去。本篇就是新近写成原稿中间的一节,因有地方想请歌谣研究家陈述所见,特抽出来在这里发表一次。希望读者告诉我们歌谣上的情形。又下列一种语言方式在中国似极普遍,我已得到一千多句,颇想分析它构成方式,并追寻它与文言修辞方式的关系,也希望读者尽量告诉我们各地的情形。

1. 成语——棺材里伸手,死要。

用例——他文章不来我有法子,我给他个棺材里伸手,死要。

2. 成语——丈八灯台,照远不照近。

用例——竟说人家的不好,没有见自己,真是丈八灯台,照远不照近。

3. 成语——猪八戒的脊梁,悟能之背(无能之辈)。

用例——你别看他穿的好,都是父母给他挣下的。要论他呀,他是猪八戒的脊梁,悟能之背。

关于这类句法,希望读者告诉我们:

(1)本地底此类成语及用例;(2)本地给这成语的名称:是歇后语？是解后语？是丢局？是什么？——来函由《微音》月刊社转。诸位收集及我分析的结果,当借《微音》发表。

1931年3月27日上海

(《微音》月刊第1卷第2期,1931年4月15日)

修辞与修辞学

一　修辞二字习惯用法的检讨

修辞本是一个极熟的熟语,自从《易经》上有了"修辞立其诚"一语而后便常常连着用的。但到现在,还是被人当作修是修,辞是辞的两个单词看待。甚至讲修辞的也如此。

而各人对于这两个单词的解说,又颇不一致,大体各可分为广狭两义:(甲)狭义,以为修当作修饰解,辞当作文辞解,修辞就是修饰文辞;(乙)广义,以为修当作调整或适用解,辞当作言辞解,修辞就是调整或适用言辞。两相绮互,共得四种用法如下:

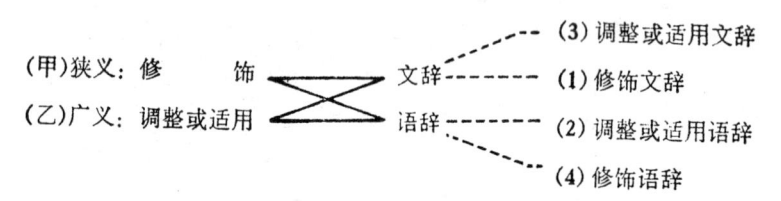

```
                              ----(3) 调整或适用文辞
(甲)狭义：修    饰      文辞----(1) 修饰文辞
(乙)广义：调整或适用    语辞----(2) 调整或适用语辞
                              ----(4) 修饰语辞
```

这四种用法,现在可说都是有人在那里用的,不过有意识的不意识的分别罢了。我们要讲修辞,对这意识的或不意识的习惯用法,必须约略先加检讨。

第一、是文辞还是言辞？这在过去,往往会回答你说:既然讲修辞,自然修的是文辞。如顾亭林所谓"从语录入门者多不善于修辞"(见《日知录》十九),便是隐隐含有这种意思的一个例。但若略加考察,便知这只是礼拜文言时期的一种偏见。在礼拜文言的时期,人们往往轻蔑语体,压抑语体,贬称它为"俚语"为"俗语"。又从种种方面暴露它的无价值。而以古典语为范围今后语言的典型。其实古典语在古典语出现的当时,也不过是一种口头语言,而所谓修辞又正是从这种口头语言上发达起来的,无论中外,都是如此。后来固然有过一大段语文分歧时期,执笔者染上了一种无谓的洁癖,以谨谨守卫文言为无上的圣业。而实际从语体出身的还是往往备受非常的礼遇,如"于菟""阿堵"之类方言,竟至视同辞藻,便是其例。如所谓谐讔,逐渐发展,成为灯虎商谜,竟至视为文人雅事,也是其例。而(1)文辞上流行的修辞方式,又常常是受口头言辞上流行修辞方式的影响的,要是承认下流头的文辞的修辞方式,便没有理由可以排斥上流头的言辞的修辞方式。(2)文辞和言辞的修辞方式十九又是相同的,要是承认文辞的修辞方式,也便没有理由可以排斥言辞上同等的修辞方式。(3)既是文辞言辞共有的同等现象,即不追寻源头也决没有理由可以认为文辞独得之秘。就修辞现象而论修辞现象,必当坦白承认所谓辞实际是包括所有的语辞,而非单指写在纸头上的文辞。何况文辞现在也已经回归本流,以口头言辞为达意传情的工具。而我们现在听到"演说的修辞"云云,也早已没有人以为不辞了。这就是实际上已经把言辞认作修辞的工具了。

第二,是修饰还是调整?这在过去,也往往会回答你说:既然说修辞,当然说的是修饰。如武叔卿所谓"说理之辞不可不修;若修之而理反以隐,则宁质毋华可也。达意之辞不可不修;若修之而意反以蔽,则宁拙毋巧可也"(见唐彪《读书作文谱》六),便是指修饰而言的一个例。这也只是偏重文辞,而且偏重文辞某一局部现象的一种偏见。修辞原是达意表情的手段。主要的为意和情,修辞不过是调整言辞使达意表情能够适切的一种努力。既不一定是修饰,更一定不是离了意情的修饰。以修饰为修辞,原因是在(1)专着眼在文辞,因为文辞较有修饰的余裕;(2)又专着眼在华巧的文辞,因为华巧的文辞较有修饰的必要。而实际,无论作文或说话,又无论华巧或质拙,总以"意与言会,言随意遣"为极致。在"言随意遣"的时候,有的就是运用言辞,使与所欲表达的情意充分切当一件事。与其说是言辞的修饰,毋宁说是言辞的调整或适用。即使偶有斟酌修改,如往昔所常称道的所谓推敲,实际也还是针对情意调整适用言辞的事,而不是仅仅文字的修饰。

二　修辞和语辞使用的三境界

至于所谓华巧不是修辞现象的全领域,我们只须从修辞观点把使用言辞的实际一查考便可以了然。

我们从修辞观点观察使用言语的实际情形,觉得无论口头笔底,尽可分作下列的三个境界:

(甲)记述的境界——以抽象地说述客观概念为目的,在笔底如一切法令文字,科学记载,在口头如一切实务的说明商谈,便是这一境界的典型。

(乙)表现的境界——以具体地表现主观体验为目的,在笔底如诗歌,在口头如歌谣,便是这一境界的典型。

(丙)杂糅的境界——这是以上两界杂糅所成的一种言辞,在笔底如一切的杂文,在口头如一切的闲谈,便是这一境界的常例。

内中(甲)(乙)两个境界对于言辞运用的态度,可说截然的不同。用修辞学的术语说,便是(甲)所用的常只是消极的手法,(乙)所用的常兼有积极的手法。例如郑奠氏所举的《论语》

君子疾没世而名不称焉。

与《古诗十九首》中的

回车驾言迈,悠悠涉长道。四顾何茫茫,东风摇百草。

所遇无故物,焉得不速老?盛衰各有时,立身苦不早。

人生非金石,岂能长寿考?奄忽随物化,荣名以为宝。

便是绝好对照的两例。两例主要的意思可说完全相同,而一只"直写胸臆,家常谈话",单求概念明白的表出,一却"托物起兴,触景生情,而以嗟叹出之",除却表出概念之外,还用了些积极手法。所谓积极手法,约略含有两种要素:(1)内容是富有体验性,具体性的;(2)形式是在利用字义之外,还利用字音、字形的。如这首古诗的整整齐齐每句五言,便是一种利用字形所成的现象。这种形式方面的字义、字音、字形的利用,和着内容方面的体验性具体性相结合,把言辞运用的可能性发扬张大了,往往可以造成超脱寻常文字、寻常文法以至寻常逻辑的新形式,而使言辞呈了一种动人的魅力。在修辞上有这魅力的有两种:一种比较与内容贴切的,其魅力比较地深厚的,叫做辞格,也称辞藻;一种是比较与内容疏远的,其魅力也比较地淡浅的,叫做辞趣。两种之中,辞藻尤为讲究修辞手法的所注重。在诗歌等类主观的抒情的语言文字上用得也最多。所谓华巧,也便是指这种形式上表面的特色说的。

而实际,正如王安石《上人书》所说,"诚使巧且华,不必适用。诚使适用,亦不必巧且华。要之以适用为本。"华巧并不算是修辞的唯一的标的。这用古话来说,便是所谓"文"外还有所谓"质"。用我们的术语来说,便是积极的修辞手法之外,还有消极的修辞手法。

消极手法是以明白精确为主的,对于言辞常以意义为主,力求所表现的意义不另含其他意义,又不为其他意义所淆乱。但求适用,不许华质巧拙。当"宁质毋华"的时候便"宁质毋华";当"宁拙毋巧"的时候便"宁拙毋巧"。(甲)一境界清真的言辞,实际都是独用这种手法的。(丙)一境界的言辞,清真的部分也是单用这种修辞手法的结果。如上举"君子"云云,便是一例。这是古话所谓"质"的部分。

此外古话所谓"文"的部分,如(乙)的全体及(丙)的另一部分,实际消极方面也不能不参用消极手法,而求言辞的精确明白。这又就是古话所谓"文附质"、"质附文"的质文相待情况。刘勰《文心雕龙·情采》篇所谓"联辞结采,将欲明理。采滥辞诡,则心理愈翳",与王若虚《滹南遗老集·新唐书辨》所谓"作史与他文不同。宁失之质,不可至于芜糜而无实;宁失之繁,不可至于疏略而不尽。宋子京不识文章正理,而惟异之求。肆意雕镌,无所顾忌。以至字语诡僻,殆不可读。其事实则往往不明,或乖本意",可说都是针对这种情况说的。

三　修辞和语辞形成的三阶段

我们若再考察涉及内容的言辞形成的三阶段,将更可以明了修辞的这种实在情形。

语辞的形成,凡是略成片段的,无论笔墨或唇舌,大约都须经过三个阶段：一、收集材料；二、剪裁配置；三、写说发表。这三个阶段的工作并非同受一样条件的支配。如收集材料最与生活经验及自然社会的知识有关系。剪裁配置最与见解、识力、逻辑、因明等等有关系。写说发表最与语言文字的习惯及体裁形式的遗产有关系。三个阶段的条件顺次递积，到了写说发表，便已成为与生活、经验、自然社会的知识，与见解、识力、逻辑、因明，与语言文字的习惯及体裁形式的遗产等等无不有关的条件复杂的景象。而始终从中暗暗指挥的，便是也许写说者自己觉得的也许自己不觉得的一定的生活上的需要。无论是觉得的或不觉得的，必以实现这一定的需要，在收集材料；必以实现这一定的需要，在剪裁并配置所收集的材料；也必以实现这一定的需要，在写说发表所已剪裁定妥、配置定妥的材料。这种需要，在言辞上常被具现为一篇文章或一场说话的主意或本旨。若将写说单作写说者个人的情事看，写说可说便是为了发挥这个意旨起见，运用言辞来表出上述条件复杂的景象的。

但写说本是一种社会现象，一种写说者与读听者社会生活上情意交通的现象。从头就以传达给读听者为目的，也以影响到读听者为任务的。对于读听者的理解，感受，乃至共鸣的可能性，从头就不能不顾到。而尤以发表这一阶段为紧要。因为这阶段，是写说者将写说物同读听者相见的时候。写说者和写说物和读听者各都成为交通现象上必不可缺的要素。当这时候，写说者纵然还有"藏之名山"的志向，也不便再以"藏之名山"自豪了。对于夹在写说者和读听者中间尽着传达中介责任的言辞，自然不能不有相当的注意。看它的功能，能不能使人理解，能不能使人感受，乃至能不能使人共鸣？

古来因这中介言辞不能尽责,甚至闹成笑话的很多。试举几个例子。例如范睢说的:

> 郑人谓玉未理者璞,周人谓鼠未腊者朴。周人怀朴过郑贾曰:"欲买朴乎?"郑贾曰:"欲之"。出其朴,视之,乃鼠也。因谢不取。(见《战国策·秦策》)

这就等于放了个谣言。缺失最大。也有缺失不到这程度的,例如钱大昕说的:《论语》的

> 攻乎异端,斯害也已。

也就有两解:一,把"攻"作攻治解,"已"作助词"了"字解;二,"攻"作攻击解,"已"作动词"止"字解。(见《十驾斋养新录》三)

根据这种事实上的缺失及其他事实上的需要,所以材料配置定妥之后,配置定妥和言辞定着之间往往还有一个对于言辞力加调整、力求适用的经程;或是随笔冲口一恍就过的,或是添注涂改穷日累月的。这个经程便是我们所谓修辞的经程;这个经程上所有的现象,便是我们所谓修辞的现象。

同这现象有关系的具体的事项自然极其复杂,即就上头说过的来说,便已有生活、经验的关系,有自然社会知识的关系,有见解识力的关系,有逻辑因明的关系,有语言文字的习惯及体裁形式的遗产的关系,又有读听者的理解力、感受力等等的关系。普通作文书上常说的有所谓"六何"说。以为最有关系的不过六个问题,就是"何故"、"何事"、"何人"、"何地"、"何时"、"何如"等六"何"。说:第一"何故"是说写说的目的:如为劝化人的还是但想使人了解自己意见或是和人辩论的。第二"何事"是说写说的事项:是日常的琐事还是学术的讨论等。第三"何人"是说认清是谁对谁说的,就是写说者和读听者的关系。如读听者为文学青年还是一般群众之

类。第四"何地"是说认清写说者当时在什么地方:在乡村还是在都会之类。第五"何时"是说认清写说的当时是什么时候:小之年月,大之时代。第六个"何如"是说怎样的写说:如怎样剪裁、怎样配置之类。其实具体的事项何止这六个! 但也不必劳谁去增补为"七何"、"八何"。至少从修辞的见地上看来,是可以不必的。

我们从修辞的观点看来,觉得上述复杂的关系,实际不妨综合作两句话:(1)修辞所可利用的是语言文字的习惯及体裁形式的遗产,就是语言文字的一切可能性;(2)修辞所须适合的是题旨和情境。语言文字的可能性可说是修辞的资料、凭籍;题旨和情境可说是修辞的标准、依据。像"六何"说所谓"何故"、"何人"、"何地"、"何时"等问题,就不过是情境上的分题。情境是拘束的、理知的,或题旨是抽象的、概念的,如前述(甲)一境界的语辞,便只能用消极手法。例如《史记•律书》说律数便只能说:

> 九九八十一以为宫。三分去一,五十四以为徵。三分益一,七十二以为商。三分去一,四十八以为羽。三分益一,六十四以为角。

而不能用"周余黎民,靡有孑遗"那样孟轲所谓必须"以意逆志"的铺张法。再如情境是自由的、情趣的,或题旨是具体的、直观的,如前述(乙)一境界或(丙)一境界某部分的言辞,那又未尝不可任情随题,采用积极的表现。例如《南史•到溉传》:

> 溉孙荩早聪慧。尝从武帝幸京口,登北顾楼赋诗。荩受诏便就。上以示溉曰,"荩定是才子,翻恐卿从来文章假手于荩。"因赐绢二十疋。后溉每和御诗,上辄手诏戏溉曰,"得无贻厥之力乎?"

最后一句君臣相戏的话,用了一个藏词法把"贻厥"这两字来贴套

385

"孙"字,也觉得于题旨于情境并没有什么不适合,没有理由可以像颜之推那样说它纰缪不通的(参看《颜氏家训·文章》篇)。

四　修辞同情境和题旨

但消极积极虽然同是依据题旨情境调整言辞的手法,却也不是毫无什么侧重,(1)消极手法侧重在应合题旨,积极手法侧重在应合情境;(2)消极手法侧重在理解,积极手法侧重在情感;而(3)积极手法的辞面子和辞里子之间,又常常有相当的离异,不像消极手法那样的密合。我们遇到积极修辞现象,往往只能从情境上去领略它,用情感去感受它,又从本意或上下文关系上去推究它,不能单看辞头,照辞直解。如见"一日不见,如三秋兮"一句句子,便不能直把"秋"字解作夏后冬前的"秋"。

然而可惜古来的见解多是单看辞头的。或因辞头略有转折,便以为破格不通。例如关于上举藏词,颜之推在《家训·文章》篇便说:

> 诗云,"孔怀兄弟"。孔,甚也,怀,思也,言甚可思也。陆机《与长沙顾母书》,述从祖弟士璜死,乃言"痛心拔脑,有如孔怀"。心既痛矣,即为甚思,何故言"有如"也?观其此意,当谓亲兄弟为"孔怀"。诗云,"父母孔迩"。而呼二亲为"孔迩",于义通乎?

这我们可以称为破格说。或因辞头略离题旨,便以为虚浮不实。例如关于譬喻,刘向《说苑》记梁王对于惠施的故事道:

> 客谓梁王曰,"惠子之言事也善譬,王使无譬,则不能言矣。"王曰"诺。"明日见,谓惠子曰,"愿先生言事则直言耳,无

譬也。"

这我们可以称为虚浮说。或因辞头略乎华巧,便以为是一种华丽装饰。例如王安石《上人书》道:

> 所谓辞者,犹器之有刻镂绘画也。

这我们可以称为装饰说。这些单看辞头的说法,虽然同滥用辞头的形迹不同,其实便是滥用辞头的同病别发。因为一样不甚留意修辞和题旨及情境的联系,尤其是情境的联系。一旦遭遇根据情境的反对论,便将无法解答。例如惠施对梁王说:

> "今有人于此,而不知弹者,曰,弹之状何若?应曰,弹之状如弹,则谕乎?"王曰,"未谕也。""于是更应曰,弹之状如弓,而以竹为弦,则知乎?"王曰,"可知矣。"惠子曰,"夫说者固以其所知谕其所不知而使人知之。今王曰无譬,则不可矣。"王曰,"善。"

我们知道切实的自然的积极修辞多半是对应情境的:或则对应写说者和读听者的自然的社会的环境,即双方的共同经验,因此生在山东的常见泰山,便常把泰山来喻事情的重大,生在古代的常见飞矢,便常把飞失来喻事情的快速;或则对应写说者的心境并写说者和读听者的亲和关系、立场关系、经验关系以及其他种种关系,因此或相嘲谑,或相反诘,或故意铺张,或有意隐讳,或只以疑问表意,或单以感叹抒情。种种权变,无非随情应境随机措施。

这种随情应境的手法,有时粗看,或许觉得同题旨并无十分关系,按实正是灌输题旨的必需手段。著名的语言学家巴利曾经说过:我们说话便是一种战斗。因为人间信念、欲望、意志,等等,都还不能完全吻合,这人以为重大的未必旁人也以为重大,这人以为轻微的未必旁人也以为轻微,因此每有两人接触,便不能不开始所谓言辞的战斗,运用所谓言辞的战术。有时辛辣,有时纡婉,有时激越,有时和平,有时谦恭、愁诉,简直带有伪善的气息。必须如此,才能攻倒对方壁垒的森严,传达自己的意志到对方,引起对方的行动。而所以说话的目的,方才可以如愿达到(见所著《语言活动和生活》)。他因此断定语言活动便是社会的生活的表现,语言便是椅桌间折冲的武器。我们倘也用武器来做喻,便也可说修辞是放射力、爆炸力的制造。即普通所谓有力性动人性的调整,无论如何,不能说是同立言的意旨无关的。

总之,修辞以适应题旨情境为第一义。不应是仅仅言辞的修饰,更不应是离开情意的修饰。即使偶然形成华巧,也当是这样适应的结果,并非有意罗列所谓看席钉坐的钉饀,来做"虚浮"的"装饰";即使偶然超脱常律,也应是这样适应的结果,并非故意超常越格造成怪怪奇奇的"破格"。凡是切实的自然的修辞,必定是直接或间接的社会生活的表现,为达成生活需要所必要的手段。凡是成功的修辞,必定能够适合内容复杂的题旨,内容复杂的情境,极尽语言文字的可能性,使人觉得无可移易,至少写说者自己以为无可移易。略如福洛贝尔教导他的弟子莫泊桑的"一语说",所谓无论什么只有一个适切的字眼可用而写说者就用那个唯一适切的字眼来表出的一样,或更说的切实些,竟如卢那卡尔斯基所谓"内容自在努力,趋向一定的形式"的一样。

五 修辞的技巧和修辞的方式

这种修辞技巧的来源有两个:第一是题旨和情境的洞达,这要靠生活的充实和丰富;第二是语言文字可能性的明澈,这要靠平时对于现下已有的修辞方式能有充分的了解。技巧是临时的,贵在随机应变,应用什么方式应付当前的题旨和情境,大抵没有定规可以遵守,也不应受什么规律的拘束。只有平日在这两面做下了充分的准备工夫,这才可望临时能够应付裕如。除此便是天资的关系。

这两面的工夫,前者是关于语言文字之外的,后者是关于语言文字本身的。两面之间,临时大抵有所偏重。并且要他心眼中只有题旨情境才好。而平时必当并重。一面充实生活,同时也不荒疏语言文字的观察和研究。详察精研之后,用时才能心中无法,手上有法,或心中无法,口上有法,可望做到应手应口的地步。或竟独出心裁,另开生面。

所以平时对于修辞的方式颇要有精密的观察和系统的研究。有精密的观察可免浑沦懵懂,认识不真;有系统的研究可免混淆纷乱,界限不清。

一、精密的观察 这有两层:(甲)个性的观察。如前所说,每个具体的切实的修辞现象,都是适应具体的题旨和情境的,我们当把每个方式就题就境看出它的个别性质,这样才见那言辞是有根的是活的,是有个性的,是不能随便抄袭,用做别题别境的套语的。其次,也当分别观察因所用语言不同而生的别个性质。我们知道文言白话,同用一个修辞方式,往往是白话中明白的多,自然的多。这中间必然含有大同小异的所在。我们也当把那所在随时察出。即如前说藏词,文言中用的成语大抵采自《诗经》《书经》等几部读书人比较熟悉的古书,白话中却就更进一步,只用一般人口头上熟习的成语。这就是使这方式更为亲切,更为有味的原因。每次观察也当把这种语言个性连同注意。还有体制、风格不同,也颇会形成大同中的小异。例如把诗歌和歌谣相比,大抵是歌谣质朴的多,每用一个方式往往从头直用到底。这也要分别留神的。(乙)机能的观察。即如前头说过的藏词,主意是在将所用的词藏去。单将所用的藏去,旁人将必无从领悟,故必取一句中间含有这词的人人熟悉的成语来,露出成语的别一部分来贴套本词。那一部分,单任贴套,不表意义。意义仍在所藏的词,所以我们称为藏词。这种方式,大约魏晋时代便已盛行。例如陶渊明的诗(《庚子岁从都还》)中便有这么二句:"一欣侍温颜,再喜见友于。"利用《书经》上"友于兄弟"一句成语,把"友于"来贴套"兄弟"。假如当时民间尚未盛行,怕渊明未必用,用也要被人斥为不通的。不过那时民间流行的情形,现在已经很难考见。只有宋以后,笔记流传较多,我们还可从笔记中约略查得一些事略。如宋吴处厚《青箱杂记》一云:

> 刘烨与刘筠连骑趋朝,筠马病足行迟。烨谓曰,"君马何迟?"筠曰:
>
> "只为三更五——。"言"点"蹄也。烨应声曰:
>
> "何不与他七上八——?"意欲其"下"马徒行也。

又如清褚人获《坚瓠二集》一云:

> 吴中黄生相掀唇,人呼为"小黄窍嘴"。读书某寺中,一日,寺僧进面,因热伤手忒地,黄作歇后语谑之曰:"光头滑——,光头浪——,光头练——,光头勒——。"谓"面汤揜忒"也。僧亦应声戏曰:
>
> "七大八——,七青八——,七孔八——,七张八——。"盖隐"小黄窍嘴"四字。黄亦绝倒。

照此看来,藏词方式显然不能照字直解。假如有人照字直解,那就可说不懂它的机能。其次也当留神历史和社会背景所印染成的色彩。即如藏词,总看各例大抵带有俳谐情味,就是构成,也颇和制造灯谜不相高下。自然要算用在有打灯谜那样欢乐的情境中最合拍。

二、系统的研究　这也有两层:(甲)每式之内的系统。即如前说藏词,有藏去后部的,古来名叫歇后,如"友于""贻厥"等各例都是。也有藏却头部的,古来名叫藏头。如曾有人称十五岁为"志学年",称三十岁为"而立年",便是藏却"十五而志于学","三十而立"等成语头部的藏头语。此外藏却腰部的藏腰语,也该有人用过,但我到现在,还未曾发见。就是藏头语,也颇不多见。只有歇后语特别发达。照民间的用例看来,且有延展到譬解语,利用譬解语来做歇后语的倾向。那种歇后语,我们可以另称为缩脚语。例如"猪八戒的脊梁,悟能之背"(无能之辈),便是一句民间流行的譬解语,上句为譬,下句为解。现在就渐渐有截去"悟能之背"一截,单说"猪八戒的脊梁"一截来贴套"无能之辈"的倾向,成为一种缩脚语了。像这样每式内部的系统最好能够明了。(乙)各式之间的系统。再用藏词做例,我们不但应该明了藏词内部的各色情形,还当明了藏词同析字、飞白以及譬喻、双关、回文等等一切方式的同异关系。明了之后,对于各种修辞方式方才不会将同作异,将异作同。一个修辞现象到前,一看便能了然。断乎不会再有那种把我们所谓双关和某君所谓词喻,我们所谓析字和某君所谓字喻当作两种,又把我们所谓回文和某君所谓字喻混作一种的错误观念。应用起来,也可脱口而出,毫不踌躇。

六　修辞研究的需要和任务

但这样的观察和研究颇要耗费相当的时日,又不是人人一时所能双方并进的。因为精密的观察是注意方式中的小异,系统的研究却要留心方式中的大同。虽然研究也不是从头就可不注意小异,但当归纳时,必当用舍象法将小异舍去,抽出它的大同来,才能将它同别的有这大同的现象构成一个相当的系统。所以研究的注意必在同,而平日的观察却在异。同异双方同时注意,固然不是不可能,但必须先有相当的经验做基础。有了相当的经验做基础,再去做精密的观察,方才机能容易明白,个性容易看清,得益才更容易,才更大。

我们的先辈似乎也颇知道此中的底细。故颇有相当的与人论文书传给我们。又常在诗话、文谈、随笔、杂记中,记下一些经验来,供我们开始观察时的参阅。但可惜都不是专为修辞说的,故内容颇杂,又多不是纯粹说明的态度,所收现象也多是偏于古典的。那于研究古典或古代某一部分的修辞现象,固然也可用做参考,却颇不适于我们想要系统知道修辞现象者之用。因此颇有人想略仿西方或东方的成规,运用归纳的、比较的、历史的三种研究法,将所常见的,或文学史上尚须说到的修辞现象,分别部类,做成一种修辞学。修辞学原是"勒托列克"(Rhetoric)的译语,"五四"以后才从东方传入的。但最初用修辞这熟语正名本学的,却是元代的王构(肯堂)。他曾著有《修辞鉴衡》一书,虽不甚精,似乎也可算是修辞专书的滥觞。不过自然与我们所谓运用归纳的、比较的、历史的研究法的修辞学无关。

修辞学的任务是告诉我们修辞现象的条理,修辞观念的系统。它负着实地观察、分析、综合、类别、记述、说明

(一)各体语言文字中修辞的诸现象

(二)涉及修辞的诸论著

的责任,从(一)的原料和(二)的副料中归纳出一些条理一个系统来,做我们自由观察的基础,或直接做我们自由运用的资助。它不是立法者。就是出现某一实例的语言文字也不是立法者。没有什么权力可以拘束我们遵从它。故所归纳出的,决不能误解作为规则。但实例很重要。它是归纳的依据,它有证实或驳倒成说的实力。近人常说"拿出证据来",它便是证据。唐钺的《修辞格》在现在许多修辞研究中所以比较的有成绩,便是因为他极注意搜集实例的缘故。又旧著,不是为修辞写的,如王若虚的《滹南遗老集》,俞樾的《古书疑义举例》,对于修辞研究所以比较的有贡献,也便是因为他们极注重实例的缘故。实例除了助成归纳之外,自身还可显示修辞如何必须适合题旨情境的实际,故在条理归纳清楚之后还当将它保存。并且记明篇章出处,藉便翻阅原文,细玩它的意味。至于各种论著,无论是中的外的古的今的,都只能做比较的研究或历史的研究的参考,备万一要解说某一现象而不能即得确当解说时的提示,或作解决方式的左证。如周钟游氏的《文学津梁》、郑奠氏的《中国修辞学研究法》便是在这一方面颇可备供参考的关于中国修辞古说的参考书。

至于修辞学本身,它应该告诉我们下列几件事:

一、修辞方式的构成　如譬喻,应说明它由(1)思想的对象(2)譬喻语词(3)另外的事物三者构成。

二、修辞方式的变化　如譬喻有三种变化:

(1)明喻——譬喻语词指明相类,形式为"君子之德如风"。又有时隐去。

(2)隐喻——譬喻语词指明相合,形式为"君子之德风也"。又有时隐去。

(3)借喻——思想的对象及譬喻语词都隐去,单说"凤",如"先生之风,山高水长"。

据《容斋五笔》,范仲淹《严先生祠堂记》的这两句,原作"先生之德,山高水长"。做好之后给李泰伯看,李泰伯教他把"德"字改写做"风"字的。据此我们可以猜度是在用"风"借喻"君子之德"。

三、修辞方式的分布　　如譬喻遍布在古今文中,又遍布在文言和白话中,不过白话中把譬喻语词改作"好像""如同""一样""就是"等等就是了。

四、修辞方式的机能或与题旨情境的关联　　如前引惠施所谓"以其所知谕其所不知而使人知之"之类的说明。

五、各种方式的交互关系　　如譬喻和借代相近,而与前举藏词则相距颇远之类。

以上五条,在修辞学书中,大抵把(一)(二)(三)说的较详,(四)(五)说的较略,或者只用界说或类别来暗示。因为这样,比较可以免掉挂一漏万,而且条理也比较的清楚些。

七　修辞学的效用

像这样的修辞学,我们可以说是文字语言的可能性的过去试验成绩的一个总报告。最大的效用是在使人对于文字语言有灵活正确的了解。这与读和听的关系最大。大概可以分做三层说:

(一)确定意义　　以前往往把修辞现象当作"可以意会,不可以言传"的境域,其实大半是可以言传的。我们既知道它的构成,又知道它的机能,大半就可确定它的意义所在,扩大了所谓言传的境域。例如"筠席"便是竹席,"筠舆"便是竹舆,倘知借代,便不必繁征什么方言来曲解。

(二)解决疑难　偶然有修辞上的疑难,也比较容易解决。例如柳宗元《柳州山水近治可游者记》说:"石鱼之山全石,无大草木。山小而高,其形如立鱼,在多秭归西。有穴,类仙弈。"人往往以为"在多秭归西"一截不可解,其实倘知借代,兼看一点《山海经》的借代法,便可断定应该这样点,而且可以断定所谓"多秭归",即指上文仙弈山。

(三)消灭歧视　人又往往以为文言可以做美文,白话只能做应用文。而所谓美文者,又大抵是指辞藻美富而说。其实文言的辞藻,白话大抵都是可以做到的。例如文言有"春秋鼎盛"一句,人或许以为"春秋"二字美,而不知"春秋"二字,实际是与白话中的"东西"两字用着一样的修辞法。倘若知道借代,也便可以将一切歧视文言白话的偏见立时消灭。

其次便是可以顺次做系统的练习。因为修辞学已经把同类的例汇集在一起了,要做系统的练习,实际很容易。其次才是写说。修辞学可说与实地写说缘分最浅。因为实地写说,如前所说,是须对应题旨情境的,决不能像读和听那样不必自己讲求对应的,容易奏效;也决不能像练习那样不必十分讲求对应的,容易下手。但也不是全无关系。倘从好的方面说,大抵可以疗治两种病象:

(一)屑屑摹仿病　从前有些人不知修辞的条理,往往只知屑屑摹仿古人,现在条理明白,回旋的地位既然大,屑屑摹仿病想必可以去了一半。而且也会知道有些地方是绝对不可蹈袭的,例如现在已经不常看见飞矢,为什么还要用飞矢来喻快速,已经知道泰山也不过是块平平的小山,为什么还要用泰山来喻重大或高大?

(二)美辞堆砌病　又有些人不注意文字语言和题旨情境的关

系,错觉以为有些字一定是美的,摘出抄起,备着作文时候用。不知道文字语言的美丑是由题旨情境决定的,并非文字语言的本身有什么美丑在。用得切当便是美,用得不切当便是丑。近来有人把那些从前以为美辞丽句的叫做烂调套语,便是因为常常用得不切当的缘故。

倘从好的方面说,或许可以疗治这些病象。但也要看听的看的人态度如何,写的说的人方法如何。大概方式的选择要精,说述要明,举例要用意周到,评断要不违反现代文字语言的趋向和文字语言的本质,才能做到如此地步。一切健全的写说都是内容决定形式的,而内容又常被生活所决定。没有健全的生活(学术的或日常的)便不会有健全的内容,也就不会有健全的形式。修辞学的本身,也是如此。此刻有谁敢说能够做到呢?

(《微音》月刊第 1 卷第 6 期,1931 年 11 月 15 日)

说 飞 白

从我在本志上发表的《修辞与修辞学》一篇文章中说及了"飞白"之后,颇有人写信来问我飞白到底是怎样一种措辞法。到最近《修辞学发凡》上册发行了,来问的更加多。似乎很有些人急要知道它的内容。现在就借《微音》的篇幅,做一个简短的总答复。

我的所谓"飞白",就是那种明知其错故意仿效的措辞法。这在英文修辞书中,叫做 Mimesis。G. P. Quackenbos 著的《Advanced Course of Composition and Rhetoric》一书中就曾说到它(见 224 页)。本来可以照日本的译法,译作"拟误"(参看增田藤之助《英和比较英语修辞学讲义》第 4 页,东京丸善株式会社版)。但略嫌不大生动,又中国原来是有这种措辞法的,好像名词也仍用中国原有的旧名,比较的适当些。因此我就留心中国原来叫它作什么。到后我发见顾禄《清嘉录》(卷一)所谓"灯谜二十四格"中有"别字""皓首""雪帽""玉带""粉底""素冠""素履""素心"等格,张起南《橐园春灯话》(卷上)中又有"梨花""飞白"等,都是指这类措辞法而言,因此便定名为飞白。虽然这名也略乎觉得有点晦,但一经讲明,却还觉得是有趣的。因为与本格的内容颇调和。而且也还生动而能表出整个的内容。

所谓"白"就是"白字"的"白"。白字本应如《后汉书·尹敏传》写做"别字",但平常却都叫做"白字",如沈复《浮生六记》卷一所记。故意运用白字,便是飞白。而从"白"字推衍:白的有梨花,就又有"梨花"的称谓,白又有部位的不同,就又分别部位,以白在头的为"皓首",为"素冠",为"雪帽"。白在中的,为"素心",为"玉带"。白在末的为"素履"。此外还有"粉面""粉底"等名,也由"白"字推衍而成。但这类推衍所成的名称,意义固然更加晦,气味也是更加坏,在昔虽曾有人以为美艳,现在可是已经可以抛却不提了。

在文章或话言中,飞白的用处约有两类:一是记录的,二是援用的。

(1)记录的——人有吃涩、滑别的语言,即以吃涩、滑别的语言记之。如《尚书·顾命》篇:

> 莫丽陈教则肄肄不违,用克达殷集大命。

江声《尚书集注音疏》说:"肄,习也;重言之者,病甚气喘而语吃也。"《史记·高帝本纪》:

> 五年,诸侯及将相相与共尊汉王为皇帝。汉王三让,不得已,曰:"诸君必以为便便国家……"。甲午,乃即皇帝位汜水之阳。

便便和肄肄,都是直录吃涩语言的实例。再如王安石《户部郎中赠谏议大夫曾公墓志铭》中写"可畏"为"克畏":

> 始谏议大夫知苏州魏庠,侍御史知越州王柄,不善于政而喜怒纵入。庠介旧恩以进,柄喜持上。公到,劾之,以闻。上惊曰:"曾某乃敢治魏庠,克畏也!"克畏,可畏也,语转而然。

鲁迅《鸭的喜剧》中写"爱罗先珂"为"爱罗希珂":

> 蝌蚪成群的在水里面游泳,爱罗先珂君也常常踱来访他们。有时候,在旁的孩子告诉他说:"爱罗希珂先生,他们生了脚了。"他便高兴的微笑道:"哦!"

"克畏"和"爱罗希珂",也就是直录滑别语言的实例。至于《史记·张苍传》:

> (高)帝欲废太子,而立戚姬子如意为太子。周昌廷争之强。上问其说。昌为人吃,又盛怒,曰:"臣口不能言,然臣期期知其不可。陛下欲废太子,臣期期不奉诏!"

更是吃涩而兼滑别的极著名的一个例。"期"即"綦"字的转音。意思等于现在我们说"极觉得不对"或"极不赞成"的"极"字。本来不必重复。但因周昌本来口吃,当时又气极了,一时说滑了说成了"期期"。而《史记》又就把那说滑了的"期期"直录下来。于是"期期"便成为极著名的词头,至今做文言文的还是有人引用它。像这一类的飞白,大抵只在记录当时说话的实际情形,此外不含别的作用。要不要直录,当然随作者自便。故如"期期"一例,《汉书》虽仍作"期期","诸君必以为便便国家……"一例,《汉书》便改为"诸侯王幸以为便于天下之民则可矣。"不再沿用飞白的措辞法了。

(2)援用的——人有吃涩、滑别的语言,即援用吃涩、滑别的语言来取笑。如《聊斋志异》(三)《嘉平公子》篇记嘉平某公子不通文义:

> 一日,公子有谕仆帖,置案上,中多错误:"椒"讹"菽","姜"讹"江","可恨"讹"可浪"。女见之,书其后云:
>
> "何事可浪,花菽生江;有婿如此,不如为娼。"

又如某书记某君不通文义,误"翁仲"为"仲翁",有人作诗嘲之云:

> 翁仲将来作仲翁,都因窗下少夫工。何堪翰苑为林翰,只合通州作判通。

都是此类。即年来常常援用的"汗牛之充栋""意表之外"等辞也是这一类。

拿大家熟悉的例来说,像《红楼梦》二十回的这一段中:

(宝玉黛玉)二人正说着,只见湘云走来,笑道:"爱哥哥,林姐姐,你们天天一处玩,我好容易来了,也不理我一理儿。"黛玉笑道:"偏是咬舌子爱说话,连个二哥哥也叫不上来,只是爱哥哥,爱哥哥的。回来赶围棋儿,又该你闹幺爱三了。"宝玉笑道:"你学惯了,明儿连你还咬起来呢。"……湘云笑道:"……我只保佑着明儿得一个咬舌儿林姐夫,时时刻刻你可听爱呀厄的去!"

所有的"爱"字,除最后一个爱字另有含义外,都就是"二"字的转音,而中间略有差别,"爱哥哥"的"爱"都是第一类的用法,而"幺爱三"的"爱"却是第二类的用法。

(《微音》月刊第 2 卷第 2 期,1932 年 6 月 1 日)

说 回 文

回文也常写作迴文,是于转品之外求词序有回环往复之趣的一种措辞法。《诗苑·类格》载唐上官仪曾说"诗有八对"。其"七曰回文对;情新因意得,意得逐情新,是也"。这样的回文,无异于近年所谓"国语的文学,文学的国语"及"从文学革命到革命文学"。除了词序迴环,同时带着词品转换之外,更无什么做作。在散文中,也常可以见到。而且出现得颇早。单单《老子》一书,便有不少的例。如:

善人者不善人之师,不善人者善人之资。(二十七章)

知者不言,言者不知。(五十六章)

信言不美,美言不信。(八十一章)

善者不辩,辩者不善。(同上)

知者不博,博者不知。(同上)

后来有人好奇,定要做到词序完全可以不拘,无论顺读,倒读,都可成文,这便成了一种稀奇的文体。这种稀奇的文体,总名叫做回文体。诗,词,曲都曾经有过。诗就叫做回文诗;词就叫做回文词;曲就叫做回义曲。如《王临川集》中便有《碧芜》、《梦长》等回文诗好几首。

《文心雕龙·明诗》篇说:"回文所兴,道原为始",但道原姓什么?什么时代人?都无从查考,大概是刘勰说错写错的(参看赵翼

《陔馀丛考》二十三),不大及清朱存孝说的确实而简括。存孝说:

> 诗体不一,而回文尤异。自苏伯玉妻《盘中诗》为肇端,窦滔妻作《璇玑图》而大备。(见《回文类聚》序)

原来是几个太太弄出来的。弄的原因,大体相同,都是因为男人离开得太久了,一个人住着觉得寂寞得很,弄这玩意儿寄给她的男人看的。苏伯玉太太,我们不知道她姓甚名谁,也不知道她是汉代人不是。只知《盘中诗》的本事是"伯玉被使在蜀,久而不归;其妻居长安,思念之,因作此诗"。《盘中诗》"从中央周四角"的排列如下图。

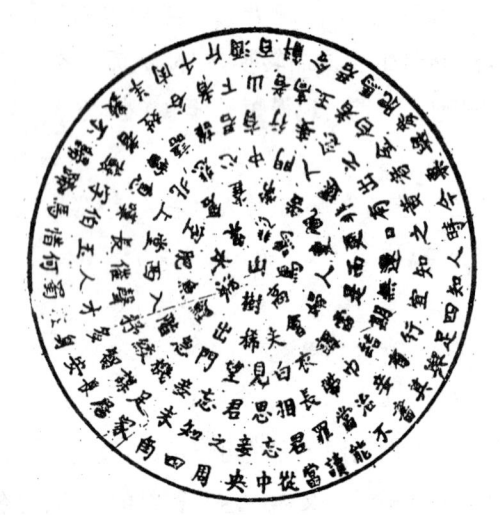

相传是伯玉出使在蜀,久不回家,太太把这诗写在盘中寄给他的,所以叫做"盘中诗"。诗的写法,如图,屈曲成文,从中央以周四角,含宛转回环的意思。伯玉看了以后,就感悟而回来了。

但《盘中诗》实际还不是正式的回文,因为它还不能回读。不过词序上的经营,也与后来的回文有些相似,故也不妨说是回文的先导,即"肇端"。回文是以窦滔太太的《璇玑图》为最著名。太太姓苏,名蕙,字若兰。所作回文诗,系以八百四十一字,排成纵横各为二十九字的方图,回环反复读起来,可得诗三千七百五十二首。它的本事,同《盘中诗》很相似。据《晋书·列女传》是"滔符坚时为秦州刺史,被徙流沙,苏氏思之,织锦为《回文旋图诗》以赠滔"。据唐武则天序中说,是苏氏因嫉妒被绝于窦滔,悔恨自伤,因织锦为回文,五采相宜,莹星辉目,纵横反复,皆成文章,名叫《璇玑图》,叫人送到襄阳。这时窦滔正留镇襄阳,看了之后,非常感动,就把苏氏接到任上去。普通大概相信后一说。现在举图中的一个例如下:

仁智怀德圣虞唐,贞志笃终誓穹苍,钦所感想妄淫荒,心忧增慕怀惨伤。

伤惨怀慕增忧心,荒淫妄想感所钦,苍穹誓终笃志贞,唐虞圣德怀智仁。

苏蕙的《璇玑图》几乎可说是回文空前绝后的巨制,但其内容被形式牵制,即所谓"窘缚刺促"的形景,也还是了然可指。回文实在是难能而不可贵的东西。不过它也是文字的可能性——词序方面一种有意的尝试,其成绩如何,也像意大利未来派的自由语运动似的,颇可供我们借鉴。

回文除了种种词序上的经营之外,也曾发展到墨色的运用和字形的离合的运用。但大都不脱词序的运用。其脱离词序的运用的便是另外一种文体。从前有人把所谓"以意写图,使人自悟"的"神智体"也混作回文体(见《回文类聚》卷三)。其实神智体是字的形体大小,笔画多少,位置正反,排列疏密等等的利用,不是词序的利用,同回文不同。宋苏轼(东坡)有过神智体《晚眺》一首。诗是:

403

长亭短景无人画,老大横拖瘦竹筇。

回首断云斜日暮,曲江倒蘸侧山峰。

却写作

亭景画 老㘭筇 昏雲暮 江蘸峰

(据《东坡问答录》)

据说是他写了去难人的:

神宗熙宁间,北朝使至,每以能诗自矜,以诘翰林诸儒。上命东坡馆伴之,北使乃以诗诘东坡。东坡曰,"赋诗,亦易事也;观诗稍难耳。"遂作《晚眺》诗以示之。北使惶愧莫知所云,自后不复言诗矣。(据《回文类聚》卷三)

这种神智体诗,现今民间也还有流传,而且也还带有为难人的性质。

【编者注】《盘中诗》的内容是:

山树高,鸟鸣悲。

泉水深,鲤鱼肥。

空仓雀,常苦饥。

吏人妇,会夫稀。

出门望,见白衣。

谓当是,而更非。

还入门,中心悲。

北上堂,西入阶。

急机绞,杼声催。

长叹息,当语谁?

君有行,妾念之。

出有日,还无期。

结巾带,长相思。

君忘妾,未(一作天)知之。

妾忘君,罪当治。

妾有行,宜知之。

黄者金,白者玉。

高者山,下者谷。

姓者(一作为)苏,字伯玉。

人(一作有)才多,智谋足。

家居长安身在蜀。

何惜马蹄归不数?

羊肉千斤酒百斛,

令君马肥麦与粟。

今时人,知四(一作不)足。

与其书,不能读。

当从中央周四角。

(《女青年》第11卷第6期,1932年6月)

说跳脱与节缩

跳脱和节缩两种措辞法,颇常发生误解或疑问。今依观察所得,略述于下。

一 跳 脱

语言因为特殊的情景,例如心思的急转,事象的突出等,有时半路断了语路的,名叫跳脱。跳脱在形式上一定是残缺不全或者间断不接,这在语言是一种变态。但用得真合实情实景,倒是不完整而有完整以上的情韵,不连接而有连接以上的效力。

跳脱约可以分为三类:第一是说到半路断了不说或者说开去的。这可以称为急收。多是"不肯说尽而诎然辄止,使人得其意于语言之外。"如《呐喊》中《狂人日记》的结句"没有吃过人的孩子,或者还有;救救孩子……",便是一例。

> 年假近了,切望你回来。虽然笔谈比面谈有时反真切,反彻底,然而冬夜围炉,也是人生较快乐的事,不过却难为你走那风雪的长途。小弟弟也盼望你回来。上礼拜我回家去的时候,他还嘱咐我——他决不能像我,也似乎不很像你,他是更活泼爽畅的孩子。我有时想,他还小呢,十岁的年纪,自然是天真烂漫的。但无论如何,决不至像我。上帝祝福他!只叫

他永远像你,就是我的祷祝了。("嘱咐我"以下就说开去了)——冰心《烦闷》

智深提了禅杖,再回香积厨来。这几个老僧,方吃些粥,正在那里——看见智深忿忿地出来,指着老和尚道,"原来是你这几个坏了常住,犹在俺面前说谎!"老和尚们一齐都道,"师兄休听他说(中略),师兄,你自寻思:他们吃酒吃肉,我们粥也没得吃,恰才还怕师兄吃了"。智深道,"也说得是。"倒提了禅杖,再往方丈后来,见那角门却早关了。("正在那里"以下也就说开去了)——《水浒》第五回

公孙策与妇人看病,虽是私访,他素来原有实学,所有医理尽皆知晓。诊完脉息,已知病源。站起身来,仍然来至西间坐下,说道,"我看令媳之脉,乃是双脉。"尤氏听了,道,"嗳呀,何尝不是!他大约四五个月没见——"(咽下"月信"二字)——《三侠五义》第八回

五年,诸侯及将相相与共尊汉王为皇帝。汉王三让,不得已,曰,"诸君必以为便便国家……"。甲午,乃即皇帝位氾水之阳。(也咽下"便国家"以下允许的话)——《史记·高祖本纪》

像这些咽下不曾说全的话,我们大都可以从情景上推知它的意思,即所谓"得其意于语言之外",但想将话补全,却颇为难。因为各个咽下处所大都是情景复杂的,至少用了这种跳脱语以后人会想象以为情景复杂的。若把有限的几个字把它补全了,人往往反而以为不及原语的含义丰富。《史记》一例,《汉书》改为"诸侯幸以为便于天下之民则可矣。"形式比较的完整,而汉高祖推让皇位时候扭扭捏捏的复杂神情倒反觉得不及《史记》活现,便是这个

缘故。

第二是突接。折断语路,突接前话,或者突接当时的心事,因此把话折成了上气不接下气。如

> 晋侯赏从亡者。介之推不言禄,禄亦弗及。其母曰,"亦使知之,若何?"对曰,"言,身之文也;身将隐,焉用文之?——是求显也。"("是求显也"突接"使知之",意思是说:"若使知之,是求显也。"故与"焉用文之"不接)——《左传·僖公二十四年》

> 晋献公将杀其世子申生。公子重耳谓之曰,"子盍言子之志于公乎?"世子曰,"不可。君安骊姬,——是我伤公之心也。"("是我伤公之心也"也因突接"言志於公"与"君安骊姬"不接。意思是说:"若言我之志于公,是我伤公之心也。")——《礼记·檀弓上》

> 子夏丧其子而丧其明。曾子吊之曰,"吾闻之也,朋友丧明则哭之。"曾子哭。子夏亦哭,曰,"天乎,予之无罪也!"曾子怒曰:"商!女何无罪也?"吾与女事夫子于洙泗之间,退而老于西河之上,使西河之民,疑女于夫子,尔罪一也。丧尔亲,使民未有闻焉,尔罪二也。丧尔子,丧尔明,尔罪三也。而曰——女何无罪与?("女何无罪与"也因突接"予之无罪也",把"而曰"一句折成了残缺不全。意思是说:"而曰'予无罪',汝何无罪欤。")——《礼记·檀弓上》

> 冯唐者,其大父赵人,父徙代。……唐以孝著,为中郎署长。……文帝辇过,问唐曰,"父老何自为郎?家安在?"唐具以实对。文帝曰,"吾居代时,吾尚食监高祛,数为我言赵将李齐之贤,战于钜鹿下。今吾每饭,意未尝不在钜鹿也。父知之

乎?"唐对曰,"尚不如廉颇李牧之为将也。"……上既闻廉颇李牧为人良说,而搏髀曰,"嗟乎!吾独不得廉颇李牧时为吾将,——吾岂忧匈奴哉!"("吾岂忧匈奴哉"是突接当时的心事。因为当时文帝,正如下文所说,"以胡寇为意",所以有这突然的话。意思是说:"吾独不得廉颇李牧此时为吾将,若得廉颇李牧此时为吾将,吾岂忧匈奴哉!")——《史记·冯唐列传》

孝文帝立数月,公卿请立太子,而窦姬长男最长,立为太子。立窦姬为皇后。窦皇后兄窦长君,弟曰窦广国,字少君。少君年四五岁时,家贫,为人所略卖,其家不知其处。传十馀家,至宜阳,为其主入山作炭。寒,卧岸下百余人。岸崩,尽压杀卧者,少君独得脱,不死。从其家之长安。闻窦皇后新立,家在观津,姓窦氏。广国去时虽小,识其县名及姓,又常与其姊采桑堕,用为符信,上书自陈。窦皇后言之于文帝。召见,问之,具言其故,果是。于是窦后持之而泣,泣涕交横下。侍御左右皆伏地泣,助皇后悲哀。乃厚赐田宅金钱,封公昆弟,家于长安。绛侯(周勃)灌(婴)将军等曰,"吾属不死,命乃且悬此两人。两人所出微,不可不为择师傅宾客,——又复效吕氏大事也!"("又复效吕氏大事也"也是突接当时的心事。当时吕后母家诸吕闹大事刚完,就又大封窦后兄弟,而窦后兄弟又"所出微",恐怕又要闹事,所以有这突然的话。意思是说:"不可不为择师傅宾客,若不为择师傅宾客,又复效吕氏大事也!")——《史记·外戚世家》

像这些突接的处所,若为说明方便起见原也不妨给它增上相当的复牒前话的假设语。如"若使知之"之类,使它连接。然而这也容易损了原有的急切神情。即如《左传》一例,《史记·晋世家》加上了"文之"两字,作"言,身之文也。身将隐,焉用文之?文之是求显也"。形式上固然比较的完整,而说话者急切的神情也觉得反而有些失去了。

第三是遮断。这有些像急收而其实非急收,又有些像突接而其实非突接,完全因为别的说话或别的事象横闯进来,遮断了正在说的话,致被遮成了残缺不全或者上下不接。如《左传·襄公二十五年》:

> 叔孙宣伯之在齐也,叔孙还纳其女于灵公,嬖,生景公。丁丑,崔杼立而相之,庆封为左相,盟国人于大宫曰:"所不与崔庆者——"晏子仰天叹曰:"婴所不唯忠于君,利社稷者是与,有如上帝!"乃歃。(就是崔庆的盟辞未说完便被晏子遮断了,所以杜注说:"盟书云,'所不与崔庆者有如上帝',读书未终,晏子抄答易其辞,因自歃。")

又《荀子·尧问》篇:

> 魏武侯谋事而当,群臣莫能逮,退朝而有喜色。吴起进曰,"亦尝有以楚庄王之语,闻于左右者乎?楚庄王谋事而当,群臣莫逮,退朝而有忧色。楚庄王以忧,而君以喜——"。武侯逡巡再拜曰,"天使夫子振寡人之过也。"(吴起的话也未说完,被武侯遮断。)

又《史记·项羽本纪》:

> 项王留沛公与饮。项王项伯东向坐。亚父南向坐,——亚父者,范增也。——沛公北向坐,张良西向侍。范增数目项王,举所佩玉玦以示之者三。项王默然不应。(叙述语被"亚父者范增也"这一个插注遮断。)

又《汉书·项籍传》：

> 居鄛人范增，年七十，素好奇计，往说梁曰，"陈胜败固当。夫秦灭六国，楚最亡罪。自怀王入秦不反，楚人怜之至今。故南公称曰'楚虽三户，亡秦必楚'。今陈胜首事，不立楚后，其势不长。今君起江东，楚蠭起之将皆争附君者，以君世世楚将，为能复立楚之后也。"于是梁乃求楚怀王孙心——在民间为人牧羊——立以为楚怀王。（叙述语也被"在民间为人牧羊"这插注遮断。）

又如《三侠五义》第十二回：

> 到了二更时分，英雄（展昭）换上夜行的衣靠，将灯吹灭，听了片时，寓所已无动静。悄悄开门，回手带好，仍然放下软帘，飞上房，离了寓所，来到花园——白昼间已然丈量过了。——约略远近，在百宝囊中掏出如意绦来，用力往上一抛。——是练就准头——便落在墙头之上，用脚尖登住砖牙，飞身而上。到了墙头，将身爬伏。（叙述语被说明语遮断了两次。）

这都还普通。其中比较奇特的要算《水浒》第五回的这一段：

> 智深走到面前，那和尚吃了一惊，跳起身来便道，"请师兄坐，同吃一盏。"智深提着禅杖道，"你这两个如何把寺来废了？"那和尚便道，"师兄请坐，听小僧——"智深睁着眼道，"你说，你说！""——说：在先敝寺十分好个去处，田庄又广，僧众极多，只被廊下那几个老和尚，吃酒撒泼，将钱养女，长老禁约他们不得，又把长老排告了出去，因此把寺来废了。僧众尽皆走散，田土已都卖了。小僧却和这个道人新来主持此间，正要整理山门，修盖殿宇。"

411

"师兄请坐,听小僧说"原是一句,只因智深睁眼在旁抢说"你说,你说",作者要把两人的话一齐写出,就将那和尚的话隔断,把"听小僧"等字隔在上文,"说"字隔在下文。这种隔法,《水浒》以前似乎不曾有过。所以批评家金圣叹要说它是"从古未有之奇事"。像这些跳脱遮断的话,如果硬将它们补全或者接连,也容易消失了当时的急骤神情。即如《荀子》一个例中吴起的最后一句话在《吴子》(卷上)《图国》篇作"此庄王之所忧,而君说之,臣窃惧矣",补了一句语颇完整,但于所谓"于是武侯有惭色",不待话完,急急认错的神情却倒有些模糊。所以跳脱形式,虽然常是残缺不全或者间断不接,却也增减它不得,倒置它不得。清魏禧在他所著的《日录论文》中有一条说:"又尝论古乐府以跳脱缺断为古,是已。细求之,语虽不伦,意却相属,但章法妙,人不觉耳。然竟有各成一段,上下意绝不相属者,却增减他不得,倒置他不得。此是何故?盖意虽不属,而其节之长短起伏,合之自成片段,不可得而乱也。……知此者可与读文矣。"他这一段话虽系专论古乐府,颇可移作本格的说明。

二 节 缩

节截语言文字,叫做节;缩合语言文字,叫做缩。节缩都是音形上的方便手段,于意义并没有什么增减。如将五月四日节截为五四,三十缩合为卅,五月三十日节缩为五卅,意义仍然是五月四日、三十、五月三十日,并没有什么增减。不过字音字形比较的短少,说起来写起来比较的简便些,听起来看起来也比较的简洁些罢了。虽然意义并无增减,却可避免繁冗拖沓,可把常说共喻的词语

来省言简举。但在古文中,却也有利用它来凑就对偶音节或者形成错综的。今将比较常用的略举于后:

缩合

(一)不可有时缘合为叵。如《后汉书·吕布传》:

> 布目备曰,"大耳儿最叵信。"

《说文》云:叵,不可也。

(二)何不有时缩合为盍。如《礼记·檀弓上》:

> 子盍言子之志于公乎?

《郑注》云:盍,何不也。

(三)奈何有时缩合为那。如《左传·宣公二年》:

> 牛则有皮,犀兕尚多,弃甲则那?

顾炎武《日知录》(三十二)云:直言之曰那,长言之曰奈何,一也。

(四)之于或之乎有时缩合为诸。如《论语·卫灵公》:

> 子张书诸绅。

马建忠《文通》云:之合于字,疾读之曰诸。《孟子·梁惠王下》:

> 汤放桀,武王伐纣,有诸?

王引之《经传释词》说:诸,之乎也;急言之曰诸,徐言之曰之乎。

(五)不要有时缩合为别。如《红楼梦》第四十回:

> 黛玉道,"我最不喜欢李义山的诗,只喜他这一句:留得残荷听雨声。偏你们又不留着残荷了。"宝玉道,"果然好句!以后咱们别叫拔去了。"

(六)勿曾有时缩合为朆。如《吴歌甲集》:

> 吃爷饭,着娘衣。朆吃哥哥窠里米,朆着嫂嫂嫁时衣!

此外如不用缩成"甭",勿要缩成"覅",二十缩成"廿",四十缩成

"卌",是也颇常用的。这类缩成字的声音,通常就是被缩字的合声。如"㜀"音"粉","卅"音"撒","卌"音"锡"。除非声音转变了,如"廿"今读若"念";俞樾《茶香室丛钞》(九)说:"廿音聂,转音为念,亦犹捻之有聂音也。"所有合声都由急说被缩的字而成。

节截

节截普通也是急说的结果。俞樾《古书疑义举例·语急例》说:"《论语·先进》篇:由也喭。郑注曰:子路之行,失于畔喭。然则喭即畔喭也。雍也篇:君子博学于文,约之以礼,亦可以弗畔矣夫!畔,亦即畔喭也。畔喭本迭韵字,急言之,则或曰喭,由也喭是也,或曰畔,亦可以弗畔矣夫是也。"这就是说:喭和畔都是畔喭的节截,而节截的缘故,则由于语急。但古来节截的例很多,其中也有不为语急而节的。我们常见的,有书名的节截。如

(一)挚虞《文章流别论》,李充《翰林论》,有人节为《流别》、《翰林》。《文心雕龙·序志》篇:

> 仲洽《流别》,宏范《翰林》,各照隅隙,鲜观衢路。

有书名带篇名的节截,如

(二)《吕氏春秋》内含六《论》,八《览》,十二《纪》,有时节为《吕览》。《太史公自序》及《报任少卿书》:

> 不韦迁蜀,世传吕览。

篇名的节称如《学而》、《述而》、《子罕》之类更是常见,可以不必举例。又有地名的节截,如

(三)勃海碣石有人称为勃碣。《史记·货殖传》:

> 夫燕亦勃碣之间一都会也。

注云:勃海碣石。

(四)巴郡宕渠县有人节为巴宕。《汉书·王莽传》:

　　成命于巴宕。

注云:巴郡宕渠县。这与现在的节江苏浙江为江浙,浙江义乌县为浙义,完全一样。又有官名的节截。如

(五)黄门传郎、散骑常侍常作黄散。《晋书·陈寿传》:

　　杜预复荐之于帝,宜补黄散。

(六)中书、秘书常节作中秘。《魏书·礼志》:

　　宜并集中秘群儒,人人别议。

这也与现今节称教育次长,交通次长,为教次、交次相仿。此外还有年号的节截。如节称宋神宗的年号熙宁、元丰为熙丰,宋徽宗的年号政和、宣和为政宣之类。这颇有人排斥,而排斥的理由,却是因为"不敬"(看《日知录》二十)。至于人名则节截的更多,排斥者也更多,可说是节截上意见最分歧的一项。我们且把它们分做节姓、节名两项,来举例子。节姓的,有

(七)韩愈《读东方朔杂事》诗节东方朔为方朔:

　　方朔乃竖子,骄不加禁诃。

本诗中方朔出现了三次。

(八)刘知几《史通·六家》篇节司马迁为马迁:

　　马迁撰史记,终于今上。

本篇中马迁也出现了好几次。

(九)《晋书·诸葛恢传》节诸葛为葛。该传载荀闿、蔡谟与诸葛恢,俱字道明,人为之语曰:

　　京都三明各有名,蔡氏儒雅荀葛清。

本书中诸葛的节称也出现了好几次。如《王濬传》中便有节诸葛亮为葛亮的例。至于节名的例更多。单举比较熟悉的来说,便有

(十)王勃《滕王阁序》节杨得意为杨意,钟子期为钟期:

> 杨意不逢,抚凌云而自惜;钟期既遇,奏流水以何惭。

(十一)嵇康《琴赋》节荣启期为荣期,王昭君为王昭:

> 于是遁世之士,荣期绮季之畴,乃相与登飞梁,越幽壑,援琼枝,陟峻崿,以游乎其下。……下逮谣俗,《蔡氏五曲》、《王昭楚妃》、《千里别鹤》,犹有一切承闲篪乏,亦有可观者焉。

等等。这大约因为《左传·定公四年》称晋侯重耳为晋重,《昭公元年》又曾节称莒展舆为莒展,节名早就有了先例,所以循例节称的特别多。

节名节姓通常也是为了省便起见,用在种种不必繁说详举的时候。如例(九),是当时大家知道的;如例(七),是题目上已经标明的。如例(八),也是从那篇文章的上下文便可明白的。但有时好像只是字面上音节上的经营。或是为要形成错综,如《史记·陈杞世家》:

> 灵公与其大夫孔宁仪行父皆通于夏姬。……灵公与二子饮于夏氏。公戏二子曰,"徵舒似汝。"二子曰,"亦似公。"徵舒怒。灵公罢酒出,徵舒伏弩厩门,射杀灵公。孔宁仪行父皆奔楚。灵公太子午奔晋。徵舒自立为陈侯。徵舒,故陈大夫也。夏姬,御叔之妻,舒之母也。成公元年冬,楚庄王为夏徵舒杀灵公,率诸侯伐陈。谓陈曰,"无惊,吾诛徵舒而已!"

文中将夏徵舒、徵舒、舒错杂着用,除有几处可以有别种解说外,像"舒之母也"只用一舒字,而直前的一句"徵舒,故陈大夫也",却用徵舒两字,那就只能说它是为形成错综而节的。至于为凑就对偶音节,而节截的,例就更多了。如陆机《辨亡论》有两句,《晋书·陆机传》作:

> 施绩范慎以威重显,丁奉钟离斐以武毅称。

而《文选》却作:

> 施绩范慎以威重显,丁奉离斐以武毅称。

使丁奉离斐与施绩范慎相对,便是节名凑对就音的一个极显明的例。钱大昕《养新录》(十二)说:"汉魏以降,文尚骈丽,诗严声病,所引用古人姓名,任意割省,当时不以为非。如皇甫谧《释劝》:荣期以三乐感尼父。庾信诗:唯有丘明耻,无复荣期乐。白乐天诗;天教荣启乐,人恕接舆狂。谓荣启期也。《费凤别碑》:司马慕蔺相,南容复白圭。谓蔺相如也。"单是《养新录》已经举出的,便有几十个例。但这种割名凑对就音的倾向,容易使文字离开了内容上的需要,专去玩那形式上的把戏。不顾内容上是否可以节,而只计较形式上需要不需要节。于是内容往往会晦到非注不明,甚至晦到了只有作者自己能够注。这便犯了以先文人最容易犯的所谓削趾适履的拙病,自然是应该批评的。过去批评得最厉害的似乎要算顾炎武。他简直说用的人为"不通"(看《日知录》二十三)。但并没有将是非说清楚,也没有将成败辨清楚。别的排斥的人也差不多是如此。所以难得使人心服,要引起拥护节截的人反骂他们为鄙陋(看俞正燮《癸巳存稿》十二)。而这个问题就一直在这样叫通骂陋的叫骂声中搁了下来,一向不曾有过什么切合实际的解决。

我看排斥节截形式的玩弄是正当的,不过可惜排斥者自己也似乎太只注意形式了。因为该排斥的不是节截本身,而是节截的滥用。这一定要看情景看内容是否可以节截。说得明确点,就是节截了是否仍旧叫人看得懂,或者更加简明有力。要是只要看见节截的形式便排斥,那就与专把节截的形式来玩弄的一样要陷于形式偏重的泥沼,对于节截不会有和情景联系,和内容联系的认

417

识,也就不会有和情景联系和内容联系的运用。现在又有好些人在他们所著的修辞学中重新提出这个问题来了,我希望不要忘记了这一点。

(《微音》月刊第 2 卷第 3 期,1932 年 7 月 1 日)

关于修辞

"修辞"只是半句话。这半句话的上面,隐隐还含有更重要的半句话:"就意"或是"根据对于自然、对于社会的认识"。全说起来,就是"就意修辞",或"根据对于自然、对于社会的认识修辞"。"修辞"是一个古来的成语,若用现代的话翻译出来,就是调整语言。根据对于自然对于社会的认识调整语言,是我们日常说话时的一种事实,本来没有什么奥妙。然而一到作文,却未必人人都能够这样做,或知道这样做。许多奇事,就是从此发生。

第一,有人会把意和辞的关系割断,或把意和辞的关系倒转,不是"就意修辞",倒是"就辞修意"。如张炎所说,做了一句"琐窗深",觉得不合音节,就改为"琐窗幽",觉得还不合音节,又改为"琐窗明",就是一个顶明显的例子。

第二,既把意和辞的关系倒转,重辞不重意,就又有人把辞来分家。先把辞分成了口头语和书面语两家,又把书面语分成了古的和非古的两家。认做越古越好,就是越离实意实感越好。他们把"古"来叫做"雅"。会说"与其伤雅,毋宁失真"。有意地走上了把"幽"来说做"明"的道路。

学问上往往有许多出奇的事情,说来会教人不肯相信。如什么叫做语言,谁不知道语言是我说来给你听的。但在语言学史上对于语言的观念要进步到这个地步,可就不知道有多少年月。起初好像他们不知道语言是"说"的。所以他们找语言,一定要到现在已经不能"说"的古典上去找。这就所谓"文献学"的时期。再进一步,他们知道语言是"说"的了,他们已经会到口头上去找活语言,但似乎还不知道语言是说给你听的,所以还是只把一个"说主"放在眼里,个人主义的倾向极强,把社会的因子搁下不管。往往要把别人不知所云或与现实社会隔碍的当做偶像抬来教人礼拜。最后才进步到知道语言是"说给你听的",把"听客"也算在里面。外国的语言学史是如此,中国的语言学史也是这样。到现在还未完全走到最后的一步。

修辞上的情形和这一般的语言观念的进步有着血肉的关系。对于语言不知道是"说"的,对于辞就也不知道像"说"一样的去"修"。对于语言还不知道是"说给你听的",对于辞就也不知道像"说给你听的"一样的去"修"。要修辞不出奇事,我以为第一步还在知道"说",知道学"说"。尤其要留心本地话。现在大家都干"读书运动",劝人读好的书,我以为本地话就是一部顶好的"没字书",应该列入甲等,首先精读。

本地话的条理一定是自己很熟悉,本地话所含的语言现实内容也一定是自己很明白。如何运用语言来表现所要传达的意思,那种方法也必很容易学习。学得那种方法以后,再学别地话,学古文以至学外国的修辞就可以有个根柢。无论用辞造句,都会有尺寸起来。

修辞本来没有什么奥妙,经过一番努力以后,一定更会把所谓奥妙看穿。要了解语言的神髓,这是总的近路,不止修辞而已。

(《中学生》第56期,1935年6月)

语言学和修辞学对于
文学批评的关系

语言学有种种,修辞学也有种种。我们至少可以把它们各自分成了两组。姑且给它们起了两个临时的名字,叫做新的和旧的。旧的语言学和修辞学,多少都是带着些想象的性质,有以偏概全的毛病,又多少带着些孤零的性质,有把语言从社会的各种关系扯开,甚至从内容思想扯开来考量的毛病,再还多少带着些怀古的性质。假定有一个光荣的十全的祖先,好像现在的语言语辞都要寻得出家谱来才算得真子孙,才算得有身份的。这样的对于语言语辞的认识,正好供那以为天不变文也不变的无年无月的文学批评者拿去做根据,使他们的工作限于对古认它做尺度,对今认它做应受尺度来量定的东西。从尺度研究所得的或许是"义法"或许是别的,并没有什么关系,反正都是尺度的一种性质,又都是好的,应该永生的。不把那性质包含在里面,不但不是好的文学,简直就不是文学。这差不多是中国向来一贯的见解,中间虽有小异,并不曾破了大同。在这传统的见解支配的时候,语言学、修辞学、文学批评简直没有多大的分别,随便拿一本书来,或许可以找得一点语言学的材料,同时也可以找得一点修辞学的材料,而同时也可以找得一点文学批评的材料。就拿近代中国文学批评影响最大的一个批评家金圣叹的批评来看,也还是这样混合不分的。

如是新的呢,三者的关系虽然还是极密切,却不是可以混合不分的。语言学所努力的,是语言现象和各种社会关系,如生活、信仰、风俗等关系的探求,修辞学所努力的,是思想和表现关系的探求,两者都是偏于一般的、原则的设定。而文学批评却大抵是对于某一特殊文学现象的评判,所以两面之间常存在着一个一般和特殊的界限。自然,一般和特殊并不是可以截然分开的,特殊常常需要有一般的认识做前提,而一般只有从各式各样的特殊上去抽出来。当解决特殊,需要认识一般来做出发点的时候,如白话和文言争、大众语和文言跟白话争的时候,语言学和修辞学的知识差不多就是文学批评的原理,而文学批评差不多就是语言学和修辞学的特殊应用。虽则是文学批评的论争,看来简直就是两派语言学两派修辞学的论争;五四前后的文白之争,如今回顾起来,所以会觉得不过是语言学、修辞学常识的论争,便是因为这个缘故,大众语和文白的论争,所以会把黎锦熙也卷进来,也就是这个缘故。但是语言学、修辞学的一般,到底只是工具方面的一般。文学并不是单纯工具的运用,文学批评也不能单是工具运用的批评。另外还有任务,要能看出文学反映现实真实到怎样一个程度,生动到怎样一个程度。这便不是语言学、修辞学所能为力。所以语言学、修辞学和文学批评的关系虽然很密切,却也只是密切到一半。而这一半之中,又是修辞学和文学批评的关系密切一点。因为修辞学所用来研究思想和表现的关系的,多半就是文学的缘故。

(《文学百题》,1935年7月)

谈谈修辞学的研究[*]

一　修辞学的对象

修辞学讲究语文的运用,讲究内容的表达;它是研究如何运用语文的各种材料,如何运用各种表现方法,恰当地表达出所要说的内容的一门学问。修辞学研究的对象——**修辞现象**,就是运用语文的各种材料、各种表现方法,表达说者所要表达的内容的现象。

修辞学是语文的综合利用,也是内容的具体表达。一个内容可以有几种具体表达方法,修辞所要研究的,就是这些具体的表达方法。它涉及的条项极其多,修辞学就是要研究这些条项的具体情况和相互关系。

这种复杂情况,我们可以从纵横两方面来说明。

先说纵的方面。不论讲话或写文章,如果要公开发表,大致可分为三个阶段:

第一,收集材料;

第二,**剪裁配置**(即把它们组织起来,决定取舍或补充);

第三,写说发表。

---

[*] 本文系 1961 年 7 月 30 日在上海语文学会所作的学术讲演节录。

这第三阶段,就是修辞现象所在的地方,它要考虑如何运用语文的各种材料,如何运用各种表现方法,把我们要说的意思说出来。

这三个阶段的条件是不同的。收集材料同我们的生活经验,同我们的社会科学知识、自然科学知识有很大的关系。剪裁配置同作者、说者的见解、识力、逻辑学的掌握程度有很大的关系。第三阶段则同作者、说者对语言文字了解得透不透,接受前人遗产接受得好不好,有很大的关系。第三阶段是建筑在第一、二阶段的基础上的。第一、二阶段是内容问题,第三阶段虽有形式问题,但实际上仍决定于内容。不论那个大修辞学家,如果没有参加收集材料和剪裁配置,对内容不了解,是无论如何不能表达出所要表达的东西来的。

再说横的方面。修辞现象有很多种,可分成几种不同的境界。如法律的文字、宪法的文字、婚姻法的文字等称为记述的境界;诗歌等文艺形式表现方法较多,称为表现的境界;另外还有杂文之类是两种手法混合的,我们叫它糅合的境界。由于修辞手法不同,旧的文章可分为两大派:一叫清真派,不大用好看的字眼;一叫华丽派,讲究修饰,这是表现的境界。

修辞因为境界不同,修辞手法也不同。一种手法称消极手法,是抽象的、概括的手法,用得较为普遍;另一种手法称为积极手法,它是具体的、体验的、形象化的。例如:"现在我们应该屁股坐在中国的今天,一手向外国拿东西,一手向古代拿东西。"这是形象化的说法,如果按消极手法说,就应说成:"以中国的今天为主,批判地吸收古代和外国的东西。"积极手法比较生动、形象。

二　修辞的研究

毛主席非常重视文法、修辞,他曾在《中国农村的社会主义高潮》中的《合作社的政治工作》一文的按语中提出要我们讲究文法和修辞。

有人以为文法、修辞是外国来的洋货,其实我国研究修辞的历史极其长远,研究的方面也非常广泛,尤其是积极修辞。我个人学修辞也受了一些洋气,在发表的文章中可以看出。实际上我最早学修辞不是从洋人那里学的,而是跟老知识分子学的。我有两个母舅,一个母舅要我学《四书》《五经》,我六岁就开始读《大学》、《中庸》、《论语》。这个母舅是清真派,写文章写清楚了就算,他教我的是消极修辞。另一个母舅是华丽派,他喜欢吃酒,一吃酒积极修辞就来了。他同我讲"江"、"湖",要我摇头长吟,对我影响很深。我国旧知识分子向来很注意研究修辞,当然研究方法和现在不同,这是很自然的。我们也不能保证十年以后的研究方法和现在一样。不能因为研究方法不同就割断历史,把精华与糟粕一起抛掉。

科学的任务是研究规律。什么叫规律？天地间任何事物都有联系,规律是联系里面的一种,这种联系是必然的、本质的联系。所有现象都根据规律发展。规律有客观性质,不以人们意志为转移。你喜欢它是这样,不喜欢它也是这样；你晓得它是这样,不晓得它也是这样。我们可以认识规律,利用规律为社会造福,但不能改变和创造规律。科学家的任务就是发现规律,认识规律。修辞学的任务就是探求修辞现象的规律,缩小所谓"只可意会,不可言传"的境地。过去有一个人说某首词好,我问他好在那里,这位老

425

先生是专讲究读的,他说有几种读法,那里该重读,那里该轻读。再问他,他还是叫你读。他认为可以意会,不可以言传,只能以心传心。我们则主张科学,凡是可以意会的一定可以言传。研究修辞,就是要缩小和消灭"可以意会,不可言传"的境域。

我们党号召调查研究,调查研究清楚了,就一定能"意会"和"言传"。例如:

1)中国人喜欢讲数词,如"有把握"我们说成"心中有数"或"胸中有数"。解放以来,运用数字很多,我们随便一想,就可以想出许多。如"一穷二白"、"一大二公"、"三结合"、"四固定"、"三级所有"、"百家争鸣"、"两点论"、"抓两头"等等。这种数词大致可分为两种用法:①消极修辞,把"一"当一用,把"二"当二用。②积极修辞,把"百"不止当百用,"千"不止当千用。如"百花齐放"、"人民公社万岁"、"万水千山"等。古人常用三、九等数字,"三思而行"就是多思而行;"九死不悔"也不是可以死九次,而是无论怎样牺牲都不怕。李白诗句"白发三千丈",使人家一看,就感到夸张有力。毛主席非常喜欢用数词,如"一穷二白"就是运用修辞,现在产生了同样的手法,如"一大二公"、"一清二楚"、"一干二净"等。毛主席是伟大的修辞大师,对修辞很有创造,许多东西到了他手中就有了很大的变化。如"东风压倒西风",原来是《红楼梦》中林黛玉讲的,毛主席借用来,把它一变,用以说明国际阶级力量的对比,现在全世界都知道了。

2)有些现象比较复杂,还要用别的手法。如"千真万确"就是把"千万"同"真确"解剖开来用。"精打细算"也是一样,不能照字面去考虑如何"精打",而是把"精细"和"打算"岔开来了。

3)有些修辞现象不能照字面讲,照字面讲是讲不通的。如上海话"阿木林"乃是把"森"字拆开,等于冯玉祥称自己的诗为丘八诗,丘八即兵的意思。过去修辞手法中古怪现象较多,有些招牌再三考据也考据不出。有时因变化太多,令人不知其所以然。但也可以变化得很巧妙。如《阿Q正传》里"而立"二字,不能照字面解,这是运用了《论语》里"三十而立",意思是说三十岁。把要讲的话藏起来,把不要讲的话露出来。总之,修辞要根据各种情境和条件,运用得适当,就可以避免毛主席所讲的不生动、不形象的毛病。毛主席善于把抽象的东西形象化,如"矛盾是对立的统一",就很形象,这也是比喻。毛主席在《抗日战争胜利后的时局和我们的方针》一文中用了许多比喻,如把胜利果实比为桃子等,非常形象而有力。《毛选》四卷中比喻很多。又如"农业八字宪法",这"八字宪法"就很好。修辞手法用得恰当,可以超过平常讲的意思,收到更大、更有力的效果。

三 修辞研究和语文的阅读、写作的关系

研究修辞,可以提高阅读能力,正确、清楚地理解意思。如"吃龙井"、"吃六安",指的是吃龙井、六安出产的茶叶。同样,如读书常说"读荀子"、"读孟子"。研究修辞可以提高阅读能力、写作能力,使阅读更能切实掌握内容,写作更能正确表达内容,而语文经过不断地磨练,亦将不断增进切实表达内容的能力,日益瑧于精密完美。

解放以来,大家非常注意修辞,在紧要关头,往往为了一个字讨论很多时候,再三再四地改。如人代会文件起草时,曾经对于用"发愤图强"还是用"发奋图强"经过了反复的讨论。现在这种风气

慢慢扩大,这是很好的现象。

要注意内容,也要注意内容的正确表达,要真正做到内容决定形式,实现内容与形式的统一。修辞现象是极为复杂的,有时改动一字,就出入很大。但有时增减一句,与原则亦无大出入。

总之,研究修辞能更加明了修辞的规律,更好地从修辞性上去了解修辞现象和运用修辞手法。研究修辞要根据当时当地的许多条件和背景,还要考虑到听话人和第三者的情况。学修辞的人,不破除迷信,一定学不好。别人讲光阴如箭,日月如梭,我们也同样这样说,一点新气味也没有,就没有效果。学修辞应该多去掉一些框框。

四 修辞研究和语文研究的关系

假使我们能够对修辞现象进行细致的分析,对一切修辞问题或重大修辞问题能够深入研究,将会对语文研究起一些有益的促进作用。例如"五四"以后反对文言文,提倡白话文,那时主张以白话文为日常使用的书面语,是十分正确的。但是不是因此就可以机械地推论白话和文言之间有不可逾越的鸿沟,应该不问是否需要,一概不采用文言文的词、文言文的组织呢?是不是"在三面红旗的光辉照耀之下"的"之下"一定要说作"的下面"呢?《光明日报》1961年4月6日的一则标题是"欢迎来自世界各地的朋友们"中的"来自"是文言,如果改为"欢迎从世界各地来的朋友们",则没有原来的有力。"鼓足干劲,力争上游"是不是因为有些文言风味就不精彩?是不是它倒使词句有一种格言味?

有些人强调习惯,把习惯看得高于一切,这是不对的。如有的学者把"然后"一词归到文言虚字范围里去,认为只有文言才用,说这是《孟子》里的用法。其实,毛主席的《改造我们的学习》一文中早已用过了。他说:"任何一个部门的工作,都必须先有情况的了解,然后才会有好的处理。"在农村工作条例十八条里,也用了"然后":"生产大队根据国家计划任务和各生产大队实际情况对各生产队提出初步要求,然后由各生产队发动社员充分讨论……然后由大队把各生产队的生产计划和大队的生产计划加以综合……"如果这个条例讨论试行了,全国五亿农民将要运用这一条,"然后"这个词就流行了。所以,习惯固应注意,但如果修辞上有需要,可以改变习惯,习惯不是天经地义的。

我们现在正处在一个不平凡的时代,新事物、新工作、新思想、新生活层出不穷。语文的表达能力,应该同这个日新月异的伟大时代相适应。一定要充分表达这个时代的一切。有些词语需要新创,如"人民公社"、"生产大队"、"生产队"、"科学会堂"、"人民大会堂"等等;有些词语可以照旧,如"修辞"、"文法";有些词语可以采用方言,如"茬口"、"相"(照相的相);有些可以吸收外来语,如"逻辑"、"幽默"等。

从修辞上看,也有一些不好的例子。如"上海邮局"为什么一定要叫"邮电部上海邮局"呢?复旦大学为什么不叫"教育部复旦大学"?有些牌子上的字实在太多,从上面一直写到下面,叫人家怎么记得住?有的人写机关名称,属于上海市的就套上一个上海市,上海市上面再套,那就不必要了。

加强修辞学的研究,实在很有必要。为了使表达更加精密,更加完美,语文组织亦应按照语文规律,逐渐加以改进。不止停留在书面上,还要进而推广到口头上去。这就是我们在语文方面发挥主观能动性的所在,也是语文工作者义不容辞的责任。

五　开展修辞学研究

目前国内外形势很好,科学研究、学术讨论有了很大的进展,文风也在不断改变。许多过去很难在现代语文中找到的实例,现在很容易找。如"回文"(即指来回可以读通的)过去很难找,现在在马列主义著作中也可找到。如《列宁全集》三十一卷一〇四页有"人人为我,我为人人",这就是"回文"。又如"双关",过去我们到《乐府诗集》去找,现在歌剧《刘三姐》中就有很好的双关例子。如"妹相思"一段:"妹有真心哥也知,蜘蛛结网三江口,水冲不断是真丝。""丝"和"思"是双关。"哥相思":"哥有真心妹也知,十字街头卖莲藕,节节空心都是丝。""怜"和"莲"也是双关。还有"顶真"(就是上面的文字把下面的文字接起来)如"猪多肥多,肥多粮多,粮多猪多",就很好。

怎样研究修辞学?要调查研究。毛主席说:"没有调查就没有发言权。"要一点一滴地去做,要在平时注意留心,发现问题。

修辞学是介乎语言学与文学之间的一门学科,要研究它,需要作许多准备:

1.要学马列主义,学毛主席的著作,这是做一切工作的基础。

2.要学学美学。我过去学美学走了一点弯路,给美学下了一个定义,说美学就是丑学,丑学就是美学。过去美学研究心理,我又去学了心理学。

3.要学学文艺理论。

4.要学学逻辑。干文科的人,顶好学点逻辑。研究修辞的人特别要学学逻辑。有许多问题,不学逻辑就发现不了。如读古书时可以发现"世有伯乐,然后有千里马,千里马常有,而伯乐不常有",这句话,逻辑上有些问题。有伯乐才有千里马,没有伯乐呢,应该没有千里马;下面再说千里马常有而伯乐不常有,这里就有问题。学逻辑是很麻烦的,但非学不可。

5.要学学修辞学方面的基础知识。有了初步概念再去调查研究,就可更清楚些。

解放前我讲修辞很受青年欢迎。从小教室搬到大教室,听的人很多。那时讲修辞是战斗,利用积极修辞手法嘻笑怒骂,骂得敌人没有办法,这样很痛快。今天我们要歌颂,不能再"嘻笑怒骂"了。毛主席讲过,过去那一套用不着了,但新的一套还未学起来。今天我们要宣传党的方针政策,宣传马列主义,宣传毛泽东思想。在这种情况下,如何讲修辞,是新问题。最近我讲了两次修辞,觉得没有过去那样有力。过去一上讲台,兴趣就来了,见到什么骂什么,如讲读经,就以经书来骂。现在情况不同,是另外一个局面了。但这些问题也容易解决。最近我听了很多人的讲演,周总理、陈毅副总理报告中的修辞,就很令人钦佩。修辞手段在他们的许多报告中运用得十分出色。其原因、其规律何在,希望大家研究。

(《陈望道语文论集》,上海教育出版社,1980年)

修辞学中的几个问题

一 修辞学研究什么

修辞学研究用各种手段、各种表现方法来表达所要说的思想。一切事物都有内容和形式两个方面,内容决定形式,形式总是为内容服务的。写文章要研究如何更好地表达,也就有了修辞的问题。作报告也是如此,报告人事先要了解听报告的对象,听报告的人提出的问题,然后再研究用什么方法、用何种手段表达出来。这要考虑到各种复杂的情况:有些什么人听,什么时候讲,针对什么问题讲,不能简单化。听的人不同,讲的材料不同,讲的方法也就不同。要讲得好,必须适合各种复杂的情况。过去写文章讲究"六何",我认为"六何"还不够。修辞手法有时利用文字的形体,有时利用声音的变化,此外还可以运用其他种种手法。

为什么要研究修辞?

第一,研究修辞可以正确理解人家的说话。

过去修辞学研究不发达,碰到一些修辞现象不免有所误解。例如"五四"的时候,胡适等人解释"双关"就曾解错了。如:

杨柳青青江水平,

闻郎江上唱歌声。

东边日出西边雨，

道是无晴还有晴。(一作情)

胡适说如果当作晴雨的"晴"就错了，应该当作"情"。其实解作"晴"或是解作"情"都是"单关"，而这里是"双关"，必须解作"晴"也解作"情"。《阿Q正传》中的"而立之年"即指三十岁，因为《论语》中有"三十而立"的说法，这就是修辞。研究修辞，就能正确理解文章的意思。要懂修辞，还必须进行调查。解放以来，数字用得很多。"九三学社"的"九三"是什么意思？我经过调查才知道，是指一九四五年九月三日，抗战胜利纪念日。

研究修辞还要懂得逻辑，懂得逻辑能帮助我们发现错误。我过去对同学说，看流畅的文章时要特别注意，因为容易混过去；看疙里疙瘩的文章倒可放心。有些文章逻辑上有问题。如"世有伯乐，然后有千里马，千里马常有，而伯乐不常有"。这句话逻辑上说不过去。世上有伯乐才有千里马，没有伯乐则应没有千里马。而却说成"千里马常有，伯乐不常有"，这里的概念是调换了。"甲是乙"，调成"乙是甲"，就不成。"陈望道是浙江人"，不能说成"浙江人是陈望道"。有时能调，有时不能调。学修辞的人就要抓住具体的话来分析。"吃龙井"、"吃绍兴"并非真的吃这些地方，修辞学告诉你这是"借代"。研究修辞即要寻根究底，学会分析各种现象。

第二，可以正确评论。

过去有人批评重复时说排句不必要，这到底对不对？如《人民日报》元旦社论《新年献词》中说："毛泽东同志经常告诉我们，看问题要经过调查研究，要抓住事物的本质，而不要为一时的表面现象所迷惑。乌云遮日终究是暂时的现象。经过调查研究，世界上的确还存在着帝国主义；经过调查研究，世界上的确还存在着资本主义;经过调查研究,世界上的确还存在着被压迫民族和被压迫人民。总之,经过调查研究,世界上的确还存在着……矛盾,所有这些矛盾,都是不可调和的。"这篇文章是在教训人,因为修正主义不认识这些矛盾,不承认这些矛盾。如果不用这几个"经过调查研究"的排句,而只用一个"经过调查研究",那就没有这么有力了。过去对文章的繁简很有论争,有人觉得文章越简单越好,最近《人民日报》、《文汇报》上还有人这样主张。我认为要看具体情况,有时候是"简"好,但有时却是"繁"好。要调查研究,不能一笔勾掉。例如贴标语,一条标语有一条标语的作用,如光强调简单,贴一条标语就算了。

　　学修辞一定要看全面,批评起来才会正确。要学一点美学,学一点文艺理论。过去的标准是古来有的就好,如"光阴如箭,日月如梭",好得很!但时代不同了,现在为什么不能讲"如飞弹"?显然"飞弹"比"箭"快得多。过去形容高大,一定用泰山来比,现在我们知道,珠穆朗玛峰比泰山高多了。古典主义者总认为古来有的就好。研究美学的人认为对称即美,有的学校造房子,这里造一幢,那里也一定要造一幢。果真要这样的活,写文章就都要用四六对句了。对称一定好吗?句子能对的要对,不能对的就不必对,对句也不一定好。我们要有革新的眼光,过去讲好的东西不见得好;过去讲不好的也不一定不好。这就要有新的标准。要研究文艺理论、哲学、美学。美学上有一条:多样而又统一(不是多样加统一)。这里有模仿与创造的问题,有革新与继承的问题。因此要有标准,不能拿外国有的、古代有的来做挡箭牌。

　　第三,可以正确运用语言文字。

　　这比上两点难得多,能正确理解、正确评价,不见得能正确运用。研究修辞能帮助我们运用。

二 如何建立体系,继承传统;《修辞学发凡》是怎样写的

研究学问,建立体系要一点一滴地做,但要尽量注意全面。要从全局中想问题,但又要从一个一个问题出发,从实际出发。解决问题时尽量要有全局观点,要注意到其他问题。有人孤立地讲简单,不同材料联系起来,这是不对的。做学问要一步一步来。我也是半路出家的。我国研究修辞是有传统的,许多老先生都讲究修辞。"五四"文学革命提出打倒孔家店,主张用新文学代替旧文学,用新道德代替旧道德。许多学生不会写文章,问我文章怎么做,许多翻译文章翻得很生硬,于是逼着我研究修辞。我是从调查修辞格入手的,调查每一格最早的形式是什么。格前面的"说明"不知修改了多少次,就这样搞了十几年。

如何建立体系。我认为不要为体系而体系。空洞地从体系出发来建立体系,应该碰到什么问题就进行调查研究,研究问题的时候,尽可能用全局观点,材料调查全了,这些材料用全局观点研究过了,综合起来自然成为体系。这就是说,从实际出发,切切实实地研究问题,解决问题,自然会构成体系。

有位同志问,修辞学与词章学、风格学关系如何?张志公写过一篇关于词章学、修辞学、风格学的文章,提出了这个问题。词章学过去讲诗词歌赋。毛主席以前说过要研究词章学,后来在《〈中国农村的社会主义高潮〉的按语》里又提出要讲究"修辞"。张志公说,词章学是总名称,下面再包括修辞学。他主张:以词章学来统

435

括修辞学和风格学,它们的关系如图一。照我看,词章学就是修辞学。我认为修辞学可以包括风格学,而词章学这一名称可以不用。如图二。

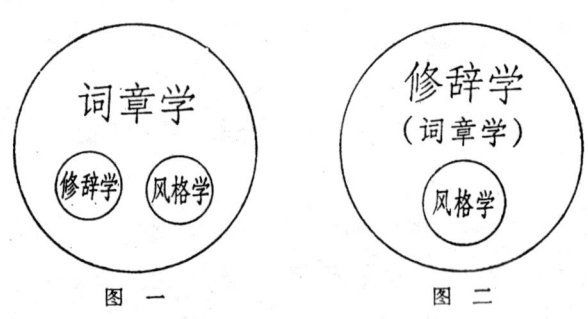

图一　　　　　　图二

过去收集修辞的例子很费力,到处找找不到;现在则不同,报章杂志俯拾皆是。例如"回文"有"人炼钢,钢炼人";顶真有"猪多肥多,肥多粮多,粮多猪多"等等。搞修辞可以分工,各人研究一些重点,各有所长。但要从实际出发,这与建立体系有关。

修辞学有没有阶级性?我在《修辞学发凡》中没有提到阶级性,现在也不预备讲。不是漏掉,而是故意不讲。修辞学上的许多手法,我们可以用,帝国主义也在用。他们利用它来搞我们,我们利用它来搞他们。譬如一把刀,拿在革命党手里,可以杀反动派;拿在反动派手里,也可以杀革命党。我们学修辞一定要学政治。学马列主义,但不要从修辞中去强调阶级性。

关于文与道的争论,有些人各执一端,辩不起来,其实,为了社会主义革命、社会主义建设,任何一门科学,都要尽其用。有些重文的人不敢讲重文,这没有必要。为什么一定要讲许多重道的话,把语文课变成政治课?"五四"时期我曾把国文课教成政治课。教成文化革命课,因为那时有必要。现在就不同了。我认为在学术上是什么,即应该讲什么。

如何继承传统?胡适主张全盘西化,一味学外国,甚至主张中国话也不必说了,用世界语说话。也有人要我们专学古人。这些都是极端错误的。中央有位同志说得好:"屁股要坐在中国的今天,一手向古人拿东西,一手向外国人拿东西。"这比前几年讲的"厚今薄古"更明确些。

怎样继承?要革新地继承。专讲继承,要变成复古。我写《修辞学发凡》的时候,正是复古、读经搞得最厉害的时候。有人主张取消白话文,我们商量了一下,决定以攻为守,我们自己攻击白话文,说它不够"白",提倡"大众语",于是他们就来保护白话文了。在《修辞学发凡》里,我从《红楼梦》、《镜花缘》等书中找了许多骂古文、挖苦古文的例子,目的是反对复古。这一部分请结合当时的斗争来看。总之,研究学术要站稳立场,要有国际主义、爱国主义,要好好学习马列主义、毛泽东思想。

三 现在存在什么问题

这几年大家对修辞学研究得少了些,希望大家努力。

我过去是做教员的,做过小学教员、中学教员、大学教员。我从学生卷子中开始研究,看他们那些地方不懂,什么地方容易错。先研究"呢"、"吗"的不同用法,后来从改学生试卷中找规律,找出规律后,学生就懂了。诸位也可注意学生什么地方对,什么地方错,这样研究很有成效。这几年许多问题没人研究,要加强。为了教育,应加强研究;为了时代,更应加强研究。现在的时代是工业、农业、科学文化事业大跃进的时代,工农业跃进了,语言不跃进怎么行？现在的语言和"五四"时代已是相差很远很远的了，那时有许多人不会做文章，只知道"甲是乙"的格式，老是讲"花是红的"。现在不同了。但现在有许多语言现象，开始用时不大自然，不过后来也就习惯了。如"意味着"开始觉得用不惯，后来则觉得蛮好。"致以热烈的欢迎"等话，从古文看，都不大好；"派生"一词，是从日本来的，我本来也觉得别扭，而今都习惯了。现在出现了许多非常好的修辞新例，如歌剧《刘三姐》中有许多"双关"。譬喻则更多了，如"不怕鬼"、"不戴帽子"、"不打棍子"、"不抓辫子"等等，都很生动。

总之，研究不够是修辞学存在的最大问题。

另外，刚才有人讲起风格。《修辞学发凡》中没有深入地谈到风格。因为那时我被反动派借了各种名义从学校里赶了出来，不能不很快地出版这本书，来不及再进一步研究风格。到底怎样研究风格，大家可以考虑考虑。现在的公文和过去有很大不同，过去的公文讲"等因奉此"，现在没有了。过去的小说常用"却说"开头，现在也不用了。关于风格的问题还研究得很不够，我认为可以大大努力一下。

(《陈望道语文论集》，上海教育出版社，1980年。本文系1962年1月4日在华东师范大学所作的学术讲演节录。)

在复旦大学纪念《修辞学发凡》出版三十周年座谈会上的讲话*

今天复旦大学召开纪念《修辞学发凡》出版三十周年座谈会，我很高兴。这是因为，《发凡》与复旦大学的关系特别深。《发凡》中提到的许多人，如刘大白、邵力子等人，当时是复旦的先生；我的小弟弟陈致道等，当时是复旦的学生，他们都为《发凡》出过力。例如《发凡》的修改就有他们的贡献在内。就以"引用"格的定义来说，经过大家的帮助、修改以后，就比较全面。《发凡》最近一版的修改，也与复旦的先生和学生的贡献分不开。同时，我小时候的老师，我的舅舅，对我搞修辞都有影响。我的老师是消极修辞专家，我的舅舅是积极修辞专家，他们对我国古代的修辞研究很熟悉，我受他们的启发，向古人讨教的地方很多。但我也看到了他们研究的弱点，所以批判复古时我有有利条件。以上这些都说明，《发凡》不是我一个人的，它的成绩是依靠大家的力量得来的。

写作《发凡》时，我曾努力想运用马克思主义思想作指导。我接受马克思主义是在"五四"之前，那时学习辩证法的条件不如今天，还有人反对形式逻辑的辩证法，否定形式逻辑的辩证法，而我

---

* 本文系1962年12月17日作者在复旦大学召开的纪念《修辞学发凡》出版三十周年座谈会上的讲话记录。标题为整理者所加。发表时未经本人审阅。

是肯定的。当时对马克思主义的学习虽不很彻底,不过我的得益还是在这方面。"五四"以后,"古今派"与"中外派"不能合在一起,而《发凡》却将二者合在一起了,其中得到马克思主义的帮助较多。因此,如果说这本书还有一些可取的地方,则是运用了马克思主义观点的缘故。

希望这个会能对语言学研究、修辞学研究有些帮助。前不久我在《发凡·重印前言》中提出了修辞学研究的任务,修辞学需要深入研究的方面很多。这几年研究修辞的人多起来了,有的人大讲体系。有的同志问我赞成不赞成这些体系。我认为要特别强调收集材料,从事实出发来分析研究,这样提出的新见解才有说服力。我不赞成还没有收集多少材料就大讲体系。例如最近有人讲夸张,将我的例分开、合并。我认为分开、合并是可以的,但必须显出有特别的好处,要更能概括问题。近来有一种倾向,收集的例没有超过我,只在把我的体系分开、合并上下工夫。我希望后来者居上,这个口号过去我就提过,现在还要提。后来者总要超过前人的。但研究一定要强调从实际出发,分析事实。刚才有人说,有的修辞现象,现有的辞格概括不了。概括不了,就不要概括。事实发展了,修辞研究就应该发展,要作新的概括。解放前,我在课堂上用指桑骂槐的手法骂 C.C. 派校长,这种手法就未概括进去。

修辞研究要全面,不要单研究修辞格,也要研究理论。有些问题仅仅抓住某一格,很难说清楚。"格"者,常常要用到的大类也。修辞学可以讨论的问题很多,消极修辞、积极修辞可以再深入研究。研究修辞可使语言运用得更好一些。如外文意译多,音译少,到底哪一种译法好,可以讨论。研究可以青老挂钩,走我们自己的路——马列主义的路。要多研究马列主义、毛泽东思想,同时下苦功多收集材料。

我国语文研究的传统是同语文教学相结合。我是先写《作文法讲义》,再写《发凡》的。我曾说过:"修辞可以说同实地写说的缘分最浅"。叶圣陶先生很赞同这句话。讲这句话有一定的题旨情境。我认为修辞对阅读和欣赏的帮助,比对写作的帮助更大一些。因为随机应变的技巧,不能告诉,而原则却是可以告诉的。

(邓明以、宗廷虎根据当时记录整理)

(《修辞学习》季刊,1982年第4期)

关于修辞学对象等问题答问[*]

问:"怎样适应题旨情境",它是否修辞学研究的对象?是否有规律可循?有人主张修辞学应该研究修辞规律的运用,这种意见是否正确?

答:过去有些人用词造句喜欢生搬硬套,前人怎么讲,他们就怎么讲,如形容时间过得快就讲"光阴似箭,日月如梭"。运用修辞规律,从某一个具体例子来讲,很容易生搬硬套,而不能适应题旨情境。我们可以研究龙井的茶为什么叫"龙井",茅台的酒为什么叫"茅台",良乡的栗子为什么叫"良乡",但怎样适应题旨情境的规律不容易找,如要找这种规律,就容易生搬硬套。对于修辞怎样适应题旨情境进行分析是可以的,但没有规律可循。上述意思在《修辞学发凡》里已作了说明:"这种修辞技巧的来源有两个:第一是题旨和情境的洞达,这要靠生活的充实和丰富;第二是语言文字可能性的通晓,这要靠平时对于现下已有的修辞方式有充分的了解。技巧是临时的,贵在随机应变,应用什么方式应付当前的题旨和情境,大抵没有定规可以遵守,也不应受什么条规的约束。只有平时在这两方面做下了充分的准备工夫,这才可望临时能够应付

---

[*] 本文系1964年3月24日回答复旦大学语言研究室修辞组的同志所提有关修辞学对象、任务问题时的谈话记录。标题系整理者所加。发表时未经本人审阅。

裕如。"(上海文艺出版社，1962年版第14页)这就是说，讲修辞必须要对内容有所了解，另外也要对语言文字的习性有真正的了解，这样才能灵活运用。修辞没有定规可循，譬如一个修辞格式什么地方可用，什么地方不可用，都没有定规，贵在随机应变，修辞格式的运用是根据内容自然而然地来的，不是预先想好了的。陈毅同志修辞格式用得很好，但他不是预先想好要用什么格式，而是根据内容需要临时选用的。研究修辞规律的运用要抓住本质，如比喻要用得好，必须注意两件事物很不相同，但又有类似点，把"瀑布"比作"白熊摇头"就很好，这是从大的规律上去进行研究，如果不抓住本质去研究就会出毛病。总之，如果能防止生搬硬套，研究修辞规律的运用是可以肯定的。

问：修辞学是否要研究修辞病例？有人认为研究修辞病例对写作有帮助，这种意见是否对？

答：积极修辞和消极修辞有区别。假如把通顺明白看作"零点"，那末消极修辞就是研究零点和零点以下的东西，所谓零点以下的东西就是不通的，消极修辞就是要讲求通顺明白；积极修辞则要研究零点以上的东西。它们的关系可以用下图来表示：

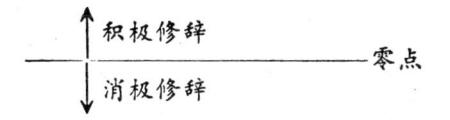

```
        ↑ 积极修辞
─────────────────── 零点
        ↓ 消极修辞
```

我在《修辞学发凡》里举了许多古书中不通的例子。如："无丝竹管弦之盛"，"丝竹"是借代音乐，"管弦"也是借代音乐，这句话等于说"无音乐音乐之盛"，所以不通。又如"不得造车马"，"车"可造，"马"不可造，这在连贯上也是不通的。因此，修辞学研究病例是它的一个重要方面。

研究修辞可以提高阅读能力、写作能力,使阅读更能切实掌握内容,写作更能正确表达内容,使语文日益臻于精密完美。

问:文章中的艺术手法是否也属于修辞学研究的范围?

答:艺术手法就是技巧,修辞学要研究。《儒林外史》中写严监生临死之时,伸着两个指头,总不肯断气,在旁的侄儿和家人七嘴八舌,都猜不透他的心思,后来赵氏上前说了一句:"爷,只有我能知道你的心事。你是为那灯盏里点的是两茎灯草,不放心,恐费了油。我如今挑掉一茎就是了。"登时就断了气。这是讽刺的艺术。从修辞上说也用得好。当然,我们是现实主义者,今天就不能这样用。运用修辞必须分析研究。

问:修辞与文法的区别何在?是不是每一句通顺的话都是修辞?

答:凡通顺的话从修辞方面看起来都是修辞。文法是研究组织的,修辞是研究对应题旨情境而来的语文运用的。修辞现象比文法现象多。例如:"马,吾知其为马。"在文法上讲"马"是提示语,在修辞上要讲用这个提示语取得什么修辞效果。文法只讲如何组织成通顺的句子,修辞则要讲如何适应题旨情境而取得修辞效果。

问:两大分野(消极修辞、积极修辞)是否包括一切修辞现象?

答:两大分野完全可以包括一切修辞现象。任何事物都是一分为二的,不属于这就属于那。零点和零点以下是消极修辞,零点以上是积极修辞。

问:再请望老谈谈怎样进行修辞研究的问题。

答:任何学问都要找出一个关键性的东西来。文法讲功能,文法组织中的功能变了,文法也变了;修辞讲题旨情境,题旨情境变了,修辞也得变。例如不能把用于丧事的词用于喜事,反之,也不能把用于喜事的词用于丧事。在结婚场合用歇后藏词是可以的,但办丧事时用歇后藏词就不行。又如写中央领导接见或设宴招待外宾的新闻报道,往往要列出一大堆名字,这也是由题旨情境决定的。总之,评论修辞好坏要同题旨情境结合起来,离开题旨情境是很难讲好坏的。

研究修辞要注意新的修辞现象。如"一分为二"。"一分为二"是古文,它也可以说"分一为二"或"二分法",但"一分为二"更有力。完全新的现象开始时不容易被大家接受,完全旧的也不行。现在提倡演现代戏,而现代戏也还需要有一个成熟的过程。过去在开始演活剧的时候,看的人很少,演得也不好,经过不断实践,就逐渐成熟起来了。语文事实也是如此,解放后数词用得多了,这和毛主席著作的影响有关,也是由于通俗化、大众化的缘故,它便于记忆。这些新的修辞现象要加强研究。

关于关键性的问题要开展讨论。例如"发愤图强"还是"发奋图强",在上海就有争论,我主张用"发奋",也有人主张用"发愤",虽然意思差不多,但从字面上看起来,"奋"比"愤"好,更确切。现在都用"发奋图强"了。

(李嘉耀根据当时记录整理)
(《修辞学论文集》第1集;中国修辞学会编,福建人民出版社1983年版)

谈修辞学是边缘学科及其他[*]

修辞学介于语言、文学之间。它与许多学科关系密切，它是一门边缘学科。正如生物物理、生物化学、数学物理等边缘学科一样，研究时要先学生物，再学物理或化学、数学；研究修辞也要具备多门学科的知识。例如，修辞与写作的关系密切，写作要利用文法、修辞的研究成果。修辞与文法又往往密不可分，消极修辞与文法的关系尤其紧密。我是用修辞的眼光去研究文法的。

但是修辞与文法又有区别。文法研究语文组织规律，它是讲习惯的。修辞是对文法上的各种语文组织规律的具体运用。过去讲文法的人往往也讲运用，其实一讲运用，已经是在谈修辞了。解放前开明书店出版了不少关于"文章病院"的书，这属于文法还是属于修辞的范围？我看多半应该属于后者。当然，对于句子的残破，文法也应研究。而"文章病院"中的例句，有的是超越文法规律的范围的。总的来说，修辞应该研究语言怎样具体运用，才能适合题旨情境。而文法则是讲组织规律的。语言运用得巧妙不巧妙，不是文法的管辖范围。古代的书往往把文法修辞结合在一起讲，它们谈篇章的篇幅较多。例如讲照应，讲伏笔，讲波澜起伏；在风

---

[*] 本文系作者于1963年4月10日在复旦大学语言研究室讲话的节录。题目为编者所加。

格上追求典雅,在技巧上谈论先扬后抑、先抑后扬等,其实这些已经是修辞的内容了。

关于消极修辞和积极修辞,我们的古人早已注意到,只是没有起这个名称罢了。古代有清真和墨卷二派。墨卷派讲究运用华丽的辞藻,也称华丽派。清真派大半讲究文章清通,也就是提倡消极修辞。我把消极修辞看得很重,称之为修辞的基础,教学生时也鼓励他们注意这一方面。不学习清通的方法,也很难运用好华丽的技巧。讲华丽不是故作新奇,而是文章的气势所至、自然而然到来的"神来之笔"。辞格不能硬用,要适合题旨情境。要在某一题旨情境下,觉得非用这一辞格不可时才用。一些年来,谈修辞的人往往只讲辞格,没有为学修辞的人设想。其实在平时的语言运用中,还是消极修辞所占的比例大。讲修辞,首先要去掉"不通"。语言要讲究纯洁性。消极修辞最讲纯洁性。写作《发凡》时,我没有采用"纯洁"这个词,而是用"平匀"来代替了。为什么这样?因为当时要向外国的语言吸收有用的成分,提了"纯洁"容易引起误解。但解放前有一个时期,学习外国语言存在片面性,流行"欧化"句式,音译字眼很多。这种风气一直影响到解放后。迄今还有人主张多用外国译音。其实列宁、高尔基当年都批评过这种倾向。他们主张如无必要,尽量少用外国字眼。正确的态度是尽量用意译,不用音译。这一点已为历史所证明。在古代,佛经传入我国时,流行过许多音译词,后来多数已消亡,只有少数如"菩萨"、"塔"、"阿弥陀佛"等还存在。这方面的经验可以总结。总之,要多注意消极修辞,写文章要先求清通。有关这一些,你们可以写文章宣传一下。积极修辞当然也要研究,但不要滥用。

关于文体。文体有时也叫辞体。"辞",包括口语和文章。有人把"文体"称为"语体",由于过去把白话文称为语体文,这样称呼是否容易混淆？文体一般可从两个方面去探索,一是体裁(也称"体类"),一是体致(也有人叫"文致")。体裁可有小说、诗歌、戏剧等分法;体致就是风致、风格。体致当然与体裁有关,用什么词、句,也要考虑体裁上合适不合适。语言研究中,文体较难捉摸,因为它是积极修辞、消极修辞手法的综合表现。文体可以因时代,因人而表现出不同的特点。鲁迅的文体的特征是什么？他学过古文,受古文的影响大;他到过日本,学过日文,又受日文的影响;他是绍兴人,说话、写文章也脱不开某些绍兴的习俗。周建人也学过古文,也是绍兴人,但与鲁迅的文体就不同。文体研究的难度大,但难研究,并不是不能研究。苏联也有风格的研究。应该怎样研究呢？可拣容易些的先搞。对体裁的分类,一般流行公文、政论、文艺、科技的四分法。可以从政论、公文等的特点研究起。例如研究公文体,就要考虑是什么人写给什么人看的。要特别注意关系,是上下关系还是平等关系。还要研究是在什么情况下写的。要注意"六何"。我比较留心政论、小说、戏剧等体裁的研究。例如小说的结构应该富于变化。变化的格局很多,不能用一个框框套。但是它又不同于戏剧的格局。戏剧往往一开头就要突出主角。如《红色宣传员》一开头,一个老人就问:"李善子来了没有？"接着李善子就出场了。小说则不然,它可以慢慢写人物。也可把体裁分为评议、描记、叙述、阐释等四类。这样的分类是一种基本训练。总的是要从实际出发,广泛收集材料。研究体致,应不限于一种体裁。体裁不同,但体致可能相同。研究体致局限于一种体裁,则会造成不全面。例如鲁迅的作品,不同的体裁,表现出了相同的体致。如果不研究他不同体裁的修辞特点,就很难概括出总的体致特点。毛泽东同志著作的体致(风格)也是这样,你们可以研究。要注意这些文章是在什么情况下写的。风格有几种,个人有个人的风格,一个时代也有一个时代的风格。讲风格,要从篇章着眼,风格是修辞特点的综合表现。

修辞研究要把内容决定形式作为研究的纲领。形式应该服从内容的需要。因内容需要而用的比喻就好,否则就不好。把"兵"字析成"丘八",也要在内容需要时才用,不能乱用。单讲语言形式是不行的。谈语言的繁简,也要结合内容,该简则简,该繁则繁。内容不好,短也无用,如果没有内容而一味求简,就成了苟简。语言学家研究语言不能离开思想,语言毕竟不是狗叫鸡叫。语言是有思想的,尽管语言学不去研究思想本身。正因为语言与思想有联系,不能硬性分割开来,所以,修辞与内容的关系也同样不能分割开来。

研究修辞要注意新的语言形式。例如"在……的同时,……"这种句式,其中"的同时"看起来是连上的,但整个意思是否主要强调后半段?如:"在发展工业的同时,发展农业。"有的句式是学习古文的产物,也应注意。如"有利于……","有害于……","取决于……","为……而……",等等。

修辞学要不要研究病句?我看可以研究。指导实践本来就可以两面谈,既可以谈正面的,也可谈有毛病的。写作《发凡》时,由于受当时条件的局限,对这个问题谈得较简略。在消极修辞部分,所举病句的例,多半从古文中引来。现在你们可以到书报杂志上去找。

修辞研究当然应该指导实践,但对这一点不能理解得太狭。

修辞论著讲得多的,还应该是知识性的东西。不过如果对象是初学者,就可以讲得具体些。

(录自《陈望道修辞论集》,安徽教育出版社,1985年)

有关修辞学研究的原则问题[*]

一

修辞是对语文的综合利用。无论讲一个什么意思都可通过修辞手法表现出来。古代注意修辞现象超过注意文法现象。修辞和文法关系非常密切,要全面学,全面研究,当然各个人有所侧重,不妨先学修辞再学文法。我国古代对修辞很讲究,我们今天讲修辞要注意继承,但我们不能在原地踏步,在观点上应该高一些,要重视理论。讲理论,要用马列主义、毛泽东思想来指导,可不能贴标签,把马列主义和毛主席的话当作套语;马克思、列宁和毛主席的话都是针对说话当时的具体环境、具体问题的,用起来就不能直抄,更不能绝对化,用起来要具体化,要对我们的实践作分析。学马列主义、毛泽东思想,是学其原理,学其方法;学其字句没有用处。同时,过去的理论,唯心主义的东西也可以看看,研究《水浒》就可以看看金圣叹批的。搞学问,讲理论,也要知己知彼,正反两面的理论都要有所了解。

---

[*] 本文系作者于1965年9月20日在复旦大学语言研究室谈话的纪要。题目为编者所加。

我的修辞学理论，不是从哪一本书上来的。我本来是搞文学批评的，把修辞当作文学领域里的一种运用，研究以新现实主义的理论（当然也有浪漫主义在里头）来写文章应该有什么样的态度，用什么样的方法。也可以说是拿文艺理论——无产阶级的文艺理论做基础，运用到写作上。另外，用的就是语言学的工具，把语言学的原理用到研究写作上来。当时我接触比较多的就是索绪尔的语言学说。讲修辞，要用文学理论和语言理论。

二

学问是从实际来的，实际情况是复杂的、变动的。修辞现象就很复杂。现在有些人讲修辞，讲修辞格讲得多，往往又只讲修辞书上已经列出来的辞格，这就不一定好。就是辞格，也要搜集新材料，要有新的概括，最好不要"炒冷饭"。在文法和修辞的研究当中，不要只看、只搜集合乎自己口味、合乎自己需要的东西，不可像马建忠那样用外国的文法筛子来筛中国的语言事实。说明问题也不要只用一些简单的例子排得整整齐齐，倒是要去搜集情况复杂的材料，要去看那些修辞现象和文法现象很复杂的书。这样才能从多样性中找出共同性，从复杂中找出简要的规律。

修辞、文法都会变，学问也会变，不过也总有不变的东西，那就是基本原则不会变。研究文法，要抓住功能的、组织的观点，这个原则是不能变的。修辞上讲形式和内容的关系，要求适应题旨情境，这个原则也是不能变的。语言文字的一切因素都可以利用，也都应该利用；修辞学就要研究对语文材料怎么用，支配怎么用的，就是对应写说时的题旨情境。抓住这一点来研究修辞现象，这就是我们的原则,也是我们自己的一点创造。

三

学术上也要提倡爱国主义。应当注意中国的学术史,要了解和总结我国古代以至近代在语文学术上的研究成就。这决不是向后看,而是为了向前看,为了发展今天的研究。我们反对那种对祖国语文学术遗产的虚无主义态度。胡适就是虚无主义的,他不仅不承认我国古代有任何的文法研究,而且连有关的文法概念都没有。事实并非如此,对文法意识的产生可以上推到春秋三传。在小学家、文论家等人的著作里就有着不少关于文法的见解,如刘勰的《文心雕龙》,就有了关于分别词类的萌芽,就有了关于句子构成的概念;至于实词与虚词的划分,更是我国古代文法研究所作出的有价值的贡献。当然,有体系的文法学开始于《马氏文通》。可是,即使对从《马氏文通》到《新著国语文法》,再到《中国现代语法》,直到最近的《现代汉语语法讲话》这个过程的注意也是不够的,而其中的经验得失实在值得好好总结一下。

修辞的研究在我国也开始得很早,历史很长久,也有自己的特点。解放以后,修辞学在注重实用和普及方面有很大的成绩,但深入的研究还显得不足,应当加强。特别像文体风格方面的研究就很可以努力一番。现在翻译出版了一本苏联语言风格学讨论的文集,使我们了解到苏联对风格学研究的一些情况。而看翻译者的序言,认为中国在风格学研究上如何不行,连有关风格问题的科学知识都没有,这就值得讨论了。我国古代关于风格的研究材料,是我们丰富的修辞学遗产当中一宗宝贵的财富。我国研究风格,包括语文"体裁"和表现"体性",是很早的,现在更是在研究,今后还要继续地深入研究。不过,我们的研究有我们自己的样子,不一定是人家的那个样子。为什么要用人家的样子作标准来否定自己,说自己怎么怎么不行?总之,要知道,我们中国是有风格研究的,是有这方面的学问的。尊重这种事实,是学术工作中应有的科学态度和爱国主义态度。我们要建立起有我们自己特色的科学的风格学。

讲爱国主义的同时,要更好地加强国际的学术交流。外国的东西要化为自己的东西。学术上闭关自守不求新知是行不通的,而盲目崇洋照抄照搬也是不行的。建国以来,较多地引进苏联语言学的东西,尤其是学习斯大林论语言的著作,对汉语研究是有推动作用的;但在某些方面也有不加分析、全盘接受的教条主义倾向。近几年大家又对结构主义表示出兴趣,这也要有批判地吸收其有用的东西,要看他们是怎样分析语言的,学习其某些有效的方法,切不可生搬硬套。问题是在于要能"化"。我们讲语言学研究的中国化,就是要把古的、洋的都"化"在我们的学术研究里面。我们想,这样做有助于我国的语言学健康的发展,能够较快地达到世界先进水平。

(录自《陈望道修辞论集》,安徽教育出版社,1985年)

文章底美质

——在上海女子体育师范学校的讲演

文章底美质,我们可以将它大别为三:第一要人家看了就明白,第二要人家看了会感动,第三要人家看着有兴趣。第一是关于知识的,所以有人把它叫做"知识的美质";第二是关于感情的,所以有人把它叫做"感情的美质",第三是关于人底嗜好的,所以有人把它叫做"审美的美质"。知识的美质是"明晰",感情的美质是"遒劲",审美的美质是"流利"。

一、明了(Clearness)

要文章明晰,必须具备下列两个条件:

第一是周到(Precision);

第二是显豁(Perspicuity)。

所谓周到,就是文章上显出的意思同作者心里底意思毫没有大小轻重的差别。譬如说,"俄国冬天很冷",这话虽然很显豁,但"俄国究竟冷到怎样?"还是不明白,所以总觉得还有些不周到。明了周到地说起来,似乎该说"俄国冬天很冷,流了泪就成了冰条,喷了气就成为浓雾"。所以要文章周到,须注意下列几件事:

1.要有限制或说明的字眼——譬如前面这句"俄国冬天很冷",我们所以有冷到怎样的疑问,就因为"冷"字没有限制说明的缘故。加了"流了泪就成了冰条,喷了气就成为浓雾",将冷字限定,便不再有甚么疑问了。又如说"父亲有病,请你回来",这句话也很有疑问,所谓"有病",到底是要死的病呢,还是轻微的病?所谓"回来",到底还是抛了一切回去呢,还是等有空闲的时候回去?这也就因为没有限制说明的缘故。所以要除去种种疑问,换句话说,就是完成明了的美质,在必要时,须得周到地加上限制或说明的字眼。

2.用近似的说话来对照——譬如说"古文难能而不可贵",又如说"他敬伊,却不爱伊"。因为说到难能,很容易想到可贵;说到敬伊,很容易疑为爱伊。这样用近似语对照说明出来,便很周到,也就不至于暧昧不明了。

3.不用宽泛语——譬如说"我想编出一本文法书",这"想"字就太宽泛。所谓"想"究竟是决定的呢,还是打算筹备!倘是决定的,我们就不妨说"我决定编出一本文法书",不用那"想"一类的宽泛语,听的人就格外容易明了了。

所谓显豁,就是平易毫不费解。要文章平易,必须注意下列几件事:

1.一样的事物用一样的名词——譬如说,"章太炎"就全体用"章太炎",不要又说什么"章余杭"等等。

2.应该避去前名(Ante-cedent)不明的代词——譬如说"他从北京到南京去,在那里买了许多土产"。"那里"两字底前名,究竟还是"北京"呢,还是"南京",就暧昧不明,不如设法避去。

3.意义接近的词句,放在接近的地位上——就是谓词同主词、宾词、补词,或修饰词同被修饰词,最好放在接近的地位。譬如说"某人十年前在美国某学校毕业,回国后就在某学校教书,学生都很信仰他,但他自己还以为经验不够,要到各地视察教育情形,今天来到上海,住在振华旅馆",这样,主词"某人"同谓词"来到上海住在振华旅馆",就隔离太远了。我们不如说"某人今天来上海,住在振华旅馆……"。

4.避去有种种解说的词句和结构——譬如"合作和工业底将来",这就是"斗鸡眼的结构"(Squinting Construction)。我们不容易明白他到底是说"合作和工业"两种东西的将来还是将合作一种东西同将来的工业相提并论?

二、遒劲(Force)

文章明了了,看的人固然不致误解,但人家看了毫无感动或厌倦睡去,也是不行的。所以我们有了明了的美质,还须进一步发挥雄健动人的势力,洗却平弱枯槁的缺点。要文章遒劲须从下列两方面用力:

第一从思想方面;

第二从词句方面。

思想方面必须深刻与新颖。所谓深刻,就是作者确有所感而且深厚,并不是表面涂饰。表面涂饰的文章,如同替人家做的哀词,请人家做的寿序,多不能感动别人心情,使人歌哭,便是因为思想不深刻的缘故。所谓新颖,就是自己讲自己底话,并不一意摹仿古人!文章不将古人的死格式完全推翻,决不能感动别人,使人精神焕发。什么"求木之长者",什么"世风日下",全是废话,毫无意义,能够感动我们毫厘的情感吗?

词句方面又必须注意下列几项:

1.注意字面——用字约有下列几项,应该注意:

(A)少用奇词——一切险怪的字,最好避去不用。

(B)多用专词(special term)——就是所谓"具体的写法",如胡适君在"星期评论""谈新诗"所举的李义山诗"历览前贤国与家,成由勤俭败由奢",便太抽象,不很有感动我们的力量。

(C)多用譬喻——如明喻、暗喻之类。

2.注意字数——凡是有力的文字,一定很简洁、很短峭。譬如现在有许多新译的书,一般人读了都易厌倦,便是不注意字数的结果。

3.注意排列——我们读书最注意的地方,在一本书大约头几句同末几句及特别处底几句;(诸君读过《论语》"学而时习之"想必定是记得的。)在一篇也必是如此;在一句也必是头几个字或末几个字。所以凡是紧要的词句必须摆在这些地方才有力量,这是应该注意的一种方法。

又须注意用对句,将紧要的词句,用对句表出。如"人死留名,豹死留皮",就很有感动旧脑筋的力量。此外还须注意层次:最好由小入大,由浅入深,层层激进,步步入深。

三、流利(Fase)

文章能够做到明晰,又能够做到遒劲,文章的目的总算可以达到了。但要使人不厌百回读,却还须注意最末的一件事,就是流利。

文章怎样做才会流利,本来不是简单几句话能够说明。但我觉得诸君不妨从下列两方面用力:

第一是自然的语气(Movement),

第二是谐和的声调(Rhythm)。

所谓自然的语气,就是像水流就低一般,毫没有艰涩的一种模样。初学的人要做到这一步,最简便的方法,就是将意义相近的字安排在第一句末脚和第二句起首,就是使意义相近的安排在相近的地方。譬如说"昨天早晨我接到一册《小说月报》第三号,那时我才从床上起来。一手就翻到《猎人日记》"。内中"接到"同"翻到"是自然相连的事情,我们最好将它接联安排起来。这种接联安排的方法,很能够帮助我们流畅,也是名文自然必有的手段,请诸君于读名文时,时时留意。

所谓和谐的声调,就是文章读起来很顺口,轻重缓急又同意义很相调和。这不是简单所能说明,诸君要修养这一层,只有将名文时时朗读,带便参究它的音节,后来自然会懂到做到。

凡事都是说着容易做着难,文章也是如此。诸君不看见说"国利民福"的堆满十八省,祸国害民的却也十八省堆满么?诸君知道这一层,诸君必能容忍我这短于文章的人讲论文章的美质!

(《新青年》第9卷第1号,1921年5月1日)

《文章讲话》*序

自从去年夏天从南中国回来,又得时常和丏尊先生会面谈天。丏尊先生非常关心中等学生的语文教育,我们谈的自然仍旧多是这方面的事,但他这时的神情已和往时大不相同,往往有一种难言的抑郁流露在语里言间。这抑郁的根源,我是明白的,并不在语文教育的本身,但我只能劝他致力语文教育的工作来排解。结果他就整理旧稿编成了这一部书。

他在这书里面很用过一些心。在几个问题上,如《文章的静境》《文章的动态》《句子的安排》《句读和段落》,都有他独特的见解,(圣陶先生的一篇《开头和结尾》也是如此,)在其余的几个问题上,也都说得非常深入而浅出。虽然只有短短的十篇,说到的问题并不多,也不亏为语文教育上一种郑重其事的工作,我相信对于中等语文教育上一定有相当的贡献。

语言的教育上现在还有许多问题等候大家解决。例如读文的层次就是一个相当严重的问题。现在一篇归有光的《项脊轩志》,会选给初中学生读,也会选给高中学生读,有时也会选给大学初年级的学生读。虽然读法尽可以不相同,在读法的标准未定之间总不能不使人有漫无层次之感,而读法现在又似乎还没有确定的标

---

* 《文章讲话》,夏丏尊、叶圣陶著,1938年5月初版。

准。这样漫无标准的选读,不但容易犯重复,也很容易犯深浅倒置的毛病。要去这种毛病,据我个人的意思,必须在内容和形式两方面都能够找出些条件来做层次先后的标准。在内容方面,或者可以从(1)背景的亲近不亲近,(2)需要的迫切不迫切,(3)头绪的简单不简单,这几个方面来划分先后的层次。将内容的背景比较亲近的,需要比较迫切的,头绪比较简单的列在前。在形式方面,或者可以从(1)需要的迫切不迫切,(2)结构的普通不普通,(3)规律的简单不简单,这几个方面来划分先后层次。也将需要比较迫切的,结构比较普通的,规律比较简单的列在前面,循次递进。这内容形式两方面究竟应该有几个条件,以及应该有哪几个条件,尽可以由大家商酌决定,但必有条件才会有标准,才可以使层次有方法相当的确定。又这种条件具体地应用起来,也许很可以发生错综纠结不易解决的问题,但总比漫无标准随意安排好些。至于选读注意选文内容的背景和不注意背景,注意选文形式的规律和不注意规律,我以为简直是划分新教育和旧教育的一条鸿沟,为现今的语文教学者所不可不注意的。注意背景,语文才是历史的教授,读一篇文知道一篇文不过是一时一地的需要的反映,不见得真的可以百世以俟圣人而不惑。如果真有百世以俟圣人而不惑的东西存在,那一定不是篇中的每一字每一句,而是这些字句和那些背景的关系。注意背景的读法,不妨说是立体的读法。读文能够立体的,这才没有一文没有作用,没有正作用,也一定有反作用,而正作用和反作用之间也不愁其有冲突。这立体的读法,实际也可以应用在形式方面。形式也是历史的。不过形式方面因袭性比较的重,可以用类推法的地方也比较的多。所以形式方面的教学,比较的重在使知类推,但又不能推出了界。要使人能够闻一知二;却又不致混二为一，才算合乎理想。这只有用科学的教授法将形式上所含的规律一一指出，而说明其所以同所以异，才能做到这个地步。用过去与耳谋与口谋的方法，难保不会从"未之能行"类推出"卒不之踣"来的。我因为怀着这样的见解，故颇切望有不堕入形式主义的阐明语文规律之学术书陆续出现，使语文教育上严重的问题能够有一个可能解决的学术基础。

像丏尊先生和圣陶先生的这部书，不但处处说得很具体，而且还能在几个问题上披露出自己的独特的见解来的，便是我所希望陆续出现的书之一。

关于文学的诸问题[*]

胡适博士评判他自己的文章时曾经说:"我的长处是明白清楚,短处是浅显。"(《四十自述》第五章)我以为这两句话应该倒过来说:他的长处是浅显,他的短处是明白清楚。因为"形式的明白清楚不过隐藏了内容的暧昧模糊"(格罗采评泰纳语),而文字浅显,却是大众化的一个必要条件。胡适博士又说:"我从来不怕人笑我的文字浅显",我想,这正是他的优点,他的文字所以曾经风行一时,单从文字来说,便是靠着这一点。不过我们现在暂且不谈这些。我们现在暂且把文学上一些浅显的一般的问题提出来谈谈。

一

一个一般的问题是:文学是什么?对于这个一般的问题,我们向来一般的意见,都依字面下解,把文解作文字,把学解作学术。如司马迁说:

> ……汉兴,萧何次律令,韩信申军法,张苍为章程,叔孙通定礼仪,则文学彬彬稍进……矣。(《史记·自序》)

章炳麟说:

---

[*] 本文侧重在论说文学艺术的语言问题。

文学者,以有文字著之竹帛,故谓之文,论其法式,谓之文学。(《文学总略》)

这样的理解,有两大错误:一失之太广泛,把用文字写的哲学之类一些非文学的文字也包括了进去,如此则文学的范围便被扩大到一切要用文字记载的学术的范围。与所谓学术相等。一部文学史便会写成一部学术史。中国几部早出的文学史便是依据这种谬误的观念写成的。这种谬误的观念,最近十几年来总算已经出清了。但是二又失之太狭窄,不能把所谓口头文学也包括进去。不把口头文学包括进去,关系似乎很小,——所以现在大多数人还都不很注意,——但是往往容易连带发生了忽视口头文学,乃至于歧视口头文学的现象。还有许多枝节问题,又会从此发生。例如近十年来,小说上写对话的地方往往因为语气或情境的缘故,把叙述语插在对话的中间,或附在对话的后头。这种写法便会有人大加讥笑。先有刘复博士的高见。他说:

我现在只举个简单的例:

子曰:"学而时习之,不亦悦乎?"

这太老式了,不好!

"学而时习之,"子曰,"不亦悦乎?"

这好!

"学而时习之,不亦悦乎?"子曰。

这更好!为什么好?欧化了。但"子曰"终没有能欧化到"曰子"!(《中国文法通论》1924年增补四版,第121页)

这一段讥笑五四以后所谓新文学的文字,大约他自以为写得很得意的,所以最近他又把它写入《中国文法讲话》了。而且加上了几句:

> ……我们看下去,虽然不大顺目,至少总还可以看得懂。但是这只是在文字中,换在口语中,就绝对不行了。

说是"口语中绝对不行",像煞是细细调查过口语似的。最近又有宋阳先生的愤激。他说新文艺是"颠颠倒倒无头无脑"的。他的所谓"颠颠倒倒,无头无脑的写法",也是指这种地方而说。他的攻击对象,和刘复博士相同,他认为这种现象是一种欧化现象,也和刘复博士一样。他说:

> 说书式的小说可以普及到不识字的群众,这对于革命文艺是很重要的。有头有脑的叙述——不像新文艺那样的"颠颠倒倒,无头无脑"的写法——也是现在的群众最容易了解的。(《大众文艺问题》)

但是据我所知,他的所谓颠颠倒倒的正是他的所谓说书式的写法。这种说法在口语中虽然不能说绝对地行,却也相对地行的。就是说:不是"绝对不行"的。只因他们一个口头在说口语,其实并未注意口语,一个口头在提倡说书式的写法,其实并未注意说书式的写法,才会发生那样传统的讥笑和愤慨。自然,我们如果把观点偏向个人的侧面,从最初运用这种写法的个人的心理上面去寻求采用这种写法的根源,是有可能说是欧化的。当初采用这种写法的,也许真的怀着几分想把中国文字参上几分欧化的心理。但是只要采用者不是一个纯粹的机械的模仿者,即使杂有几分欧化的心理也必另外还可寻出所以采用那种句法的根由。这类根由,我们可以求之于语言文字的历史,可以求之于语言文字的现状,也可以求之于语言文字本身的必要和可能。我们必须在这等方面都寻不出所以采用那种方法的根由来,这才可以断定那种写法的采用只是一种机械的模仿,只是一种无谓的欧化。试问:刘复曾向这等方面探求过吗？我想，一定不曾。刘复如果曾向这等方面探求过，我想他一定能够发见叙述语和对话的顺序有人倒装，而"子曰"没人写成"曰子"，这中间实际含有一个可能不可能的问题，而且属于学问的两个不同部门。就是：前者属于修辞的范围，而后者属于文法的范围。文法贵乎守经，而修辞则可以权宜，两者决不能混作一谈。刘复如果曾向这等方面探求，我想他一定更能明白所谓权宜，也决不是任意变乱语言文字习惯，而是处处根据某种的必要。刘复自己也是曾经参加过所谓新文学运动的人，大约心里一定明白，我国文学界实际不曾有人厌恶"子曰，学而时习之，不亦说乎？"那种形式，说"这太老式了"，把它屏弃不用，专用"学而时习之，子曰，不亦说乎？"或"学而时习之，不亦说乎，子曰"等所谓欧化的形式。事实胜过雄辩，我们不妨把一切的新文学书打开来看。这里无论引用那个作家的例都可以，又无论引用那一篇都可以，现在暂且引用鲁迅先生写的《鸭的喜剧》一篇来说，这篇文章的头一句是：

俄国的盲诗人爱罗先珂君带了他那六弦琴到北京之后不多久，便向我诉苦说：

"寂寞呀，寂寞呀，在沙漠上似的寂寞呀！"

这便是用所谓"子曰：学而时习之，不亦悦乎？"的形式，可见并未说这形式"太老式了"，把它屏弃了不用。随后有一句是：

"这样的夜间，"他说，"在缅甸是遍地是音乐。"

这固然便是用所谓"学而时习之，子曰，不亦悦乎"的形式，但我们不宜单单把这一句搞出来看！我们要了解这一句何以这样写，必须同时还要看它的上下文。那里的上下文是这样的：

一日就是这冬末夏初的时候，而且是夜间，我偶而得了闲暇，去访问爱罗先珂君。他一向寓在仲密君的家里；这时一家的人都睡了觉了，天下很安静。他独自靠在自己的卧榻上，很高的眉棱在金黄色的长发之间微蹙了，是在想他旧游之地的缅甸，缅甸的夏夜。

"这样的夜间，"他说，"在缅甸是遍地是音乐。房里，草间，树上，都有昆虫吟叫，各种声音，成为合奏，很神奇。其间时时夹着蛇鸣：'嘶嘶！'可是也与虫声相和协……"

这便可以看出所以要把"这样的夜间"提在"他说"之前，乃是因为要它紧接"……是在想……缅甸的夏夜"那一句，即所谓语言文字本身上的必要，并非单单因为它是欧化所以那样写的。再若真肯留心"口语"，肯去听听"说书"，说故事，将更会在说书说故事的人的口里听到这一类的倒装法。那时将会知道这类句法，不但是语言的必要上所要有，而且还是语言的现状上所实有。然而刘复不如此，他不但不曾真实的探求这种写法的真相，还把那并无上接下续的有机关系，无须倒装，也就不会有人将它倒装的几句《论语》，颠而倒之装了起来，来影射这种有倒装必要的写法，把这种写法加以极度的漫画化。这在刘复原是极自然的，他会坐在所谓文化城头下令不准女学生们用"密司"等字样，当然也可下令文学的创作者不用这类句法。然而不断担负历史使命站在时代前面的宋阳先生竟也一样堕入了那种传统的偏见之中！这就可见批判的重要，不批判地接受一切，将自己从传统中解放出来，便有堕入传统里头去的危险。

但这还是枝节问题，更重要的是固执着文字连带发生了忽视口头文学，乃至歧视口头文学的现象。像"现在，一般研究中国文学或编著中国文学史的。多半是从《诗经》开始"，可说便是这种现象之一，这种现象下面所隐伏的重大缺陷，周作人在他所著的《中国新文学的源流》中已经指明。他说,"歌谣是远在《诗经》之前便已产生了,抛开了这一部分而不加注意,则对于文学的来源便将无法说明。"但是问题还不只一个来源问题。口头文学是在原始时代固然存在,现在也还存在的。那些口头文学有的已经写录,有的还未搜集写录。这已被写录和未被写录之分,大抵由于偶然的情形,并非真由文学本身有什么上下之分。未被写录的当然不能因为未被写录的缘故,便把它排在文学之外。再就同一对象而说,自更不能用文字的写录这一层做界线,划成一个文学和非文学的界限。例如《粤风》,把已用文字写成的《粤风》算是文学,未用文字写出的《粤风》算是非文学。文字实际并非文学一个必不可缺的因素。

文学所不可缺的,并非文字,乃是语言。文字是后来产生的,而文字还未产生的时候已有文学。文字是现在还未普及的,而文字还未普及的地方已有文学。文字又有时会因物质的缺乏不能行用的,例如革命以后的苏联,而那文字不能行用的时候却也还有文学存在,就用口头语言在各处宣读。文字与文学并非不可分离,不可分离的只是语言。语言才是文学的经常的中介。

二

认定语言是文学的中介,固然不致把文学的范围限得太狭窄,但仍不免把文学的范围看得太广泛。因为同是语言,也有是文学的,也有非文学的,这该拿什么作界呢？这就是所谓文学的特质的问题。在文学史或文学论上是常常提起的,对于这个问题,一般的解答总说文学是表现情感的。文学的特质就是情感。例如五四前后介绍进来的托尔斯泰的定义就说:

> 人用语言传达自己的"思想"给别人,用艺术传达自己的"情感"给别人。(《艺术是什么》第五章)

这个定义,在我国似乎曾受特别的欢迎。欢迎之余,甚至有人就从情感说明文学的永久性。例如梁启超先生说:

> 艺术是情感的表现。情感是不受进化法则支配的。不能说现代人的情感一定比古人优美,所以不能说现代人的艺术一定比古人进步。(《情圣杜甫》)

但是我们知道情感是不能独立的,除非思想、生活也不受进化法则支配,情感就不能单独不受进化法则的支配。

> 《清稗类钞》:电灯始于光绪中叶。创办者为西人德里。创议之初,华人闻者以为奇事。一时谣诼纷传,谓将遭雷击,人心汹汹不可遏制。当道患其滋事,函请西官禁止。后以试办无害,其禁乃开。

> 又:沪上通行电车,始于光绪戊申。上海电车乃西人所经营。初开时,华人虑或触电,多望而却步。西人广为招徕,不及一年,其营业日益发达。

这样看来,即使艺术——文学——只是情感的表示,似乎也不能说与进化无关。何况艺术——文学——本来不止表现情感,同时也是表现思想的。托尔斯泰说是"人用语言传达自己的思想给别人,用艺术传达自己的情感给别人",用传达情感和传达思想来区别艺术和普通语言,他那定义的本身便是不对的。他那不对的地方,普列汗诺夫在《论艺术》的一篇文章中已经一一指正了。普列汗诺夫那篇文章的大意是说:托尔斯泰说是语言表现人类的思想,实际是不对的。语言也可以表现情感,如语言可为表现情感机关的诗歌就是明证。同时,

"说是艺术只表现人类的情感,也是不对的。不,这也不止表现情感,也还表现思想的。不过不是抽象地,乃是凭借生动的形象而表现。艺术最主要的特质就在此。"(参看鲁迅译《艺术论》第5—6页)

这就是常被征引的普列汗诺夫订正托尔斯泰的文学定义的文学定义。据这定义,文学的特质就在凭借具体的形象而表现人类的情感和思想。文学所以和别的语言——例如哲学科学——不同,并不在乎文学表现人类的情感,而哲学科学表现人类的思想;文学所以和哲学科学不同,只在凭借的方式不同,哲学科学是凭借抽象的概念,而文学则是凭借具体的形象。这从抽象和具体一点来区分文学和非文学的定义,当然比那从情感和思想来区分文学和非文学的定义正确得多。试引实例来说,例如茅盾先生写的《大泽乡》和《史记》的《陈涉世家》相比,假使有一是文学一不是文学之分,又假如依照一般文学史家的意见把《陈涉世家》也归在文学之列,把它和其余记载同样事实的语言相比,例如和《通鉴》相比,假使说有文学与非文学之分,这分一定是在是否以生动的形象表现出来,不在其一是表现情感,而另一是表现思想,因为情感是即使被认为非文学的语言里面也有的。这在现在差不多已经成为常识,绝无怀疑的余地了。梁启超先生接受托尔斯泰的定义,我们固然不以为奇,因为托尔斯泰的定义曾经有过极大的支配力。不但在中国,即在外国也曾风行一时,又不但在观念论的阵营里头,就在唯物论的阵营里头也有人接受。但那定义,正如普列汗诺夫所说,是不正确的。梁启超先生还想更进一步去说明文学的永久性当然更要失败了。

关于文学的永久性,是一个麻烦的问题,我们在这里不能详细论列。但我们可以断言,这决不能单从情感方面说明。说什么情感是亘古常新的,所以表现情感的文学也是亘古常新的。如果情感是亘古常新的,为什么我们现在对于电灯不怕"雷击"？如果情感是亘古常新的,为什么《子夜》里头吴荪甫、林佩瑶、吴四小姐的喜怒哀乐和《红楼梦》里头贾政、黛玉、宝玉的喜怒哀乐那样的不同。而《红楼梦》里头的男男女女的情感又和出现在元曲唐人小说里头的男男女女的情感那样的不同？记得梁启超先生曾将中国韵文上下古今地举了好多例,想从那些例中研究出表现情感究竟有几种共同的方法来。那种研究或许也是需要的,但是我们不能忘记,即使研究出来,也只是从具体上"抽"出来的抽象形式,不能就以那抽象的形式来硬括一切具体的东西。一个物理学者可以把空气抽掉,观察鹅毛与铁片是否同时跌落。可是不能因为在那抽掉空气的真空管中鹅毛与铁片同时跌落,就说现实上鹅毛与铁片同时跌落也同空气没有关系。时代社会之于我们人类,正如空气之于鹅毛铁片。在现实里头,抽象的与时代社会分离,与环境无关的人类是不会有的,即所谓不受进化法则支配亘古常新的情感是不会有的。何况文学又是以具体的表现形象的描画为其特质的。所谓"传人适如其人,述事适如其事",正是它的本色。不从具体的刻画的上面去看,却从抽象的笼统的里头去攒,正像煮鹤焚琴,未免上海人所谓,"太不识相"。

同样单单笼统地讲思想,专从文学艺术去"抽"意识形态的形式,说这是封建的,这是布尔乔亚的,这是小布尔乔亚的,各从其类,一一贴上标记,打包封存,这也不很妥当。这无异主张以哲学代文学,叫人截取哲学,遗弃文学,在哲学或许有增,在文学实只有损。单单形成千篇一律的抽象的观念的穿着文学衣裳的哲学,还算小事,结果必至文学僵化,停滞,碰壁,——形成文学的空白。

三

以上两种偏向,可说都是由于抽象地笼统地申解所谓文学艺术表现人类的情感或文学艺术表现人类的情感和思想而来。为了免除这种偏向起见,艺术的经程的具体的考察是必要的。这有一般的和特殊的两面,一般的是考察文学艺术和社会的关系,阐明文学艺术底社会的依存性。这从泰纳为始,经过普列汗诺夫、弗理契等许多艺术理论家的努力,文学、艺术与社会底法则的联系大体已经阐明。向来的形而上学的、观念论的、神秘主义的观念已经没有存在的余地。再由特殊的考察,从认识论上导入反映论于文学、艺术的创造的经程,认定文学、艺术所表现的思想感情,乃是从我们意识独立存在的客观现实底反映,并非离开客观现实,我们头脑自制自造的东西。所谓表现思想感情,实际就是某一方式的现实反映。将这命题做基础,把题材、主题、方法等,连串横陈在艺术经程上的问题都加以讨论,又认定艺术作品的价值即在其所反映的艺术的真理,艺术批评的任务,即在测定这艺术的真理。把向来以意识形态为第一义,结果达到以文学、艺术为意识形态底"形象化"的理论矫正过来,于是以哲学代文艺的倾向可说也已清算。这便是文学理论现在的到达点。中国的文学理论必将以这到达点为出发点更深更远地向前发展。

1933.5.30
(《文学》创刊号,1933年7月)

关于大众语文学的建设

在中国文学史上,笔头用语本来很复杂,简单分起来,大约可以分成像下面这样一个表所列:

笔头语 { 文言; 白话 { 语录体; 大众语(在宋代如"平话"上的用语) } }

五四前后"文学革命"时代关于笔头语的论战,便是白话和文言的论战。当时对文言争市民权的白话,是包括着语录体和大众语两种语。而且往往把两种语平等的看待,留下一个退入语录体的可能。这是当时的短处。但当时所以把语录体和大众语同等看待,不过是当时急于和文言对立的情势逼它显出了那样看相,骨子里到底并不是把语录体做范本的。这比起以前的一切等等始终不脱把语录体做中心的理论或者实际来,又不能不说是当时的长处。现在陈子展先生提出大众语来,可说是吸收了当时的长处,又抛弃了当时的短处。我想大家不会不赞成的。

不过关于大众语的性质方面,恐怕还有商量研究的余地。子展先生只提出说、听、看三样来做标准,我想是不够的,写也一定要顾到。写的简便化,这几年来已经有好多人研究,也是一种进步的现象,将来研究文学的人似乎也不能不注意研究。将来大众语的语汇里头一定不免有外来语输入,但必须用本国文字写它的音，让大家说得出。照过去的经验看来，输入些外来语或起用些古典语，在大众也并不觉得十分不便，只要确实是当时大众所必需的。如摩登、摩托、冰淇淋、手续、引渡之类。这类语汇实际时时在变换，变换起来实际也没有变换语法那样的烦难。不过总要不违背大众说得出，听得懂，写得顺手，看得明白的条件，才能说是大众语。

大众语的修炼，只能靠平时，不能靠临时，一切的规律、一切的限制，临时缠住心头，都会妨害笔头的自由抒写。在写成的文字上显出不自然的痕迹。在小说、诗歌、戏曲之类描写具体形象的文字上更其如此。所以这里，便发生了要建设大众语文学，必须实际接近大众，向大众去学习语言的问题，单单躲在书房里头不同大众接近，或同大众接近不去注意他们的语言，都难以成就大众语文学作家。

大众的语言确实是值得学习的。尤其是文法。它有好些地方都已经变得比文言更整齐、更巧妙、更自然。比如桐城派的人极卖力地说过的，所谓实字虚用，虚字实用，在文言中如"尔欲吴王我乎""春风风人"，都不过用字来硬用，文法上并没有一定的方法可以帮凑，所以读起来也觉得很不自然，说起来更不必说，在大众的口头语上，却有一定说法。要把虚字实用，便可以加"头"之类实字的衬字。如"想"字要实用，就可说"想头"之类。要把实字虚用，也同样地有方法。可以添加"了""着""起""下""去""来"等等字。如"车""袋"等字要虚用，便可以说"车了去""袋了去"之类。这等语言的进步性质，固然极应该学。不过文学并非单有语言就行的。一切的文学都需要会看现实，看现实又需要有一定的态度。态度的修养，实际又比语言的修养更重要。有些语言上的问题，也需要从态度上去选择,去决定。

要建设大众语文学,问题很多,需要大家来细心地讨论。

(《申报》副刊《自由谈》,1934年6月19日)

所谓一字传神

近来有一位汪懋祖君写了一篇文章反对小学禁习文言初中限习文言。连带反对一切现代文艺及现代文艺所用的语言，白话。中间有一条说："所谓一字传神，最能描写文言之便利。……今学生因喜习白话，所作信札多累赘不通。往往一言可以说明者，而十数语不能达意。"这是不曾将技术与所用语言分清的话。假使论技术，用文言也不见得就能一字传神。例证不远，就在汪君这篇文中，"余昔学习理工，凡微积分、高等物理、力学、水力学，无弗习。每夜解答习题至十一时。又尝为数理化教员矣，至今观察算学教学，虽教科书略加改良，而教法尚未脱二十年前之窠臼。昔时学生，每班不过十余人，故黑板练习可以同时并行，而教师为之一一订正焉。……"一段文章，虽然不算"累赘不通"，也总不是所谓一字传神的罢。倘论语言本身，则我们以为可以一字传神的，正是白话，而非文言。

白话本身胜过文言的地方很多，已经有许多人说过。其实不曾说到的比已经说过的还要多。将来我们可有机会把文言白话本身和现在流行的文言文法白话文法等等来作一个总检查。现在单以所谓一字传神来说，也是只有白话中的有些现象可以当得起这四个字的赞语。例如动词的限定语便是一端。这类语言在文学描写上功用颇大，往往只要换去一字，便觉得动作所以能成或不能成

的理由全然两样。比方同是说"不能吃":

1. 吃不得(因为东西不卫生)
2. 吃不了(因为东西太多)
3. 吃不来(因为东西太坏或者吃不惯)
4. 吃不起(因为太穷苦了)
5. 吃不下(因为肚里饱)
6. 吃不着(因为东西离得远)

这于白话是应手可得的传神的一字,文言如何?文言能够这样以简单的一字传出这样复杂的意思吗?

文艺传神本自有其广大的基础,不止在乎运用文字,尤其不止在乎文字本身。汪君单从文字立论,已经错误,然而他连错误的观点,也还不能自圆其说。他还要骂人"文盲",到底谁是"文盲"?

(《文学》第3卷第1号,1934年7月1日。署名:南)

这一次文言和白话的论战

一

这一次文言和白话的论战,从汪懋祖先生五月初在《时代公论》上发难以来,已经继续了三个多月。论战的范围,从教育扩大到文学、电影,从各个日报的附刊扩大到周刊、月刊。场面的广阔,论战的热烈,发展的快速,参加论战的人数的众多,都是"五四"时代那次论战以后的第一次。

统看形势,可以分做前后两期:前期是汪懋祖先生们揭起所谓"文言复兴"的标旗来攻白话的时期;后期是白话派中有些人揭起"建设大众语"的标旗去反攻文言的时期。这种形势的转变,是以六月中旬揭出"大众语"的标旗来的时候做界线。从六月中旬以来,都是白话方面进攻文言的时期。

现在的阵营共有三个,就是大众语,文言文,(旧)白话文。大众语派主张纯白,文言文派主张纯文,旧白话文派,尤其是现在流行的语录体派,主张不文不白。主张不文不白的这一派现在是左右受攻,大众语派攻它的"文"一部分,文言文派攻它的"白"一部分。究竟哪一部分被攻倒,要看将来大众语和文言文的两方面哪一方面占优胜。但这一派无论哪一方面占优胜,都不能保持它的原状。

二

看起来文言文派一定不会占优胜。理由很简单,就为语言和文字应该统一,并没有分歧的必要。因为语言和文字同是我们传情达意的工具,口头上怎样传达,笔头上也可以那样传达,就使有精致不精致的分别,决不必分别到好像是两种语言文字。而要语言和文字统一(以后简称语文统一),实际只有两条路:一条是用语言来统一文字,这就是大众语派的主张;还有一条是用文字去统一语言。但用文字去统一语言是一件不可能的事。所以如果不将文去就语,或说不用文去录语,结果必然不能做到语文统一。不能做到语文统一,如果笔头能够传达情意,必定除了学习文字符号之外还需另学一种语言。譬如"我把它煮了吃了"一句话,必要另外学好"予既烹而食之矣"一句话才能写。两句话有时就像这样没有一字一音相同,而意思还是这一点点意思。这不是一种无谓的浪费?

所以要浪费的理由,据说因为它"古雅"。这就把文字也当做古玩看。勉强要人广罗古玩来做日常的用品,普通人决计没有这样的时间、财力。就是有时间和财力的,也决不能彻底古雅。原因又是因为文字不能统一语言。文字不能统一语言,而要彻底古雅,那就只有不记录现在的语言,或记录现在语言而不想记得十分正确,才好办。不然,便少不得要把那林纾先生所谓"引车卖浆者流"的俗语来帮凑。过去就很有这样的例子。例如林纾先生以为"法严而律精"的《文选》里头,便有一篇任昉奏弹刘整的弹事文,除出首尾两段骈文之外,中间尽是他所谓"引车卖浆者流"这样的俗语:

> ……范今年二月九日夜，失车拦子夹杖龙牵等。范及息逡道是采音所偷。整闻声，仍打逡。范唤问："何意打我儿？"整母子尔时同出中庭，隔箔与范相骂。婢采音及奴教子楚玉清志等四人于时在整母子左右。整语采音："其道汝偷车校具，汝何不进里骂之？"……

过去除了正确之外，还有一些地方也要参用俗语：例如该语是一段故事的风趣所在，为了活现那种风趣出来，不能不将那个俗语记出来的时候。常常有人引用的"阿堵""宁馨"之类，便属这类，现在一定要讲古雅，姑无论是不算会得学法古人，试问"火车""轮船"等等称谓，就要古雅又有什么古雅法？

最近因为雅说不通，又有人另外找出个所谓"简"来了。但是简的结果简到"此生与彼生"，有了种种歧义。这已有人驳过，我们可以无需再说。

总之，文言文单靠文言本身上的理由来维持，决计无从维持。直截了当的方法，还是拿出他们心里所想达到的目的"复古"来好些。然而可惜，这又有人从事实上证明给他们听应该"反省"了。

三

我们的希望是不能不放在大众语一方面。"大众语究竟是什么东西？"最近还有人这样问。最简单的回答，可以引用吴稚晖先生的话来说，便是一种最容易普遍的语言。吴先生说："文言，白话，大众语，有容易普遍与不容易普遍之分。当然白话比文言容易普遍，大众语一定更比白话容易普遍。"（《大众语万岁》，见《申报·自由谈》）这普遍的语言现在还没有，必需大家合力建设起来。

真要做到最容易普遍的地步,有三种统一必需都做到。

(一)是语言和文字统一,这样笔头写的便是口头说的,不另学一种不必说的语言,自然省事省力,容易普遍。

(二)是统一各地的土话,这里写的别的地方的人也看得下,这也是容易普遍的一个条件。

(三)是统一形式和内容,不止语言形式接近大众,就是意识内容也接近大众,说的不是违反大众需要的话,也是容易普遍的一个条件。

现在大众语派正在努力的,积极方面便是探求做到这一步的途径,消极方面便是破坏做到这一步的障碍的工作。这些统一的工作,就使途径找准了,做起来也还是很艰难的,必须大家一齐努力才能成功。

(《中学生》第47期,1934年7月。署名:南山)

建立大众语文学

一

话和文字是人类社会的产物,它的创造是随着社会的需要来创造。它的变革也可以随着社会的需要来变革。

人类各自过着团体生活社会生活,各自发展了团体意识社会意识,各自有了各自的需要,话和文字便不能不随着发生相当的特异。

一部中国文学史中,凡是诏令之类官僚之间行用的文体总是比较接近古,歌谣之类大众之间行用的文体总是比较接近今,便是现在隐隐约约还可看得出来的社会意识的反映。又接近古的总觉得和我们比较的疏远,接近今的总觉得和我们比较的亲近,也是我们社会意识的反映。

二

"五四"前后,有过一次大规模的话文合一运动。运动的目的是把唐宋以来无意流露的和局部发现的话文合一倾向化成一种有意的普遍的潮流。把那些只把话文统一倾向看做所谓俚语村言只可用在通俗地方的风气革去,正式采作正常的文学语。当时运动的声势很浩大,因为社会情势和个人努力交互发生作用。发起不久就形成了一种好像革命到来似的风动全国的领导力量。把这个运动叫做"文学革命"。又叫做"白话文学"运动。胡适曾把那次运动的宗旨总成十个大字的标语,就是所谓"国语的文学,文学的国语"。这十个大字实际就是话文合一四个大字的另外一种说法。

我们确信话文合一或者统一是可能的,而且必须的。我们虽然知道话和文是方式不同的两种达意传情的工具,为了工具本身的限制,例如话可以用了手势等等帮衬,文可以用了图表等等帮衬,两面之间难免有些繁简的差异,不能做到字对字的机械的合一。但这种差异是和说话时候有模型没有模型摆在面前说明繁简难免随着不同一样,也和文字中间插了图表和不插图表说明繁简而不能绝对相同一样,是一种同一工具上面也可以发生的差异,并不会妨碍了话文的合一或统一,妨碍了我们把话文的距离缩到最少甚至于零。

我们找不出理由来说话文的语词和文法不能做到严格的合一或统一。我们又必须做到话文的语词和文法严格的合一或统一,才能把说话和写文两种生活打成了一片,使写文进步,同时就影响到说话进步,说话进步同时就写文进步。话文同时没有一时一刻不同我们生活发生着平等的最密切的关系。有了这种最密切的关系,话文才会同时都有最真切、最自然的性质,可以最正确地、最便捷地反映出我们的现实生活。

三

但是我们现在的问题已经不是离开社会意识空空洞洞地争论文白的问题,是要关联着社会意识来检讨话文包藏着过去社会的遗质有多少,新的生机有多少,现在话文有什么缺点应当改正,有什么长处可以扩充等等问题了。我们谁都知道,文言是等级观念、地方观念极浓重的,等级观念显得最明白的是代名词,其次是动词、名词。"尔"、"汝"算是贱称,不到一人称"朕"时代已经出现,却到现在还未消灭。至于地方观念,现在还时常可以看见的用地名人名派等类现象,就是那里透出来的消息。安徽遗老要在大学里面特开"桐城"一科,决不是偶然。文言又是富于反现代性质、反科学性质的,一切都是详著古、略著今,便于写主观的玄想,不便于写客观的现实,富有闲适的出世思想,缺少负责的入世观念,要写一篇古老的出世玄想可以摇笔就成,要译一篇现代的切实的东西就会使严复那样的译学天才,一字踟蹰了旬月,还不能和原文没有什么出入的对译。文言又是容易引人迷入文字游戏观念,游戏地把语言文字在不大正常的用途上去用。一篇文章一定声调铿锵,一首诗一定要对仗工整,步步陷入对于声调铿锵、对仗工整发生了强烈的溺爱。溺爱到后来,只要声调铿锵便算文,只要对仗工整便算诗。完全忘记了所以然。这种文字自然不是我们现在通常社会生活所需要的。但它所以不能讨得大众的欢迎,却并不止在乎难。难固然是一个原因,却不是大原因;大原因还在离开大众的社会意识太远。就是所谓难这一个原因里面,也有一些因为离开大众社会意识太远的成分在内。

离开社会意识争论文白,就不能说明大众何以能看而且欢迎比较接近文言的《三国演义》,却不欢迎比较接近白话的《醒世姻缘》、《野叟曝言》;离开社会意识也不能说明"五四"前后提倡白话文却又排斥礼拜六派白话的根源。离开社会意识甚至也不能说明白话文学运动文白之争这件事情本身。白话文学运动起初是提出所谓历史的文学观念去指责古文学家的没有历史的文学观念的,但结果变成了推重施曹和崇奉方姚之争。显出了不是历史的观念有没有,只是历史的观念不相同。不同的所在一方面取了动的观点,说一代有一代的文学,比较地接近现代接近大众的;一方面取了静的观点,想千年万年维持古来的权威,是背弃现代,背弃大众的。文白之争这件事情本身也就是一种社会意识的反映。

我们深切感到话文必须合一或统一。这合一或统一的程度还不止所谓文字"明白如话"就算,必须慢慢做到写的文简直就是说的话一个地步。这样的文才充分吸收了话的特质,同时更会感到中国文字实在麻烦,必须简写简印,甚至必须拼音,也会有可以拼音的一天。但是根据我们的观察,我们不能再空空洞洞地离开社会意识来重演文白之争。我们需要根据社会意识随时来做检别的工夫,随时来做建设的工夫。使文言里的臭腐成分,不能再穿了白话新衣在文学上白日出现,不能再借了一切等等的堂皇名义借尸还魂。

四

我们深切感到建立这样意识正确话文合一的大众语文学的急需和繁难。一切已有的体式必须从新检讨,一切未有的体式必须开始建立。语词须赶快调查研究,文法必须从新研究组织。一切种种都要立刻有一个新的开始。这几年来我们都不过偶然留心到这方面,现在我们觉得长此下去,白话也会变成了新文言,不能再徘徊不进了。

我们觉得:

(1)对于古代流传下来的白话文学也决不能再像从前那样离开社会意识毫无别择地接受,必须一一仔细检讨它的内容和形式的长处和短处以及对于现代社会生活的关系。

(2)对于每种文体都要设法使它同时前进,不能再与以前那样小说戏曲等比较接近说话,论文诗歌等比较接近文言,永远像宋代的平话和语录那样参差不齐。

(3)对于一般还没有使用大众语的部分,如新闻记事时事通讯之类必须有人参加建设。

(4)……*

(5)……*

这里有着无数繁重的工作需要一切有志的著作家来动手。有谁执意离开社会大众去捧古董就让他捧去罢。我们需要接近大众,不怕失败地向前进。

(《连环》两周刊第2期,1934年7月6日。署名:薛凡)

---

* 据主编《连环》的乐嗣炳先生回忆,文中(4)、(5)在国民党政府新闻检查时被删去。

大 众 语 论

一

关于大众语文学的建设这个问题,现在大家发表的意见差不多都集中在大众语这个语言的问题上。对于大众语这个语言问题,现在大家发表的意见已经向着下列各方面展开:(1)大众语对文言文白话文的关系怎样:大众语反文言,是不是同时反白话?若是同时反白话,"反"白话的"反"和"反"文言的"反"该有怎样的不同?(2)大众语对现成话语的关系怎样:取北平话做基准?取"现代中国普通话"做基准?还是发展各地的土话方言?(3)大众语的语言形式和意识内容的关系怎样:代表大众的意识?代表大众前进的意识?等等。此外还有种种副次的问题牵连带起,互相错综,纠结成为一时不容易得出简单结论的复杂问题。

对于这个复杂问题的对象,我曾经说过一点简单的意见。我的意思以为:"大众语便是大众说得出,听得懂,写得顺子,看得明白的语言。"这个意思,我到现在还是认为无须变更,不过字句方面或者可以改成简单一点,例如改成"大众语是大众说得出,听得懂,写得来,看得下的语言",或者稍为好一点。但这无关紧要。紧要的是在和上列已经展开的各项问题的关系应该怎样解释。现在我想就在这一方面再说一点我的意见,请大家指正。

二

我的意思以为"大众说得出,听得懂,写得来,看得下",已经是大众语文学的起码条件,对这条件决不能再想减少或者减低。假使有人说,可以满足这样四个条件的现在不会有,那也是真的。但就因为是真的,所以我们要"建设"。建设本不是享现成的便宜事业,像建设大众语文学这一种从来不曾有过的空前事业,更不是享现成的偷懒心理能够完成。

建设的艰难是在这并不是单纯的文字符号问题。假使单是文字符号问题,大约只要做两种文字方面的工作,便可以完成这个事业:(一)为完成"说得出,听得懂"的条件起见,写作者竭力在笔头上排除违反这两条件的文字;(二)努力普及教育,去完成"写得来,看得下"的条件。这种工作,虽然也不轻易,但是头绪到底还是简单。大体不出现在小学语文教育或通俗语文教育应该注意的条项。至于建设大众语文学问题头绪就比这样单纯文字符号问题复杂得多,至少要能解决上述已经展开的各方面的问题。文字符号问题,我们并不认为不重要,但最好能够对于建设大众语文学问题有一个正确的结论,文字符号问题也在那结论之下进行。因为照我们看来,这种文字问题可以包含在整个的文学问题里面,可以把它当作一个文学的教育问题。

三

说到"大众语",大概首先被注意的是"大众"两个字。首先要解决的便是"大众"的概念问题。"大众"当然是多数。"大众"两字里面含有多数的意义是不成问题的。这多数便是大众所以为大众的量的规定。跟着这量的多数,连带会想起的恐怕便是质的浅陋。现在中国大多数大众还是过着地狱一样的生活,没有受过现代教育,没有接触到现代文明。就这大多数来规定大众的质,得出的固然是低下的质;就是把大多数来和余外的人平均,得出的恐怕也还会是低下的质。这大众的质和量,对于文学便是一个大矛盾。文学所要求的是质高量多的大众,而现实的大众却是质高便量不多,量多便质不高。循着这种现状并不感到矛盾,只是一些通俗的东西。在小说如礼拜六派的小说。在戏剧如所谓文明戏。它们为着获得多数的大众,不惜迎就大众的低质,或者它们的本身原来就是低质。这样低质的东西,一向就有,不必现在再来提倡。

这里大众语文学应负的一个责任便是克服这"大众"的质和量之间的矛盾。这便是要不把低质的做标准,却仍能获得多数的拥护。换句话说,就是要把高质作为"大众"的概念的内容。这高质是我们从外面附加上去的吗?不是,是不把大众当作静止的大众看便可得到的一个概念,大众差不多天天在那里向上、成长,随着交通的方便,随着团体生活的发达,只要他们能有团体生活的机会,质便会增高。自从日本帝国主义侵掠东北扰乱上海之后,差不多谁都知道团结反抗,同时差不多谁都知道帝国主义是怎样一种东西,比读过十年书的还要清楚,便是一个近例。倘若不就那散沙似的大众来说,多数和高质并不矛盾。我们理想中的大众语文学似乎至少要能反映这个真实。要能用艺术的深刻的感动力克服落后大众的低质,达到这样不相矛盾的境地。所以大众语文学的"大众"概念,我们可以规定作为具有多数又是高质的属性,去和那只能获得多数而质不高的通俗东西,如礼拜六派之类立别。现在有些人暗暗之中把大众语当作通俗语理解,我想这要算是很不轻微的错误。

四

要说文学的内容和形式,"大众"的概念便已规定了基本内容,"语"的概念便已规定了基本形式。所谓基本内容,便是我前次说的态度。用大众语写文学的态度必自认是大众的一员,不在大众之上,也不在大众之下。这与写文言文和通俗的白话文的态度都不同。在这里我们可以决定大众语和文言文与白话文内容方面主要的关系。据我看来,文言文、通俗的白话文和大众语三种不同的文体,根柢上实是三种不同的态度:文言文是反大众的,通俗的白话文是混大众的,而大众语却即是大众的。写文言文的态度总以为自己在大众之上,说是反大众实际也就是超大众。那反或是超,单是文言所崇奉的古雅两字便已将那态度表现得明明白白:"古"就不同于"今","雅"就不同于所谓引车卖浆者流的"俗"。崇古抑今,标雅拔俗,是一切正统文言的内容的精髓,也就是一切正统文言的形式的丰采。文言文对大众的反或超,态度异常明显,想必谁也不会发生疑义。同样,通俗的白话文的态度和它相反,站在大众之下来混大众也是极其显然。他们常用的自称所谓"在下",我们差不多可以把它实解作"在下"。那种插科打诨式的混大众、敷衍大众的态度虽然和反大众的高傲态度不同，但有一点还是完全相同，便是：大家都是站在大众外面，对于大众都是外头人。假使可以说大部的文言文学史是站在大众外面反大众而自以为正经高贵的文学史，那么就可以说通俗的白话文学史便是站在大众外面混大众而自以为不正经不高贵的文学史。他那以为不正经不高贵的心理，不必看它说话的声口，看它说话的引子，单单看它隐名推托的行径便可看出几分。

为什么反大众的文言还有宰制一切的势力的时候会转出些混大众的通俗白话文学来呢？这同商业发达、都市发达、娱乐机关发达很有关系。张炎《乐府余录》道："慢词起仁宗朝。中原息兵，汴京繁庶，歌台舞榭，竞赌新声。柳永以失意无俚，流连坊曲。遂尽取俚言俗语，编入词中，以便伎人传习。一时动听，传播四方。"通俗文学所以会在宋代显出繁荣的景象，决不是偶然。假使有人肯下工夫研究，一定可以研究出所以会"一时动听，传播四方"，叫有些人觉得"无俚"，却还去"混"的根源。

这样状况，一直延续到五四前后。五四以后，又是另外一个局面。首先有胡适先生把那一份一向以为不正经不高贵的文学遗产用了毫不觉得惭愧的态度公然承受过来，后来又有徐志摩先生据着这份遗产去讥嘲"到民间去"的喊声（见小说《玛丽玛丽》译序），转成一种新的反大众。一面依然有张恨水之流的小说沿袭旧的混的态度。同时又有徐志摩先生所污蔑为"恨不能拿缝穷婆的脏布来代替纸，拿眼泪与唾沫来替代字"的文学流行。对于这时文学繁复的情形，我们自然格外应该细心地探讨。这时对于大众大概取着"反"，"混"，"即"各种态度的都有，而所为"大众"又是各自有着各自的范围。从内容上看来，这应该可以说是中国文化上最繁复的时期。单纯地把这时期的白话捆成一束给它贴上标记,无论说它好说它坏,似乎都是不妥当的。我以为"五四前后以'革命'姿态出现的白话文为什么不久就堕落了?"正是一个有意义的题目,值得分一部分的人力去细细地检讨。对白话的关系问题,一定可以从那检讨中得到极具体的正确的结论。

五

对于大众语文学,"大众"两字已标示了基本内容,"语"字已标示了基本形式,但形式又是要受内容的规定。因此将来大众语文学的基本形式一定就是用语作文,而语又就是大众的语。用语作文便是文和语不相分离,便是"语文统一"。语文统一在五四前后"文学革命"时期,胡适先生便已提了出来,胡适所谓"国语的文学,文学的国语",实际便是语文统一主张的另外一种说法。不过胡适先生的用语是"言文合一"。这"言文合一"的主张又终究未曾做到。原因是,据胡适先生自己说,共有三个,而整理国故还不在内。他在一九二七年给浩徐论"打鬼"的信上说:"你说整理国故的一种恶影响是造成一种'非驴非马'的白话文。此话却不尽然。今日半文半白的白话文,有三种来源。第一是做惯古文的人,改做白话,往往不能脱胎换骨,所以弄成半文半白的文体。梁任公先生的白话文属于这一类,我的白话文有时候也不能免这种现状。缠小了的脚,骨头断了,不容易改成天足,只好塞点棉花,总算是提倡大脚的一番苦心,这是大家应该原谅的。第二是有意夹点古文调子,添点风趣,加点滑稽意味。吴稚晖先生的文章(有时因为前一种原因),有时是有意开玩笑的。第三是学时髦的不长进的少年,随笔乱写,既可省做文章的力,又可以借吴老先生作幌子。平心说来,我们这一辈人都是从古文里滚出来的,一二十年的死工夫或二三十年的死工夫究竟还留下一点子鬼影,不容易完全脱胎换骨。即如我自己,必须全副精神贯注在修辞造句上,方才可以做纯粹的白话文;偶一松懈,便成了'非驴非马'的文章了。"总之过去并未做到。目前呢,据胡愈之、傅东华两位先生说,也还是办不到。事实恐怕是如此的,但我们必得将"语文统一"作为基本建立之一,求它慢慢做到。在语言的理论上,并没有终于做不到的道理,眼前的做不到完全是人力问题。

关于语言的性质,已经发表的意见共有三种倾向,这三种倾向,据我看来,不过是将大众语应该具备的三种好的性质各自侧重的提出,并非势不两立的:

第一,侧重语言的"正确性"。这是龙贡公先生先提出。他以为"为了精密正确,我们要拒绝偷懒的省力、无结果的容易、内容空泛的简洁和油腔滑调的流畅。而敢于接受沉着凝重的语体,担负创造新词新字,吸收外来语的麻烦;倘充实不妨详尽,倘严肃不妨粗糙生涩。"(《再进一步》见6月25日《中华》副刊《动向》)后来又有傅东华先生推衍。他问我们"大众语是不是可听凭它自然发生和进展,完全不加一点人工的'创造'和促进?"并且举例说:"例如北平话'汽车'叫'电车','留声机'叫'话匣子',大众语汇里都应该改正。"(《大众语讨论的现阶段及以后》,见6月28日《中报》副刊《自由谈》)这都是将"正确"这一种性质加强的提出,为了正确,便连带主张"创造"。胡愈之先生的主张,似乎也是这一种倾向。他们两位的说语文统一目前办不到,便是由于认定大众语必须"创造"。又认定"创造"不能在语文两面同时并进的结果。

第二,侧重语言的"活现性"。认定现成的活语才是亲切自然、生动活泼的语言,才"成话"。不主张创造,主张采用土话方言(夏丏尊先生),或认定北平的土话方言做基准(乐嗣炳先生),做到"文就是话",就是"语文统一"。夏先生说:"用词应尽量采用大众所使用着的活语,在可能的范围以内尽量吸收方言。凡是大众使用着的活语,不论是方言或是新活语,都自有它的特别情味,往往不能用别的近似语来代替。例如'揩油'在上海一带已成为大众用的活语,自有它的特别情味,我们如果嫌它土俗,用'作弊''舞弊'等话来张冠李戴,就隔膜了。方言只要有人使用,地方性就会减少。"(《先使白话成话》,见6月27日《自由谈》)乐先生说:"一,话和文不可分离,一切文字都该话文合一。二,确认普遍性最大的北平话作现代话语的基准、大众语的主要成分。"(《从文白斗争到死活斗争》,见6月21日《自由谈》)

第三,侧重语言的"普通性"。认定大众语应该就是平常的普通的语言。因为需要平常的,所以不赞成"创造";因为需要普通的,所以不赞成采用方言。但也主张"语文统一",和第二相同。佛朗先生、魏猛克先生和《读书问答》等,都属于这倾向。佛朗先生说:"大众语是建筑在大众的生活上,我们不是去提倡大众语,而是要从大众去体验与学习。以前便有一些人,主张要创造一种现代语来纠正那一些缙绅先生的白话文。他们知道现在非驴非马的白话文不能接近大众,想创造一种广大民众能接近的白话。但可惜,他们是忘记了劳苦大众已经有着他们的新的语言在生长,不是提出要学习的问题,而是提出'怎样去创造'的问题。结果,便有'建立土话文学'的主张,这是错的。(《大众语文问题》,见6月26日《动向》)《读书问答》说:"我们既认定大众语不是什么人创造出来的,而是随着大众生活的进展而进展的东西,在建设大众语的现阶段,我们便不容忽视:不仅是要接近大众,要从大众中学得习用的语言,我们更要体验大众的生活,了解大众生活的实际情形,懂得大众生活是在怎样的发展。"又说:"大众语是有普遍性的,是时时发展着的,它与各地土话不同。以前有人主张用土话写文学作品,这是错误的,虽然我们不妨采用土语。"(《怎样建设大众语文学》,见6月22日《申报》)魏猛克先生说:"看现在的议论,已经同意话和文不能分开。"又说:"只有'现代中国普通话',才是大众语,才是大众中间的普通的语言。'现代中国普通话'是有普遍性的,它是主要的流行在轮船、火车、码头、车站、客栈、饭铺、游艺场等处。工厂不过也受到影响,这是客籍的工人带进去的,但是因为他们的生活是不流动的,久之就与当地的语言同化。所谓普通话是因为交通发达,各地人们往来日渐密切,要求交涉上的便利而产生的。所以它的目的只在要人懂。它不容纳各种土话,它是竭力避免土话。它在企图每句话都能够说得出,写得出,每个字都找得出意义来。用普通话写文章,将来,也许要变成最明朗简洁的文章。"(《普通话与大众语》,见6月26日《自由谈》)

这从他们的话上看来,似乎有些相反的神气,其实是相成的。我们当然希望大众语便是一种又普通、又活现、又正确的语言。但是这样三全的语言似乎现在实际还没有。遇到不能三全的时候,只有看着实际需要应该侧重哪一个条件就侧重哪一个条件,我们没有法子抽象地解决。"普通",自然是一个重要的条件,但是普通话一定不是各种土话方言的折中(如魏猛克先生所说的),便是流行最广的一种土话方言(如乐嗣炳先生所说的)。它的底子本来是土话方言,不过是一种带着普遍性的土话方言罢了。它的长处不过是普通性。假定有个时候,感到这带普通性的语言太贫乏,不够表示意思,没有法子表示,不能充分表示,或者表示起来很累赘呆拙,我们当然不能安于贫乏,不把比较不普通的土话底货起些出来应用;再假定有一个时候简直非利用土话的不普通性不能活现一个地方的特殊色彩、特别情境,那在文学上面更不该挂起禁牌。为了活现起见,一向鄙看活语的文言有时也要参用土话。例如"阿堵",例如"宁馨"。我们的大众语何必严格拒绝土话方言呢?至于有些地方语言文化特别落后,除了土话方言,简直什么普通话也不懂,那要拒绝也无从拒绝起,暂时只有将就着用那土话。演剧一定会碰到这种情形。记得陈奕先生已经说起过。这"是不是可听凭它自然进展,完全不加一点人工的促进?"当然不是。需要教育的力、文学的力、或文学教育的力,拖向普通上走。口头上拖的方法,我看北平话运动也是一条大路。但北平话运动,我们应该把它当做普通话运动的一个方法看,不该把它当作"标准语"运动看。北平话在我们那边,叫做"官话"。官话,农人对它颇有反感。把"打官话",当作"顽强"的代名词。但他们也未尝不觉得说着好玩。只要从事北平话运动的人,去了些官派头,不把它当作至高无上的什么标准,不想用居高临下的态度压服别人的话,却当作普通性比较大的一种土话,遇到普通性更大的语言就让,就可以减少些阻碍,也于语言文化更为有益。这从普通话方面看来,正是促进充实普通话的一种重要方法,可以使普通话不致等着交通发达,生活密切,结果自然成长。普通话可以更迅速地形成为普通充实活现的公共语,可以赶快获得可以"扬弃"了一切土话方言的资格。

至于"正确",自然也是重要条件。为了正确起见,有时也确实需要"创造"。有时需要造词。例如这几日时常有人用的"扬弃"这一个词,便是一个新词,倘要正确,或者还需重造一次,因为不该说是"弃",而该说是"消";倘若大家同意,或者不妨造作"扬消"。总之有时需要造词。有时却也需要造字,例如近年定的元素名词。有时还需要造文法。例如"什么什么的必要"。这在有关学术思想的方面,是一种极平常的事。因为学术思想,最最需要"正确",决计不容将就。不过这决不能推到一切。所谓"不能",不是"不该",只是"不能"。过去严复先生曾经竭力攻击过"火车""轮船"等名词(那话记得写在他译的《名学浅说》上),但我们现在还有什么法子改正"火车""轮船"等名词?陈承泽先生又曾竭力主张过"东西"应该改作"物事"或"事物",把"东西"改作"物事",杭州人一定会举手,但是谁听他?至于薛祥绥先生主张把"洋火"改作"焠儿","女教师"叫作"娎","细胞"叫作"孩","纤维"叫作"糸",更不过是一种复古的把戏。虽然他在说这是"精妙翔实"的,实际谁听他?像傅东华先生举的例,自然又是另一问题,那是极该改正的,第一,因为那是反迷信,反守旧;第二,因为那与学术也有关;第三,举来改正的也是普通的名词,与"普通"一个条件并不抵触。在有关学术思想的地方,虽然可以尽量讲求正确,但也须是这样地讲正确,才不致像严复先生定的有些名词那样带着一团古气。

这样看来,三种条件实际并非不能相容,只因各自把一个条件加强地提出来的缘故,所以显出一种好像相反的外相。

八

语言和文字常有交流的现象。有些要素从文字流入语言,有些要素从语言流入文字。大概说来,关于学术思想的辞句多从文字流入语言,关于日常生活的辞句多从语言流入文字。这种语文的流通状况,虽然在极端语文分离的时期也并不曾消灭,但必须在语文统一之下,流通方才可以毫无阻碍。过去弄文言文的人因为不自然地阻遏了语向文流,结果不仅文如夏丏尊先生所说"不成话";就是话也大多像《镜花缘》里淑士国的老儒说的那样之乎者也的"不成话"。我们现在必得竭力做点开通的工夫。

这不止为了语言的普通,活现,可以影响文字使它渐次普通,活现,也不止为了文字的正确,可以影响语言使它渐次正确。

这不是一个单纯的语言文字问题。十年前俄国盲诗人爱罗先珂先生在北京女高师演说"智识阶级的使命",曾经说:

"……在这四万万人民的国中,怎么只有极少数喜欢文学的人呢?这件事是很希奇的,可是也很容易解释的。做工的人,没有空闲去学习,更没有空闲去研究白费工夫而难见功效的希奇古怪的中国文字。……全世界没有一个民族的文学和大众完全隔绝,像不幸的中国文学这种样子的。现在一般工人并不是对于文学没有兴趣,他们也许是非常有兴趣的;他们不爱文学,只是因为终日要做工,没有希望能制服这种希奇古怪的文字的困难。因为中国有这种文字的障碍,你们智识阶级不但与欧美的土蛮相隔绝,并且同你们自己的群众相隔绝。这种障碍比古代的万里长城更要坚固,比专制君主的野心更要危险。"

我们怎样可以除了隔绝呢?为了大众,为了文学,都需要建设大众语文学。

(《文学》月刊第3卷第2期,1934年8月1日)

怎样做到大众语的"普遍"？

——三路并进

吴稚晖先生在《大众语万岁》一封信里，特意提到我，随后又接连喊了"大众语万岁"和"文学不死，大祸大止"两个口号，意思无非要把我上次提出的"大众语文学"拦腰劈断，表示他的上取下弃。他所以要弃文学，实际是一种伤心话，故意说得过分一点的，我很懂得。记得他在《杭育》一九二四年四月二十日的编辑话上曾经说过："我们这班老怪物，于甲午割地、庚子联军进京，见而知之，所以想到了，便把诗思打断。"真意不过叫人不要忽略科工，不要轻看物质文明。这有很多吴先生自己的话可以证明(譬如他在《科学和人生》一篇演讲稿里说"这三种[文学、哲学、科学]互相循环，都是需要的，不过现在的青年，太偏于文学哲学罢了")。现在暂且不谈。单谈吴先生喊"万岁"的大众语。

关于大众语，吴先生特别提出了"普遍"这一个特色。他说："文言，白话文，大众语，有容易普遍与不容易普遍之分。当然白话比文言容易普遍，大众语一定更比白话容易普遍。"这话反过来说，便是"白话比大众语特殊，文言比白话更特殊。"从特殊到普遍去，我们应该怎样走呢？吴先生已经指出了一条路，就是从土话(特殊)走到统一语(普遍)。他说："倷伲也有大众，阿拉也有大众。倷伲的大众，把倷伲的语文合一起来，(是第一步)。倷伲的大众和阿拉的大众有了合一的语文,又互相合一起来。一种统一语,还让大众来造成,是第二步。"这条路向,我们可以叫做"从下送上"。要肃清文言,要提高大众文化的时候必须走。走这条路的方法,我知道吴稚晖、陶行知先生们都很有经验,将来一定会得细细地告诉我们。大体的方法,他们两位已经说过,差不多个个字都是实际上磨炼出来的,很可以做我们参考。但是这一路,与文言没有直接关涉。从现在的情形说来,没有别一路的人迎凑上来,也不容易收到多大的实际效果。现在我们没有力量替傜侐的大众、阿拉的大众、咱们的大众以及其他一切等等的大众,各别编报出书。那些大众学了第一步语文合一的大众语,用处不过通信记账。他们又没有多少信可通,多少账好记,一定引不起他的强烈的兴趣。就使学了,也因不常用,不久便会送还先生。

这里需要记者、文人、学者、事业家,从文言等"特殊"里解放出来,"从上迎下"去。又需要语言学者、普及教育家们,多做些比较普遍可读的书,多调查点各地通行的语汇、文法,多开些语言学校

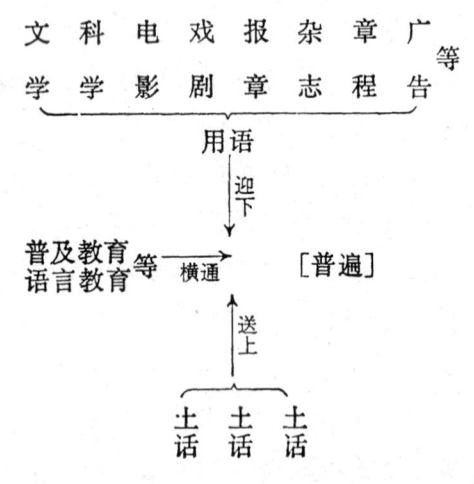

文学　科学　电影　戏剧　报章　杂志　章程　广告 等
　　　　　　　用语
　　　　　　　↓迎下
普及教育
语言教育 等　→横通　　［普遍］
　　　　　　　↑送上
　　　　　　　土话　土话　土话

养成语言师范人材,多编出些普遍语辞出来,"从横通过"去。这样三路并进,那"普遍"的大众语才容易完成。建立大众语的路线,据我想来,大体如图所示。不知大家以为怎样。

倘若这图画的不错,那便需要一切的人手都来努力,各从自己的站脚处向着一个公共的中心"普遍"走。

(《申报》副刊《自由谈》,1934年8月8日)

文学和大众语

　　文学和大众语的关系怎样？据吴稚晖先生看来,他们俩的关系简直是对头。他在兴高采烈大喊"大众语万岁"的时候,也要连忙插一句道,就是对文学连忙喝了一声道:"不要建设了大众语,跟着便是大众语文学。建得起大众语文学,当然也像胡适之先生把白话文学建成了白话。可是后来还来一个打倒,是一定不免的。"这话或许也会有人以为说得像;但是据我看来,这是因为吴先生对于大众语极热心,而大众语的对头却又真不少,他一时眼花看不清对头到底是谁,忙把文学拉上算数的。

　　语言和说的人有关系,也和说的事情有关系。而这两种关系的对象之间又有着错综的关系。要是说的事情是关于大众日常生活的,就使说话的人是离开大众的,也不能不搀杂些大众的话;反之,若是说的事情,是离开大众的,就使说话的人是大众,也不能不搀杂些非大众的话。玄谈妙议,不免要用文言雅语,而日常生活,无法不用乡谈俚语来说来写,便是由于这个里面伏着的关联线索在中间牵动。

　　我们且看过去,什么文字是会杂上大众语的？还不是买卖契据、贷借契约、诉讼文件、告示招纸,一切跟生活直接有关系的东西？再看书本里头的文字,什么地方是会杂上大众语的？也还不是一些跟生活直接有关系的地方？像是常有人引用的"阿堵""宁馨",固然可以算是这方面的例,就是《史记》里头的"夥颐,涉之为王沉沉者!"也可以算是这一方面的例。至于任昉写的像下面引用的这种文字,更可以算是这方面的例:

> 范今年二月九日夜,失车栏子夹杖龙牵等。范及息逡道是采音所偷。整闻声,仍打逡。范唤问:"何意打我儿?"整母子尔时同出中庭,隔箔与范相骂。婢采音及奴教子楚玉清志等四人于时在整母子左右。整语采音:"其道汝偷车校具,何不进里骂之?"……

这种文字居然可以混在前后都是玄谈妙议的那篇奏弹刘整的弹事文里头,而这篇文章又居然可以混在林纾先生认为"法严而律精"的那部《文选》里头,连一向憎恶"引车卖浆者流"的口头语的林纾先生竟也并不觉得异样。

这便叫我们认清了大众的口头语爬上笔头语的一条大路。这条路便是说的或写的事情就是大众的日常生活,说的写的人不能不把大众放在心头来说来写的。文学是这中间的最重要的一个部门。文学里头又是最直接表现大众生活的部分,含的大众口头语的成分最多。在戏剧里面如道白,在小说里面如对话,在诗歌里面如歌谣,都是含着大众口头语的成分最多的地方。这些含着的成分,在别的地方都还用文言的时候,自然不能不受文言的极大的影响;我们可以在这方面看出那影响,却也很可以在这方面看出那影响的渐渐淡去,走着从文言影响里头渐渐解放出来的道路。

文学不但和其他一切跟大众生活直接有关系的书面语一样,把用的语改进了,就是用的字也改进了。改成的字,也差不多和大众日常用的账簿、契据上用的字一式一样。在小说、小唱等等所谓"不登大雅之堂"的文学里面用的,差不多全是那些他们不声不响

503

自由改变过的、为得他们自己便于写便于看的手头字。

这种大家不声不响地改造过的手头字,大约有三个特点:第一是写起来笔画简单的,例如"鳳"写作"凤","難"写作"难",笔画都比原来的字简单,简单是这种手头字一个重要的特色,所以很多人都就称它为"简笔字";第二是写起来笔头顺便的,例如"平"写作"平","青"写作"青",笔画并没有减省,但是写起来笔头顺便得多,所以也改了;第三是看起来明白容易认识的,例如"麵"写作"麵",把"丏"换作"面",笔画是倒多了一些,但是因为"面"字明白熟悉,大家容易认,所以也改了。为了明白而改革字,往往将文字改得比原来的还要繁。如"梁"字改作"樑"字,"冈"字改作"崗"字,笔画都比原来的繁。"一,二,三,四,五,六,七,八,九,十",改作"壹,贰,叁,肆,伍,陆,柒,捌,玖,拾",也是为了要它明白确定,采取从简到繁的改革法。这简、便、明,可以说是大众改字的三大原则。大众读物里头的字,差不多不论哪本书里都充满着这种根据这三个原则改革过的新鲜字。

文学是最肯把大众的口头语来书面化的,又是最肯就用大众的手头字来做书面化的工具的部门;据我看来,文学是大众语的亲家,并不是大众语的对头。过去有些地方用纯粹的口头语的是文学,将来纯粹行用拼音字,恐怕也还是要文学来打头。

(《太白》第 1 卷第 3 期,1934 年 10 月 20 日)

谈杂异体和大众化

我们对于用语有些不纯、造句构局有时不贯的杂异体式的文字,一向多取反对的态度,或则故意提高跟它相对的"纯正"来压倒它,好像清朝桐城派的对待宋朝以后的语录体,或则当它一种无关轻重的文字,轻意地看过它,好像一般人对于通俗唱本小说一类的东西。但是杂异体的文字始终不曾因此绝迹。我们假使细心察看,我们可以发现它不断出现在文史上,出现在市场上,乃至出现在现代名家的集子上。胡适先生做的《白话文学史》,有些引的便是杂异体的文字的例子,不过他是单单着眼在全体之中带白话的一部分,就把那带白话的一部分作为全体的代表,引来做白话文学的例子,不曾对那全体下过细心的看察,把那中间所包含的"杂异"这一个特性指出来,所以他虽然采集了许多杂异的实例,而且极其推崇,也并不曾特认杂异体式,是一种可以跟纯正体式抗衡的文体。

杂异体式的出现大概在:

1.随意直写的时候,所以多见于书信、日记,或幽默文字;

2.事繁心乱的时候;

3.重质轻文,不事修饰的时候,如杂考之类文字;

4.写写歇歇,不是一气呵成的时候;

5.故意抛弃原有文体,从新学习新的文体的时候;

6.一种新的内容才始萌芽或者成长,还没有适应的形式可以恰当表现传达的时候。

此外可和这连带说起的,还有青年时期的文字和民间艺人的文字。他们的文字多半是不守一般约束的。这些时候出现的杂异体,当然不是故意写成杂异的,但我们却就从此可以看出杂异并非绝对可以免除,尤其是从5从6可以看出:杂异是文体的生长过程中一种必不可免的现象。虽则它的本身是不调和,或者是不统一,有些迂回出乎常线,从文体向上向前的过程上看,不能不认它的本身便有当时不上不前的纯正文体以上的价值。

在这里我们不能不想起佛经和圣经的文体,以及过世的鲁迅先生不断为直译争辩的卓见。

但我又想起了大众化、通俗化。

我颇疑心大众化、通俗化的难得飞快进展,不一定是由于作家不会说民间的说话,而是由于作家始终不曾确认杂异体式在文体发展过程上的价值。因为不曾确认杂异文体在发展过程上的价值,于是各人的胸中好像老是横梗着一条无形的自己捆绑自己的规条:要写就得写道地的方言;要不然,就一句方言也不写。而要写道地的方言却又有些字眼有音没有字(这字是说汉字,若是拼音文字如拉丁化,那就只要有音就一定有字),勉强写出来也不见得当地人能够懂,别地人会得读。于是进既不能,停又不是,就在进停犹豫之中荒失了不该荒失的东西。

理论可以推进行动,那反面,理论也会拘住了行动。倘使我们上面的推想不算完全没有根据,那么过去的一般文人胸中所存在的纯正至上的成见,对于眼见大众化、通俗化的进展的阻碍,便可算是理论拘住了行动的一个活的例子。结果怎么样呢?结果是一张滑稽的画图:文人反而自叹不如民间艺人。因为向来不知道有所谓纯正一套规条的民间艺人,在这种地方倒是很合路的,文言土语杂来一顿,"客人""人客"不加别择,倒能引得大众看来呒啥。觉得:在他们熟悉的语言之中,又有他们所谓文理,而在他们所谓文理之中,又有他们熟悉的语言。彼此搀杂,颇为佳妙。

那等佳妙,文人并非一定不能获致。倘肯置意,甚至还可加以革新。问题在乎肯不肯放弃向来那一种鄙视不屑的神气或者推开不管的态度。而所以鄙视、所以推开的根源,我们已经知道,全在我守纯正,你去杂异,对于杂异文体不曾给以应有的评价,不免存着排斥的心理的缘故。

确认杂异文体的价值,我以为是促进大众化、通俗化的路程上应该留意的一个项目。

(《译报》副刊《语文周刊》第5期,
1938年8月10日。署名:雪帆)

方言的记录

记录方言向来只有一种方法,或者说,没有方法。所谓没有方法就是说没有正确记音的方法。向来因为没有正确记音的方法,要记音只有借着表义的方块字来充用,总是记的音义都不对真,义既不是原来的义,音也只得了近似的音。外加方块字的音,又是各时各地的读法不同的。完全用方块字记音的文字,到了别个时候或者别个地方便成原来的义也没有、原来的音也没有的一些杂字。

这有一个顶古的方言记录的例作证。翻开刘向《说苑》的《善说》篇来看,我们就可以看到

  滥兮抃草滥予昌枑泽予昌州州𩜙州焉乎秦胥胥缦予乎昭澶秦逾渗惿随河湖

这么一首连句读也没有人读得断的越人歌辞。这首歌辞的意义,翻译出来据说是这样的,《说苑》里记着:

  今夕何夕兮搴舟中流!
  今日何日兮得与王子同舟!
  蒙羞被好兮不訾诟耻!
  心几顽而不绝兮得知王子!
  山有木兮木有枝,
  心悦君兮君不知!

这译文大家便比较的面熟。在熟习所谓文言文那一套古典语

言的圈子里面或许还有人会背的罢。虽然会背的已经不会百个中或者千个中一定有一个了。但那原来的歌辞却始终埋在旧纸堆里,和我们丝毫不发生关涉。不瞒你说,就是这次抄录,我也是一个字一个字将指头指着陈年旧纸,满费力地抄下来的。那完全是一篇杂字。杂到比字书还要杂。字书里头,有的字因着形体相类集合,有的字随着声音相类集合,虽然杂,到底还有丝丝联系,这却什么联系也没有。既丢了义,又抓不着音。音已变得跟口头语言无从对证了,义又要靠译文给它代传。它就不过是一撮毫无用处的字屑。

* * * *

这可算是用方块字来纯粹记音的一个榜样。用方块字记音,总是这样的用笔虽多,仍不对真,又是无论如何去不了杂字相。去了反要横生隔壁意义。记得小的时候在小学堂里读书,有一次一个武功出身的县官来考问我们,看了我们考题上的"拿坡伦"三个字,就问过我们"坡伦是不是强盗"。我们都不懂他说些什么,大家呆着,他便补足了一句道:"若是强盗,那就应该'拿'!你们说来:是不是?"当时有一个教师在旁边替我们代答了一声"是",我们这班小孩子几乎个个都要笑出来。现在想来,这个县官虽是不学,倒也给了我们一种启示。那启示仿佛说:你们这样,我就寻到隔壁去了。我们必须依了他的启示,在用方块字记音的时候,预先存心装它 副杂字相,方才不致害了他,害了别人错到隔壁去,慢点碰到"亚里士多德",又是横生枝节,把它当作亚里的士人多德行。或者竟还引来做鼓吹德行的根据。"五四"前后不就是听说有过这么一位先生么?现在将就用这方块字来记音的地方还很多,"马达""摩登",日出不穷,看来也只有生成一副杂字相的才能够生存下去。

"马达""摩登"是外来语,照普通的说法虽不是方言,其实也是方言的一种,不过是世界的大方言,不是一个国度里头的小方言罢了。

*　　*　　*　　*

杂字没有意义,对于歧义是一种斩草除根的方法。只差全篇用杂缀标音的文字写录成文,它又会叫人相见不相识。为了避免这个相见不相识,于是又有一种搀用这类文字来记方言的方法。《海上花列传》算是那中间比较著名的一种。那书的对话都用苏白,叙事仍旧用普通话。对话中间有意思的字也仍旧用有意思的文字写出来,不像译音文字故意把它装成一副杂字相。这便教不懂苏白的人也可以看得懂。它那构成是这样的:

> 花也怜侬想要回家里去,不知从哪一头走,模模胡胡蹅下桥来。刚到桥埂,突然有一个后生,穿着月白竹布箭衣,金酱宁绸马褂,从桥下直冲上来。花也怜侬让避不及,对面一撞,那后生扑达地跌了一跤,跌得满身淋漓的泥水浆。那后生一骨碌爬起来,拉住了花也怜侬乱嚷乱骂,花也怜侬向他分说,也不听见。当时有青布号衣中国巡捕过来查问。后生道:"我叫赵朴斋,要到咸瓜街浪去,陆里晓得个冒失鬼奔得来,跌我一跤。耐看我马褂浪烂泥,要俚赔个哦!"花也怜侬正要回话,只见巡捕道:"耐自家也勿小心哦,放俚去罢!"赵朴斋还咕哝了两句,没奈何放开手,眼睁睁看着花也怜侬扬长自去。看的人挤满了路口,有说的,有笑的。赵朴斋抖抖衣襟,发极道:"教我哪价去见我娘舅嗄?"巡捕也笑起来道:"耐去茶馆里,拿手巾来揩揩哩!"

这差不多只有代名词、助词之类用借音字;参照记事,比较对话,一顺地看下去,只要不怕吃苦便差不多谁也可以懂。这所以看得懂,便因有意义的字,仍旧用各地通行的方块字。假使用借音字,或注音字母,或罗马字,或拉丁化的书法,把那有意义的字也只写出它的音来,那便只有懂这方言的人懂,不懂这种方言的便决计不会懂了。从《海上花列传》的记音部分,因为"用方块字来记音,不但费脑力,也很费工夫,连纸墨也不经济",可以证成记音应用记音符号,但从《海上花列传》的记义部分,也可以证成为通行各地教别地人也能够懂得起见,有意义的部分,暂时仍要用表义的方块字。这大概就是这几天所以有人提出叫做"拉丁字蚕食方块字的办法"这一种办法来的缘故罢。

* * * *

"拉丁字蚕食方块字的办法",我不知道是预备给什么人用的。给不识字的大众用的吗?给他们用,恐怕应该反过来,先教给记音文字,才慢慢地教给搀用方块字的文字。果真这样,那就不是记音文字蚕食方块字,倒是方块字蚕食记音字了。而且实际也已经离开了纯粹采用表音文字记录方言的主张。

现在有一部分主张采用表音文字的,似乎都还站在十字街口,一面想纯粹用方言,一面又想普及各地。想把两路一脚走。所以提出的方案有三,没有一案离开方块字的。一案是"海上花"式的,纯用方块字;一案是拉丁化的,旁注方块字;还有一案是蚕食残叶式的,两种字搀用。这似乎都是为别个地方晓得方块字的人们设想,不是纯粹为当地的文盲。

若是为文盲设想,为什么别的字倒要用方块字,几个常用的比较容易学得上的代词、助词之类倒要用记音字呢?又为什么这些容易学上的字倒一定要拼方音呢?倘想通行各地,在各地方言还是这样不统一的现在,一时似乎还是没有法子废除掉方块字。旁的不说,几个记录方言的方案便是这个消息的报告者。

(《太白》创刊号,1934年9月20日)

拉丁化北音方案对读小记

小病几日,偶然翻检旧书,检到明季西洋人利玛窦(Matteo Ricci)、金尼阁(Nicolas Trigault)的拉丁字注音,及威德式(Wade's system)及国语罗马字注音方案,跟拉丁化北音方案,对读参研,颇多趣味,虽然吃力,几乎忘了病痛。爰作小记,聊备他日翻检。

拉丁化方案,最使人觉得别致的,是相当于注音符号的ㄏ(黑),ㄩ(雨)两母。这两母拉丁化都用国际音标 x,y 标记,为以前方案所未见。以前方案,像国语罗马字用 h 标ㄏ,用 iu 标ㄩ;再前的威德式,也用 h 标ㄏ,但用 ii 标ㄩ,更前的利玛窦、金尼阁又都用 h 标ㄏ,用 iu 标ㄩ,跟国语罗马字同,是国语罗马字所从出。

拉丁化用 i,u 标ㄧ(衣),ㄨ(乌)两母,跟各个方案全同。

a 标ㄚ(啊),o 标ㄛ(哦),也各方案全同。

拉丁化用 e 标ㄜ(呃),跟利玛窦、金尼阁、国语罗马字方案同。

ai 标ㄞ(挨)也各案全同。

拉丁化用 ei 标ㄟ,跟威德式同。国语罗马字也采用威德式拼法作 ei。

注音符号ㄠ(奥),拉丁化用 ao 标记,以前的威德式,乃至金尼阁、利玛窦式也全用 ao 标记。只有国语罗马字单独用 au。据说:是为拼对好看起见。钱玄同说:"以前的拼法如威德等,ㄠ拼作 ao,现在因为ㄞ和ㄟ的第二音都用 i,ㄠ和ㄡ的第二音都用 u,较为整齐

易记。"(见《新生周刊》一卷八期《关于 G.R. 字母之迁用》)

ㄡ,ㄢ,ㄤ,ㄣ,ㄥ,拉丁化用 ou,an,ang,en,eng 标记,跟国罗同,跟威德也同,跟利玛窦、金尼阁有同有不同,利、金都用 am, em 标ㄤ,ㄥ,就是用 m 标 ng,颇特别。

注音符号ㄝ,各方案大都有标记,国罗作 e,只有拉丁化缺。因此母实际不单用,常和ㄧ拼成复母ㄧㄝ,拉丁化作 ie,国罗也作 ie,ㄡ和ㄩ拼成复母ㄩㄝ,拉丁化作 ye,国罗作 iue。拉丁化不为ㄝ造母,也系拉丁化力求省便的一端,非常可佩服,现在拉丁化各书都于 ie 下注作ㄝ,错误,应注作ㄧㄝ。

以上许多开口韵母及所谓三介母ㄧㄨㄩ的字母既定,其余齐,合,撮复合及带声韵母,自系以上韵母复合所成,可以不论。只有几个ㄣㄥ两母复合所成的略有一些特点,国罗只于ㄧㄣ,ㄧㄥ,省作 in, ing(不作 ien, ieng),而于ㄨㄣ,ㄨㄥ,仍作 uen, ueng,不省,拉丁化却于ㄧㄣ,ㄧㄥ,省作 in, ing 外,并于ㄨㄣ,ㄨㄥ,也省作 un, ung(不作 uen, ueng),跟威德式同。又ㄨㄥ,ㄩㄥ,国罗另造 ong, iong 以表翁、雍两个含 o 音,拉丁化就将 ung, yng 读作翁、雍,也是省便的一端。这省便或议于音不正,但实际并无不便,威德式和注音符号也用同一种方法。

关于声母,拉丁化最特异的,除上面说过的用国际音标 x 标ㄏ外,就是用 z, c 标ㄗ(兹),ㄘ(雌),又就用 zh, ch 标ㄓ(知),ㄔ(痴),这也是以前各种方案所未见。而其省便,也为以前各种方案所未见。以前的方案如威德式,用 ts′, ts 标ㄗ,ㄘ,固如国罗所批评,很有不便,就是国罗用 tz, ts 标ㄗ,ㄘ,也是不便依旧,直到拉丁化,才算别开一个生面。

国语罗马字标音方案中间,也有一个前人方案所未曾有的特

异之处,那就是用b,d,g三母表ㄅ(伯),ㄉ(得),ㄍ(格)三母。这个特点,以前颇有人怀疑,赵元任曾经特加说明:

"用b,d,g字母写ㄅ,ㄉ,ㄍ等音,在音理上乍看像有以浊音写清音的嫌疑,但在欧洲用字母的习惯上,b,d等字母(本称mediae,并无"带音"或"浊音"之意)其实有两种性质:(a)带音,(b)用力较软弱。近年来语音学者碰巧把第一种性质作为b,d等字母的定义,这种定义,虽然没有不对,但并非天经地义,且在实际用字母的时候(于文字性质的)有些不便的地方。北方人说beandow(扁豆),与德国南方说baden一样:就是重读的b,不带音而软(语音符号"b")。在字母的d,带音,也软(语音符号"d")。这种音在德文也用mediae字母,在中文有何不可?"

钱玄同又加过补充说明:

"若不用b,d,g,自然用p,t,k了。ㄅ,ㄉ,ㄍ用了p,t,k,则ㄆ(泼),ㄊ(特),ㄎ(克),非作p',t',k',即作ph,th,kh。前式早经威德用过,极不适用,因为这个'‛'号很容易遗落,也很容易装错(反装);在过去的事实上,往往索性不去用它,于是ㄅ等与ㄆ等两类的音便混淆无别了。若用后式,也太笨重。要是没有别的简便方法,自然这个笨重方法也未尝不可对付着用;可是用b,d,g表ㄅ,ㄉ,ㄍ,既不背于音理,又可使p,t,k专作表ㄆ,ㄊ,ㄎ之用,不必加符号或字母,比较的自然要简便些,所以G.R.就用了这个方法。"

可见用b,d,g表ㄅ,ㄉ,ㄍ,当时之在国语罗马字,跟x表ㄏ现在之在拉丁化一样,很易招人怀疑,可是实际正是国罗和以前的各式方案特异之处。这个特异之处,正跟拉丁化不谋而合,拉丁化也是用

b,d,g标ㄅ,ㄉ,ㄍ的。在这点上,国罗同人想会特加推许,认为英雄所见略同的罢。可以认为所见略同的,还有拉丁化和国罗都不为ㄐ(几),ㄑ(欺),ㄒ(希)三母特制字母,两个方案合用的方式虽然不同(拉丁化跟ㄍ,ㄎ,ㄏ三母合用,国罗跟ㄓ,ㄔ,ㄕ三母合用),合用的方法是一样的。

略略对读过来,觉得国语罗马字和拉丁化都跟以前的拼音方案不无渊源,而且也都有其特创之处。拉丁化出现在后,特创之处更多,省便之处更多,也很自然。无可骄傲,也不必妒忌。

尝读黎锦熙的《国语运动史纲》,见其全书结语说:

"末了站在语文学专科的立场问句话:'国语罗马字应该是本国人自己作的好呢,还是外国人代我们作的好呢?'"

意在排斥拉丁化。旁边自加密圈,仿佛一串绞索,想把拉丁化活活绞死。依我回答,这话是问得极无意识的。也好像妒意太浓,不像是一个站在语文学专科的立场上的人说的话。是不是?

(《华美周刊》第1卷第4期,1938年5月14日。署名:齐明)

拉丁化北音方案对读补记

前几日写了一篇拉丁化北音方案对读小记,意有未尽,现在再检比较重要的几点补记在下面。

拉丁化和国语罗马字都不为ㄐ(几),ㄑ(欺),ㄒ(希)三个声造母,也都有所从来,但也都有所改进。国语罗马字跟ㄓ,ㄔ,ㄕ合用字母,在先已有威德式这样写,不过威德式里,ㄕ作 sh,ㄒ作 hs,ㄕ和ㄒ还略有分别,还不是纯然合用,到国语罗马字才改成完全一样,ㄕ,ㄒ都作 sh。拉丁化跟ㄍ,ㄎ,ㄏ合用字母,在先也已有《圣经》拉丁字这样写,但在《圣经》拉丁字也是ㄏ和ㄒ略有差别,ㄏ作 h,ㄒ作 hs,还不是纯然合作,也是到了拉丁化才改成了完全一样,ㄏ,ㄒ都作 x。这两种合用的方式在北音中都属可能:因为ㄐ,ㄑ,ㄒ,只有齐撮,ㄓ,ㄔ,ㄕ只有开合,故在国语罗马字中可以同用 j,ch,sh 三母而不致相混;同样,ㄐ,ㄑ,ㄒ只有齐撮,ㄍ,ㄎ,ㄏ也只有开合,故在拉丁化中也可以同用 g,k,x 三母而不致相混。两种方案所利用的语言事实关系,可说完全一样,到底哪一边利用得格外巧,只有让有历史癖者来判断。拉丁化现在对于这种合用现象,以正变为别,把读作ㄍ,ㄎ,ㄏ者为正音,读作ㄐ,ㄑ,ㄒ者为"变音"。这种说法,或也是有历史癖者所欢迎的吧。

这种合用字母的现象,在韵母中也存在,不过为数比较少,只有一个e。这个e,在拉丁化和国语罗马字中都有ㄜ和ㄝ两种读法,就是都用一样e标记ㄜ和ㄝ两种音。这也同前面说过的情形相似,因为两母的用处不同,ㄜ韵只有开口(即单用),ㄝ韵只有齐齿和撮和(即常与i和y拼用),故可同用e母而不致相混。至于复合韵母中的ㄟ是ㄝl,带声韵母中的ㄣ和ㄥ是ㄜㄋ和ㄜㄫ,也因另外没有读ㄜl,ㄝㄋ,ㄝㄫ的韵,尽可一律用e,不加符号,而不致相混。研究拉丁化的人,只须记住:单韵母和带声韵母中的e都读ㄜ,复韵母中的e都读ㄝ,便不致误。

以对于注音符号的关系而论,在各式拉丁字或罗马字的拼音方案中,最和注音符号相近的要算拉丁化:(一)注音符号拼法上不分四声(四声另用符号标记),拉丁化的拼法上也不分四声,跟注音符号拼法全同;(二)注音符号对于ㄓ,ㄔ,ㄕ,ㄖ和ㄗ,ㄘ,ㄙ等声母,只注一个声母,不写韵母,如"知"作ㄓ,"资"作ㄗ,拉丁化也是一样,"知"也只写声母zh,"资"也只写声母z,不写韵母。因此,要将拉丁化改成注音符号,或将注音符号改成拉丁化,只须一个对一个,换上音标便成;学好了其中的一种,再学其他一种,也只须略一提拨便会,不必另记多少花色。最和注音符号相远的是国语罗马字。因为过去的各种拉丁字拼音方案,在第二点虽则跟注音符号不同,在第一点上还是一样的,只有国语罗马字才在第一、第二两点上都跟注音符号不同。注音符号和国语罗马字决不能个对个的对翻,如国语罗马字ㄇ作m,ㄏ作h,ㄚ作a,ㄜ作o,但我们看见国语罗马字的mha和mho,却不能个对个的翻成注音字母ㄇㄏㄚ和ㄇㄏㄜ。如果翻成这样,便翻破了国音字典也不会找出标注这样音的字来。原来这 h 又不是ㄏ,是表示声调阴平的,在国音字典中不过标作ㄇㄚ和ㄇㄜ,跟拉丁化检字中单单标作 ma 和 mo 同。

(《华美周刊》第 1 卷第 6 期,1938 年 5 月 28 日。署名:齐明)

拉丁化汉字拼音表

表头小记

这是我研究各式拼音方式的一种笔录。录的全是现在行用的事实,没有丝毫个人的主见搀和在内。只于编排、说明以及名目等等,有了一点移动,为的这样条理更加清楚,更加便于研究。关于这点,我曾经请教过此学的专家:陈鹤琴先生和王宏先生。我所搜集的资料颇多,注音符号的,国语罗马字的,利玛窦的,金尼阁的,威德的,《圣经》的,差不多各式的拼音方式都已齐全,正在随看随录,将来有便,或许还有别的笔录可以出版。这是第一种,如果有不周到的地方,敬请大家指正。

字母　ZMU

字母		读音		字母		读音	
大写	小写	注音符号	汉字	大写	小写	注音符号	汉字
A	a	ㄚ	啊	Ng	ng	ㄫ	哦
B	b	ㄅ	伯	O	o	ㄛ	哦
C	c	ㄘ	雌	P	p	ㄆ	泼

Ch	ch	ㄔ	痴	R	r	ㄦ	儿
D	d	ㄉ	得	Rh	rh	ㄖ	日
E	e	ㄜ	呃	S	s	ㄙ	思
F	f	ㄈ	佛	Sh	sh	ㄕ	诗
G	g	ㄍ	革	T	t	ㄊ	特
I	i	ㄧ	衣	U	u	ㄨ	乌
J	j	ㄧ	衣	W	w	ㄨ	乌
K	k	ㄎ	克	X	x	ㄏ	赫
L	l	ㄌ	勒	Y	y	ㄩ	迂
M	m	ㄇ	墨	Z	z	ㄗ	姿
N	n	ㄋ	纳	Zh	zh	ㄓ	知

拼法表 Pinfa Biao

声母(22)	b	ㄅ(伯)	p	ㄆ(泼)	m	ㄇ(墨)	f	ㄈ(佛)
	d	ㄉ(得)	t	ㄊ(特)	n	ㄋ(纳)	l	ㄌ(勒)
	g	ㄍ(革)	k	ㄎ(克)	(ng)	ㄫ	x	ㄏ(赫)
	zh	ㄓ(知)	ch	ㄔ(痴)	sh	ㄕ(诗)	rh	ㄖ(日)
	z	ㄗ(姿)	c	ㄘ(雌)	s	ㄙ(思)	r	ㄦ(儿)
			j	ㄧ(衣)	w	ㄨ(乌)		
单韵母(6)			i	ㄧ(衣)	u	ㄨ(乌)	y	ㄩ(迂)
	a	ㄚ(啊)	ia	ㄧㄚ(鸦)	ua	ㄨㄚ(挖)		
	e	ㄜ(呃)						
	o	ㄛ(哦)			uo	ㄨㄛ(我)	yo	ㄩㄛ(药)

521

复韵母(14)	ai	ㄞ(爱)			uai	ㄨㄞ(歪)	
	ao	ㄠ(奥)	iao	ㄧㄠ(要)			
			ie	ㄧㄝ(耶)			ye ㄩㄝ(月)
	ei	ㄟ(欸)			ui	ㄨㄟ(威)	
	ou	ㄡ(欧)	iu	ㄧㄡ(又)			
带声韵母(15)	an	ㄢ(安)	ian	ㄧㄢ(烟)	uan	ㄨㄢ(弯)	yan ㄩㄢ(渊)
	ang	ㄤ(盎)	iang	ㄧㄤ(央)	uang	ㄨㄤ(汪)	
	en	ㄣ(恩)	in	ㄧㄣ(因)	un	ㄨㄣ(温)	yn ㄩㄣ(氲)
	eng	ㄥ(鞥)	ing	ㄧㄥ(英)	ung	ㄨㄥ(翁)	yng ㄩㄥ(雍)
变音	g,k,x 一列声母在 i,y 两行韵母前面变读 ㄐ(几),ㄑ(欺)ㄒ(希)。如:		gi	ㄐㄧ(几)			gy ㄐㄩ(居)
			ki	ㄑㄧ(欺)			ky ㄑㄩ(区)
			xi	ㄒㄧ(希)			xy ㄒㄩ(虚)

拼音凡例

1.声母廿二个,有八个可以单用。就是:zh,ch,sh,rh,z,c,s,r。见拼法表第四,第五列。

2.韵母卅五个(单六,复十四,带声十五),都可以单用。不过第三行的 ua,uo,uai,ui,uan,uang,un,ung 等八个 u 头韵母,单独用的时候要改变形式,作 wa,wo,wai,wei,wan,wang,wen,weng。

3.汉字读音,除出以上单用声母的八个,单用韵母的卅五个外,其余全由声母+韵母拼成,详见拼音表。

4.凡有复音词,要把复合的字音连写;假如连写上去的字音有

头上没有声母(就是单用韵母)的,通例要用下面方法把它和前面的字音分清:

(a)假使它是第一行韵母,头上加一个顶撇〔'〕,如 Ping'an(平安)。

(b)假使它是第二行韵母,看是哪一个;若是行头行末的 i,in,ing,三个里面的一个,头上加声母"j"作 ji,jin,jing,如 zhuji(注意),yanjin(原因),dianjing(电影);若是中间的 ia,iao,ie,iu,ian,iang,六个里面的一个,就用声母 j 替代韵头 i,作 ja,jao,je,ju,jan,jang,如 uja(乌鸦),syjao(需要),yanje(原野)。

(c)假使它是第三行韵母,u 头上加声母 w,作 wu,如 tiaowu(跳舞);余外八个仍旧照单用时候用声母 w 替代韵头 u,如 giangwan(江湾)。

(d)假使它是第四行韵母,看它前面有没有声母;若是有声母,头上加声母 j,如 guanjy(关于);若是没有声母,可以不加 j 连写上去,如 duiy(对于)。

5.现在有陈鹤琴先生编的《花木兰》、《岳飞》等书,不用等四条(a)(b)(d)三项分音节法,单用连划〔-〕把单用韵母和前面的字音隔开,这也是复音词连写的一种方法。

(开明书店印行,1938 年 6 月)

中国语文的演进和新文字[*]

现在我来谈谈《中国语文的演进和新文字》这个题目。

我想把我的结论放在前面来讲,那就是新文字的产生,在我个人看来,是中国语文进步的结果,换句话说,就是汉文汉字进步的结果,是汉文汉字生出来的一个小孩子。

记得几年前,曾经有人提出过打倒汉字的口号,这犹之乎一个小孩子拔出他的小拳头来,说要打倒老子一样,曾经惹起了许多的反响。那些反响大概分成两种:一种是非常认真的,就像一个小孩子说打倒老子,他就瞪起眼睛来发脾气;另一种则是比较豁达的,只站在旁边笑笑,认为这完全是不知高低的孩子话。无论怎样,这个口号是一个非常招事生非的口号。

现在大家将这个口号废除,我认为是非常适当的。

这是旁边的话,我要讲的不是这些。我要说的是:拉丁化新文字是中国语文进步的结果。这可以从三方面来看:

第一,从文章的形式上看——我们有许多人非常喜欢古雅,甚至家里贴起对联来,标明"不读秦汉以下之书","不读秦汉以下之书"的算是头等的好古家。其次二等三等的喜欢魏晋或是唐宋的

---

[*] 这是1938年6月作者在"上海新文字研究会"举办的第一届语文系统演讲会作的讲演。

书,认为唐宋以下都不足道,仿佛唐宋以后是语文全退步了。这种看法,和我们的看法稍稍有点出入。我们认为这种看法,不是错,而是太客气。我们以为我们固然不要把古人故意压低,但也不要把近代的人故意压低,才是公平的看法。

中国的语文是进步的,宋朝以前没有语体文,宋朝以后有语体文,就是一个大进步。就是在文言文里,也有许多变迁、许多进步。早期的文言文,作者写的时候,常常造字,因此那种文章非常不容易读懂。譬如同样一件东西,大的和小的都各有各的字。像大的马叫马,小的马就叫驹;大的牛叫牛,小的牛就叫犊。又有雌的和雄的分别,麒麟是雄的就叫麒,雌的叫麟;凤凰是雄的叫凤,雌的叫凰,鸳鸯是雄的叫鸳,雌的叫鸯。再次,多少也有分别:如像一只羊叫羊,几只羊就叫群;一个人叫人,许多人就叫众。还有别的例子多得很。

我们的语文进步到后来,造字的情形就开始减少,改用文法上的调动来区别字义,而不用字形来区别了。更到后来,就越加进步,文章里加进了口头上说话的要素——就是用起复音字来了。本来的文言文中复音字也是有的,不过还不多,直到语体文出现,复音字才突然的多了起来。到了近几十年来甚至有意去用复音字了。例如病——疾病、路——道路等,把古的(疾、道)和今的(病、路)连在一起。例如卡片、冰淇淋等,又把中的(片、冰)外的(卡、淇淋)合在一起。复音词的推陈出新,说句笑话,现在差不多已经到了不但融会古今,而且贯通中外的地步了。

复音字的构成,有很多种方法。复音字对于新文字的关系很重要,想跟大家说得比较详细一些,单拿名词的复音词构成法来说,就有这样几种:

(一)重叠法——是把同样的字重叠起来,譬如:饽饽、馍馍、太太、奶奶、哥哥、弟弟等。

(二)并列法——就是上面讲过的把类同的字列在一起,如:道路、门户、身体、衣裳、呆笨、聪明、学问、行为等。

(三)联缀法——把几个不对等的字连缀成一词。如:男人、女人、雌鸡、雄鸡(有一字是指性别的)。

船只、房间、画幅、银两(有一字是指界格的)。

铜盆、粉笔(有一字是指质料的)。

月牙、地球(有一字是指形状的)。

菜碗、酒杯(有一字是指用途的)。

白布、红纸(有一字是指颜色的)。

(四)配对法——把意义相对的两个字配列起来,如:大小、高低、存亡、轻重、缓急、兄弟、姐妹等。

(五)拼合法——两个字联在一起,拆不开的,如:蜘蛛、玫瑰、玻璃、琥珀等。

(六)标音法——用汉字音译外来语,如:纽约、伦敦、可可、咖啡、哀的美敦书等。

(七)后加衬字法——在一个字的后面,加上以下的各种衬字,如在名词后面加:

儿——猫儿、狗儿、花儿、月儿、小孩儿。

子——儿子、台子、狮子、燕子……(很多很多)

头——石头、木头、鼻头、骨头、枕头、年头……

又如在形容词后面加:

子——长子、矮子、胖子、瘦子、痴子、瞎子(多数是表示有某某性质,某某形状的人)。

头——寿头、滑头(用法也差不多)。

又如动词后面加：

> 子——垫子、刷子、担子、探子(大概表示跟动作相关的人或物)
>
> 头——想头、看头、吃头。

这可以写成一个公式：

> 动词 + 头 = 可"动"之处。如
>
> 想头 = 可想之处　　没有想头 = 没有可想之处

但也有像"子"一样表示跟动作相关的人或物的,如

> 当头、押头(指相关的物)
>
> 荐头、对头(指相关的人)

(八)前加衬字法——

> (有)　有清之世(古文用)。
>
> (阿)　阿姐、阿妹(木兰诗)、阿大、阿二。
>
> (姆)　姆妈。
>
> (老)　老王、老弟、老兄、老虎。

其次,再把这些词复合起来,还可以构成更复杂的词,如"研究院"就是先用二式合成"研究",再用三式缀上"院"字而成。再如"舞台剧",又是先用二式缀成"舞台",再用三式贴上"剧"字而成。还有"跑马厅""跑狗场"等构成方式,则是在上列八种之外的。总而言之,复音字的构成方式,现在已经非常的复杂。不过因为中国人作文用字一向是喜欢成双作对的,所以复音字现在也还是用双字构成的居多数,像旅馆、公司等等,随处都是双字的。三字以上的,四字以上的,虽非没有,却还不多。

复音字对于新文字是很重要的,因为如果是单音字拼音,读出

来容易听错,例如陈、郑在听的时候就很难分别,所以复音字的加多,是造成新文字产生的第一基础。

第二,从文章的内容上看——过去的时候,中国人做文章并不是急于要发表的。古人做了文章,大多不管有人看,没有人看,他以为总会有人看的。也不管有人懂,没有人懂,他也以为将来总会有人懂的。这就是所谓"藏之名山,传之其人"。因此写的方法,并不避免深奥难懂,甚至有人故意做成深奥难懂,而它的内容也就成了"藏之名山,传之其人"的内容。这种态度,一直到五四时代,才被否定掉。五四时代,作者们开始希望写出的文章能使一般人都懂,它的内容也变成了要使一般人都懂的内容,所以提倡了白话文。五四以后,又更进步到现在,文章的内容,不但要使一般人都懂,甚至还要使种田做工的人也懂,因此内容又改了。现在的内容,不只是要使大家多懂,并且还要使大家很快地懂,很多的人懂,——要使文章很快的接近大家,接近很多人,这是新文字产生的第二个原因。

第三,从中国人对于文字研究的进步上看——新文字的产生并不是突然跳出来的,是经过了许多人对于文字的研究才产生的,如果不是以前的人对于文字加以许多必要的研究,使中国的文字在标音上有了好几个阶段的进步,那新文字也是无法产生的。

这里要讲到汉字的记音问题。汉字本身是长于标形,不便于记音的。要把音记出来,不能不在汉字的构成方式以外,另外筹划一种记音的方法。从这点上看,我们可以说汉字是命定的不能不另外有一种拼音文字。那记音方法的发展大约可以作三个阶段。第一阶段是讲双声叠韵的时代。在这时代大约还只是修辞上的一种作用,如以黾勉、章皇一类双声叠韵的字,为语言顺利或声调谐和而使用它,这种方法,现在也还有人讲究。虽然不一定跟记音方法有直接关系,实际是后来发展出来的记音方法的基础。就是在新文字的拼法上也还留有痕迹的。新文字不用各个字母拼音,却用一声一韵相拼,便是以前讲究双声叠韵的遗迹。

所谓双声叠韵,就是两个字的"声"(拼出那个字音的第一部分)同的叫双声,两个字的"韵"(就是拼出那字音的第二部分)同的叫叠韵。

例如明灭(mingmie)两个字的声 m 是相同的,就是双声;噜苏(lusu)两个字的韵 u 是相同的,就是叠韵。

第二阶段把双声叠韵用在记音上标注一个字的音,这就变出字典上的反切。反切的方法是用两个字的音来切出一个字的音,用来反切的字,上面一个字的音一定跟要切的字的音是双声,下面一个字的音一定跟要切的字的音是叠韵。所谓反切,就是把中间的一段(就是上面一个字的脚和下面一个字的头)去掉,单把上面一个字的头和下面一个字的脚取来做要切的音,例如:东(dung),德(de)红(xung)* 切。

d | e + x | ung = dung 东

这样对上一个字取其头(就是声)、对下面一个字取其脚(就是韵)的反切方法,实质上和后来的注音和拼音的上声下韵拼成一字的方法没有什么两样的,但这里实际有两个困难点:(一)用做反切的字颇繁杂,不见得个个人都能够把那些字的字音读得正,假如用做反切的字音读不正,则切出的音也就不会正。(二)这样用汉字

---

* 这里作者用的是当时拉丁化字母的拼音法式。

来反切,也没有拼音的直捷爽快,因为每个汉字的读音都有一个声、一个韵,两个字合起来就有两个声、两个韵,除出要用的一个声、一个韵之外,还有无用的一个声、一个韵(就是上一个字的韵母和下一个的声母)要临时把它们切去,也觉得临时夹忙,有些不便。因此就又产生了注音字母。注音字母的出现,可以算是汉字记音方法进展的第三阶段。它的作用在乎用最少数的字而且把这最少数字的读音都预先切好,用的时候只要用上去就得,不要再临时去切。

例如东,你只要把它已给你切好的ㄉ和ㄨㄥ拼起来就是,而不要再自己去德红切了。

所谓切好,就是用做标音的上一个字的只读其声,用做标音的下一个字的只读其韵(比方ㄉ字就是刀字,刀字全字为 dao,如今只读其声 d。其余类推)。这就是所谓声母(即规定放在前面的音,如 d)和韵母(即规定放在后面的音如 ung)。

注音字母用的虽然是中国式的字母,但那读法实际也是取法外国拼音方法的新法,所以初行的时候也很有人反对,正像现在拉丁化新文字所受到的一样。就是现在也还有些极端守旧的先生们,赞成反切,而反对注音符号。其实从记音方法上讲,注音符号是比反切进步得多了。

现在拉丁化新文字用的声母和韵母的读法,完全和注音符号一样;将声母和韵母拼起音来,一声一韵拼音的方法,也是和注音字母完全一样,所不同的不过字母的字形罢了。

所以总结一句,中国新文字的出现,一是因为文章上复音字的加多,二是要使大众都能很快地知道文章的内容,三是我们对于文字记音研究的精密化的结果。所以我说,拉丁化新文字是中国汉字进步的结果!

也许有人要说,新文字和注音字母既然是一样的,那么采用注音字母好了,为什么又要采用拉丁化呢?关于这点,有位专门研究教育的陈鹤琴先生曾经把两样东西都研究过,根据他研究的结果,据说是这两件东西在普及教育上,都是一样有效力的,但新文字学习起来比注音字母来得容易。还有一位语言学专家林语堂先生在他著的一部《语言学论丛》里说起注音字母非常的难学,据他的书上面说,他学了四年注音字母,还没有学会。这位先生似乎是特别不喜欢注音字母的。

据我个人看来,单从标音一点看,注音符号和拉丁化实有同样的功用,可以同时存在。不过应用起来难免不同。拉丁化字母是一种国际间公用的东西,凡是进过学校的学生都是熟悉的,我们在路牌上、店家的招牌上或仿单上接触的机会也很多,至少在通都大县是这个样子的,学起来比较不容易忘记些。反正,注音字母虽然用的是中国的字形,读的也是外国的读法,相差是无几的。

(倪海曙记)

(《译报》副刊《语文周刊》第1、2期,
1938年7月13日、7月20日)

中国拼音文字的演进

——明末以来中国语文的新潮

明朝和西洋各国通商颇盛,到了万历年间,引起一班天主教徒也借传道相继到中国来。他们为了便利和中国人接近,大概都守中国的仪节,学中国的语文,用中国的姓名,又将他们所擅长的天文、地理、数学、理化以及论理、生理等西学,向中国人讲述。我们中国的先觉人士如徐光启、李之藻等,也因这些西人说的实在有当时中国所不及的,非常虚心接受。两相配合,就在中国文化史上创出一个西洋文教东渐的局面,许多西学的著作都在公元十六、十七世纪之交的万历、天启、崇祯年间次第刊行,如利玛窦(Matteo Ricci)有《万国舆图》(一五八四)、《交友论》(一五九五)、《几何原本》(一六〇五译)等著作,艾儒略(Jules Aleni)有《职方外纪》(一六二三)等著作,邓玉函(Jean Terrenz)有《奇器图说》(一六二七)等著作,傅汎际(Francois Furtado)有《名理探》(一六三一)等著作。中国语文的研究,虽然不是当时的主题,偶有著作都不过为了他们同伴学习中国语文的方便,但就为了他们所作是为他们同伴的方便,常用罗马字母来注汉字的读音,就此引起了汉字可用字母注音或拼音的感想,逐渐演进,形成二百年后制造推行注音字母或拼音字母的潮流。

从事这种注音或拼音工作最早的,当推利玛窦和金尼阁

(Nicolas Trigault)。相传利玛窦曾经著作《西字奇迹》一卷，于一六〇五年出版，如今还未发见。如今只见《程氏墨苑》里面有利玛窦做的罗马字母注音《信而步海，疑而即沈》等四篇，也作于一六〇五年，也许这种注音就是所谓《西字奇迹》。注音四篇一共有三百八十七个不同音的字，经音韵学者就字分析结果，所有"声""韵""调"，都和后来金尼阁《西儒耳目资》里的大同小异。《西儒耳目资》是一部比较有规模的著作，作于一六二五年（天启五年）夏月，成于一六二六年（天启六年）春月。自称是依据利玛窦等草创的规模而成。书中一共用二十九个字母，把二十九个字母分作三类："自鸣"者五，就是五个元音；"同鸣"者二十，就是二十个辅音；"不鸣"者四，就是四个"他国用，中华不用"的辅音。实际用来拼中国字音的，不过"自鸣"元音五个，和"同鸣"辅音二十个，一共二十五个字母。他就用这二十五个字母，互相结合，上加五个字调记号，来拼切一切汉字的读音。于是汉字读音就显得极其简单，极其有条理。不但把向来被人认为繁难的反切，开了一条所谓"不期反而反，不期切而切"的简易的途径，并且立刻引起了中国好些音韵学家对于这种简易的拼音文字向往的热忱。像方以智在他所著的《通雅》里就说：

"字之纷也，即缘通与借耳。若事属一字，字各一义，如远西因事乃合音，因音而成字，不重不共，不尤愈乎？"（《通雅》卷一）

《通雅》成于崇祯十二年（公元一六三九年），离开《西儒耳目资》出版不过十三年，而那著者已经大受影响，不但再三称引（如书中说："西域音多，中原多不用也，当合《悉昙》等字与大西《耳目资》通之"），甚至就有所谓"合音成字"（就是拼音文字）的主张，《西儒耳目资》刊行的影响之大也就可以想见一斑。

假使我们把注音、拼音的潮流划作三段：第一段为西人自己计划便于学习汉字的时期；第二段为随地拼音、专备教会中人传道给不识字人之用的时期；第三段为用作普及教育工具的时期，——《西儒耳目资》可以算是第一时期的代表。

第一时期和第二时期并不连接，而且年代相隔颇远。第二时期传教的事业是盛行于十九世纪的后半纪。事业的中心人物也换了基督教徒。他们为了实际的需要，非常注意于普及，曾于一八四三年（道光二十三年）在香港集会决议，"应将《圣经》译成中国文字，比之先前所出版的，更加注重普通，以求广布"。为求普通广布，就在这年以后，陆续将《圣经》译成各地的口语体，有些用汉字，有些就用罗马字拼音。约计《圣经》曾经译成下列各种方言：（一）上海语，最早部分成于一八四七年（道光二十七年）；（二）厦门语，最早部分成于一八五二年（咸丰二年）；（三）福州语，最早部分成于一八五四年（咸丰四年）；（四）南京语，成于一八五六年（咸丰六年）；（五）客家语，成于一八六〇年（咸丰十年）；（六）宁波语，成于一八六一年（咸丰十一年）；（七）北京语，成于一八六五年（同治四年）；（八）兴化语，成于一八六六年（同治五年）；（九）广州语，成于一八六八年（同治七年）；（十）苏州语，成于一八八〇年（光绪六年）；（十一）台州语，成于一八八〇年（光绪六年）；（十二）温州语，成于一八九三年（光绪十九年）。这十几种方言的《圣经》多半都有罗马字的译本。他们所以用罗马字的缘故，据贾立言（A. J. Garnier）说："第一，为了有些方言，有音无字，不能写出，翻译极其困难，甚至绝不可能的；第二，就使有字可以写出，因为人民识字的能力低薄，也不比用罗马字，几个星期里面可以学会。"全为进一层的贯彻所谓"注重普通,以求广布"的决议。这样层层推进"以求广布"的结果,影响很大。不但《圣经》销数激增,就是罗马字本身也流行一时,成为一般不识汉字的民众用作通信、记流水账的普通记号,为第三期的民众教育家的注音或拼音文字运动打下了个坚固的基础。

第三期的运动是从一八九二年(光绪十八年)开始。卢戆章是这期的一个承前启后的人物。他一向住在罗马字流行最早的厦门(厦门是在一八五二年就有罗马字的《圣经》译本),到一八七八年(光绪四年)又受当地教士马约翰的聘请,助译《华英字典》,和当时流行的罗马字接触的机会很多。他却嫌当时流行的拼音文字用几个字母拼切一个字,长短参差,很占篇幅,想改成用一个"字母"(就是韵母)和一个"韵脚"(就是声母)二合成音的方式。于是屏绝外务,苦心考究,经十几年,才选定五十五个记号,制成一套新音标,定名为"天下第一快切音新字"。五十五个记号当中,拼厦门音只用三十六个,拼漳州音加两个,泉州音加七个,一共四十五个;其余十个则是汕头、福州以及各处的总腔。记号形体据他自己说,由Ｌ Ｃ Ｏ 三划推衍而成,采用半中半西的体式。他的第一部著作《一目了然初阶》是在一八九二年出版,以讲述厦门音为主。在厦门一带颇风行,据说"旅闽西人亦多传其学,称为简易。"

自从卢戆章发表半中半西的音标以后,一时想造标音文字以及普及教育者就都争先出来,各自发抒所见,情绪之热烈,内容之繁复,以及对于音标的形体的意见之纷杂,都为以前两期所末见。对于音标的形体的主张,约分两大派:一派主张完全用中式,自造字母以标声韵;一派主张完全用西式,沿袭罗马字拼音的传统,略加规定,以标声韵。两派之中,又各分成许多小系,如在中体派中,有用斜正弯划,像速记记号的,所谓速记系;有借用汉字偏旁,像日本的假名式的,所谓假名系;有采取篆文或草书的形体的,所谓篆文或草书系。此外还有象数系、音义系等各小系。在西体派中,除了沿用《圣经》罗马字式等等的以外,也有朱式、刘式、黄式等各式。各自行用,各自推广。这两派各系各式,从一八九六年以后几乎每年都有新书错杂出版。一八九六年(光绪二十二年)有蔡锡勇的《传音快字》,中体,速记系;又有力捷三的《闽腔快字》,同上;又有沈学的《盛世元音》,同上。一八九七年(光绪二十三年)有王炳耀的《拼音字谱》,同上。一八九九年(光绪二十五年)有沈学的《拼音新字》,同上。一九〇〇年(光绪二十六年)有王照的《官话合声字母》,中体,假名系。一九〇一年(光绪二十七年)有王炳耀的《拼音字谱》重刊,中体,速记系。一九〇二年(光绪二十八年)有力捷三的《无师自通切音官话字书》,中体,速记系。一九〇三年(光绪二十九年)有王照的《重刊官话合声字母》,中体,假名系。一九〇五年(光绪三十一年)有劳乃宣的《增订合声简字谱》、《重订合声简字谱》,中体,假名系。同年又有杨琼、李文治的《形声通》,中体,象数系。一九〇六年(光绪三十二年)有卢戆章的《中国字母北京切音合订》和《中国字母北京切音教科书》一、二集,中体,假名系;又有王照的《官话字母字汇》和劳乃宣的《简字丛录》,也是中体,假名系;又有朱文熊的《江苏新字母》,西体,朱式。一九〇七年(光绪三十三年)有劳乃宣的《京音简字述略》和《简字全谱》,中体,假名系。一九〇八年(光绪三十四年)有劳乃宣的《简字谱录》,中体,假名系。同年又有刘孟扬的《中国音标字书》,西体,刘式。一九〇九年(宣统元年)有黄虚白的《拉丁文臆解》,西体,黄式。又有刘世恩的《音韵记号》,中体,速记系。一九一一年(宣统三年)有劳乃宣的

《简字丛录续编》,中体,假名系。此外还有多种中西方案,这里不及列举。这些方案当中,王照的《合声字母》,劳乃宣的《简字谱》,曾在南北各省设所传习,引起官民极大的注意,是在《注音字母》公布以前流行最广的一种中体音标。至于各种方案提出的理由,大体相同;我们可以借梁启超的沈学《盛世元音》序作为他们提案的总说明:

> 稽古今之所由变,识离合之所由兴,当中外之异,知强弱之原,于是通人志士,汲汲焉以谐声增文为世界一大事。……去岁从《万国公报》中,获见厦门卢戆章所自述,凡数千言。又从达县吴君铁樵见蔡毅若(锡勇)之快字,凡四十六母、二十六韵,一母一韵相属成字,声分方向,画分粗细,盖西国报馆用以记听议院之言者,即此物也。启超……窃私喜:此后吾中土文字,于文质两统可不偏废,文与言合,而识字读书之智民可以日多矣。

当时所有的"通人志士"都是十分关心语文教育,以普及文字、开发民智为号召;以普及文字为提高文化、振兴国家的总枢纽。

同时,汉文的白话报、白话小说,也在这时很盛行,内容也和这种运动相呼应。彼此合力推进,到了民国成立以后,就有各种重要的结果产生。

民国元年(一九一二年),教育部就筹备召集"读音统一会",公布章程,规定职务:(一)审定一切字音为法定国音;(二)将所有国音均析为至单至纯之音素,审定所有音素总数;(二)采定字母,每一音素均以一字母表之。二年(一九一三年)春间开会,会员提出的音标字母种类很多,中西两体都有,对于音标字母的采定曾经发生极热烈的辩论,经时好久,终于决定采用简单汉字,规定一种跟

537

普通汉字不同的读法（就是声母取声，韵母取韵的读法），制定《注音字母》三十九个。又搁置了些时，到民国七年（一九一八年），由教育部正式公布。

当时白话文学运动已经起来。《文学改良刍议》已经在上一年的《新青年》上发表，提出"文学者随时代而变迁者也"的主张，以为"以今世历史进化的眼光观之，则白话文学之为中国文学之正宗，又为将来文学必用之利器，可断言也。"《刍议》提出八种改良方法：一是"言之有物"，二是"不模仿古人"，三是"讲求文法"，四是"不作无病之呻吟"，五是"务去烂调套语"，六是"不用典"，七是"不讲对仗"，八是"不避俗字俗语"，——这就是后来所谓"八不主义"。

拼音文字方面，中体的《注音字母》公布以后，仍有人在文学革命的潮流中热心研究西体字母，制定一套《国语罗马字》，到民国十七年（一九二八年），又由大学院正式公布，作为国音字母第二式。

西体的《国语罗马字》公布以后，民间仍有人继续研究西体字母，制定一种《拉丁化中国字方案》，依照《注音字母》先例，拼法上不标四声，为民众学习简易西体音标文字之用。到民国二十七年（一九三八年）也得到认可，作为学术研究和社会工具之用。但还没有经过教育部正式公布。

以上的注音和拼音文字所以能够在民元逢"七"，公元逢"八"有结果，《国音沿革》曾列举五个缘由：一、受东西洋拼音文字的观感；二、罗马字拼音和简字的试验；三、方言不通的阻碍；四、平民教育的困难；五、受新文化运动的促进。乃是三百年至少一百年语文教育经验和现实需要结合的一种伟大产物，是中国历史上的一种创举。有了这种文字以后，把它注在汉文旁边，就能使不认识汉字的人也能把汉字声音准确读出，把它单独使用，又能使读的人立刻晓得写的人所要说的字音,假使说的字音还是读的人听起来有意思的说话,便连意思也完全可以懂得,和懂汉文的人读汉文一样,而学这些字母,无论那一种都只要几个星期就可以学熟,对于语文教育的普及,功效极其快,极其大。

除出标音文字的主潮以外,还有文法和修辞等对于语文的综合的研究,也是感受西洋的影响发生,随后进入自立的发扬光大。文法方面有艾约瑟的《上海方言文法》(一八六八年,同治七年),美国人高第丕和中国人张儒珍合著的《文学书官话》(一八六九年,同治八年)、马建忠的《马氏文通》(一八九八年,光绪二十四年)、陈承泽的《国文法草创》(一九二二年,民国十一年)等等著作,开始在前面说的第二时期,盛行在第三时期。马建忠是这方面的一个承前启后的人物。修辞学方面的著作更多,但比文法起来略晚,其开始和盛行都在前面说的第三时期。这些著作也都于语文教育很有帮助,它的成绩、它的进展的过程,都值得细细的研究。

(本文为1939年11月上海举办的"中国语文展览会"单行本会刊之一,同时发表在《文艺新潮》第2卷第2号,1939年11月1日)

语文运动的回顾和展望

语文运动是我们中国近代文化史上的一大潮流,发源于所谓西学东渐时代的明末,盛行于清末,到了辛亥革命以后,更于质上量上都有了极大的发展。中间虽然不是没有起伏波浪,但从大体看来,实是有进无退的。如今所要关心文化之士劳念的,只是如何使它再进一步。

我们回想,我们中国文化曾经受过两次外来的大影响:第一次是印度的,第二次是西洋的。我们中国的语文在这两次的影响中都有了极大的变革。受第一次影响而产生的最重要的改革是有三方面:

一、是文言构造上染上了外来色彩

如梁启超氏在《翻译文学与佛典》中所说的:

  吾辈读佛典,无论何人,初展卷必生一异感,觉其文体与他书迥然殊异。其显著者:(一)普通文章中所用"之"、"乎"、"者"、"也"、"矣"、"焉"、"哉"等字,佛典殆一概不用;(二)既不用骈文家之绮词丽句,亦不采古文家之绳墨格调;(三)倒装句法极多;(四)提挈句法极多;(五)一句中或一段落中含解释语;(六)多复牒前文语;(七)有联缀十余字乃至数十字而成之名词,——一名词中含形容格的名词无数;(八)同格的语句,铺排叙列，动至数十；(九)一篇之中，散文诗歌交错；(十)其诗歌之译本为无韵的。凡此皆文章构造形式上，画然辟一新国土，质言之，则外来语调之色彩甚浓厚，若与吾辈本来之"文学眼"不相习，而玩寻稍进，自感一种调和之美。

二、是语体文的创造

这是禅宗的特殊影响，如同文中说的：

> 自禅宗语录兴，宋儒效焉，实为中国文学界一大革命。然此殆可谓翻译文学之直接产物也。盖释尊只有说法，并无著书，其说法又皆用"苏漫多"，弟子后学汲其流，即皆以喻俗之辩才为尚，入我国后，翻译经典虽力谢雕饰，然犹未敢径废雅言。禅宗之教，既以大刀阔斧，抉破尘藩，即其现于文字者，亦以极大胆的态度，掉臂游行，故纯粹的"语体文"完全成立。

三、是语文研究的进步

主要是表现在语音研究方面，其余方面的影响并不多。语音研究方面，自从受了印度影响之后，中国的音韵学曾经有了极大的进展，是大家周知的事。其余方面除出偏于内容的"因明"(这是一种印度出产的论理学)以外，并没有多少组织的研究。即如文法方面，我们只能看见所谓"六离合释"，——六种组合字语的方式。其名为(1)"依主"；(2)"持业"；(3)"有财"；(4)"相违"；(5)"带数"；(6)"邻近"。"相宗八要直解"的第八卷所谓"西方释名，有其六种．一、依主；二、持业；三、有财；四、相违；五、带数；六、邻近。以此六种有离合故。一一具二。若单一字名，即非六释，以不成离合相故"者是。

文法、修辞等关涉语文全体的组织的研究都是受了第二次的西方影响方才产生的。就是语音方面，也是经过第二次的影响以后，方才有大进展，方才发展为拼音文字的创造和推行。而所谓语文运动，对于语文比较以入世的科学的姿势广播语文的事业，也到这时方才开始有人认真地从事。从天主教徒发端，而基督教徒，而民众教育家，以至于一般关心文化人士，逐层推广，终至有如一九三九年十一月三日到十二日中国语文教育学会在上海主办语文展览会时所表现的各界人士对于语文的演进和分布，以及语文在社会生活上的功能的极度热烈的关心。——今天接到香港寄来语文专门刊物，上载语文消息，说香港"准备在一九四〇年元旦举行'中国语文展览会'，把从甲骨文一直到现在新文字的发展过程中的种种文献作一个纵的排列。横的又把中国眼前的各种语文展览。包括少数民族语文，如回文、蒙文、满文，以及各种不同的文字方案。希望社会人士鼎力帮助。来件寄香港大学冯平山图书馆陈君葆先生转"云，也许香港方面也能引起各界人士极度热烈的关心。

有人说，上海这次的语文展览会是空前的，我以为这次展览得到各界的齐心协助和各界的一律关心，才是空前的。语文事业向来只是语文工作者少数人的事，其余各界从不关心。而少数的语文工作者，又一向是各做各的，从来不肯集合力量做一件事。像这两点在这次的语文展览会中可说都完全改过来了。要是语文展览，如若干名记者说的，可以算是语文运动的一种表现，那中国的语文运动，现在可以说是已经到了名副其实的汇合各界的空前的阶段了。在这阶段中，我们热望向来从事语文事业而今疏淡了的，能以先进的资格再来肩负推进语文的责任，向来未曾从事而于语文确有能力或者确有兴趣的，也从此立志为语文多少做点事，至于原来以研究语文或推进语文为职志的更能不负这个空前的环境。

语文事业,头绪万端,提纲说来,不过三门。

第一是语文环境的创造——随时用方法创造大家注意语文,研究语文,推进语文的环境。这是只要立志,任何人都可以参加的。例如你是图书馆员,你可以多买几本语文书供人研究;你是出版家,你可以设法多出版几本语文书,供人购读;你是教员,你可以在语文上多卖一点力,务使你所晓得的,用最简捷的方法使人注意,使人了解,并以你搜求所得的贡献给大家。就使你是一位与语文事业无关的普通人,只要你有意,你也可以于创造语文环境上有所贡献。例如你可以把搜集语文史料,作为你工余娱乐。你可以把方言上疑问,作为你交际上的谈助。你可以热心参加语文的讲演会、讨论会,你还可以热心发起语文的讲演会、讨论会。你可以鼓励别人参加,你可以表示关心。所有一切可以引人注意语文,研究语文,推进语文的事情,不论大小,不管多少,不问费时不费时,只要你曾用过一分力,你就于语文环境的创造上已经立下一个功。像上海这次的语文展览会,于语文环境的创造上有了大贡献的,其实就是积了无数文化机关无数文化个人的分功而成为一个总功的。这种总功,不能常见;有志语文事业者所可经常努力的,是随时经心创造语文的环境,以期更大的总功水到渠成的实现。

第二是语文研究的推动——这一半是专家的事,一半也是热心家的事。我们知道现在语文学术所以没有迅速进步,原因大概有两种;一是献身研究者不多;二是少数研究者之中又有人犯了两个大毛病,就是研究方法的机械和研究材料的陈腐。要改革方法,使一向机械的改成灵活的,这必须能够对于旧有的学术作精密的批判,然后代以新的灵活的方法,并以用新的灵活的方法研究所得的结果和用旧的机械的方法所得的结果相对照,这中间的头绪或者极纷繁,理路或者极曲折,自然非专家不成;但如搜集材料,使陈陈相因的材料之外能有一些新鲜的材料,则语文材料随地都是,无论何人只要肯拾,随地都可拾到的。是一个个热心家所可尽量活动的广大的界域,不必胆怯,尽可放心下手的。例如语汇的搜集,如以前各地的县志、府志、省志上都曾有记录,各地的报纸,也偶有登载,都不见得是专家搜集的,但也很有用。又如文法的记录,如以前的笔记上记录"打水""打酒"之类的"打"字,也不见得是专家记的,但也可以供专家研究。像这一类的记录,只要抓住自己境遇所能尽数搜集的对象就可决心从事,细意搜罗,只要不曾自作主张,改装曲解,都极有用。至于如何用,不妨听凭所谓专家者去想方法。专家的眼光,也不是一律的,一个专家以为没有用的,尽可以等待别的专家出来,鉴定它有用。这样语文材料尽量的搜集,除出材料本身有用之外,还可以促进所谓专家的进步。使他不能对于你所搜集的材料视若无睹。倘使所搜集的,竟是极其重要的,重要到专家也不能视若无睹,那贡献就大极了。许多语文研究者往往不能不注意传教士或旅行者好奇所搜集的材料,主要的意义也就在这里。我曾读过一本外国的旅行者所采集的中国辞句的材料,其中有两条就是中国现在所有的文法家都未留心的:一条是述辞是"上当""捣乱""生气""随便"等成语,而对象辞是"他""你""我""什么"等等的时候总就将对象辞插在成语中间。成为"上他的当""捣我的乱""生我的气""随你的便"等句式。其例很多,不堪枚举。一条是对象辞的形容辞是动字的时候,有时要放在对象辞的后面,如说"没有饭吃"(不说"没有吃的饭"),"买衣裳穿"(不说"买穿的衣裳"),等等。这看来好像很平凡,其实已经超过了我们文法家的视野。现在中国文法家所留心的，实在是范围既过于狭小，方法也过于机械。骨架全系抄袭西方的，而西方的骨架又是沿袭古代的。西方近年来已有多数人觉悟了，主张改革旧有的骨架，如胡以鲁在《国语学草创》（五十二页）所曾称引的密斯推利氏（Misteli）的新方案就是一个例。中国文法的骨架既是模仿西文的，自然也有不能不加改革之势。据我新近调查，中国文法革新的方案已经发表者已有六种之多，可惜还没有多少人注意。这于语文研究开展之后，一定要成为研究讨论的对象。

第三是语文教育的改进——现在语文的教育还多沿袭旧方式，单教读，不教理解；单单个别指示，不概括启发。往往费时很多，而所得却有限。在以前专研国文的时候，这方法还可以使人通；在这各种科学杂陈的时候，事实上一定无法再沿用。必须要有各种新的方法，新的教材，使人费时更少而所得却更多。

这还是指有财力时间就学者而说。对于没有财力时间就学的大多数人，也不能永远抛在路旁，不加理睬。在这方面所要注意的，简直不只是方法问题，还要注意到文字问题。即使仍用汉字，也当有当今民众教育家所焦心研究的"基本字"或者"常用字"的规划。汉字以外，过去已经用过罗马字（基督教徒）、简字（王照、劳乃宣）施教，成绩很好，于今仍可仿行。当今各地风行的拉丁化中国字的传布，老实说来，不过是几百年来，至少一百年来一个古题的一篇新文。

假使语文运动，万幸而能发展，必然要有无数知名与不知名的，通中文的与通外国文的，在这三方面做出一些事来。

（《长风月刊》第1卷第1期，1940年1月。署名：雪帆）

《中国拼音文字研究》*序

中国文字有种种的难处,难学、难读、难写、难查,难以接近大众,必须在一定条件之下加以改革。

改革的工作有两方面:一面是改革旧的,有计划有步骤地改革汉字;一面是创立新的,有计划有步骤地创立音标文字。这两方面的工作,都须联系实际,多方展开,要尽力推进,要尽力研究。

关于研究,过去多尽力于音标文字的创立一方面,未能尽力使汉字改革一方面也同时同样地展开;对于音标文字,过去又多尽力于标音的标记一方面,未能尽力使文字有关的各方面的研究,如文法的研究、辞汇的研究,也同时同样地展开。音标文字的用途,我们早已认识有两种:一种是依附汉字,作注音标记的用途;一种是不依附汉字,独立作拼音文字的用途。音标文字的研究是从前一种用途开始,也就容易一时局限于前一种用途的范围。作为拼音文字的新文字的研究来看,深觉还有好多方面搁着未展开,亟须大家共同努力,共同商讨。

周有光同志对于拼音文字的研究用力很久,方面也广,解放以来,尤其努力,常有他的论拉丁化新文字的论文刊登在《新文字周刊》上。他的论文,大部分我都在《新文字周刊》上刊登时阅读过,

---

* 《中国拼音文字研究》系周有光著,1952年5月上海东方书店出版。

觉得他的论文于展开全局研究很有贡献,无论是他个人的创见,或是大家共同的意见,都可引人作扩大深入地考虑。现在汇成一册,更便阅读。深望大家展开讨论,并由此推及于文字改革所应深入研究的各方面,使文字改革的研究,从此推进一步,从此提高一步。

一九五一年十二月八日

在第一次全国文字改革
会议上的发言

文字改革运动是中国近代史开始不久就开始的。文字改革运动,在历史上,是一个浪潮比一个浪潮更加高涨的。今天的全国文字改革会议,可以说是从有文字改革运动以来最高涨的一个浪潮;它是过去六十多年来文字改革运动的总结,也是文字改革运动的理想成为现实的开端。过去六十多年来,进步的知识分子和觉醒了的劳动人民,一次又一次地提出文字改革的要求和文字改革的方案,可是都没有能够达到最后的成功。没有成功的原因何在呢?是不是由于方案的不够成熟呢?不是的。方案的技术缺点是可以改进的,这不会成为阻碍改革的主要原因。阻碍改革的主要原因是过去统治者的反动和落后,他们惧怕文字改革,惧怕广大劳动人民掌握文化武器。

今天的情形完全不同了。中国已经解放,实现了多少年来人民所希望的统一,劳动人民已经做了国家的主人。阻碍文字改革的政治原因已经除去了。在社会主义工业化和农业合作化的迅速发展当中,劳动人民迫切地要求学习文字和文化。汉字的学习和使用上的困难,跟社会主义经济和文化建设之间的矛盾,已经很突出。我们今天的情况是,既有文字改革的迫切要求,又有文字改革的实现条件,因此,文字改革不再是理想,而将成为事实,这是毫无疑义的。过去多少文字改革运动者长期不能实现的愿望，在社会主义时代将得到实现。

《汉字简化方案》是我们第一次可以庆贺的收获。接着，我们在汉民族共同语的推广工作上将要得到更大的收获。此外，我们还将有最伟大的一次收获到来，那就是我们大家最殷切地盼望着的汉语拼音文字的实现。只要我们大家在共产党的领导下努力，一次接着一次的胜利一定会到来。

为了保证文字改革的胜利，我提出几点当前应当进行的工作的具体建议：

第一，我们要注重宣传工作和研究工作。我们要为文字改革作更广泛、更有力的宣传，把这种宣传工作看作重要的政治任务。我们希望报纸、杂志多发表一些关于文字改革的评论和文章。我们希望中国文字改革委员会和教育部把全国文字改革会议的文件编印成小册子，并且编辑简明扼要的学习提纲，分发给各地学校、文教机构和人民团体，发动广泛的学习和宣传。宣传是保证文字改革成功的必要的工作，我们应当特别重视。

跟宣传工作相配合，我们应当动员各种研究力量，首先是有关的高等学校和科学研究机构，进行文字改革的理论和技术的研究和试验。文字改革是一件群众性的工作，也是一件学术性的工作，它应当通过研究和试验来提高。

第二，为了提高普通话的教学效率，在留声机唱片等听觉教育工具之外，我们需要一种现代的、科学的拼音方案。这种拼音方案最好除了拼写普通话以外，还有拼写方音的补充规定，便利方音跟北京音对照学习。我们希望中国文字改革委员会早日拟订出这样的汉语拼音方案，首先作为普通话的教学工具，不作为正式拼音文字。我们希望教育部规定在有条件的各级学校里设置"普通话"课程，直接运用拼音工具来进行普通话的教学。

汉字教学应当用同一种拼音工具在字旁注音。字旁注音是学习汉字的很好办法，可是，对于推广普通话来说，仅仅依靠字旁注音是不够的。对于已经认识汉字的人们，要离开汉字，运用拼音工具，才能在普通话的学习中避免受到已经习惯的汉字方言读音的影响。对于初学文字的人们，也要离开汉字，运用拼音工具，才能在普通话的学习中避免汉字学习进度缓慢的限制。例如，依靠字旁注音的汉字来学习普通话，小学生第一堂课只能学到"开学了"这样一句简单句子；直接运用拼音工具来学习普通话，在认识字母和练习发音以后，第一堂课就可以学习很多句子，或者一篇短文。离开汉字，直接运用拼音工具，这是学习普通话最有效的方法。

当然，一种现代的、科学的拼音方案，不仅可以用作普通话的教学工具，同时还可以在普通话的教学过程中，通过实践改进成为完备和成熟的汉语拼音文字。我们知道，任何文字都必须约定俗成。我们的拼音文字如何才能够约定俗成呢？最好的办法就是首先用来作为推广普通话的教学工具。在广泛的实用中，它可以逐渐成长和成熟起来，成为大家习惯的、约定俗成的书写形式。许多对于拼音文字的偏见，在广泛实用的过程当中也会逐渐消失。

还有，为了过渡到拼音文字，横写习惯必须从速养成。汉字横排应当进一步推广，希望在最近期间之内，做到一切报纸和杂志全部横排。

第三，文字改革既然是一个群众性的运动。就必须有群众性的组织，才能够扩大影响，普遍推广。我们希望党和政府有领导地首先在大城市建立协助文字改革的人民团体，逐步推广到中小城市。文字改革的人民团体将来可以发展成为扫盲运动的基本力量。没有人民团体的帮助，文字改革和扫盲工作是不容易在群众中间扩大作用的。

文字改革是文化革命的基础。文字改革对于社会主义建设事业有极其重大的关系。毛主席早已预言，随着经济建设的高潮，将有文化建设高潮的到来。我们的国家将成为一个有高度经济水平、同时有高度文化水平的社会主义的现代国家。普通话的普及和拼音文字的采用，是一个现代国家不可缺少的条件。我们在全国文字改革会议听了许多位代表的发言，具体地了解到广大劳动人民是如何迫切地等待着拼音文字的出现。我深信普通话的普及和拼音文字的采用，一定会在党和政府领导下逐步实现，而且一定会在不太长久的明天实现，我们大家一定都会看到它的实现。让我们大家为促成文字改革的彻底胜利而努力吧！

(《第一次全国文字改革会议文件汇编》，
文字改革出版社，1957年)

现代汉语规范问题学术会议上的总结发言

各位代表、各位同志：

我受大会主席团的委托，对这次会议作一个简短的总结发言。因为准备匆促，可能有遗漏的地方，尤其是词句，未能仔细斟酌，需要以后修改，要请大家原谅。

现代汉语规范问题学术会议已经开了六天的会，现在就要闭幕了。这次会议的召开是及时的，会议的结果也是成功的。

这次会议是中国语言学界空前的集会，讨论的问题关系到五亿汉族人民每天用来交际的工具问题，关系到促进文字改革与推广普通话的问题，关系到加速祖国社会主义建设与促进我国文化普及和提高的问题。在这个时候来召开这个会议是有重大意义的。开国以来，祖国的面貌正在日新月异地改变，现在我们正处在伟大的第一个五年计划的第三个年度，因为政治上和经济上的统一和社会主义建设的迅速发展，愈来愈多的人日益广泛地参加集体生活与共同劳动。五年计划内我国工业基本建设的规模是异常巨大的，技术人员、技术工人以及其他各方面工作人员，来自四面八方。各种全国性、全省性、专区性会议中大量人员的临时与定期的聚会，干部的全国范围内的调配以及随同的家属迁移，大学生入学与毕业的全国统一分配，部队的全国范围内的调动，每年兵役制的入伍与退伍,以及其他业务上的人口流动,看电影、话剧和阅读作品等的文化生活,学校、机关、企业、部队中多种方言的接触的现象日益频繁。

但汉语方言的分歧严重地妨碍了人们在政治生活中,经济关系中,生产活动中,文化生活中交际作用与相互了解,影响教育工作的效果,不能充分发挥电影、广播等现代化的宣教工具作用。广大的人民,首先是机关、部队、工厂、企业、公司、电台、话剧、作家、翻译工作者等人员迫切地需要一种更为完善的汉民族共同语,作为互相了解并调整其共同工作的语言工具。愈来愈多的人已经自动地学普通话。为了使语言在社会生活中发挥更大的,更具有普遍性的作用,为了适应汉语发展的趋势,为了使共同的社会主义建设事业更加顺利地进行,为了促进文字改革,从而促进文化的普及并进一步的提高,同时也为了加强民族间和国际间的联系与团结,汉语规范化是当前紧急的任务。

现代汉语规范问题学术会议是在全国文字改革会议之后举行的。文字改革会议已经确定以北方话为基础方言、以北京语音为标准音的普通话为汉民族共同语,这使这次会议的讨论有了很好的依据,使我们了解到推广普通话,促进文字改革与汉语规范化有不可分割的联系。这是对于这次会议的顺利进行很有帮助的。这次会议的成员有来自十七个省市的一百二十二位代表,其中有语言研究工作者、语言教学工作者,也有文学、翻译、电影、戏剧、曲艺、广播、新闻、出版、速记等工作者。我们结合自己的工作就规范化、推广普通话、促进文字改革这一共同的任务展开了热烈的讨论,并提出了一些具体建议。这个会议是在这样广泛的代表性的基础上获得成就的。尤其重要的是在会议正式进行之前语言工作者开展了批评与自我批评,消除了以往语言工作者之间不团结现象,提高了思想水平,化除成见,这就为会议的顺利进行打好了坚实的基础。

我们经过小组讨论,在讨论中间,大家都认识到规范化问题的重要意义。在学术问题上主要有以下两点是肯定了的:

(1)规范化的重要性。参加会议的代表们一致承认现代汉语规范化的重要性。对于罗、吕两位所长报告中第一部分所说明的情况,各位代表在发言中间提供了许多生动具体的事例,强有力地证明当前民族共同语迫切要求规范化的现实性。我们相信,既然有了共同的认识,进一步的实践问题就获得了良好的基础。

(2)规范化的标准。这次全国文字改革会议决定"推行普通话",提到我们的议程上,就是规范化的标准问题。所谓"普通话"是以北方话为基础方言,以北京语音为标准音的。这一个原则,我们充分地讨论了,并且也一致同意,认为这是符合汉语的实际情况和历史发展的。首先,以北方话为基础方言的提法是恰当的。这正符合于马克思主义语言学的原则——民族共同语是以某一方言为基础发展而成的。

北方话在中国分布最广,用北方话讲话的人有 37700 万,占汉民族人口总数的百分数不下于 70%,所以北方话有全国性的意义。而且北方话体现着汉语发展的一般趋势。几百年来的白话文学都是用北方话写的,北方话事实上已成为汉民族共同语的基础。当然,规范化的汉民族共同语在北方话的基础上还要不断地吸收各方言中、古语中以及外语中有用的词和语法来丰富自己。

其次以北京语音为标准音的说法,也是正确的。因为汉语方言之间最大的差别是在语音上,所以规范化的民族共同语要求语音上的一致。汉民族共同语既以北方话为基础,北方话的代表方言是北京话。北京几百年来是政治文化的中心,"官话"的语音一直是以北京语音为标准的,现在北京又是新中国的首都,所以决定用北京语音作标准音是正确的。从语音上讲,北京语音具有北方方言中的最大共同点,在北方方言中有最大的普遍性,例如:不分尖团、没有入声、分ㄖ、ㄌ等等,因此,采用北京语音做标准音也是合适的。

这次会议的分组讨论和大会发言中都接触到许多比较专门的问题,但是因为会期短促,未能充分讨论,还需要进行深入的研究。大概说来,有下面一些问题。

例如标准音的详细规范问题。词汇和语法规范化的具体做法问题。有人提起规范化是要从宽还是从严,什么情况要宽一点,什么情况要严一点,书面语和口语是否要有分别等等问题。

还有普通话和方言的关系的问题,推广普通话,是不是意味着人为地消灭方言?方言的使用范围缩小,是一个长期的过程,不会立刻缩小,地方戏剧更不会在短期不用方言。这个问题在罗、吕两位所长的报告里,已经说明,推广普通话并不意味着消灭方言。我们的波兰朋友的发言,也可以供我们参考,他说:"歌剧是语言和音乐配合起来的艺术,歌剧里使用方言是没有什么可反对的"。

此外,在会议中还提出了许多问题,有的是未能详细讨论,有的是讨论了还没有能解决的。这些问题牵涉的方面很广,或是性质很专。这次会议的主要目的是讨论规范化的方针任务,本来不可能在一次会议上把所有的问题全部解决的。今后能够在各方面进行深入研究,广泛讨论,意见就会逐渐一致起来。

这次会议还存在一些缺点,主要有两点。第一点,由于时间的限制，学术性的讨论不够深入。像几位外宾在规范化问题上所提供的理论介绍，以及我们自己提出来的种种方面的问题，都没有能够很好地讨论，有些问题可能还没有谈到。当然这是第一次会议，我们不能要求过高，希望以后会议能够展开详尽的讨论。

第二个缺点是准备工作做得不够和组织工作有些粗枝大叶。例如大会的议程一再更改，使得代表们感受许多不便。

汉语规范化，一方面是一个广泛的社会运动，一方面是一个细致的科学研究工作。研究工作的各个方面，我们刚才谈到会议的成就，说到有若干问题未能讨论解决，但是我们已经认识到有哪些研究工作必须进行。并且代表们都已经踊跃地认定了研究题目准备展开研究。代表以外还有许多来宾也热烈地认定了题目。还有些代表要过两天决定题目后再通知我们。现在我把初步统计的数目报告一下。

一共有八十七位代表提出八十七个题目：

  语音和方言调查 四十二题（方言调查包括十七个省的十八个点），四十余人。

  语法 二十四题，二十人，

  词汇 九题，十五人，

  其他 十二题，十二人。

这应该说是这次会议的巨大收获。

总的讲这次会议是成功的。但这些成就不过是汉语研究工作的良好开端，对规范化问题有明确认识的人现在还是少数。这个问题是关系五亿汉族人民的重大的问题，不经过广大人民的理解和自觉的参加，这一运动是不能取得巨大胜利的，必须广泛进行宣传，耐心说明，用各种方法影响他们，鼓励他们在公共场合说普通话。应该采取多种多样的组织形式把我们所联系到的语言工作者组织起来,互相交流研究情况与研究资料,并充分发挥语文刊物的组织作用,发表研究结果,报道语言工作的情况。

只有做好规范化宣传工作,科学研究的组织工作,才能为规范化工作的进行创造良好的条件。我们有很多工作急需要做,希望把《人民日报》10月26日的社论的指示和这次会议的精神贯彻到实际工作去,在下次会议讨论研究工作的时候,把会开得更好,更有成绩。

现在会议到此结束。祝各位代表身体健康,工作进步,并向远道的来宾致衷心的谢意!

(《现代汉语规范问题学术会议文件汇编》,
科学出版社,1956年7月)

关于《汉语拼音方案(草案)》的讨论

今天中国政治协商会议上海市委员会组织座谈讨论《汉语拼音方案(草案)》,我有机会就关于《汉语拼音方案(草案)》的讨论陈述我们的意见,感到非常高兴。

《汉语拼音方案(草案)》还是一个提请大家讨论的草案,不是定案。需要经过大家讨论,根据讨论中各方面提出来的意见作了必要的修改,提请国务院公布后,方才成为正式的汉语拼音方案定案。现在需要大家提意见,多多地提意见。

汉语拼音方案如果成为定案,对于大家将有非常重大的关系。如果成为定案,不但我们汉民族五万万几千万人都要学它,要在各方面运用它,如拟订方案的《说明》中所指出的:

(一)要用来给汉字注音,在字典上用,在教科书上用,在通俗读物上用,在需要注音的生僻字上用,在路牌上用,等等。

(二)要用来作为普通话的教学工具。

(三)要用来作为科学上和技术上的符号。

(四)要用来试验汉语拼音文字,使拼音字母拼写的普通话逐步发展成为完善的拼音文字。

(五)要用来作为各少数民族制定拼音文字的字母基础。

而且不止如此。不但五万万几千万的汉民族需要学它,用它,我们国内几千万的少数民族也要通过它来学汉语,外国的朋友也要利用它来学汉语。影响是非常大的,我们必须慎重加以讨论。

这个《汉语拼音方案(草案)》共由三个部分构成。

第一部分是拼音字母及其拼写方法。拼音字母一共有三十个:子音字母二十四个和母音字母六个。

第二部分是关于拟订《汉语拼音方案(草案)》的几点说明。一共有六点说明。

第三部分是字母的写法。分印刷体、手写体两种体式。两种体式又都分大写、小写两种书体。共有四种书体。

这三个部分,我们都可以提意见。

我们上海一向是研究汉语拼音方案、试验汉语拼音文字的重要地点之一,直到最近还组织有"上海新文字工作者协会"。大家做过一些科学研究工作,也做过一些拼音文字的实验工作,也曾出过好些讨论拼音文字的书(东方书店出得最多,应该表扬)。我们上海过去既然曾经为汉语拼音方案做过好些事,我相信我们今天讨论《汉语拼音方案(草案)》以及将来推行汉语拼音方案(定案),也都会非常的积极,会做出更多的值得表扬的事来。这是我要陈述的第一点。

第二点是拟制《汉语拼音方案(草案)》的艰难曲折。

拟制汉语拼音方案已经有长久的历史。我们知道,拟订拼音方案最早的是意大利人利玛窦。登载他的方案的《西字奇迹》一书是在1605年出版的,离开现在已经有三百五十多年了。拟订方案最多的是在1892年后到现在这六十多年当中。从1892年到解放,我们已经见过好多种出名的汉语拼音方案。最著名的是注音字母(1918年公布)、国语罗马字(1926年公布)和拉丁化新文字(1931年拟定)。从解放到1955年8月31日为止,中国文字改革委员会共收到了六百三十三位同志寄去的六百五十五个汉语拼音方案。据说,"这些方案来自全国各个省区,包括边远的省份和兄弟民族自治区;还有几个方案是从海外寄来的。拟订方案的同志包括各种不同的社会成分,有各级学校的教师和学生,有人民解放军和志愿军的指战员,有工厂、矿场、商店和机关的工作人员,有华侨。方案的内容也是各色各样的:有汉字笔画式的,有斯拉夫字母式的,有拉丁字母式的,还有其他特殊形式的。"可见大家提案的热情之高,大家要求有一个适当的拼音方案的要求的迫切。

我们现在讨论的《汉语拼音方案(草案)》多多少少都同这些先前拟订的汉语拼音方案有关系。正如《说明》(第五点)中所说的:

> 拟订这个《汉语拼音方案(草案)》,纵的方面,参考了三百多年来的几十种主要的方案;横的方面,参考了解放以来全国各地同志们寄来的六百多种方案;此外还参考了越南、朝鲜、日本等曾经用过汉字的国家对于文字改革的研究和经验。所以这次提出的汉语拼音方案(草案)实在是广大群众的集体创作,也是历史经验的初步总结。

《说明》(第四点)又说:

> 经过五、六年的尝试和摸索,中国文字改革委员会得到领导上的同意,放弃了创造汉字笔画式的企图。

可见拟订《汉语拼音方案(草案)》曾经过艰难曲折的过程。最后才决定采用拉丁字母。这是我要陈述的第二点。

第三点是为什么采用拉丁字母?

对于过去拟订的几百种拼音方案,曾经有人做过系统的研究,认为字母和拼音方案,只有几个类型,许多大同小异的设计都不过是这些类型中的支派。……各种方案,首先可以分为采用世界通用字母的和自己创造字母的两大类。自己创造字母的又可以分为依据汉字笔画的和不依据汉字笔画的两种。不依据汉字笔画的,变化可以无限繁多,但主要的也不过速记系、象数系等几种。在这些类型当中,过去比较通行的不过两种体式:一种是汉字笔画式的,注音字母就是属于这一种;一种是通用字母式中的拉丁字母式的,国语罗马字和拉丁化新文字,都是属于这一种。我们现在讨论的《汉语拼音方案(草案)》,在它的拟订过程中,也曾在这两种体式中反复考虑。如同前面所说,先是倾向于考虑采用汉字笔画式的,后来才逐渐倾向拉丁字母式的。现在我们讨论的拼音方案(草案)就是采用拉丁字母的汉语拼音方案。

为什么要采用拉丁字母?为什么不采用注音字母或其他汉字笔画式的字母?这是中国文字改革委员会本身也是反复讨论了几年之久,经过曲折复杂的思想过程方才决定的问题。因此《说明》也特别着重在说明这两个问题,节数占了两节,为总节数的三分之一;字数占的比例更大,占了三分之一以上。中国文字改革委员会吴玉章主任在中国人民政治协商会议全国委员会常务委员会第十八次会议(扩大)的报告中也着重说明这一点。这是这个《汉语拼音方案(草案)》的第一部分(字母形式)需要讨论的中心问题。为什么采用拉丁字母?为什么不采用注音字母或其他汉字笔画式的字母?是一个中心问题的立和破的两个方面。

我们同意采用拉丁字母。拉丁字母主要有下列各种长处:

(一)拉丁字母用作汉语拼音字母的历史长,传播广。三百五十年前利玛窦拟订的汉语拼音方案就是用拉丁字母的。一百年前,中国各地教会刊行的方言拼音书籍(如拼写上海话的,最早部分成于1847年;拼写厦门话的最早部分成于1852年,拼写福州话的最早部分成于1854年,拼写南京话的成于1856年等等,都在一百年前,拼写其他方言的册子出版的年月也相差不远),也都是用的拉丁字母。解放前流行的三种著名汉语拼音方案,也有两种——拉丁化新文字和国语罗马字——是用拉丁字母的。

(二)拉丁字母又是最通行的字母,这点《说明》上说得极详,大家也都知道很清楚,不必重复。

此外还可以说出种种理由,主要是这两点。拉丁字母有这两点长处就是显示拉丁字母最最具有历史基础和群众基础,为其他任何形式的汉语拼音方案所不及。这是我要陈述的第三点。

第四点是这个《汉语拼音方案(草案)》成为定案之后也还只是拼音方案,不是拼音文字方案。拼音方案如《说明》(第一点)所说的有种种用处。可以用来在汉字旁边注音,帮助教汉字,学汉字。可以用来拼写普通话,用作推广普通话的工具。当然也可以用来试验汉语拼音文字,用来拟订汉语拼音文字方案,但在现阶段,汉语拼音方案到底还只是帮助推广普通话,帮助教汉字、学汉字的拼音辅助工具,不是拼音文字方案。所以"新文字工作者协会"的"新文字"字样在现在的时候应该改换,以免引起误会,以为现在已经实行拼音文字。上海新文字工作协会所以议决改组,便是为了名称不大妥当的缘故,别无其他理由。许多试验研究的工作还是都要组织人来做的。我们现在还不是实行拼音文字的时候,从现在到实行拼音文字的时候,我们还须经过一个过渡时期。在这个过渡时期,我们需要研究解决学习上和使用上的种种困难问题,例如方言的分歧问题,汉语中含有同音词问题,逐渐养成用惯汉字的人的拼音习惯问题,以及如何使拼音文字在组织上达到应有的精密和完善等等问题。种种问题都需要经过详细的研究和试验,得到完满的答案，方才可以提请大家讨论，作了必要的修改之后，再请政府公布实行。从现在到实行拼音文字的时候还有一段相当长的过渡时期。这是我要陈述的第四点。

第五，实行拼音文字之后汉字的前途如何？汉字是否废除？这也是大家极其关心的问题。中国文字改革委员会吴玉章主任已经对这个问题作了详尽的解答。那"就是我们主张改革汉字，但是并不主张废除汉字。汉字是会永远存在的，永远有人学习，永远有人使用。即使将来实行拼音文字之后，汉字也还是存在的，还要有人学习，有人使用。估计到那个时候，不要说大学中文系和历史系的学生，那怕就是中学生，也还得有汉字的课程，正像现在英国法国的学生还学拉丁文一样。到那个时候，也还有一部分人，学会了拼音文字之后，还要进一步学习汉字，而且要精通汉字，他们好来整理我国古代的文化遗产。我国有着极其丰富的古代典籍，因此这样的人必须大量地培养，才能满足我们的需要。我们还要把古代的优秀的作品，翻译成为拼音文字，这样才能使得广大人民能够阅读古典作品，才能真正继承和发扬我国的优秀的文化遗产。实行拼音文字之后，中国特有的书法艺术也要保存下来，喜欢汉字书法的人还是可以研究。愿意做旧诗的人，照样可以做。"这是我要提出来报告的第五点。

各位先生，各位同志：

我们正在进行两大语文工作，这就是推行简化汉字，扫除文盲和推广以北京音为标准音的普通话——汉民族共同语。这个《汉语拼音方案（草案）》如果修正通过，就又增加了一个语文得力工具，使我们正在进行的两大语文工作可以进行得更便利，更快，更好。希望大家对这方案（草案）多提意见，使它更加完善。据我们看来,这个《汉语拼音方案(草案)》大体上已经综合了拉丁化新文字和国语罗马字的两个方案的长处(如音素制等),也采用了注音字母的个别字母(如丨),可以说是过去三个著名的汉语拼音方案的综合和发展,我们基本上可以同意。但也不是没有缺点,没有可以从长计议的地方。这在第二部分关于说明的上面有,在第三部分关于字母书法的上面更多。

这个拼音方案(草案),国务院已经同意由中国文字改革委员会送请中国人民政治协商会议全国委员会和各省、市、自治区协商委员会,分别组织座谈讨论,广泛征求意见,希望大家仔细讨论,提出意见,以便中国文字改革委员会斟酌修改,提请国务院早日公布试用。

以上是我们的意见。是否妥当,还请各位先生、各位同志批评指正。

(《语文知识》,1956年4月号)

说　语　言

关于语言,我们中国向来也有种种的界别,如所谓"直言曰言,论难曰语"(《说文》),所谓"发端曰言,答述曰语"(《周礼》注)。这些界别,于读古书颇有用处,倘想阅读古籍也不可不稍加留心;但于现在的语言学所讲究的并没有关系。现在语言学里差不多已经把"言"和"语"作为同义语来使用,常常把以往的所谓"言"或"语"混叫做"语言"或"言语",不再加以辨别。而且"语言"和"言语"这两个复音词也已经有一种趋合为一的趋势。以前这两词的用处稍有不同,又是用"言语"的地方多过"语言",如"言语文字"就说"言语文字",不说"语言文字",如"语言学"也说"言语学",不说"语言学",如今这些地方都已改说"语言",看来"语言"一词不久便将把过去所谓"言",所谓"语",所谓"言语"各自分任的职务,一身兼任起来了。这是"语""言"两字用法从分向合的趋势。

另外一面,却又发生一种从合趋分的趋势。那趋势是从欧洲来的,主要是受法国的 Langage, Langue, Parole 这些字分别使用的影响。这些字还没有一定译法,照中国现在用字习惯配搭起来,大体如下:

1. Langage　语言(或译语言活动)
2. Langue　话语(或译言语)
3. Parole　言谈(或译言)

这三种区别在语言学上颇重要,不能不加区别,而在过去却混称为"语言"或混说做"说话"。我们平常说的"说话"两个字,含义异常复杂,至少包含着上面这三种意义。

1.如说"鸟兽也会说话",这"说话"两个字便相当上面说的头一义,是指表情达意的一种活动、一种作用、一种能力来说。这在法语叫做 Langage,我们姑且把它对译为"语言"。也不妨对译为"语言活动"。

2.如说"北方说话"、"上海说话",这"说话"两个字便又是指某一社会、某一民族、某一国家所用的表情达意的手段的具体的体系。跟我们平常所谓"北方话"的"话"和所谓"国语"、"地方语"的"语"含义相当,跟我们平常所谓"北方话语"、"广东话语"的"话语"两字的含义也相当。所以上面就对译为"话语"。

3.如说"听不懂你的说话",这"说话"两个字又是指各人所有的表情达意的能力的行使,或是指某社会所有的表情达意的手段的运用。故所谓"听不懂你的说话"者,并非说你所用的话,如广东话,或北平话,我不懂,而是你的行使法、运用法,我不懂。这种意义的"说话",跟我们平常所谓"巷头言"的"言",或所谓"大家谈"的"谈"含义大略相当,是指个人的行为来说,我们姑且对译为"言谈"。

如果承认以上的区别,则这三种区别我们可以列表如下:

$$语言(语言活动)\begin{cases}话\ 语\\言\ 谈\end{cases}$$

语言学所讲究的,就可以用一句话说完,是讲究语言或语言活动的条理的学问。内中包含着静相,也包含着社会的惯习,也包含着个人的行动:话语就是社会的惯习,言谈就是个人的行动。内中包含着过去的遗产,也包含着现在的事实:话语就是过去的遗产,言谈就是现在的事实。内中的条理极其纷繁,并不是一篇短文所能说尽。

(《译报》副刊《语文周刊》第 3 期,
1938 年 7 月 27 日。署名:东阜)

中国古代的语文标记论

一 语文标记论和中国古代讨论的"名实"问题

语文的声音和意义的关系,是自然的呢还是人为的,这在外国,是一个老问题,在我们中国也很早就有许多人热烈的讨论过。那讨论是发端在春秋时代,盛行在战国时代。普通把它编入哲学史中,作为战国时代的哲学问题。名叫"名实"问题。

"名实"问题当时当然并不当作纯粹的语文问题在讨论。析其倾向,约有三种:一是"辨上下";二是"定赏罚";三是"别同异"。这三种倾向之中,所谓"辨上下"大体是政治的倾向,孔子的"正名",大体以这种倾向为主:

> 子路曰:"卫君待子而为政,子将奚先?"子曰:"必也正名乎。""……名不正,则言不顺。言不顺,则事不成。事不成,则礼乐不兴。礼乐不兴,则刑罚不中。刑罚不中,则民无所措手足。"(《论语·子路》篇)

所谓"定赏罚"大体是法律的倾向,法家的"正名实",大体以这种倾向为主:

> 名正法备,则圣人无事。(《管子·白心》篇)

这两种倾向的名实论都重在循名以责实,不是纯粹名和实的客观关系的讨论,也就不是纯粹的语文上的讨论。纯粹可说讨论语文问题的,只有第三种倾向:"别同异"。凡属"别同异"的"名实"论,全是语文标记论。作为语文标记论去看,是非常适切有趣的。

二 标记的一般性质和"名实"论

我们常用标记,也常说标记。但标记的一般性质,还没有人做过详尽的研究。我们还止见过赵元任氏做过一篇《符号学大纲》,载在《科学》第十一卷第五期,也止登了一半,没有登完。

从标记的一般性质看来,所谓语文也不过是一种标记。凡是标记都由两个部分缔结而成:一个部分是标记所指示的对象,一个部分是用以指示的标志。普通只要这两个部分有连结关系,就成一个标记,不必计较那连结关系是自然的还是人为的。标记中用人为关系的很多。譬如交通繁杂的地方用以指挥交通的红绿灯,就是原来没有自然关系的两种标记。标志"红",指示的对象为"停止",标志"绿",指示的对象为"进行",都是人为做成的连结。并非天然生成"红"标"停止","绿"标"进行"的。标记的两个部分之间自然也有一些是有自然的联合关系的。如云是雨的标记,烟是火的标记。云雨、烟火之间都有自然的关系。但决不是所有标记都如此。语文如果从标记的一般性质看来不过是一种标记,那么这种标记的对象(就是意义)和这种标记的标志(就是声音)之间的关系,到底是自然的呢还是人为的,当然是一个可以讨论的问题。战国时代所谓"名实"论,凡属"别同异"一个倾向范围内所讨论的,就是这个问题。不过他们把这里所谓标志叫做"名",所谓对象叫做"实"罢了。

三　语文标记论的内容

当时的讨论颇为周到,我们可以替他们划作下列几个小题目:

(一)语文标记的成分和组织　关于这一点,墨子说得最清楚。他以为语文标记,是由"名"(标志)和"实"(对象)两个成分,并且由这两个成分"合"(连合)起来组成的。两个成分之间实有不可分离的密切关系。为表示这种密切关系起见,近年来曾经有人提议称标志(即名)为"能记",对象(即实)为"所记"。同用一个"记"字,不过用"能""所"两字指明一为主动,一为被动。墨子对于"名""实",也用相类似的办法,把"名"叫做"所以谓",把"实"叫做"所谓"。《墨经》上云:

> "名,实,合。"《经说》云:"所以谓,名也。所谓,实也。名实耦,合也。"

"所以谓"是主性的,就是近人所谓"能记";"所谓"是被性的,就是近人所谓"所记"。我们运用语文的时候,对这能记所记,普通可以有单提能记及直指所记两种方法。如说他是尧,就是用单提能记的方法;说这是虎,就是用直指所记的方法。墨子也曾提到这一点。《经说》下说:

> 或以名视(视与示通)人,或以实视人。举友富商也,是以名视人也;指是臛也,是以实视人也。

辞句虽然不十分明白,大体与上文说的没有什么不同。

(二)名实两成分的连合关系　关于这一点,几乎全体一致都说是人为的不是自然的。说得最详细、最清楚的要算荀子。荀子《正名》篇说:

> 名无固宜,约之以命;约定俗成,谓之宜;异于约者谓之不

宜。名无固实,约之以名实;约定俗成,谓之实名。

名(标志)和实(对象)的关系全是人为的,两者之间并无自然的必然的关系。就那关系的本性论,鹿并不是自然要叫做"鹿",马也并不是自然要叫做"马"。叫"鹿"叫"马"原来都是随意的。故从做标志的"名"说,"名无固宜",并非"鹿""马"就是了不起的好名,不过约定"鹿""马"来做称谓罢了,就是所谓"约之以命"。再从做标志的"名"对于做对象的"实"来说,也是"名无固实",并非"鹿"非做鹿的称谓不可,"马"非做马的称谓不可的,也不过是"约之以名实",约定用这几个名去指这几个实罢了。故从名实本来的关系说,原来都是随宜的。惟其随宜,故同实可以有异名。如上海的同一条马路,可以叫它福州路,又有时叫它四马路。也异实可以有同名。如浙江有张四维;江苏也有张四维。但这随宜是就原来的性质说,就是未经社会约定的性质说。一经社会约定,性质可就有了转变:这就有了一定的宜,"约定俗成谓之宜,异于约者谓之不宜";也有了一定的实,"约定俗成,谓之实名"。不得指鹿为"马",也不得指马为"鹿"了。荀子称这为"谨守名约"。

(三)理想的名实关系　理想的名实关系是一对一:一个名止有一个实,一个实止有一个名。就是现在所谓"一语一义"。荀子《正名》篇说:

> 同则同之,异则异之。单足以喻则单,单不足以喻则兼。单与兼无所相避则共,虽共不为害矣。知异实者之异名也,故使异实者莫不异名也,不可乱也。犹使异实(杨注:"或曰异实当为同实")者莫不同名也。

但这"一语一义"的理想境界是很难达到的,荀子以为可由政府制定。制定后人民不得随便改动。《正名》篇说:

> 故王者之制名，名定而实辨，道行而志通，则慎率民而一焉。故析辞擅作名，以乱正名，使民疑惑，人多辨讼，则谓之大奸，其罪犹为符节度量之罪也。故其民莫敢托为奇辞，以乱正名。故其民悫，悫则易使，易使则功（旧作公，依顾千里校改）。其民莫敢托为奇辞以乱正名，故壹于道法而谨于循令矣。如是，则其迹长矣。迹长功成，治之极也。是谨于守名约之功也。

（四）名的范围和类别　　当时又曾讨论到名的类别。当时的类别多从名的外延上分。如荀子分为共名，别名两类。《正名》篇说：

> 故万物虽众，有时而欲遍举之，故谓之物。物也者，大共名也，推而共之，共则有共，至于无共然后止。有时而欲偏（旧作遍，依俞樾校改）举之，故谓之鸟兽。鸟兽也者，大别名也。推而别之，至于无别然后止。

墨子分为达、类、私三类。《墨经》上说：

> "名：达，类，私。"《经说》云："名：物，达也。有实必待之名（旧作文多，依孙诒让校改）也。命之马，类也。若实也者，必以是名也。命之臧，私也。是名也，止于是实也。"

"达名"是最概括的称谓，例如"物"，可概括一切事物，所以说"有实必待之名也"。"类名"是一类事物的称谓，例如"马"，凡属这一类的事物，就要用这一个称谓，所以说"若实也者，必以是名也"。"私名"是某事某物专有的称谓，例如"臧"，止可用作臧的称谓，所以说"是名也，止于是实也"。

荀子、墨子说类别时所举的例，都属现今文法上所谓"名辞"范围，这很容易引起误解他们所谓"名"就是现在所谓"名辞"。其实他们所谓"名"，是包括一切的语文的。这只要看荀子驳当时各种学说的话就可以知道。荀子把他所认为谬误的学说分作"惑于用

名以乱实"和"惑于用实以乱名"两类。他对于"惑于用名以乱实"的第一种,曾经举过三个例:

(1)"见侮不辱。"
(2)"圣人不爱己。"
(3)"杀盗非杀人也。"

在这三个他所谓"惑于用名以乱实"的例中,就有一个"见侮不辱"不属于现在所谓"名辞"。至于在他所谓"惑于用实以乱名"的三个例中:

(1)"山渊平。"
(2)"情欲寡。"
(3)"刍豢不加甘,大钟不加乐。"

其争辩的中心,如"平",如"寡",如"甘、乐",更没有一个是现今所谓"名辞"。可见当时所谓"名"实比现今所谓"名辞"范围大,那常对"实"而言,实际等于现在对"所记"而说的"能记",也即等于现在对语文对象而说的语文标志。

四 述余补充

当时讨论名实的言论实际不止这些,但单就这些看来,已经可以感到颇为精到。就在现在,也还可以引用。只有一点,我们可以推举后贤的学说来补允。那就是语文的声音(即名)和意义(即实)的关系不一定全部都是人为的。这不是人为的部分,虽然在语文中占的地位极小,但也似乎并不等于零。这一小部分,近人已经在"摹声"这个名目之下说得很多,我们不必在这里添足了。

(《学术》第 1 辑,1940 年 2 月。署名:雪帆)

《语文周刊》*发刊辞

我们这里有几个人,想做一点语文建设的工作。

我们认定语文建设是文化建设当中的一个部门,而且是一个基本部门。这个部门的建设工作做得有成就没有成就会影响别个部门建设工作的容易不容易,甚而至于可能不可能。这个部门的工作的重要是不消说的,只是要有人来做。现在我们总算在这里搭起鹰架来了。我们希望一切愿意献身做这部门工作的人都能够积极地来参加,只要于语文文化的建设有贡献,多到几千几万字,少到一段一句,我们都是竭诚欢迎的。

我们希望本刊能够做到的大概有两点:第一,希望我们的材料是现代的。我们愿意多多地知道现代的语文的事实,不论是沿袭的或是新创的,是南方的或是北方的,是普通的或是偏僻的,是汉人的或是苗猺的。我们认定现代中国语文的五花八门是事实,事实只有真不真,并没有什么贵贱上下的等别,过去就为存了贵贱上下的成见,并没有一律记载下来,就使所谓语文交融无法迅速实

---

* 《语文周刊》是1938年上海地下党办的《每日译报》的副刊。当时上海已经沦陷,上海租界成为敌寇还未占领的孤岛。租界当局为了避免日寇干预,禁止一切抗日活动和抗日书刊,实行书报检查。地下党就出版一种形式是专门摘译外国报刊上文章的报纸,取名《每日译报》,简称《译报》。该报有好多个内容进步的副刊。《语文周刊》即其中之一,是上海语文学会办的,实际由陈望道主编。

现,这是一个大缺点。我们现在应该尽量把它记载下来。我们愿意把本刊作为现代语文的一个陈列场,使别地人可以知道那地的语文,也使研究者有材料可做根据,归纳出融会各地语文的法则来,做我们语文建设的指南针。

第二,希望我们的建设工作是普及的。我们愿意多多地知道使语言不止是某一地域人用的语言,使文字不止是某部分人用的文字的各种事实。我们也愿意多多地知道各种使语言不止是某地域人用的语言,使文字不止是某部分人用的文字的设计。我们认定语言一定应该统一,文字一定应该普及,我们的工作一定应该对这统一和普及有所贡献,才能对别个部门的文化建设有所贡献,使别个部门的文化工作容易进行。至于统一和普及,到底应该并作一步跨,或分作两步走,那只是一个方法问题。假使要统一而不忘记普及,或要普及而不忘统一,两种方法尽可以收所谓"异途同归"的效果。我们不应该看他走法有点不同,便认作是走别条路的人。

我们相信假如我们的这两个希望都能够达到,我们的刊物一定是浅近宜人的,随便什么人都可以来参加工作。同时也是雅俗共赏的,随便什么人都需要看一看的。我们总算在这里搭起鹰架来了,但愿这好像容易其实艰难、好像卑微其实伟大的工作能够有一点成就。

本刊门类大体如下:

(一)关于语言科学的论文。

(二)各地方言的语音、语汇、语法的调查和研究。

(三)讨论中国语文的改进和普及。

(四)报道国内外语文改革运动的情形。

(五)各文化部门在语文运用上的经验和意见,像话剧的对话、科学术语……

(六)语文教学、写作等的方法和经验。

(七)语文方面书报的介绍和批评。

(八)其他。

各门各类都欢迎来稿,敬此报告,就作为发刊辞。

语文周刊社同人

(《译报》副刊《语文周刊》第 1 期,
1938 年 7 月 13 日)

"中国语文学会"成立缘起*

语言文字问题是我们社会生活上的基本问题。靠着语言文字,我们才可以经营社会生活。我们对于语言文字理解得正确不正确,处理得适当不适当,往往在我们的社会生活上发生重大的影响。我们希望社会生活逐渐进步,趋向光明,不能不竭力追求正确和适当。在现代中国,有很多语文问题没有解决。关于语文的原理原则,大多数须待介绍和阐明。对于各个问题,彼此又见仁见智,须得会商协议,求得共循的道路。同人认为我们除各自努力研究外,还有集思广益共同探讨的必要。因此在上海组织这个"中国语文学会",期望参加的朋友以实际语文问题的研究,进一步做到原理原则的探讨和介绍。我们希望同道的朋友热烈参加,共同努力,对于现代中国语文能有我们的贡献。

(《文汇报》1947年2月14日)

---

* 这个缘起是作者起草的。他是这个学会的主要发起人,其他发起人有郭沫若、叶圣陶、金兆梓、方光焘、郭绍虞、倪海曙等。

关于《语言学概论》的编写及其他[*]

今天能够在这里看见南京的很多朋友,非常高兴。我这次来南京,主要是来看朋友的。中国有句话叫"以文会友",同时也想同朋友们交换一些关于语言学研究方面的意见。刚才主席要我谈谈上海编写《语言学概论》和上海语文学界学术活动的情况。我愿意简单地报告一些上海方面情况,并且希望多听听南京朋友们的意见。

编写《语言学概论》教材是今年四月全国高等学校教材编写计划会议决定的。北京编一本,上海编一本。既然上海、北京各编一本,总得各有一些特点。如何发挥特色,具体负责编写的同志正在反复讨论。因为兹事需要费很大的力气,领导上要我照顾一下,帮助组织一些协作。不但在上海组织协作,还在上海以外组织协作。这次来南京,除了看朋友外,就是想把《语言学概论》应当如何编写这一件事,请教请教南京的语文学界。

这几年来,上海的同志在语言学方面的学术活动逐渐活跃起来了。上海语文学会经常进行一些学术方面的讨论活动。复旦大学建立了语言研究室,本来还想建立语言文学研究所。上海一些搞语言学的同志感到近年来我们的语言科学进步很大,但比起国

---

[*] 本文系 1961 年 10 月 23 日在南京语文学界座谈会上的发言。题目为编者所加。

家其他方面的进步来还很不相称。怎样才能使我们的语言科学与国家其他方面的进步相称呢？希望在座的老年、中年、青年教师们共同考虑一下。

首先，汉语在语言学中还未取得应有的地位。现在许多语言学著作里当作天经地义的一些规律，在汉语中却找不到，或者说很难找到。比方说，语尾问题，有些语言学家认为汉语是有尾巴的；有些语言学家认为汉语是没有尾巴的，没有词法，于是把汉语的文法割掉了一半。这两种看法好像不同，实际上它们有个共同的认识，就是没有尾巴就不能讲文法。我们能不能破除一些迷信，解放一些思想呢？一般语言学常把不合汉语事实的条理当作一般条理在课堂里讲授，我听了感到很刺耳。我曾同复旦党委商量过，把中文系同外文系搞一般语言学的教师合起来，组织一个教研组。外文方面有学英语、俄语、德语、法语的，请他们拟一个一般语言学的提纲，给搞汉语的人讨论。搞汉语的人对这个提纲可以有否决权，假使其中有不能概括汉语的，就得去掉。同样，搞汉语的也可拟一个提纲，请搞外语的人讨论。搞外语的人也有否决权对提纲中汉语有而外语没有的也可以去掉。我这个看法得到了党委的同意，也曾同北京语言研究所的同志谈过，语言研究所同志也同意，不过他们补充了一点，认为东方语言的专家也应该参加。我们这样做已经几年了。这样做对不对，今天想请教一下。近来我们还想更进一步，对汉语多注意一些，我们认为，《语言学概论》除了做到真正的一般以外，对汉语应特别加强。最近有人讲我们学术研究的方向应该把屁股坐在中国的今天，伸出一只手向古代要东西，伸出另一只手向外国要东西。这句话，我非常同意。我们认为它可以作为《语言学概论》编写的方针。

近来,上海的学术活动同编写《语言学概论》是有关的。比如"语言"同"言语"问题,上海也进行了讨论。上海方面很多同志都同意方光焘先生的意见,认为"语言"和"言语"是一般和特殊的关系,也认为"言语"没有阶级住,不过在术语方面还可以考虑一下。"语言"同"言语"的关系在修辞上叫做回文。回文在修辞学上是一种很难得的现象,有时使人觉得极为美妙,例如"我为人人,人人为我"。但用它来制造学术用语究竟好不好,还得从新研究。"文法"、"语法"问题已经讨论一年多了。过去"文法"、"语法",大家随便用。后来加以仔细调查,发现的毛病更多。这里面含有对于祖国传统如何批判地继承问题。我们认为,名称术语最好统一起来,而统一起来还是用"文法"好。这个问题的讨论还没有结束;希望得到南京朋友们的指教。语文学会还讨论过"文"与"道"的问题。这个问题的讨论关系到语文教学,因此很重要。在讨论中有两种意见:一种以"道"为主,一种以"文"为主。主张以"道"为主的,谈得振振有词。主张以"文"为主的,一般也要先谈谈"道"的重要,然后再谈到"文",好像如果不谈"道"就有不红的嫌疑。后来逐渐认明:语文课总是语文课,不能教成政治课,这个讨论才上了正轨。我们党要求的是实事求是,不是要贴标签。《辞海》的编写,最初贴标签的东西比较多,后来也改过来了。我们应当立志不贴标签。我们应该立志,努力学习马克思列宁主义,做到即使不引用马克思列宁主义词句,也能处处符合于马克思列宁主义。

关于语言研究的建议[*]

关于中国的语文科学或语言科学的研究,我想提出一个纲领性的建议,供大家参考。

我们的建议包括四点:

甲、以马克思列宁主义、毛泽东思想为理论基础、指导思想;

乙、以中国语文事实为研究对象;

丙、批判地继承我国语言学遗产;

丁、批判地吸收外国语言学研究成果。

这四点可以图表如下:

```
          甲
   丙            丁
          乙
```

甲和乙是上下两头,必须紧紧抓好这个两头进行一切方面的语文研究。以下我们把它分开来谈谈。

一、以马克思列宁主义、毛泽东思想为理论基础,指导思想。

现在我们全国都在学习毛泽东思想,学习解放军,学习大庆油田经验。学习解放军,学习大庆油田经验,也就是学习毛泽东思想。哲学社会科学部学部委员会扩大会议,也曾经号召社会科学

---

[*] 本文系1964年4月19日在杭州大学所作的学术讲演节录。

工作者重新学习马克思列宁主义、毛泽东思想,在社会科学的各个领域中树立起马克思列宁主义的旗帜。

重新学习马克思列宁主义、毛泽东思想是必要的。马克思列宁主义是在战斗中成长的,马克思列宁主义正在发展,我们必须重新学,也只有在战斗中学,才能学得深透。不管过去学过多少,都须重新学。

学习目的是为了用马克思列宁主义来武装自己。据我看来,假使学得好,可以得到两个大用处:

一个是改造我们的立场、观点、方法,就是我们的世界观;

一个是做我们研究的学术的理论基础。

理论基础打得巩固,才不会迷失方向,误入歧途,才有可能保证我们研究保持又红又专。

学的方法最好是理论与实际相结合。

二、以中国的语文事实为研究对象。

研究要从实际出发,调查研究语文实际,从实际中探索语文规律,发现语文规律。

所谓规律,大家知道,就是对象的本质的关系。所谓本质的关系就是共同的必然的关系。

事物的共同性、必然性只能从所研究的事物的本身上得出。所以必须深入实际,探索实际,从实际中去发现规律,不能凭空构思,也不能生搬硬套。

中国的语文实际到现在为止,研究得比较多的是汉语,汉语中研究得比较多的是现代汉语。这在研究的程序安排上,我以为是恰当的。因为我国说汉语的人数占我国人口的90%以上。现在全国人民的交通往来和交际日益频繁,语文教育也日益发达,迫切需要知道汉语语文的规律。

几年来经过一系列的阶级斗争和社会主义教育工作,各条战线上的思想面貌正在发生深刻的变化。新道德、新风尚正在日益发扬。

现在又正以高涨的革命热情,深入开展阶级斗争、生产斗争和科学实验三大革命运动。这一切种种都将有影响及于语言文字,研究的内容极为丰富。

还有正在进行的"文字改革"工作。

推广普通话。即推广以北方话为基础方言(即经过书面语言加工了的北方话)、以北京语音为标准音的普通话。

汉字简化。最近中国文字改革委员会、文化部、教育部又发出联合通知明确规定简化偏旁的使用范围。

汉语拼音。

辞典查字法亦在改进编排。

研究内容比过去任何时候都更为丰富,也都迫切需要我们研究。我们希望语文工作者都能够担当起责任来。

以上两头是我们研究工作中必须始终紧紧抓住不放的。

三、至于我国语言学遗产和外国语言学成果在学习的时候当然很重要,应当虚心研究他们的经验,但在研究的时候必须紧紧掌握上述两头,给以分析和批判。

这就是我和我的同事们所要努力实行的方案,也是很想约集志同道合的同志们一同来走的一个建议。我们正在按照这个方案逐步前进。

我们的工作,首先有感于毛泽东主席所说的有些学者"言必称希腊,对于自己的祖宗,则对不住忘记了"那样的情况,不宜继续维持下去。我们不应当继续机械地照抄照搬外国成语成说。例如看见别国语言语尾变化多,就在我国的语言上到处找尾巴,甚至以为没有尾巴就不能定词类,讲文法。而有些外国人,则帮我们在中国的语言上尽量找尾巴。例如有一位苏联人论汉语,就是这样的。尾巴是不是在一切语言中都有那么大的用处?不依靠尾巴是不是就不能讲文法?就值得我们从根本上、从原理原则上来加以考虑的。

语言研究之中最需要破除迷信、寻求新的解决方法的莫过于文法。我们几年来曾经集中力量,解决如何研究文法的问题。我们依据马克思列宁主义原理、毛泽东思想,看清楚一切事物的彼此之间都有关系和联系,语言的单位之间也都普遍地存在着关系和联系,我们可以从它的关系和联系中寻求它的共同性,发现它的规律。所以我们就抓住前面所说的两头,就是马克思列宁主义原理和中国语文事实,进行了一系列的调查研究之后,就决定屏弃一直流行的意义(概念)中心说和形态(语尾)中心说,而采用以音义结合的成分为单位的功能中心说。就是从关系上研究语文的组织规律。我们始终坚持以马克思列宁主义、毛泽东思想为理论基础,在毛泽东思想照耀下解决一切疑难问题。这是我们大家前进的第一步。

第二步我们根据中国的语言事实,着手改革学校讲授的一般语言学问题。我们不赞成有些讲一般语言学的人把不曾概括汉语事实、不能适用于汉语的种种说法,当作天经地义地在那里讲。例如一讲到文法,就讲性、数、格的"文法范畴"等等。外国人那样讲,可以原谅,因为他们不懂汉语,中国人也那样讲,而且是在对中国人讲,那就不能以不懂汉语为借口,而只能认为他是存心在那里咒骂汉语。这种咒骂,必须停止。我们主张一般语言学组应该同汉语组共同讨论一般语言学问题,由一般语言学组拟稿。一般语言学组提出的说法如果汉语组认为不符合汉语事实的,汉语组有权否定其为一般性。不是否定其为个别性,而是否定其为一般性。有人说如果这样多加否定,一般性不是将会减少得很多吗?是的,原为不是一般而把它当作一般的虚伪的一般性是会减少了一些,而实际上真正是一般的真实的一般性是不会减少的。减去虚伪的一般性,留下真实的一般性,不正是科学的一般语言学所应当要求达到的吗?如果减过之后材料不够多,我们主张可以用大量汉语材料补充进去,汉语组应当对一般语言学负起补充材料的责任来。一般语言学迟早是要这样加以改造的,有条件的应当尽早做起来。

第三步是确立古今中外的关系,决定把屁股坐在中国的今天,一只手向古代要东西,一只手向外国要东西。

过去爱讲中和外的中外派常同爱讲古和今的古今派相对立。因为中外派讲中外是以外为主,古今派讲古今是以古为主。外国的今学和中国的古学,方法既相差很远,思想的基础亦极不相同,自然难以合在一起。如文法方面有陈承泽的主张独立研究说,就有胡适的比较研究法反对它。修辞学方面有唐钺的仿照外国说,也就有郑奠氏用所谓"外慕"说去排斥它。假如讲中外,而能以中为主,讲古今而能以今为主,把屁股坐在中国的今天,从同一个实际出发,又以同一的原理原则为指导,我们相信,不但大家不致不可能合在一起,成效亦是可以预期的。这是我们几年来努力实行的三个要点。我们已经根据实行这三个要点的一些经验综合成为上面说过的一个四点方案,准备更加集中力量,也邀请同志们朋友们广泛参加,争取先在文法、修辞几个学科上统一认识,解决一些关键性的问题，以便大家共同前进。

同志们，朋友们，最近中国语言学界已经有一种新的风气正在形成。语言学的基本建设工作，已经陆续有人在做。以后青年学习语言学可以比过去容易些。对一些流行的错误观点，已经开始发动批判。以后要辨别语言学说的是非曲直，也可以比过去容易些。语言学术虽然比较抽象，但也不难看出它的基础理论是否正确，事实根据是否充足，大家都已经深切感觉到需要从根本上努力。还有，互通声气、互求协作的好风气也已经在某一部分的人们之间形成。如果循着这个趋势发展下去，我们语言学界一个前所未有的革命化的新时期必将到来。我们相信，在党的领导下，这种趋势是会发展下去的。我们的前途是无限光明的：我们所遵循的是世界上最伟大的真理——马克思列宁主义、毛泽东思想，我们所钻研的是世界上伟大人民所使用的发达语言——汉语。只要我们肯下过硬工夫，我们大家一定能够取得应有的成就。祝同志们、朋友们在即将到来的新时期中都有新的成就、新的贡献。

附 录

陈望道先生对现代中国语言学的历史贡献

陈光磊

陈望道先生,原名参一,单名融,字任重;笔名雪帆、南山、张华等。1891年出生于浙江义乌。早年曾求学于金华中学、之江大学。1915年初赴日本留学,就读于早稻田大学、东洋大学、中央大学和东京物理专科学校;1919年7月毕业于日本中央大学法科,获法学学士学位。毕业当年夏回国任教于浙江第一师范学校,同时投身新文化运动。1920年应陈独秀邀请到上海编辑《新青年》杂志,并参加马克思主义研究会(上海共产主义小组)的筹建。1920年夏翻译出版《共产党宣言》第一个完整的中译本,成为马克思主义的传播者和中国共产党的早期活动家。1920年起历任复旦大学、上海大学、中华艺术大学、安徽大学、广西大学等校教授,其中在复旦大学时间最久,曾任该校中文系主任、新闻系主任、文学院院长等职。1952年9月担任复旦大学校长,直至1977年10月病逝。1955年当选为中国科学院哲学社会科学学部常务委员。

陈望道先生从事文化教育和学术研究达60年,涉猎了社会科学的广泛领域,在哲学、法学、政治学、社会学、伦理学、因明(逻辑)学、新闻学、美学、文艺学等方面多有著译。而他学术事业的基点和重心则在于对中国语文的研究,他为中国现代语言学的发展作出了奠基性的贡献,尤其在语文改革、语法学和修辞学诸方面业绩更为卓著。

一

陈望道先生把研究和解决中国社会的语文问题,当作自己的历史责任。他对民族语言的共同化、言文一致、文体改革、汉语拼音、汉字简化和语文教育革新等语文现代化问题,也就是现代中国应用语言学的重大课题,都进行了认真地探讨和实践,发表了许多有影响的文章和有价值的见解。

望道先生从事语文改革是由革新学校的语文教育着手的,而且一生的学术活动也都是以学校为"基地"的。1919年任浙江一师国文教员,即采用新的教材、新的方法讲授白话文,来破除那种"只可意会,不可言传"的旧传统。1940年代,他对大学中文系的改革提出了"现代化"和"科学化"两个原则[①]。其实这正是他从事语文教育与学术工作的原则。直到晚年,他还极其关注语文教育的改进。1960年代初,在关于语文教学"文"与"道"的关系讨论中,先生鲜明地提出:"语文课总是语文课,不能教成政治课。"[②]认为提高语文教学水平的关键在于认真探讨和遵循语文及语文教学本身的规律。

望道先生为民族语文的健康发展,特别是为书面语的改革能达到"言文一致"的目标,进行了创造性的学术研究和开拓性的建设工作,而且常从具体问题着手。譬如,他很早就注意到中文的标点问题,是最早倡导使用新式标点的学者之一。从1918年发表

《标点之革新》(《学艺》第三卷)到1922年发表《新式标点用法概略》(《作文法讲义》附录)等多篇文章,为中文书面语进行标点革新即使用新式标点从学理上和实用上都作了研究和说明,为新式标点的确立和推行起了重大的促进作用,在当时文化界有很大的影响。

"五四"时期,先生不但在学校教育阵地上,而且在《新青年》杂志、《民国日报》副刊《觉悟》等阵地上,积极提倡和推行白话文。1923年明确提出"把白话文完美化"[3]的主张。1934年6月,针对鼓吹文言复兴、废止白话的保守势力,望道先生邀同胡愈之、叶圣陶、陈子展、曹聚仁、乐嗣炳等人发动了"大众语讨论",坚决反对文言复兴,明确批评当时白话文存在的脱离群众活语言的偏向,探讨书面语真正切实地接近人民群众口语的途径。讨论中,他发表了《关于大众语文学的建设》、《这一次文言和白话的论战》、《建立大众语文学》、《大众语论》等一系列文章,对民族语文的建设进行了理论的探讨。他明确提出要建设"大众说得出,听得懂,写得顺手,看得明白的语言"[4],即"大众语";又指明了建设大众语的目标,那就是"有三种统一必须做到"[5]:一是"语言和文字的统一",即笔头写的和口头说的要一致;二是"统一各地的土话",即大众语要求方言走向统一的普通话;三是"统一的形式和内容",即大众语用来反映表现进步的意识内容,决不是迁就大众落后意识的粗言俗语。特别值得指出的是,望道先生关于普通话建设的理论具有科学的识见,他认为建设大众语会使"普通话可以更迅速地成为普通充实活现的公共语,可以赶快获得可以'扬弃'了一切土话方言的资格。"[6]但是他又肯定了有条件地选用方言的需要,认为方言土语也可用以"促进充实普通话"。这就指明了普通话和方言的辩证关系。他又认为普通话"不是各种土话方言的折中",而是来自"流行最广的一种土话方言。它的底子本来是土话方言,不过是带着普通性的土话方言"⑦。这就提出了汉民族共同语存在着基础方言的理论见解。他还论述了北平话与普通话的关系,指出北平话运动虽是推行普通话的一条大路,"但北平话运动,我们应该把它当作普通话运动的一个方法看,不应该把它当作'标准语'的运动看。"⑧这实际上既肯定了北平话作为普通话基础的作用,又明确了普通话高于北平话的超方言的普遍性、共同性。这种理论识见,对于当时大众语建设和普通话发展是具有指导意义和导向作用的。望道先生又主编《太白》半月刊作为实践大众语的园地。大众语运动彻底击退了文言复兴、废止白话的逆流,从此再也没有出现过提倡文言的社会潮流;它又推动了白话文的大众化,为民族语言共同化从理论和实践两方面都作了有益探索;它又促成了拉丁化新文字运动的兴起,有力地推进了中文拼音化的发展,从而把语文现代化的进程引向了一个新阶段。

望道先生是中文拼音化的倡导者和实践者。抗日战争爆发时期,他在上海和陈鹤琴一同支持和指导当时难民收容所拉丁化新文字扫盲实验。为了帮助完善拉丁化新文字方案,他研制了《拉丁化汉字拼音表》(1938),并且对中国拼音文字的历史和理论作了深入的研究。所撰《中国拼音文字的演进(明末以来中国语文的新潮)》(1939)对三百多年来中国拼音文字的发生和发展作了极为精当的历史考察和明晰的阐述,是研究文字改革的重要文献。所作《中国语文的演进和新文字》讲演,阐明拉丁化新文字的产生"是汉文汉字进步的结果":一是文章形式的进步,即复音词的增加和文体不断接近口语;二是文章内容的进步,即过去只让少数人能懂的内容演变成"要使大家很快地懂,很多的人懂"的内容;三是文字记音方法的进步,即从繁难的汉字"反切"法进步为简写的字母拼音法⑨。所以,应当把拉丁化新文字看做是一定历史条件下所产生的汉字的一种新的发展形态,而不要把它看做是和汉字对立的,因而也就不应该提出"打倒方块汉字"之类的口号。这是对文字改革所作的很重要的理论说明,有力地纠正了当时拉丁化新文字运动中诸如废除汉字一类脱离实际的过"左"提法。他的《从"词儿连写"说到语文的深入研究》(1940年)等论文则对于汉语汉字中"词"的确定及其拼音上的分连写法作了深入的阐析。

望道先生是简化汉字的倡导者和实践者。他主张进行文字改革,但并不赞成废除汉字。对于汉字的使用,则要求"简写简印"。他认为文字简化应当依据"简(笔画简单)、便(书写顺便)、明(明白易认)"三原则⑩。这正是大众"手头字"的主要特点。所以,他主编的《太白》刊物就采用这种"手头字"作为印刷体加以推行,在当时社会上影响很大。

1949年新中国成立后,望道先生为推广普通话、简化汉字、制定和推行《汉语拼音方案》,做了许多工作。特别是在1955年10月全国文字改革会议和现代汉语规范化学术会议上,他对确定汉民族共同语的科学涵义和规范化标准(即"以北京语音为标准音、以北方方言为基础方言",后又加上"以典范的现代白话文著作为语法规范")作出了重大贡献。⑪

望道先生是中国语文现代化事业的光荣先驱,民族语文建设的一位巨匠。

二

陈望道先生以其倡导中国文法革新,确立功能语法学说的学术业绩,对中国现代语法学的发展产生了重大影响。

望道先生是"五四"以后最早研究白话文语法的学者之一。他1920年起在《觉悟》副刊上发表的一组"文字漫谈"和所撰《"的"字底新用法》、《"和"字问题》、《"可"字的综合》、《评胡适论"除非"并说"又不"》(1922)、《"了"字底用法》(1922)、《"吗"和"呢"的讨论》(1933年)等文章,对现代汉语常用虚词逐个进行研讨,多有切实精当的阐释。诚然,"这种研究看上去好像琐碎,好像'无关宏旨',实际上极其重要。"[12]他就是这样为白话文的语法研究切实地做了许多"极其重要"的工作。

同时,先生也是现代中国语言学界一位最早倡导和进行方言语法研究的学者。在所主编的《语文周刊》(《译报》副刊)上由他引发了对吴语方言(主要是绍兴话、义乌话、上海话、苏州话的材料)中处所代词表示动作存续(存在和/或延续)的方式和代词远近指表示法问题的讨论,而他发表的《表示动作延续的两种方式》(1938年7月)、《说存续表现的两式三分》(1938年9月)和《谈存续跟既事和始事》(1938年11月)等文章,对这些问题提出了有价值的见解[13]。

正是这种对汉语语法现象广泛观察和对汉语语法事实的具体认知,构成了望道先生"中国文法革新"思想的重要来源。

1938年10月,先生以《语文周刊》为论坛发起了中国文法革新的讨论。参加讨论的主要有金兆梓、方光焘、傅东华、张世禄等人。

这场讨论历时四个半年头,开创了集体讨论语法学术的新风气。望道先生把讨论的文章编辑成《中国文法革新论丛》于1934年由重庆文隼出版社印行,为中国语法学史提供了一部有价值的文献。对于讨论的目的,他作了这样的论述:"根据中国文法事实,借镜外来新知,参照前人成说,以科学的方法谨严的态度缔造中国文法体系。"[14]而这样的体系"应该具有妥帖、简洁、完备这三个条件。"[15]这是针对《马氏文通》刊行以来汉语语法研究中机械模仿西洋文法的学术风习而提出来的,但也不妨说,这又正是为中国语法学的学术工作提出了一个明确而又恰当的方针,至今仍有其现实意义。

望道先生在文法革新讨论中撰写了10多篇文章,对汉语语法研究发表了不少有价值的意见,特别是为了解决汉语由于缺乏形态变化而引起的划分词类的困难,他借鉴和运用索绪尔关于语言符号的组合关系和聚合关系的经典理论,提出了"功能"说。他在《回东华先生的公开信(论文法工作的进行、文法理论的建立和意见统一的可能)》(1939)中指出:当今文法思潮已经从意义和形态的注重转向到 function 的注重。function 代表因素和因素间相互依赖相互对应的交互关系。它在文法学中可称为"功能"。我们不妨注重用这种"功能"来讨论我们的文法[16]。而在《文法的研究》(1943年)一文中就鲜明提出要以"功能中心说"研究汉语词类问题,并作出了论证:文法学是研究表现关系的学问,而表现关系是由"配置关系"(组合)和"会同关系"(聚合)这纵横两群关系构成的,文法学必得究明这纵横两群所有的关系才算尽职;而功能作为字语(词)在语文组织中的活动能力,就是字语参加一定配置的能力,组织是由功能决定的字语和字语的配置,组织要受功能限制,功能要到组织才能显现[17]。可以说这是他对文法革新讨论的一篇带有总结性的文章,也是中国语法学史上关于功能概念最早较完整的理论阐述。后来所撰《试论助词》(1947)、《漫谈〈马氏文通〉》(1958)、《我对研究文法修辞的意见》(1961)等文章又对功能观点作了进一步阐发,至《文法简论》(1978)一书,功能说更臻完备。

《文法简论》是望道先生以87岁高龄在病榻上最后定稿的一部遗著。它以不足八万言的篇幅相当系统地概括总结了自己对汉语语法研究的见解。既从功能和形态、和意义、和组织、和实体、和分布、和层次、和词序等关系上论证了"功能"是研究语文组织必须扣住的中心,是进行语法分析的基点;又从配置和会同、连接(序列上的安排)和通贯(条理的安排)、词法和句法、分子和关系、模糊和区别等诸种相关方面阐明怎样用功能来研究语法的方法。他还有力地论证了研究词类划分"就是为了研究语文的组织,为了把文法体系化,为了找出语文组织跟词类的经常而确切的联系来。"[18]所以,"词类区分,目的就在说明组织,倘使离开这个目的,分出来的词类在文法上就没有什么意义了。"[19]这就从理论上阐明了词类和句法分析的必然联系。他说:"词法和句法是有机地联系着的","词类区分和句子分析(析句)是互相有关的,应该力求两相配合。那种认为词类区分只是与词组有关系而和句子分析没有什么联系的看法是不妥的。"[20]这样,功能作为词在语文组织中的活动能力,具体表现为词与词相结合的能力(即"结合功能")和词在句中担任一定职务的能力(即"造句功能")两个方面。而依据功能区分词类的基本方法就是"从配置求会同,从会同定词类。"[21]当然,功能并不是单一的,而是具有复杂性的,所以要(1)分清单项功能和综合功能,(2)分清主要功能和次要功能,(3)分清经常功能和临时功能。词类的确定要依据综合功能、主要功能和经常功能。据此,他构建了颇具特色的汉语词类体系:先分实词和虚词两大部门。实词部又分为体词(有名词、代词)和用词(有动词、形容词、断词、衡词)及配合体词的点词(有数词、指词、并附单位词)和配合用词的副词;虚词部则分为介词、连词和助词。还有一个感词(列于虚实两部之外)。另外,附有衬素(词缀)。同时,他又提出了很有特点的句法分析体系和句子类型、谓语类型的划分系统。他提出的句子成分有:主语、谓语、补语(宾语和表语)、定语、状语、穿插语,还有附加语和原先语(中心语)。对于一般所说的"动补"结构,先生则提出了"提带复合谓语"的概念,即指"动 + 趋(来/去)",如"走来、跑去"等表示"趋向";"动 + 趋(进/出,上/下等)",如"跑进、赶上"等表示"移转";"动 + 过/了/着",如"走过、吃了"等表示"经历";"动 + 好/破/定"等,如"拿好"、"打破"等表示"归结"。也就是说,他把"动补"结构看做是两个谓语的复合。应该说,这在语义解释上是合理的,因为它们在语义上要分解为两个命题[22]。这说明望道先生的功能语法理论对于语文组织的语义结构的分析也是很重视的。

今天,运用功能观点和方法研究汉语语法,成了语法学界的一种共识,功能观点也已成为汉语语法研究的理论原则和方法论原则。所以,"我们毫不夸张地说,陈先生的功能语法学说,开创了语法研究的新道路。"[23]

三

陈望道先生以其大著《修辞学发凡》和所创立的语言适应题旨情境的理论,为中国现代修辞学的建立和发展作出了不可磨灭的历史性贡献。

望道先生语言研究的重点是始终关注对人们使用语言问题的探讨,而这又正是体现了本世纪语言学发展的现代走向。

他说过,白话文兴起的当时,"许多学生不会写文章,问我文章怎么做,许多翻译文章翻得很生硬,于是逼着我研究修辞。"[24]所以,1920年于复旦大学任教他就开始讲授作文法和修辞学。1921年发表、1922年成书出版了《作文法讲义》,对文章的构造、体制和美质作了系统的阐释,这是中国第一部讲解白话作文法的专书。在这本书里,他把文章体制划分为记载文、纪叙文、解释文、论辩文和诱导文五类,这是一种新的作文法上的文体分类法。他指出:这种新的文体分类对于"确立文章的修辞界限(如解释文重明晰,论辩文重统一之类)与练习程序(即先练习记载文,次练习纪叙文,又次练习解释文、论辩文和诱导文)"[25]都是必需的。并且认为"依了这种分类法分别加工研究,必定容易走到文章通顺的境界。"这种对文章习得过程循序渐进的观点,是很有科学性和应用性的。他还提出了"文章美质"论,阐明了"文章在传达意思的职务上能够尽职就是'美',能够尽职的属性,就是美质。"[26]而这种美质由"明晰"(别人看了就明白)、"遒劲"(别人看了会感动)和"流畅"(别人看了有兴趣)三方面构成。或许可以说,这种"文章美质论"可能就是后人提出文章"准确性、鲜明性、生动性"要求的一个重要的思想来源。提出文章美质论也就自然把作文法和修辞学有机地联结了起来。

望道先生于1924年发表《修辞学在中国的使命》(《时事新报》副刊《文学》第132期)一文,提出中国修辞学破旧立新的任务。他以此为己任,积十余年勤求探讨之功,把修辞教学的讲稿写成《修辞学发凡》于1932年由大江书铺印行。《修辞学发凡》全书共12篇,论述了修辞学的各个方面。它作为"中国第一部有系统的兼顾古话文今话文的修辞学书"[27],主要的学术功绩是在中国确立了第一个现代意义上的修辞学体系。这体现于以下几方面:

(一)阐明了修辞学的对象、任务、功用等基本理论问题。指出修辞学所研究的是修辞现象,即为了传情达意调整运用语辞过程中所产生的种种语文表达现象。这就破除了"修辞"只是"修饰文辞"的传统偏见,提出了"修辞是传情达意的一种手段","是调整语辞使达意传情能够适切的一种努力"[28]的新概念。关于修辞学的任务,是首先观察、分析、说明各体语言文字中所产生的修辞现象,同时参考中外古今修辞学论著,从而探求修辞的规律,对各种修辞方式的构成和运用作出有条理的说明。至于修辞学的功用,则以为首先在于使人对语言文字能有灵活正确的了解,即有助于阅读、欣赏和评论,同时有助于语言文字的成功运用,使说写表达能臻于完美。

(二)运用现代语言学理论主要是索绪尔的语言学理论(这是中国语言学著作中对索绪尔学说的最早引进和运用),阐述了语言成素中抽象性与具体性、固有因素与临时因素等同修辞的关系,指明修辞是对语言的运用,修辞所可利用的是语言文字的一切可能性。这就在修辞学研究中确立了"语言本位"的观念,指明了修辞学的语言学性质。

(三)创立了"题旨情境"说。在指出修辞所可利用的是语言文字的一切可能性的同时,说明修辞所须适应的是题旨情境,语言文字的可能性是修辞的资料、凭借,题旨情境是修辞的标准、依据;提出了"修辞以适应题旨情境为第一义"[29]这样的理论纲领,并对题旨情境的构成要素,诸如写说的本意或主旨以及自然环境、社会环境、写说者心境与交际双方关系作出了切要的分析。可以说,这是现代语言学中语境学理论的先声(比 T.R.Firth 提出语境理论早好多年)。[30]

(四)建立了"两大分野"的修辞系统。先生把修辞手法分成消极修辞与积极修辞两大范畴,消极修辞的表达法式是抽象的、概念的、理智的,力求明白易懂,它涉及语言使用的全领域,是最基本的修辞法;积极修辞的表达法式是具体的、体验的、感情的,力求生动感人,它往往造成超脱语文常规的新形式,这就有了辞格和辞趣的产生。他还提出了修辞的"零度"概念,指出消极修辞的努力"只是零度对于零度以下的努力"[31]。

(五)对汉语的修辞格作了全面的总结,概括为四大类 38 格:(甲类)材料上的辞格,计有譬喻、借代、映衬、摹状、双关、引用、仿拟、拈连、移就等 9 格;(乙类)意境上的辞格,计有比拟、讽喻、示现、呼告、夸张、倒反、婉转、避讳、设问、感叹等 10 格;(丙类)词语上的辞格,计有析字、藏词、飞白、镶嵌、复叠、节缩、省略、警策、折绕、转品、回文等 11 格;(丁类)章句上的辞格,计有反复、对偶、排比、层递、错综、顶真、倒装、跳脱等 8 格。这些辞格的具体编次序列上体现着辞格本身美质所呈现的魅力的强弱深浅的内在联系[32]。所以,这一辞格分类及编排堪称"见解精确,系统清楚"[33]。

这样,望道先生融合中外、贯通古今、创新理论、缔造体系,就以这部著作完成了中国传统修辞学向现代修辞学的转变,为中国现代修辞学的建立和发展奠定了基础和开拓了路向。

任何一门学科,都以追求对其研究对象最根本规律的认识和把握为目标,或者说都以确立其"极值原则"为目标。望道先生对修辞的极值原则提出了自己的见解,作出了精辟的表述。修辞现象普遍存在于人类社会的语言交际之中;因此,"同这现象有关系的具体的事项自然极其复杂"[34],譬如与政治立场、世界观、社会经验、生活经历、知识水平、语文修养、个人资质乃至天时地理等等无不相关。先生对此进行了科学概括,表述为:

> 从修辞的观点来看,觉得上述复杂的关系,实际不妨综合作两句话:(1)修辞所可利用的是语言文字的习惯及体裁形式的遗产,就是语言文字的一切可能性;(2)修辞所须适合的是题旨和情境。语言文字的可能性可说是修辞的资料、凭借;题旨和情境可说是修辞的标准、依据。[35]

的确,一切修辞的形成都是运用语言文字适应题旨情境的结果,而这也正是分析修辞现象前因后果的立足点。如果说,因果关系是客观存在的种种联系中最基本的联系,那么,上述论断就正是深刻地反映了修辞现象中最基本的联系。从而也就揭示了修辞最根本的规律,确立了修辞的极值原则。可以说,望道先生关于修辞极值原则的阐述,是中国修辞学在20世纪一项最重大的理论成果,也是中国修辞学对现代世界修辞学最有价值的一份贡献。

陈望道先生为中国语言学的现代化、科学化奉献了自己的一生,特别在语文改革、语法学和修辞学诸领域开创了新的境界,堪称一代宗师。先生的学术业绩不朽,先生的学术精神永存!

附注：

①《两个原则——对中国文学系改革的意见》(1948)，《陈望道文集》第三卷第681页，上海人民出版社1981年。

②《陈望道论语文教育》第13页，河南教育出版社1989年，本书第580页。

③《对于白话文的讨论(二)》(《民国日报》副刊《觉悟》1923年3月11日)，《陈望道文集》第三卷第51页。

④⑥⑦《大众语论》(《文学》月刊第三卷第二期，1934年8月1日)，《陈望道文集》第三卷第87、97、96页，本书第487页。

⑤《这一次文言和白话的论战》(《中学生》第四十七期，1934年7月)，《陈望道文集》第三卷第81页，本书第478页。

⑧参见高天如《陈望道对现代中国语文改革的历史贡献》，载《陈望道先生诞生一百周年纪念文集》第105页，学林出版社1992年。

⑨《陈望道文集》第三卷第147页，本书第524页。

⑩《文学和大众语》(《太白》第一卷第三期，1934年10月12日)，《陈望道文集》第三卷第165页，本书第502页。

⑪参见倪海曙《春风夏雨四十年——回忆陈望道先生》第47页，知识出版社1982年。会议起初规定普通话"以北京话为标准"。望道先生以为这样不妥，有逻辑错误，按照这个规定，普通话就是北京话，给普通话下定义，恰恰取消了普通话。他的意见得到中央和专家们的重视，经过讨论，明确了现在所定的标准。

⑫吕叔湘《汉语语法分析问题》第6页，商务印书馆1979年。

⑬参见吕叔湘《指示代词的二分法和三分法——纪念陈望道先生百年诞辰》，《中国语文》1990年第6期。

⑭《中国文法革新论丛·序》(1943)，《陈望道语文论集》第491页，上海教育出版社1980年，本书第192页。

⑮《文法革新的一般问题》(1939)，《陈望道语文论集》第379页，本书第111页。

⑯《陈望道语文论集》第395页。

⑰《陈望道语文论集》第493—496页。

⑱⑲⑳㉑《文法简论》第38、120、47、44页，上海教育出版社1978年。

㉒参见胡明扬《陈望道先生〈文法简论〉读后》，载《语言研究集刊》第二辑，上

海辞书出版社2005年8月。
㉓徐思益《描写语法学初探》第230页,新疆人民出版社1981年。
㉔《修辞学中的几个问题》(1962),《陈望道语文论集》第620页,本书第432页。
㉕㉖《作文法讲义》第四十六、四十七节,《陈望道文集》第二卷第222、223页。
㉗刘大白《修辞学发凡》初版序,《陈望道文集》第二卷第522页。
㉘㉙㉞㉟《修辞学发凡》第一篇,《陈望道文集》第二卷第237、245、241、242页。
㉚参见董达武《从现代语言学的走向看陈望道的修辞思想——纪念〈修辞学发凡〉出版六十周年》,复旦大学学报1992年第5期。
㉛《修辞学发凡》第五篇,《陈望道文集》第二卷第304页。
㉜参见胡奇光《语辞魅力初论》,载《〈修辞学发凡〉与中国修辞学》第289页,复旦大学出版社1983年。
㉝张弓《现代汉语修辞学》第80页,天津人民出版社1963年。

编 后 记

本书收录陈望道先生的语言学论文84篇,从1918年《标点之革新》到1973年《汉语提带复合谓语的探讨》,时间跨越了半个多世纪,内容也涉及了很多方面。文章大体是分类按年编排的:标点,语法,修辞,作文,大众语,文字改革,语文一般等。重点则是在语法、修辞(含作文)和语文改革(含大众语讨论、文字改革)三方面。

语法论文,是作者语言学论文中数量最多、比重最大的一部分。他从1920年发表研究白话文虚词的文章起直至逝世,一直不断地探究汉语语法的特点,其中1938—1942年他所发起的中国文法革新讨论,在中国语法学史上写下了不可磨灭的一页,他在讨论中借鉴索绪尔语言学理论提出用功能观点研究汉语语法的主张(后又经不断完善)成为20世纪中国语法学术上最具影响力的语法理论之一。这里收录了他各个时期具有代表性的语法论文,而他在文法革新讨论中所发表的文章则悉数收入。

修辞论文,作者的单篇论文并不很多。他早期发表的修辞文章大多是在其名著《修辞学发凡》的成稿过程中写作的,后来经过修改成为这部专著的有关内容;这里留存的是其最初发表的文章原貌。此后发表的修辞文章,主要是阐述对修辞和修辞学科性质的见解,如提出修辞学是边缘学科、加强语体风格研究等问题。

语文改革的论文,包括两个部分:一是关于大众语的讨论,一是关于文字改革问题。1934年6月,针对当时鼓吹复兴文言、废止白话的保守势力,作者邀同胡愈之、叶圣陶等文化界进步人士发动了"大众语讨论",坚决反对文言复兴,明确批评当时白话文脱离群众活语言的倾向,探讨书面语真正切实地接近人民群众口语的途径。他发表了一系列讨论大众语的文章,这里都予收录了,这些文章对于当时大众语建设以及普通话的发展都很有意义。作者主张文字改革,但不同意废除汉字,不赞成"打倒汉字"的提法,认为拼音汉字的演进是一种历史过程,应该把它看作汉字自身发展的一种形态。1949年新中国成立以后,他对推广普通话、简化汉字、制订和推行《汉语拼音方案》都发表了有影响的意见,特别是在"现代汉语规范问题学术会议"上所作的总结发言,对普通话的界定和现代汉语规范工作所作的说明,都是一种有价值的历史记载。

收录在本书最后部分的几篇关于语言学一般问题的文章,表达了作者对语言的社会功能和符号特性的观点及其对发展中国语言学的意见。其中《说语言》一文,很可能是我国语言学界最早介绍索绪尔关于"语言"与"言语"区分的文章。

陈望道先生的这些文章具有着语文学术遗产和文化学术史料的价值;同时,我们从中也可以看到他当时站在语言学科前沿所从事的开创性、奠基性研究工作及其成就,而且也可以从其学术的理念、思路、方法和成果中获取当前进行语言研究的借鉴和参考。从这个意义说,陈望道先生的学术贡献不仅是属于历史的,而且也是属于现在的和未来的。为了有助于读者能较为全面地了解和认识作者在语言学研究领域的学术贡献,谨附录本书编者所撰写的《陈望道先生对现代中国语言学的历史贡献》一文,以供参考。

在编集过程中，我们对原稿作了必要的文字上的校正，但不涉及术语和内容。限于水平，论文编集上难免会有不当甚或缺失之处，谨请批评指正。

年逾八旬高龄的著名语言学家胡明扬先生热情为本书作序，陈望道先生哲嗣陈振新先生对本书的编集给予了切实的关心和支持，编辑曲清琳女士为本书出版付出了辛勤劳动，谨向他们表示衷心的感谢。

陈光磊
二〇〇八年九月二十日
于复旦大学